RÜDIGER JENNERT

PAUL HINDEMITH
UND DIE NEUE WELT

Studien zur amerikanischen
Hindemith-Rezeption

VERLEGT BEI HANS SCHNEIDER · TUTZING
2005

Gedruckt mit Unterstützung der
Fondation Hindemith, Blonay (Vaud, Suisse)

Autor und Verlag danken
dem Musikverlag B. Schott's Söhne für die
Abdruckgenehmigung von Notenbeispielen
aus den Werken Paul Hindemiths

Die Deutsche Bibliothek verzeichnet diese Publikation in der
Deutschen Nationalbibliographie; detaillierte bibliographische Daten
sind im Internet über http://dnb.ddb.de abrufbar.

ISBN 3 7952 1181 6

©2005 by Hans Schneider, D-82323 Tutzing

Herstellung:
Belichtung und Druck: Decker & Bokor, 83646 Bad Tölz
Bindung: Thomas-Buchbinderei, 86069 Augsburg
Gedruckt auf alterungsbeständigem Papier

Vorbemerkung

Die vorliegende Arbeit wurde im Wintersemester 2003/2004 von der Philosophischen Fakultät I der Julius-Maximilians-Universität Würzburg als Dissertation angenommen. Sie ist vor dem Hintergrund einer langjährigen, aktiven Beschäftigung mit der Musik Paul Hindemiths entstanden. Die ersten konkreten Anregungen zum Thema dieser Studie fand ich während eines einjährigen Aufenthaltes an der University of Massachusetts (Amherst) und daran anschließend, im Sommer 1994, im Rahmen einer wissenschaftlichen Assistenz bei Herrn Professor Dr. Günther Metz (Hindemith-Gesamtbibliographie).

Zahlreichen Institutionen und freundlichen Helfern sei an dieser Stelle herzlich gedankt. Von den amerikanischen Bibliotheken und Archiven, die aus ihren Beständen wertvolles Quellenmaterial zur Verfügung gestellt haben, verdienen die folgenden besondere Erwähnung: Irving S. Gilmore Music Library, Yale University (Kendall Crilly, Suzanne Eggleston Lovejoy), Oral History American Music - Paul Hindemith Project, Yale University (Vivian Perlis), Harvard University Music Library (Virginia Danielson), Library of Congress (Wilda Heiss), Juilliard School (Jane Gottlieb), Hargrett Library, University of Georgia (Mary Ellen Brooks), The Carnegie Library of Pittsburgh (Kathryn P. Logan), Free Library of Philadelphia (Linda Wood). Desweiteren schulde ich zwei deutschen Institutionen Dank; zum einen dem Paul-Hindemith-Institut, Frankfurt/M. (Herrn Professor Dr. Giselher Schubert, sowie den wissenschaftlichen Mitarbeitern Dr. Luitgard Schader, Dr. Susanne Schaal-Gotthardt, Dr. Heinz-Jürgen Winkler), zum anderen dem Archiv des Musikverlags B. Schott's Söhne, Mainz (Andrea Gieseke). Nicht zuletzt gilt in diesem Zusammenhang ein herzlicher Dank Herrn Professor Dr. Günther Metz, dessen umfangreiche Sammlung an Hindemith-spezifischer Literatur mir jederzeit offenstand. Er war darüber hinaus immer zu anregenden wissenschaftlichen Diskursen über den "amerikanischen Hindemith" bereit. Ihm verdanke ich zahlreiche Hinweise zum aktuellen Stand der Hindemith-Forschung. Meinem Lehrer, Herrn Professor Dr. Ulrich Konrad, der diese Arbeit betreute und meine Forschungen von Beginn an mit stetem Interesse verfolgte und förderte, sage ich in besonderer Weise Dank.

Den Herren Achim Fessler und Volker Fehse sei für ihre gewissenhafte Durchsicht einzelner Kapitel dieser Arbeit gedankt. Volker Fehse war mir gleichzeitig bei der Erstellung der Notenbeispiele, Herr Dr. Uwe Niehuus bei der Erstellung der Graphiken behilflich. Ein herzlicher Dank gilt ebenfalls einigen Kollegen vom Einstein-Gymnasium (Kehl), insbesondere den Herren Gabel und Zink, die mir bei der Formatierung der Druckvorlage behilflich waren.

Dem Deutschen Akademischen Austauschdienst bin ich für die Gewährung eines Kurzstipendiums dankbar. Dadurch wurde mir ein zweimonatiger Forschungsaufenthalt an der Yale University ermöglicht. Ebenso schulde ich meiner Mutter Dank, die mir regelmäßige finanzielle Unterstützung zuteil werden ließ. Schließlich danke ich der Hindemith-Stiftung für die großzügige Gewährung eines Druckkostenzuschusses und dem Verlag Hans Schneider für die Drucklegung meiner Dissertation.

Freiburg, im Juni 2005   Rüdiger Jennert

Inhaltsverzeichnis

8

Abkürzungsverzeichnis

AMP	Associated Music Publishers
HJB	Hindemith-Jahrbuch. Annales Hindemith
JAMS	Journal of the American Musicological Society
MA	Musical America
MC	Musical Courier
Mf	Die Musikforschung
MGG	Musik in Geschichte und Gegenwart
MM	Modern Music
MQ	Musical Quarterly
NM	New Masses
NYHT	New York Herald Tribune
NYT	New York Times
OH	Oral History - Paul Hindemith Project, Yale University
ÖMZ	Österreichische Musikzeitschrift
PHA	Paul Hindemith. Sämtliche Werke (Gesamtausgabe)
PHC	The Paul Hindemith Collection, MSS 47, Irving S. Gilmore Music Library, Yale University
PHI	Paul-Hindemith-Institut, Frankfurt/M.
PNM	Perspectives of New Music
UiT	Unterweisung im Tonsatz

Einleitung

Paul Hindemith: bis heute der am meisten gespielte Komponist der Moderne, jedoch nicht sonderlich beliebt ..., ein Komponist mit unverwechselbarem Stil, aber ohne Gedanken, ein Komponist zwischen hemdsärmeligem Drauflos und esoterischer In-Sich-Gekehrtheit, nicht zuletzt auch ein Komponist, dessen Entwicklung sich "von der Hure zur Betschwester" und "vom Bürgerschreck zum big old boy"[1] vollzogen hat. Die Zahl der zutreffenden und weniger zutreffenden Charakterisierungen des Hindemithschen Œuvres ließe sich in dieser Form noch um einiges erweitern, doch damit nicht genug.

Paul Hindemith: ein "Musikant" im Sinne Adornos, oder, wie Walter Jens glaubt, doch eher ein "hessischer Hans Sachs, der, Praktiker und Theoretiker zugleich, dem Stadtschreiber mit seinem scholastischen Reglement so gut wie dem sich aufs Genie herausredenden Junker - *Ich singe wie der Vogel singt* - die Leviten liest"?[2] Hindemith: ein stets unbequemer Zeitgenosse fürwahr, der, unablässig Musik produzierend, die eilfertigen Federn der Musikwissenschaftler, Musikkritiker und Feuilletonisten nie ruhen ließ. Hindemith: in vertrauter Gesellschaft selbst ein großer Erzähler, aber ein lausiger Librettist. Hindemith: der Mann mit dem bösen Blick, gleichzeitig aber auch der Liebenswerte, Humorvolle und nicht selten Sarkastische, der bereits wegen seines unüberhörbar hessischen Akzents, den er im Deutschen wie im Englischen nie verbergen konnte und wollte, von vornherein mehr sympathisch als unnahbar wirkte.

All die (zugegeben etwas abgenutzten) schlagwortartigen Phrasen belegen, daß sowohl eine Werk- als auch eine Personencharakterisierung, die Paul Hindemith zum Inhalt hat, anscheinend nicht ohne starke Kontrastierungen und Polarisierungen auskommt. So, wie das klare Pro-und-Kontra Paul Hindemiths deutsche Rezeption lange Zeit geprägt hat, so ist ein ähnliches Phänomen, zwar unter anderen Voraussetzungen, jedoch grundsätzlich auch für dessen amerikanische Rezeption zu konstatieren. Unter besonderer Berücksichtigung der beiden Grundbedeutungen, die sich aus dem lateinischen Ursprung des Wortes "Rezeption" ergeben (recipere: 1. zurückbringen, 2. aufnehmen, übernehmen) gilt es in der vorliegenden Arbeit, das Verhältnis zwischen Paul Hindemith, d. h. dessen Persönlichkeit und Werk, einerseits und der Neuen Welt andererseits umfassend darzustellen. Mit Blick auf das

---

1 Vgl. hierzu z. B. Ulrich Konrad: Paul Hindemith - eine Antwort? Doch wie lautet die Frage? Verstreute Gedanken zu einem unfeierlichen Jubiläum, in: Programmheft zur Hindemith-Woche an der Staatlichen Hochschule für Musik, Freiburg im Breisgau, vom 25.11.-2.12.1995, S. 3.
2 Walter Jens: "Ein Mann will einen Berg besteigen". Rede anläßlich des Festaktes zum 100. Geburtstag Paul Hindemiths in der Berliner Philharmonie am 12. November 1995, Mainz [o.J.], S. 4.

Wortfeld des Verbs "zurückbringen" muß erstens die Frage nach der jeweiligen Resonanz beantwortet werden, die sowohl Hindemiths Kompositionen als auch dessen musiktheoretische Schriften in der US-Tagespresse und in den zahlreichen amerikanischen Musikzeitschriften erhielten. Zweitens soll ermittelt und dargestellt werden, mit welcher Häufigkeit und an welchen Orten bestimmte Werke aufgeführt wurden. Drittens gilt es zu beschreiben, welchen Eindruck Paul Hindemith als Musikpädagoge und konzertierender Musiker etwa bei Studenten und Professorenkollegen an der Yale University sowie insgesamt beim amerikanischen Publikum hinterließ. Schließlich wird Rezeption im Sinne von "aufnehmen" und "übernehmen" in dieser Studie grundsätzlich als dasjenige Wechselspiel des Einfluß-Nehmens und des Beeinflußt-Werdens verstanden, das sich z. B. zwischen dem Œuvre Paul Hindemiths und demjenigen bedeutender amerikanischer Komponisten notwendigerweise einstellen mußte. Ebenso gilt es diesbezüglich zu eruieren, ob und in welcher Form Hindemith in seinen Kompositionen zum einen auf die Bedürfnisse des amerikanischen Publikums und zum anderen etwa auf die unterschiedlichen Fähigkeiten bestimmter Orchester in den USA eingegangen ist.

Der Versuch, die Hindemith-Rezeption in den USA hinsichtlich der genannten Aspekte zu ergründen, kann nur unter der Voraussetzung einer umfassenden Kenntnis des amerikanischen Musiklebens gelingen. Deshalb wird es an verschiedenen Stellen, jedoch insbesondere im ersten Hauptkapitel dieser Arbeit, immer wieder erforderlich sein, auf musiksoziologische und musikgeschichtliche Phänomene und Entwicklungen, die die USA im 20. Jahrhundert betreffen, ausführlich einzugehen. Zum Gegenstand der Betrachtung werden in diesem Zusammenhang das amerikanische Konzertleben, die Musikkritik, die Bedeutung der neuen Medien Schallplatte und Radio, sowie die populären Genres Band-, Ballett- und Filmmusik. Die Situation anderer europäischer Emigranten wie Krenek, Weill, Eisler und Schönberg, die sich im Verlauf der dreißiger und frühen vierziger Jahre in den USA niederließen und bald zum einflußreichen Teil der amerikanischen Musikgeschichte wurden, kommt im ersten Hauptkapitel (mit einem vergleichenden Blick auf die Lage Paul Hindemiths) ebenfalls zur Darstellung.

Die vorliegende Arbeit gliedert sich insgesamt in vier Hauptkapitel: 1.) Musikleben in den USA, 2.) Aufführungsstatistik (quantitative Rezeptionsanalyse), 3.) Musikkritik (qualitative Rezeptionsanalyse) und schließlich 4.) stilkritische Werkbetrachtungen. Die Untersuchungen zum Stil und Stilwandel in der Musik Paul Hindemiths beziehen sich nur auf die in der Zeit zwischen 1940 und 1953 komponierten Werke, denn es ist davon auszugehen, daß Amerika in den Jahren, in welchen Hindemith dort seinen permanenten Wohnsitz nahm, wohl den größten Einfluß auf dessen Schaffen hätte ausüben können. Wenn im folgenden vom "amerikanischen Werk" die Rede sein wird, so ist damit lediglich der genannte Entstehungszeitraum, nicht jedoch der jeweilige Entstehungsort oder gar eine wie auch immer geartete, USA-spezifische Charakteristik im Hindemithschen Werk gemeint. Die Frage, ob das amerikanische Werk bei Hindemith tatsächlich auch einen besonderen "amerikanischen Stil" aufweist, wird im vierten Hauptkapitel ausführlich zu behandeln sein. Was diese Studie im Rahmen der Stilanalyse allerdings nicht leisten kann, ist ein (zweifellos lohnender und in der Forschung noch ausstehender) Vergleich zwischen Werken Paul Hindemiths und jenen seiner amerikanischen Zeitgenossen (diesbezüglich sei u. a. auf den als Hindemithisch geltenden ersten Satz aus der frühen Klarinettensonate Leonard Bernsteins hingewiesen). Stattdessen werden die typischen Eigenschaften des Hindemithschen Werks, wie sie sich wohl aus der Perspektive amerikanischer Komponisten zu Beginn der vierziger Jahre dargestellt haben, exemplarisch anhand einer Stilkarikatur von Edward Ballantine belegt und - was die Beeinflussung amerikanischer Komponisten durch Hindemith betrifft - darüber hinaus an verschiedenen Stellen dieser Arbeit durch entsprechende Hinweise aus dem amerikanischen Presseschrifttum ergänzt.

Während sich die stilkritischen Untersuchungen ausschließlich auf das zwischen 1940 und 1953 entstandene Werk Paul Hindemiths konzentrieren, so wird der zeitliche Rahmen innerhalb der anderen drei Hauptkapitel weiter gesteckt. Die chronologischen Darstellungen setzen dort jeweils mit den Anfängen der Hindemith-Rezeption in den USA zu Beginn der zwanziger Jahre ein. Die Aufführungsstatistiken im zweiten Hauptkapitel, die sich auf Hindemiths gesamtes Schaffen beziehen, reichen bis in das Jahr 1953 - des Komponisten Übersiedelung in die Schweiz - und, unter Berücksichtigung bereits erschlossener Quellen, bis zum Ende der sechziger Jahre. Das "Musikleben"-Kapitel, welches sich u. a. auch mit Hindemiths aktivem musikalischen Wirken (etwa als Dirigent) befaßt, beleuchtet die Zeit bis zu dessen Tod im Jahr 1963. Was schließlich die qualitative Rezeptionsanalyse im amerikanischen Presseschrifttum angeht, so wird der Blick bis zum Ende des 20. Jahrhunderts erweitert. Zur detaillierten Auswertung der Werk- und Aufführungskritiken wurde ein Korpus an Pressestimmen erstellt, das dieser Arbeit in Form einer CD-ROM-Datei beigegeben ist.

Mit all dem soll versucht werden, das vielschichtige Verhältnis zwischen Paul Hindemith und der Neuen Welt aus verschiedenen, dessen amerikanische Rezeption betreffenden Perspektiven ausführlich darzulegen. Die vorliegende Studie zum "amerikanischen Hindemith" will gleichzeitig neue Forschungen zu einem Thema anregen, das bis heute weitgehend vernachlässigt worden ist.

1. Forschungsstand

Eine Studie, die Leben und Werk Paul Hindemiths unter rezeptionsgeschichtlichen und zugleich USA-spezifischen Aspekten behandelt, existiert ebensowenig wie eine solche, die dessen gesamtes amerikanisches Werk einer genaueren stilkritischen Untersuchung unterzieht. Zu einzelnen Teilbereichen der vorliegenden Arbeit (amerikanisches Musikleben, Aufführungsstatistik, Musikkritik, Werkanalyse) wurden jedoch bereits einige bedeutende Schriften veröffentlicht.

Als Standardwerk zum "amerikanischen Hindemith" hat das 1989 erschienene Buch von Luther Noss (*Paul Hindemith in the United States*) zu gelten.[3] Noss berichtet als ehemaliger Kollege und persönlicher Freund des Komponisten über dessen Zeit in den USA. Er möchte seine Studie grundsätzlich als "documentary record of Paul Hindemith's long association with the United States"[4] verstanden wissen. Diese Arbeit umfaßt zahlreiche Anmerkungen zur Werkrezeption sowie darüber hinaus Biographisches und Werkgeschichtliches. Sie basiert primär auf den in der Paul Hindemith Collection (Yale University) aufbewahrten Quellen. Zwei weitere Studien in englischer Sprache, die sich mit Leben und Werk Paul Hindemiths befassen, entstanden in den siebziger Jahren; die Dissertation von James E. Paulding (*Paul Hindemith 1895-1963 -- A Study of his Life and Works*) und Geoffrey Skeltons Buch *Paul Hindemith. The man behind the music*.[5] Freilich nimmt Hindemiths amerikanische Zeit jedoch in beiden Schriften - wie im übrigen auch in den einschlägigen deutschsprachigen Monographien, bzw. Biographien - jeweils nur einen vergleichsweise geringen Teil ein.

Was Veröffentlichungen zum amerikanischen Musikleben und zur amerikanischen Musikgeschichte des 20. Jahrhunderts betrifft, so waren insbesondere die beiden umfangreichen Studien von Nicholas E. Tawa - 1.) *Serenading the Reluctant Eagle. American Musical Life, 1925-1945*, 2.) *A Most Wondrous Babble. American Art Composers, Their Music and The American Scene, 1950-1985* - für die vorliegende Arbeit von großer Bedeutung.[6] Tawa beleuchtet darin die amerikanische Musikkultur unter besonderer Berücksichtigung der ästhetischen Perspektive des Publikums und kommt darüber hinaus auf all diejenigen "Institutionen" ausführlich zu sprechen, die

---

[3] Luther Noss: Paul Hindemith in the United States, Urbana, Chicago 1989.

[4] Ebd., S. xi.

[5] James E. Paulding: Paul Hindemith 1895-1963 -- A Study of his Life and Works, Ph.D. Diss., University of Iowa 1974; Geoffrey Skelton: Paul Hindemith. The man behind the music, London 1975.

[6] Nicholas E. Tawa: Serenading the Reluctant Eagle. American Musical Life, 1925-1945, New York, London 1984, sowie ders.: A Most Wondrous Babble. American Art Composers, Their Music and The American Scene, 1950-1985, New York, etc. 1987.

jeweils als einflußreiche Vermittler zwischen den zeitgenössischen Komponisten einerseits und den Rezipienten ihrer Werke andererseits fungieren (u. a. Dirigenten, Instrumentalisten, Sänger, Konzertmanager, Medien, sowie verschiedene staatliche und nicht-staatliche Initiativen zur Förderung der musikalischen Avantgarde). In dem von Hermann Danuser, Dietrich Kämper und Paul Terse herausgegebenen Buch *Amerikanische Musik seit Charles Ives*[7] findet sich die ausführlichste und bislang aktuellste deutschsprachige Darstellung der amerikanischen Musikgeschichte des vergangenen Jahrhunderts. Einige Beiträge, insbesondere jener von Giselher Schubert,[8] thematisieren auch Hindemiths amerikanische Zeit. Beachtenswerte Ergänzungen zu den genannten Publikationen über das amerikanische Musikleben sind das von Paul Henry Lang edierte Buch *One Hundred Years of Music in America*[9] aus dem Jahr 1961 sowie einige wenige jüngere Schriften über, bzw. von bedeutenden amerikanischen Komponisten und Musikern (u. a. Aaron Copland und Ruth Crawford Seeger[10]).

Eine systematische, sowohl quantitative als auch qualitative Untersuchung der amerikanischen Hindemith-Rezeption, die Kompositionen aller Gattungen und Genres berücksichtigt, lag zu Beginn dieser Arbeit nicht vor. Anhand der beiden umfangreichen, jedoch nicht Hindemith-spezifischen Orchesterrepertoire-Studien von Kate Hevner Mueller und John H. Mueller[11] ließen sich lediglich Aufführungsfrequenzen einzelner Werke in den USA ermitteln. Mit Blick auf das Forschungsgebiet der qualitativen Analyse, d. h. die Auswertung von Besprechungen Hindemithscher Werke in amerikanischen Tageszeitungen und Musikzeitschriften, existieren bislang keinerlei Publikationen.

Zum musikalischen Stil Paul Hindemiths sind zahlreiche musiktheoretische Abhandlungen erschienen, von denen David Neumeyers Buch *The Music of Paul Hindemith* die umfangreichste analytische Darstellung der Parameter Harmonik und Form und die Dissertation von Günther Metz (*Melodische Polyphonie in der Zwölftonordnung. Studien zum Kontrapunkt Paul Hindemiths*) die

---

[7] Hermann Danuser et al. (Hrsg.): Amerikanische Musik seit Charles Ives, Regensburg 1987.

[8] Giselher Schubert: >>Ein bißchen daheim sein<<. Zu den Problemen der in die USA emigrierten Komponisten in den dreißiger und vierziger Jahren, ebd., S. 73-89.

[9] Paul Henry Lang (Hrsg.): One Hundred Years of Music in America, New York 1961.

[10] Vgl. hierzu im Besonderen Aaron Copland, Vivian Perlis: Copland. 1900 through 1942, London, Boston 1984, dies.: Copland Since 1943, New York 1989, sowie Judith Tick: Ruth Crawford Seeger. A Composer's Search for American Music, New York, Oxford 1997.

[11] Kate Hevner Mueller: Twenty-Seven Major American Symphony Orchestras - A History and Analysis of Their Repertoires, Seasons 1842-43 Through 1969-70, Bloomington 1973, John H. Mueller: The American Symphony Orchestra. A Social History of Musical Taste, Bloomington 1951.

detaillierteste Beschreibung der Melodik bietet. Metz zeigt zudem auch die Entwicklungsphasen des Hindemithschen Personalstils auf.[12]

Als Forschungseinrichtungen, die über die Sekundärliteratur hinaus umfangreiches Quellenmaterial zu den genannten inhaltlichen Teilbereichen dieser Arbeit bereithalten, sind die Paul Hindemith Collection (Yale University), die Oral History (Yale University) und das Paul-Hindemith-Institut (Frankfurt/M.) zu nennen. Kurz nach dem Tode Hindemiths wurde begonnen, an dessen einstiger Wirkungsstätte in New Haven Hindemithiana zusammenzutragen. Ehemalige Kollegen, Studenten und Freunde des Komponisten stellten der Yale University u. a. Korrespondenzen, Werkrezensionen und biographische Kurzdarstellungen zur Verfügung. Für die Paul Hindemith Collection wurden zudem Kopien von Materialien des Paul-Hindemith-Instituts in Frankfurt erworben, die sich auf die amerikanischen Jahre beziehen. Ergänzt wird die Sammlung ebenfalls durch einige Kompositionsskizzen und Partiturenhandschriften, so z. B. durch jene des *Lilacs*-Requiems. Nicht zuletzt befinden sich dort auch zahlreiche historische Tonbandaufnahmen von zum Teil noch nicht publizierten Werken.

Das Oral History-Projekt ist aus einer umfangreichen, im Jahre 1968 begonnenen und von Vivian Perlis durchgeführten Dokumentation über den amerikanischen Komponisten Charles Ives hervorgegangen. Interviews mit Zeitzeugen wurden zunächst auf Tonband aufgenommen und anschließend transkribiert und archiviert. Die allgemein große Resonanz in den USA führte 1971 zur Gründung der "Oral History, American Music" durch Vivian Perlis an der Yale University. Der Kern der Oral History umfaßt etwa 300 Interviews mit den, bzw. über die bedeutendsten Komponisten und Musiker in den USA im 20. Jahrhundert, u. a. Virgil Thomson, Aaron Copland, Ned Rorem, William Schuman und John Cage. Paul Hindemith wurde bereits ein Jahr nach der offiziellen Gründung ein eigenes "Projekt" gewidmet. Von 1972 bis 1976 führte Caitriona Bolster die meisten der insgesamt 75 Interviews über den Komponisten. Unter den Befragten waren Howard Boatwright, Lukas Foss, Arthur Mendel und Robert Shaw. Das sogenannte "Paul Hindemith Project" dient, laut offiziellem Begleitheft zur Oral History, als "prototype for studies of the émigré composer"[13] und gleichfalls als Ergänzung zu den in der Paul Hindemith Collection aufbewahrten Materialien.

---

12 David Neumeyer: The Music of Paul Hindemith, New Haven, London 1986, Günther Metz: Melodische Polyphonie in der Zwölftonordnung. Studien zum Kontrapunkt Paul Hindemiths, Baden-Baden 1976.

13 OHAM. Oral History, American Music, Yale School of Music and Library, Vivian Perlis, Director, o.O. und o. J., (S. 4). Der Verfasser dankt Vivian Perlis für die Abdruckgenehmigung von Zitaten aus der Oral History (Hindemith Project) in dieser Arbeit.

Etwa zwei Drittel dieser Interviews befinden sich in transkribierter Form im Paul-Hindemith-Institut in Frankfurt. Die Frankfurter Forschungsstelle war für die vorliegende Studie allerdings nicht mit Blick auf die systematische Auswertung der Oral History, sondern in der Hauptsache wegen der dort aufbewahrten (und bislang nur in Auszügen veröffentlichten) Korrespondenzen zwischen Paul Hindemith und seinen Verlegern Schott und AMP (Associated Music Publishers) von großer Bedeutung.[14]

Was die amerikanische und deutsche Hindemith-Forschung der letzten zehn Jahre betrifft, so wird insgesamt deutlich, daß eine wissenschaftliche Auseinandersetzung - etwa im Rahmen von (Ph.D. und D.M.A.) Dissertationen - in den USA häufiger stattgefunden hat als in Deutschland. Die Schwerpunkte in den amerikanischen Dissertationen lagen erstens auf Paul Hindemiths zahlreichen Kompositionen für Bläser und zweitens auf einigen Werken aus den zwanziger Jahren. Das Schaffen der amerikanischen Jahre rückte in den USA zumeist nur dann in das engere Blickfeld der Forschung, wenn es darum ging, die Verbindung zwischen Hindemiths musiktheoretischen und musikpädagogischen Schriften einerseits und dessen Kompositionstechnik andererseits (z. B. anhand der Neufassung des *Marienlebens* oder des *Ludus tonalis*) genauer aufzuzeigen.[15]

Im deutschsprachigen Raum ist das zwischen 1940 und 1953 entstandene Werk Paul Hindemiths innerhalb von umfangreicheren Forschungsarbeiten nicht behandelt worden. Dessen amerikanische Jahre blieben darin sogar bislang grundsätzlich ausgespart. Die einzige Ausnahme bildet das Hindemith-Jahrbuch aus dem Jahr 1998. Diese Ausgabe ist ganz dem "amerikanischen Hindemith" gewidmet. Es sind darin alle Vorträge veröffentlicht, die anläßlich der Feierlichkeiten zum 100. Geburtstag des Komponisten im Rahmen des Symposiums "Paul Hindemith in the U.S.A. - An International Celebration at Yale" vom 20. bis 22. Oktober 1995 gehalten wurden. Bedeutsam für die vorliegende Studie waren insbesondere die Beiträge 1.) von Allen Forte, der u. a. die Rezeptionsgeschichte von Hindemiths *Unterweisung im Tonsatz* und deren Einfluß auf die amerikanische Musiktheorie darstellt, 2.) von Giselher Schubert, der Überlegungen zur Existenz einer besonderen amerikanischen Musiksprache bei Hindemith anstellt, und schließlich 3.) auch von David

---

14 Dem PHI sei für die Abdruckgenehmigung sämtlicher Zitate aus unveröffentlichten Briefen Paul und Gertrud Hindemiths, sowie aus deren Korrespondenzen mit den Verlagsvertretern bei Schott und AMP in dieser Arbeit herzlich gedankt.

15 Vgl. hierzu 1.) Lyn Ellen Thornbald Burkett: Tensile involvement: Counterpoint and pedagogy in the work of Seeger, Hindemith, and Krenek, Ph.D. Diss., Indiana University 2001, 2.) Eunsuk Yang-Dubiel: A performer's study of 'Das Marienleben' by Paul Hindemith, D.M.A. Diss, Southwestern Baptist Theological Seminary 2001, 3.) Gary Allen Sprague: Rhythm in the Theory and Music of Paul Hindemith, Ph.D. Diss., Michigan State University 1997, sowie 4.) Debra Torok: Paul Hindemith's Ludus Tonalis: Harmonic Fluctuation Analysis and Its Performance Implications, Ph.D. Diss., New York University 1993.

Neumeyer, der einige für die amerikanische Hindemith-Rezeption bedeutende Aufsätze untersucht.[16]

---

[16] Allen Forte: Paul Hindemith's Contribution to Music Theory in the United States, in: HJB 1998/XXVII, S. 62-79, Giselher Schubert: >>Amerikanismus<< und >>Americanism<<. Hindemith und die Neue Welt, ebd., S. 80-101, David Neumeyer: Hindemith and His American Critics. A Postmodern View, ebd., S. 218-234.

2.   Das Musikleben in den USA und die Rezeption zeitgenössischer Musik:
      1920 bis 1963

2.1.   Das amerikanische Musikleben im Jazz-Zeitalter und die Anfänge der

       Hindemith-Rezeption

2.1.1. Zur Kultivierung des amerikanischen Konzertpublikums

Während des Ersten Weltkrieges wurde der rege künstlerische Austausch
zwischen Europa und den Vereinigten Staaten weitgehend unterbunden, und
die Einstellung der meisten Amerikaner speziell zum Kriegsfeind Deutschland
änderte sich in dieser Zeit grundlegend. Dies hatte zur Folge, daß den
Deutschen, deren Musikkultur für die USA bis dahin stets Vorbild gewesen
war, nun nicht mehr Zuneigung und Bewunderung, sondern vielerorts Haß
und Abscheu entgegengebracht wurde. Deutsche Künstler wurden
diskriminert. Im schlimmsten Fall drohte ihnen (wie das Schicksal Karl Mucks
belegt) Entlassung und sogar Internierung. Auch nach Ende des Krieges
wurde deutsche Musik weiterhin größtenteils aus amerikanischen Konzertsälen
verbannt. So setzte etwa die New Yorker Metropolitan Opera erst im Jahre
1921 wieder deutsche Opern auf ihren Spielplan.

Als die zeitgenössische europäische Musik nach dem Krieg ebenfalls wieder
langsam begann, Einzug in die Konzertsäle zu halten, hatte Amerika den
Anschluß an die sich jenseits des Atlantiks abzeichnenden neuen
musikalischen Entwicklungen bereits verloren. Was die Publikumsakzeptanz
dieser fremdartig klingenden neuen Importe aus Europa (und zeitgenössischer
Musik im allgemeinen) betrifft, so lassen sich mit Blick auf die zwanziger Jahre
zwar regionale Unterschiede ausmachen - das Bostoner Publikum war z. B.
neuen Kompositionen gegenüber aufgeschlossener als das Chicagoer und das
New Yorker Publikum - doch ist der Einschätzung Geoffrey Cahns
zuzustimmen, wenn er feststellt: "In general, though, American musical
audiences and critics were reluctant to listen to contemporary music ...".[17] Die
Konzertveranstalter in den USA mußten ihre Programme weitgehend auf den
konservativen Geschmack des Publikums hin ausrichten, weil der
amerikanische Musikbetrieb, bereits in den zwanziger Jahren stark von
Angebot und Nachfrage geprägt, primär von dessen Konsumverhalten und

---

[17] Geoffrey S. Cahn: Weimar Music in America: Its Reception and Impact, in: The
Centennial Review, 29. Jg., Nr. 2 (Spring 1985), S. 191.

dessen musikalischem Urteil abhängig war.[18] Es dominierte also solche Musik die Konzerte, die "safe and sane"[19] war und die für die Veranstalter und Konzertagenten ausreichend finanziellen Profit versprach.

Orchesterkonzerte mit europäischer Musik des 18. und 19. Jahrhunderts erfreuten sich größter Popularität - insbesondere auch diejenigen, welche meist außerhalb der regulären Konzertsaisons in den Sommermonaten im Freien stattfanden (so z. B. im New Yorker Lewisohn Stadion, in der Hollywood Bowl in Los Angeles, oder im Cincinnati Zoo). Die Aufmerksamkeit des Publikums galt bei solchen musikalischen Großereignissen weniger den Werken selbst, als den ausführenden Musikern. Dirigenten und Instrumentalvirtuosen waren der Hauptanziehungspunkt aller Symphoniekonzerte, und nur sie waren in der Lage, den Sensationshunger des sich langsam heranbildenden Massenpublikums zu befriedigen.

Hält Wilhelm Furtwängler, der in den zwanziger Jahren mehrere Konzertreisen in die USA unternommen hat, dem amerikanischen Publikum zumindest das Interesse am "rein Technischen"[20] der künstlerischen Interpretation zugute, so sehen Otto Luening, Nicholas Tawa und Alexander Fried das eigentliche Interesse der Zuhörer gar nur noch im privaten Umfeld des virtuosen Künstlers. Die überwiegend geringe Resonanz bei Streichquartett- und anderen Kammermusikaufführungen könne, so schreibt Fried polemisch, z. B. dann vorübergehend erhöht werden, wenn "the first violinist were to kill his wife, swim the English Channel, ...".[21] Mit Opernaufführungen an den beiden großen Bühnen in Chicago und New York verhält es sich ähnlich. Die Zuhörer stammten überwiegend aus wohlhabenden Kreisen, besuchten die Aufführungen in der Hauptsache um des gesellschaftlichen Ereignisses willen und huldigten dem Primadonnenkult.

Was die musikalische Urteilsfähigkeit betrifft, so wird den breiten amerikanischen Volksschichten der zwanziger Jahre sowohl aus europäischer als auch aus amerikanischer Sicht weder Traditionsbewußtsein noch Bildung zugesprochen. Für das Konzertpublikum, so Otto Luening, bedeute "ein Werk

---

[18] 1945 schreibt Virgil Thomson dazu: "... music in the United States is predominantly a business; in Europe it is a liberal art. [...] It means that the business organization of music in America is involved with large sums of capital, large corporate enterprises, large profits and small responsibility to the intellectual world." (Virgil Thomson: Looking Forward, in: MQ, 31. Jg., Nr. 2 (April 1945), S. 157).

[19] Richard Aldrich, zit. nach Barbara Mueser: The Criticism of New Music in New York: 1919-1929, New York 1975, S. 79.

[20] Max Marschalk: Furtwänglers Amerikafahrt, in: Vossische Zeitung, Nr. 105 (Unterhaltungsblatt), 6.5.1926, S. 1.

[21] Alexander Fried: For the People, in: MM, 4. Jg., Nr. 2 (January-February 1927), S. 37. Vgl. dazu auch Otto C. Luening: Die Musikpflege in den Vereinigten Staaten, in: Melos, 8. Jg. (1929), S. 433, sowie Nicholas E. Tawa: Serenading the Reluctant Eagle, a.a.O., S. 151.

von Bach und ein solches von Krenek ... gleich viel."[22] Nur wenn ein Stück der Mehrzahl von Zuhörern im Konzertsaal gefalle, dann sei es gut. Finden darüber hinaus mehrere Werke eines Komponisten die breite Zustimmung des Publikums, dann sei dieser, so Luening, ein "erfolgreicher und tüchtiger Komponist." Wenn er zudem mehrmals und in verschiedenen Städten (unter diesen müsse aber New York sein) das Publikum bezwinge, so werde er - wie etwa Kreisler und Tschaikowsky - zu einer amerikanischen Institution. Sinclair Lewis und andere geben diesem amerikanischen Publikum schlicht die Bezeichnung "Boobus americanus" (etwa: amerikanischer Tölpel) bei und erkennen dieser selbstgefälligen, selbstsicheren und völlig dummen Menschengattung jegliche Fähigkeit ab, musikalisch zu urteilen: "Any musical composition disliked by Boobus americanus had to be good; any musical composition favored by Boobus americanus had to be bad."[23]

Diese Charakterisierungen des amerikanischen Konzertpublikums, so vernichtend und ernüchternd sie in ihrer Mehrzahl ausfallen mußten, spiegeln dennoch ein zunehmendes Bewußtsein in den USA wider, diesem wenig hoffnungsvollen status quo, der einer kulturellen Bankrotterklärung nahekommt, durch größere Anstrengungen in der Musikerziehung und durch den Einsatz neuer Medien wie Radio und Schallplatte entgegenzuwirken. "Give me your children and I will make a nation of music lovers"[24] fordert Walter Damrosch. 1928 begann er mit der Ausstrahlung seiner berühmten Radiosendung "NBC Appreciation Hour". Er erreichte auf diese Weise Millionen von jungen Zuhörern in den Schulen und gilt für viele als Vater der sogenannten "Music Appreciation", einer Disziplin, die versucht, dem musikalischen Laien die Hauptwerke der klassischen Musik zu vermitteln. Während Damroschs Ansatz, Musik mit einfachen Bildern assoziativ zu erklären, beim Laienpublikum auf breite Zustimmung stieß, rief er dagegen bei musikalischen Kennern große Verwunderung wegen seiner oft banalen Beschreibungen hervor.[25]

Bereits im Jahre 1911 richtete die amerikanische Victor Talking Machine Company eine spezielle Abteilung für die Musikerziehung ein, deren Aufgabe es sein sollte, Lehrern die Vermittlung von Volksliedgut, Volkstänzen und klassischer Musik mit Hilfe der Schallplatte - später ergänzt durch Begleitbücher, wie z. B. *The Victor Book of the Opera* und *What We Hear in Music* - zu erleichtern. Zwar fand zeitgenössische Musik weder bei den zahlreichen Schallplatteneditionen für Unterrichtszwecke noch bei Damrosch Berücksichtigung, doch gelang es dadurch, die musikalische Urteilsfähigkeit

---

22 Otto C. Luening: Die Musikpflege in den Vereinigten Staaten, a.a.O., S. 431.
23 Nicholas E. Tawa: Serenading the Reluctant Eagle, a.a.O., S. 18.
24 Zit. nach Glenda Dawn Goss: Jean Sibelius and Olin Downes. Music, Friendship, Criticism, Boston 1995, S. 107.
25 Ebd., S. 108.

der breiten Bevölkerung zumindest ansatzweise zu sensibilisieren und zu kultivieren.

Weniger der wachsenden Sorge um eine wenig ausgeprägte Musikkultur, als vielmehr der Großzügigkeit einiger wohlhabender Industrieller ist es zu verdanken, daß zu Beginn der zwanziger Jahre die drei bedeutendsten Musikhochschulen der USA gegründet werden konnten: Eastman School of Music (Rochester), Juilliard School of Music (New York), sowie das Curtis Institute (Philadelphia). An diesen Musikinstituten wurde die zukünftige musikalische Elite des Landes herangebildet. Viele angehende amerikanische Komponisten absolvierten zunächst an diesen Einrichtungen ihre musikalische Grundausbildung, um im folgenden ihre Studien dank großzügiger finanzieller Förderung durch zahlreiche Stiftungen (Rompreis, Guggenheim Fellowships, Pulitzer-Reisestipendium) in Europa, vorzugsweise in Paris, aber auch in Berlin und Rom, fortzusetzen.[26] Der Aufbau einer funktionierenden Infrastruktur im Bereich der Musikerziehung als Grundlage für eine Musikpflege auf allen gesellschaftlichen Ebenen wurde - ausgehend von den musikalischen Zentren des reichen Nordostens - Mitte der zwanziger Jahre auch in den anderen Landesteilen der USA intensiviert. Zwar hatte die Musikausbildung an Colleges und Universitäten noch bis in die dreißiger Jahre hinein weitgehend rudimentären Charakter, und gegenüber den drei Musikhochschulen im Osten war sie von vergleichsweise niedrigem Niveau,[27] doch setzte bereits in den zwanziger Jahren eine erkennbare "Dezentralisierung"[28] der Musikkultur ein.

Von Chicago aus hatten Harry P. Harrison und Dema Harshburger um 1920 begonnen, das Konzertleben Amerikas grundlegend zu reformieren. Mittels eines neuen Subskriptionsverfahrens, welches es Konzertveranstaltern ermöglichte, Musiker ohne finanzielles Risiko im ganzen Land zu engagieren, wurde die Musikkultur ebenfalls dezentralisiert. Regelmäßige Aufführungen konnten im Rahmen von Konzertreihen, die meist aus vier bis fünf Konzerten

---

[26] Die musikalische Förderung dieser Stiftungen war gegenüber den anderen Künsten vergleichsweise gering. So wurden etwa bis einschließlich 1934 von den insgesamt 222 "fellowships" der Guggenheim Foundation nur 10 an Komponisten vergeben (vgl. dazu Nicholas E. Tawa: Serenading the Reluctant Eagle, a.a.O., S. 91).

[27] Wie schlecht es um die Gewährleistung einer umfangreichen musikalischen Ausbildung an amerikanischen Colleges und Universitäten noch zu Beginn der 30er Jahre bestellt war, belegt Randall Thompsons umfassende Studie "College Music" von 1935 (vgl. Randall Thompson: College Music: An Investigation for the Association of American Colleges, New York 1935). Joseph Machlis scheint dagegen die Realität etwas zu verkennen, wenn er schreibt: "During the Twenties, too, the music departments in our colleges and universities took on new importance as centers of progressive musical activity. The widespread policy of hiring composers to teach composition opened up a much wider sphere of influence to our creative musicians." (Joseph Machlis: Introduction to Contemporary Music, Second Edition, New York 1979, S. 351).

[28] Vgl. Irving L. Sablosky: American Music, Chicago, London 1969, S. 168.

bestanden, auf diese Weise auch außerhalb der etablierten Musikzentren stattfinden. Harrison und Harshburger "organisierten" in Zusammenarbeit mit regionalen Vertretungen zunächst ihre Zuhörerschaft. Sobald eine ausreichende Anzahl von Subskribenten gefunden worden und damit eine finanzielle Absicherung gewährleistet war, begannen sie, Künstler für die Konzertreihen zu verpflichten. Obwohl das Publikum über die aufzuführenden Werke und die Namen der Musiker bis zuletzt im unklaren blieb, hatten die beiden Manager mit dieser neuen Strategie und ihrer "All-Star"-Konzertreihe dennoch einen so enormen Erfolg, daß sich sehr bald weitere, landesweit operierende, sogenannte "booking companies" wie Civic Concert Service und Community Concert Service herausbildeten.[29] Durch die enge Zusammenarbeit dieser Konzertgesellschaften mit den nationalen Rundfunkanstalten und mit großen Künstleragenturen erhielt das Konzertmanagement in den USA bald eine weitgehende Monopolstellung. Ende der vierziger Jahre kontrollierten nicht mehr als zehn einflußreiche Impresarios (unter ihnen Sol Hurok) "almost all the musicians of any ability and reputation who were concertizing in America."[30] Dem Publikumsgeschmack folgend, nahmen sie Einfluß auf die Programmgestaltung und schrieben den bei ihnen unter Vertrag stehenden Musikern vor, welche Kompositionen sie zu spielen hatten. In der Regel wurde dabei, sehr zum Mißfallen der Musiker, immer wieder auf Altbewährtes zurückgegriffen. "The managers won't let me play what I like", beklagte sich Arthur Rubinstein Mitte der zwanziger Jahre: "As for concerti ... it's always Tchaikowsky, Beethoven, or Liszt."[31] Mit dieser neuen Methode, Konzerte zu organisieren, wurde zwar die Verbreitung der Musikkultur im ganzen Land gefördert, doch kam Neue Musik, ob europäischer oder amerikanischer Provenienz, in diesen von zentraler Stelle aus geplanten Konzertreihen kaum auf die Programme.[32]

---

[29] Die beiden genannten "booking companies" waren bereits 1930 Tochtergesellschaften großer Künstleragenturen: "Civic [Concert Service] was owned by the National Concert and Artists Corporation, Community [Concert Service] by Columbia Concerts Corporation." (Vgl. Joseph A. Mussulman: Dear People .... Robert Shaw. A Biography, Bloomington, London 1979, S. 84-85).

[30] Nicholas E. Tawa: Serenading the Reluctant Eagle, a.a.O., S. 83.

[31] Arthur Rubinstein, zit. nach Nicholas E. Tawa: Serenading the Reluctant Eagle, a.a.O., S. 84.

[32] Vgl. dazu auch Claudia Maurer Zenck: Ernst Krenek - ein Komponist im Exil, Wien 1980, S. 247.

2.1.2. "Musical Americanism"

Neben symphonischer Musik der Klassik und Romantik fand das amerikanische Publikum in den zwanziger Jahren zunehmend Gefallen an sogenannter "populärer" Musik, die seinerzeit oft auch den Jazz in ihrer weitgefaßten Begrifflichkeit einer "volksnahen" Musik miteinschloß. In der zweiten Hälfte dieses Dezenniums war der Jazz, so Barbara Zuck, "a commercially successful national craze danced and listened to by millions, and performed by both blacks and whites. With the help of radio and the phonograph, it had become 'popular' music."[33] Zuck weist im folgenden darauf hin, daß der "(Pseudo-) Jazz" der Weißen, u. a. repräsentiert durch den energischen, synkopierten Tanzstil Paul Whitemans, die traditionelle Improvisationstechnik zurückgedrängt habe. Jazz, in seiner durch charakteristische rhythmische Elemente und Instrumentation quasi idiomatisierten Gestalt, wurde 1924 mit der Uraufführung von George Gershwins "Rhapsody in Blue" in der New Yorker Aeolian Hall endgültig "konzertfähig".

In einigen Publikationen zur amerikanischen Musikgeschichte wird in diesem Zusammenhang Eva Gauthiers "Recital of Ancient and Modern Music for Voice" genannt, welches wenige Monate zuvor, am 1. November 1923, ebenfalls in der Aeolian Hall stattfand und sowohl für die amerikanische Musikgeschichte als auch für die Hindemith-Rezeption in den USA von Bedeutung war, denn in diesem Rahmen wurde erstmals eine Hindemithsche Komposition öffentlich in New York aufgeführt. Die gegenüber Neuer Musik aufgeschlossene Sopranistin Gauthier sang hier neben Liedern von Bellini, Byrd und Purcell auch solche von Bartók, Schönberg, Hindemith und Gershwin. Die Hindemith-Lieder - vermutlich kamen Auszüge aus den *Liedern mit Klavier, op. 18* zur Aufführung - konnten das Publikum jedoch nicht annähernd so stark beeindrucken wie die Auswahl von Gershwin-Songs, die der Komponist selbst am Klavier mit interpretiert hatte: "[...] ending with songs by Mr. Gershwin, [Gauthier] continued by request of the audience until the singer had to confess that her repertory in this 'lovely music' was exhausted."[34] Nicht die Interpretation Gauthiers, sondern der neue Stil Gershwins habe, so Irving Sablosky, den Dirigenten Walter Damrosch

---

[33] Barbara A. Zuck: A History of Musical Americanism, Ann Arbor 1980, S. 79. Marc Blitzstein faßt den Begriff "popular music" noch weiter: "... in 'popular music' I include what the public actively likes, and what is written in a 'popular' idiom, regardless of the public's immediate reaction." Aufgrund dieser Definition kann Blitzstein sogar Hindemiths *Suite 1922, op. 26* unter "popular music" subsumieren, denn sie beinhaltet "populäre" Idiome wie Shimmy und Foxtrott! Rezipiert wurde die Suite in den USA der zwanziger Jahre allerdings kaum. (Vgl. Marc Blitzstein: Popular Music - An Invasion: 1923-1933, in: MM, 10. Jg., Nr. 2 (January-February 1933), S. 96ff).

[34] H. C. Colles: Music - Miss Eva Gauthier, in: NYT, 73. Jg., Nr. 24,023, 2.11.23, S. 15.

veranlaßt, bei ihm ein Klavierkonzert, die spätere *Rhapsody in Blue*, in Auftrag zu geben.[35]

Musikkritiker griffen, wie auch H. C. Colles in seiner *New York Times*-Besprechung des Gauthier-Konzertes, in den folgenden Jahren weniger die Jazz-inspirierten Kompositionen Gershwins als solche an. Sie fürchteten vielmehr, daß sich nun die populäre "low class"-Musik anschicke, vom Broadway aus die klassischen Tempel hoher musikalischer Kunst (z. B. Carnegie und Aeolian Hall) zu erobern.[36] Der Siegeszug der Musik George Gershwins, Irving Berlins und Jerome Kerns in die großen Konzertsäle New Yorks und anderer amerikanischer Metropolen war freilich nicht mehr aufzuhalten. Mehr als jedes andere musikalische Genre hat der Jazz das dritte Jahrzehnt des 20. Jahrhunderts in den USA geprägt. Nicht die großen Opernaufführungen, nicht Kammermusik- oder Chorkonzerte, auch nicht die Symphoniekonzerte - und wohl am wenigsten Aufführungen zeitgenössischer Musik - konnten die zahlreichen Konzerte mit populärer Musik im Blick auf das Publikumsinteresse übertreffen. Jazz wurde zum Inbegriff des "here-and-now" einer prosperierenden amerikanischen Konsum- und Entertainment-Gesellschaft, und so bezeichnen Barbara Zuck und andere aus gutem Grund diese Periode, die mit dem Börsenkrach im Jahre 1929 ihr Ende fand, als das "Jazz Age" der amerikanischen Musikgeschichte.

Die Auseinandersetzung mit dem Jazz gewann für einige andere Vertreter der jungen amerikanischen Komponistengeneration, darunter Aaron Copland, Henry Cowell und Wallingford Riegger, ebenfalls an Bedeutung. Dabei war ihnen im Allgemeinen (noch) nicht daran gelegen, etwa mittels Jazz-spezifischer Rhythmik auf den Geschmack des Massenpublikums einzugehen. Es war, im Gegenteil, eher das Verlangen nach einer eigenen musikalischen Identität, welches sie dazu bewegt hatte, traditionelle und insbesondere typisch amerikanische Elemente aufzuspüren, um sie in ihren Kompositionen zu verarbeiten. Die Beschäftigung mit Material, das Amerika selbst hervorgebracht hat, nahm dabei ganz individuelle, oft experimentelle Formen an und förderte gleichsam den musikalischen Selbstfindungsprozeß zahlreicher junger amerikanischer Komponisten.

Aaron Copland wurde - wie viele seiner amerikanischen Kollegen, die in den zwanziger Jahren bei Nadia Boulanger in Paris Kompositionsunterricht nahmen - erst in Europa darauf aufmerksam, daß bereits auch Strawinsky,

---

35 Irving L. Sablosky: American Music, a.a.O., S. 150. An Gauthiers Gershwin-Interpretation erinnert sich Virgil Thomson im März 1941. Eva Gauthier habe "Gershwins *Do it again* im besten Grabgesangsstil" gesungen "wobei sie ein kleines schwarzes Buch hielt, als bräuchte sie, wie es die Konzertmode jener Zeit war, eine Gedächtnisstütze für die Worte." (Virgil Thomson: Musikgeschehen in Amerika, München, Berlin 1948, S. 260).

36 Vgl. dazu Barbara L. Tischler: An American Music. The Search for an American Musical Identity, New York, Oxford 1986, S. 103.

Milhaud und Hindemith in ihren Werken von charakteristischen Stilmerkmalen des Ragtime und des Jazz Gebrauch gemacht hatten. Nach den USA zurückgekehrt, verspürte Copland nun selbst den Wunsch, sich vom europäischen Einfluß zu lösen und eine eigene, genuin amerikanisch geprägte Musiksprache zu finden. Er machte sich deshalb ebenfalls (zunächst) das musikalische Material des Jazz zu eigen.

> "This desire to be 'American' was symptomatic of the period. It made me think of my Symphony [Symphony for Organ and Orchestra, 1924] as too European in inspiration. I had experimented a little with the rhythms of popular music in several earlier compositions, but now I wanted frankly to adopt the jazz idiom and see what I could do with it in a symphonic way."[37]

Für die Komponisten in den USA bot die Verarbeitung von Jazzelementen jedoch nur eine von mehreren Möglichkeiten, sich mit der eigenen Musiktradition auseinanderzusetzen. Ihre Suche nach amerikanischen Ressourcen förderte eine ganze Reihe von Beispielen afro-amerikanischer und indianischer Musik zutage. Viele verarbeiteten in ihren Kompositionen darüber hinaus Slave und Cowboy Songs sowie Negro Spirituals, und sie griffen zudem nicht selten auf die anglo-amerikanische Volksliedtradition zurück.

Ihr gemeinsames Ziel, Musik zu schaffen, die spezifisch amerikanischen Charakters ist, bildete den Grundgedanken für die sogenannte "Musical Americanism"-Bewegung, die, Barbara Zuck zufolge, von 1929 bis 1945 ihre große Blütezeit erlebte.[38] Diese Bewegung, deren Ideen sich bereits Mitte der zwanziger Jahre herauskristallisierten, darf dabei keinesfalls nur als experimentelle Laune einiger aufstrebender amerikanischer Komponisten verstanden werden, die sich für einige Zeit mit der Musiktradition ihres eigenen Landes befaßten, sondern sie ist Teil eines viel weiter ausgreifenden Denkmodells, welches sowohl eine politische und wirtschaftliche als auch eine umfassende kulturelle Eigenständigkeit der USA und eine damit verbundene Loslösung von europäischen Maßstäben anzustreben gedenkt.

Der Amerikaner, der sich, wie Wilhelm Furtwängler konstatiert, um 1926 noch ganz im "Verdauungsprozeß"[39] einer reichhaltigen europäischen Kultur befunden hatte, blickte bald darauf auch im Bereich der Musik selbstbewußt nach innen. Das Musikleben in den USA der zwanziger Jahre wurde in seinen vielen Bereichen entscheidend von dieser kulturellen Emanzipations- und

---

[37] Zit. nach Barbara Zuck: A History of Musical Americanism, a.a.O., S. 82.

[38] Ebd., S. ix.

[39] Max Marschalk: Furtwänglers Amerikafahrt, a.a.O.

Selbstfindungsbewegung beeinflußt. Howard Hansons Gründung der "American Composers' Concerts" an der Eastman School of Music im Jahre 1925, Carl Sandburgs Herausgabe des "American Songbag" (1927) und die Eröffnung des "Archive of American Folk Song" in der Library of Congress (Washington) im Jahre 1928 stellen dabei nur einige bedeutende Stationen dieser Entwicklung dar.

Auch der Typus des amerikanischen Komponisten, insbesondere jener, der sich mit eigenen Musiktraditionen auseinandergesetzt hat, "verdaut" (wie er glaubt) 1930 bereits nicht mehr. Zu Beginn der zwanziger Jahre finanziell noch wenig unterstützt, im allgemeinen "mißachtet und entmutigt",[40] trat er nun - trotz weitgehender, selbst auferlegter Isolation vom amerikanischen Publikum und mit der wohl nur scheinbaren Gewißheit, sich von allen europäischen Musiktraditionen gelöst zu haben - musikalisch selbstbewußt auf. Er konnte sich weiterhin der großzügigen finanziellen Unterstützung einiger kunstbeflissener Mäzene gewiß sein und erfreute sich darüber hinaus zahlreicher Kompositionsaufträge - so etwa durch die League of Composers, die Elizabeth Sprague Coolidge Foundation und den Alice M. Ditson Fund der New Yorker Columbia Universität. Seine (Auftrags-)Kompositionen wurden allerdings nur selten mehr als ein Mal im Rahmen von Festivals Neuer Musik aufgeführt. Auch die großen Verlagshäuser zögerten, Werke neuer amerikanischer Musik herauszugeben, denn diese hatten (im Gegensatz zur Musik George Gershwins) "no commercial appeal."[41] Es war vor allem dem Engagement Einzelner zu verdanken, daß die amerikanische Musik in den zwanziger Jahren überhaupt in gedruckter Form hatte erscheinen können: New Music Quarterly, 1927 (Henry Cowell), Cos Cob Press, 1929 (Wertheim, Copland, Whithorne und Gruenberg), sowie die Publikationen der Eastman School of Music und der Juilliard Foundation.

2.1.3. Anstrengungen zur Förderung zeitgenössischer Musik

Aufgrund geringer Vermarktungsaussichten aller zeitgenössischen Werke, aufgrund fehlender öffentlicher Subventionen, und nicht zuletzt aufgrund des niedrigen Niveaus des amerikanischen Publikums, begann sich die Neue Musik in den USA Anfang der zwanziger Jahre zu organisieren. Dies geschah, wie auch in Europa, bis zur Einrichtung der ersten Vertretung der "International Society for Contemporary Music" (ISCM) in New York zunächst

---

40 Vgl. Otto C. Luening: Die Musikpflege in den Vereinigten Staaten, a.a.O., S. 436.
41 Vgl. Howard Hanson: Of Critics, Publishers and Patrons, in: MM, 4. Jg., Nr. 2 (January-February 1927), S. 30.

halböffentlich. Einige Gründungsversuche, wie etwa jener der American Music Guild in New York, schlugen wegen unzureichender finanzieller Unterstützung anfangs fehl. "To learn each other's music and to present worthy works by other American composers to the New York public"[42] waren die Hauptanliegen der American Music Guild.

Bei der Gründung der (langlebigeren) International Composers' Guild in New York (1921-1927) wurden ähnliche Ziele formuliert: Zum einen sollte allen zeitgenössischen Komponisten Gelegenheit gegeben werden, ihre (kammermusikalischen) Werke aufzuführen, zum anderen sollte das Publikum mit der jüngsten Musik bekannt gemacht und so zur Neuen Musik quasi "erzogen" werden. Die Mitglieder der Composers' Guild wollten sich dabei nicht als eigenständige Schule verstanden wissen (obwohl sie in den folgenden Jahren oft als "Experimentalisten" bezeichnet wurden), sondern sie unterstützten in ihren Reihen vielmehr den musikalischen Stilpluralismus und traten für "Internationalismus" in der Musik ein.[43] Als einige Mitglieder der Composers' Guild nach der erfolgreichen amerikanischen Erstaufführung von Schönbergs *Pierrot lunaire* dieses Werk noch einmal im Rahmen eines Guild-Konzertes aufführen wollten, dies aber den Statuten der Vereinigung, ausschließlich Erstaufführungen zuzulassen, widersprach, entbrannte ein Streit um die Gestaltung der Konzertprogramme, der sich auch nach langen Debatten nicht beilegen ließ und schließlich zum Austritt u. a. von Claire Reis, Louis Gruenberg und Alma Wertheim führte. Ausgelöst durch diese Unstimmigkeiten innerhalb der Composers' Guild und darüber hinaus durch die wachsende Verärgerung einiger Mitglieder über den autokratischen Führungsstil ihres Vorsitzenden Edgar Varèse, formierte sich im März 1923 die League of Composers (1923-1954) unter dem Vorsitz von Claire Reis.[44]

In den folgenden vier Jahren der New Yorker Koexistenz dieser beiden Komponistenvereinigungen konzentrierte sich die Gruppe um Varèse weiterhin auf amerikanische Ur- und Erstaufführungen. Sie war somit der musikalischen Avantgarde näher als die League of Composers, welche dagegen in ihren Konzerten ein breiteres Spektrum an bereits etablierten Werken der europäischen und amerikanischen Moderne aufzuweisen hatte. Daß sich, wie Irving Sablosky konstatiert, die League of Composers in ihren Gründerjahren vor allem zur Aufgabe gemacht habe, ein Forum für amerikanische

---

[42] Marion Bauer, zit. nach Nicholas E. Tawa: Serenading the Reluctant Eagle, a.a.O., S. 89.

[43] Vgl. dazu u. a. Aaron Copland: Unsere Neue Musik, München 1947, S. 100ff und Judith Tick: Ruth Crawford Seeger, a.a.O., S. 66.

[44] Vgl. David Metzer: The League of Composers: The Initial Years, in: American Music, 15. Jg., Nr. 1 (Spring 1997), S. 46.

Komponisten zu sein, läßt sich nach Durchsicht ihrer Aufführungsstatistik[45] zwar nicht bestätigen, unbestreitbar ist jedoch der große Wert beider Organisationen für die Genese einer neuen amerikanischen Komponistengeneration und für die Rezeption moderner europäischer Musik in den USA überhaupt. Ihr Einflußbereich dehnte sich bald von New York, der Stadt also, welche erst durch sie zum Zentrum zeitgenössischer Musikpflege geworden war, auf das ganze Land aus.

Alle weiteren Organisationen und Konzertreihen zur Förderung zeitgenössischer Musik, die sich in den zwanziger Jahren formiert haben, lassen sich anhand ihrer Ziele einer der beiden New Yorker Organisationen zuordnen; Pro Musica (1920-1944), deren Arbeitsbereich im Mittleren und Fernen Westen der USA lag, die New Music Society (1925-1936) unter Henry Cowell in San Francisco, und die Pan American Association of Composers (1928-1934) stehen der Gruppe um Varèse nahe, während dagegen die Philadelphia Contemporary Music Society, die amerikanische ISCM, die American Composers'-Konzerte an der Eastman School of Music, sowie die (in gleicher Weise primär auf amerikanische Komponisten ausgerichtete) Copland-Sessions-Konzerte[46] wohl geistige Derivate der weniger radikalen League of Composers waren.

Ende der zwanziger Jahre hatten sich die großen amerikanischen Gesellschaften zeitgenössischer Musik weitgehend etabliert und ihren Einflußbereich so erweitert, daß sie auch von vielen europäischen Komponisten gerne als Brückenkopf genutzt wurden, um erstmals in die USA zu gelangen. Kodály, Bartók und Ravel folgten z. B. im Jahre 1928 einer Einladung der Pro Musica Society. Bei der League of Composers wurde es zum Brauch, einen in den Vereinigten Staaten eintreffenden europäischen Komponisten von Rang in New York mit einem Empfang und einem Konzert mit seinen Werken zu würdigen. Als Paul Hindemith 1937 zum ersten Mal in die USA kam, wurde auch ihm diese Ehre zuteil.

Die Ziele der amerikanischen Gesellschaften für zeitgenössische Musik werden ebenfalls durch ihre quasi "hauseigenen" Musikzeitschriften evident.[47] Die einflußreichste unter ihnen, *Modern Music* (bzw. zunächst *League of Composers' Review*), erschien von 1924 bis 1946 und verstand sich primär als internationales Forum für Komponisten. Sowohl amerikanische als auch

---

[45] The League of Composers (Hrsg.): A Record of Performances and a Survey of General Activities from 1923 to 1935, New York (o. J.). Vgl. dagegen Irving L. Sablosky: American Music, a.a.O., S. 161.

[46] Die Programme der Copland-Sessions-Konzerte sind abgedruckt in Carol J. Oja: The Copland-Sessions Concerts and Their Reception in the Contemporary Press, in: MQ, 65. Jg., Nr. 2 (April 1979), S. 227-229.

[47] Die Pro Musica Society gab das *Pro-Musica Quarterly* heraus. Mitglieder der International Composers' Guild schrieben für die Zeitschrift *Eolus* (bzw. zunächst *Eolian Review*).

europäische Autoren, unter ihnen Casella, Kodály und Roussel, setzten sich in ihren Beiträgen mit stilistischen und satztechnischen Fragen moderner Musik auseinander. Neben werkimmanenten Themen wurde darüber hinaus (unter Beteiligung von Musikhistorikern und Musikkritikern) die vielschichtige Problematik des Verhältnisses zwischen Komponist und Publikum erörtert. Obwohl es schwer sei, genau festzustellen, meint Eric Salzman, welche Leserschaft *Modern Music* schließlich erreicht habe - in den zwanziger Jahren war es sicher nur ein kleiner Kreis von musikalischen Kennern -, habe die Zeitschrift dennoch immer als Spiegel zeitgenössischer Entwicklungen gedient.[48] So wird anhand der Beiträge leicht erkennbar, daß bis Mitte der zwanziger Jahre eine landesweit aktive amerikanische Szene zeitgenössischer Musik noch nicht existierte und daß sich die Keimzellen innovativen kompositionstechnischen Gedankenguts weiterhin in Europa befanden. Anregungen, sich etwa mit neuen Skalen und Rhythmen, mit neuen Notationsmethoden, sowie mit mechanischen Instrumenten zu beschäftigen, bekamen die in den USA ansässigen Komponisten von ihren Kollegen jenseits des Atlantiks.

Bis 1930 berichtete *Modern Music*, neben kurzen Beiträgen zu Aufführungen zeitgenössischer Musik in New York, hauptsächlich über das Konzertleben in Europa.[49] Es erschienen darüber hinaus Portraits führender europäischer Komponisten und Beschreibungen ihrer erfolgreichsten Werke. Der Rezeptionsschwerpunkt lag dabei in den zwanziger Jahren, wie auch Salzman feststellt, deutlich auf Strawinsky, den Komponisten der Gruppe "Les Six" und der Wiener Schule:

"The primary concern in the twenties was the assimilation of new ideas. The musical community was fascinated by the aesthetic puzzles of Stravinsky's music and equally involved in the rhythmic and formal problems suggested. Even more attention was focused on the Viennese -- on the conquest of the total chromatic and the emerging twelve-tone idea. [...] The major themes of the twenties also include those familiar laments: 'The Indifference of the Public and the Musicians;' 'The Lack of Recognition of American Music;' 'The Lack of Identity of American Music.'"[50]

---

[48] Eric Salzman: Modern Music in Retrospect (for the fortieth anniversary of its founding), in: PNM, 2. Jg., Nr. 2 (Spring-Summer 1964), S. 15.

[49] Nach einem Konzertbericht aus Boston über zeitgenössische amerikanische Musik im Jahre 1927, erschien in der Mai-Juni-Ausgabe von *Modern Music* des Jahres 1928 mit einem Beitrag über die Aufführung von Hindemiths Sketch *Hin und zurück* erstmals eine ausführliche Konzertbesprechung aus Philadelphia! Der Westen der USA wurde dagegen in den zwanziger Jahren völlig ausgespart. Dort existierte auch keine Musikzeitschrift, die *Modern Music* ebenbürtig war.

[50] Eric Salzman: Modern Music in Retrospect, a.a.O., S. 16-17.

2.1.4. Zu den Anfängen der Hindemith-Rezeption

Während die Zeitschrift *Modern Music* ihre Leser erst im Jahre 1926 mit einem Beitrag Alfred Einsteins[51] ausführlich über den Komponisten Paul Hindemith und sein Werk informierte, hatte das amerikanische Publikum bereits 1921 durch eine andere, nicht primär auf zeitgenössische Musik ausgerichtete Zeitschrift Notiz von diesem jungen, unbekümmert und temperamentvoll komponierenden Deutschen genommen. In dem in New York publizierten *Musical Courier* berichtete César Searchinger am 1. September 1921 über das Donaueschinger Kammermusikfest und widmete sich hierbei auch der Besprechung von Hindemiths *3. Streichquartett, op. 16*, jenem dort uraufgeführten Werk also, welches den Komponisten mit einem Mal in der zeitgenössischen Musikszene Europas bekannt gemacht hatte. Da dieser Bericht Searchingers wohl zu den frühesten Zeugnissen der Hindemith-Rezeption in den USA zu rechnen ist, sei der Hindemith betreffende Abschnitt hier im folgenden ganz wiedergegeben:

"As final piece of the whole festival there came another 'clou,' the third string quintet [sic.] of Paul Hindemith. Hindemith is a modernist who, regardless of everything, allows his well nigh limitless fancy free reign - a man possessing something of the grandioseness of modern mechanics; one who may permit himself to stride carelessly along his own path, because he is never, even for a moment, at a loss for an idea. He cares not a fig about form, and throws out one aperçu after another -- now witty, now sentimental, now a caricature, now a grotesquerie -- but always accomplished and certain. One overlooked his rasping dissonances in observing the ideas which they express, and one was amused by the freedom and unconcern with which everything fairly squirted out. His unheard-of temperament carried everything before it.

It was significant that after this work a veritable flood of discussion was released and among those present everybody was so shaken up and vitalized that talking became a necessity. There is, no doubt, much that is half baked, confused and wild in this quartet, but there is also a potentiality of great deeds, which -- if Hindemith should clarify his inspiration -- are surely expected from this man."[52]

---

51 Alfred Einstein: Paul Hindemith, in: MM, 3. Jg., Nr. 3 (March-April 1926), S. 21-26.
52 César Searchinger: Donaueschingen Becomes the Pittsfield of Germany, in: MC, 83. Jg., Nr. 9, 1.9.21, S. 23.

In den folgenden Jahren erschienen in amerikanischen Musikzeitschriften wie *Musical Courier* und *Musical America* immer wieder ausführliche Beiträge über zeitgenössische Musikfeste in Europa. Sie berichteten über die Erfolge Hindemithscher Werke in Donaueschingen und Salzburg, aber auch über die skandalöse Aufführung der drei Opern-Einakter in Frankfurt im März 1922.[53] Zu Ende der zwanziger Jahre war der Name Paul Hindemith sowohl in der musikalischen Fachpresse als auch in der amerikanischen Regenbogenpresse längst keine unbekannte Größe mehr. So schlug gar die (zu letzterer Kategorie zählende) Zeitschrift *Vanity Fair* in ihrer August-Ausgabe des Jahres 1930 Paul Hindemith aufgrund seiner Verdienste um die zeitgenössische Musik für die "Hall of Fame"[54] vor.

All die frühen Berichte über Hindemiths Erfolge in Europa konnten jedoch die Neugier der Amerikaner, was die Aufführung Hindemithscher Kompositionen in den USA betrifft, zunächst nicht wecken. Erst durch die Gründungen der League of Composers und der Composers' Guild, sowie durch das private Engagement der Mäzenin Elizabeth Sprague Coolidge wurden Konzerte mit seinen Werken ermöglicht. Diese Konzerte waren in den zwanziger Jahren (noch) weitgehend auf den Raum New York begrenzt. Die erste öffentliche Aufführung einer Hindemithschen Komposition in den USA fand allerdings nicht in New York, sondern in einem kleinen Ort in Massachusetts statt.

Elizabeth Sprague Coolidge hatte im Jahre 1918 das Berkshire Festival of Chamber Music in Pittsfield, Massachusetts, ins Leben gerufen und gleichzeitig einen Kompositionswettbewerb für Streichquartette ausgelobt.[55] Der Komponist des besten Quartetts wurde hierbei mit einer Prämie von $1000 belohnt, und sein Werk wurde zudem im Rahmen des Festivals uraufgeführt. Zahlreiche europäische Komponisten wie Zemlinsky, Krenek und Webern sandten in den folgenden Jahren Quartettkompositionen ein. Auch Paul Hindemith nahm an diesem, von Anfang an auf große Resonanz stoßenden Wettbewerb in den Jahren 1920 und 1922 teil: beide Male ohne Erfolg. Während das von Hindemith 1920 eingesandte *3. Streichquartett, op. 16* angeblich für eine Aufführung zu schwer war, erreichte das von ihm für den Wettbewerb des Jahres 1922 vorgesehene Quartett, vermutlich sein Opus 22, erst nach dem Einsendeschluß die Jury und konnte deshalb nicht

---

[53] Vgl. dazu z. B. Give Two Hindemith Operas in Frankfort [ohne Verf.], in: MA, 10.6.22, S. 12, sowie Hermann Lissman: Hindemith Operas Call Forth Official Protest in Frankfort, in: MC, 18.5.1922, S. 13.

[54] We Nominate for the Hall of Fame [ohne Verf.], in: Vanity Fair, August 1930, S. 50.

[55] Coolidge gründete (neben dem Berkshire Festival of Chamber Music) im Jahre 1925 auch das Festival of Chamber Music in der Washingtoner Library of Congress. Hier gelangten am 29. April 1928 die *Spielmusik für Streichorchester, Flöten und Oboen, op. 43 Nr. 1* und am 9. Oktober 1929 die *Kammermusik Nr. 7, op. 46 Nr. 2* jeweils zur amerikanischen Erstaufführung.

berücksichtigt werden.[56] Das Festival Quartet of South Mountain, welches für die Aufführung der prämierten Streichquartette zuständig war, widmete sich 1923 (außerhalb des Coolidge-Wettbewerbs) schließlich doch der Einstudierung einer Hindemithschen Komposition. Es brachte das *2. Streichquartett f-moll, op. 10* am 29. September 1923 in Pittsfield zur amerikanischen Erstaufführung. Opus 10 wurde somit nachweislich zur ersten Komposition Hindemiths, die im Rahmen einer öffentlichen Aufführung in den USA erklang.[57]

Im selben Jahr wurde dem amerikanischen Publikum in New York (nach dem dortigen Liederabend von Eva Gauthier) am 2. Dezember 1923 im Rahmen eines Composers' Guild-Konzertes erneut ein Werk von Paul Hindemith vorgestellt. Claudio Arrau spielte hierbei den "Marsch" und das "Nachtstück" aus der *Suite 1922, op. 26*. Weitere (kammermusikalische) Hindemith-Aufführungen, die von den beiden New Yorker Komponistenvereinigungen veranstaltet wurden, folgten von nun an in regelmäßigem Abstand.[58]

Dem dezidierten Ziel, Neue (Kammer-)Musik nicht nur aufzuführen, sondern das Publikum gleichsam zur Neuen Musik zu erziehen, widmeten sich von 1927 an zunächst Paul Rosenfeld und danach Aaron Copland mit ihren bedeutenden Vorlesungen an der New School for Social Research in New York. Die New School, welche als Institution der Erwachsenenbildung 1917 gegründet worden war, konzentrierte sich unter Mitwirkung von renommierten Professoren auf den Unterricht in sozialwissenschaftlichen Fächern. Wegen ihrer radikal aufklärerischen Ausrichtung wurde sie zum "Ausdruck und ... Instrument gesellschaftlicher Selbstkritik,"[59] und sie galt darüber hinaus schon bald deshalb als Modelleinrichtung für höhere Bildung in den USA, weil sie einerseits Theorie und Praxis nicht trennte und sich andererseits weniger an Studierende im engeren Sinne richtete, die mit ihrem

---

56 Vgl. Cyrilla Barr: Elizabeth Sprague Coolidge - American Patron of Music, New York 1998, S. 206, sowie die Materialien in der Elizabeth Sprague Coolidge Collection, Library of Congress (Washington), Box 234.

57 Das Programm zu dieser Aufführung ist abgedruckt in: William Charles Bedford: Elizabeth Sprague Coolidge - The Education of a Patron of Chamber Music: The Early Years, Ph.D. Diss., University of Missouri 1964, S. 318.

58 a) Hindemith-Aufführungen der Composers' Guild in den zwanziger Jahren: 2.12.23: *Suite 1922, op. 26* ("Marsch", "Nachtstück"), 27.12.25: *Kammermusik Nr. 3, op. 36 Nr. 2*, 30.1.27: *Der Dämon, Konzertsuite nach op. 28*.

b) Hindemith-Aufführungen der League of Composers in den zwanziger Jahren: 29.3.25: *Trio für Violine, Bratsche und Cello, op. 34, Kammermusik Nr. 1, op. 24a*, 30.12.27: Sechs Lieder aus *Das Marienleben, op. 27*, "Landsknechtstrinklied" aus *Lieder nach alten Texten, op. 33*, 12.1.28: *4. Streichquartett, op. 22*, 19.12.28: *Die junge Magd, op. 23 Nr. 2*, 18.12.29: *Kammermusik Nr. 7, op. 46 Nr. 2*.

59 Monika Plessner: Die deutsche "University in Exile" in New York und ihr amerikanischer Gründer, in: Frankfurter Hefte, 19. Jg. (1964), S. 182.

Studium eine Berufsausbildung verbanden, sondern an Erwachsene, die bereits im Berufsleben standen.

Hohes Niveau der Kurse, welches freilich weit über die "Music Appreciation"-Radioübertragungen eines Walter Damrosch hinausging, sowie deutlicher Praxisbezug spiegelten sich auch in den musikalischen Veranstaltungen des Kritikers Paul Rosenfeld und des jungen amerikanischen Komponisten Aaron Copland wider. Rosenfeld behandelte im Frühjahr 1927 in zwölf Vorlesungen mit Tonbeispielen u. a. die Themen "Modern German Music: Mahler, Reger, Schönberg", "Strawinsky" und "American Composers: Varèse, Copland, Ruggles, Sessions". Coplands Vorlesung "The Evolution of Modern Music", in welcher er auch Hindemiths *Klaviermusik, op. 37* (1. und 2. Teil) thematisierte und auszugsweise musizierte, schloß sich im Herbst 1927 an.[60] Zur gleichen Zeit wurde darüber hinaus die erste Konzertreihe an der New School veranstaltet, in deren Rahmen neben Kompositionen von Schönberg (*Pierrot lunaire*), Webern, Kodály und Ravel ebenfalls einige Werke von Hindemith erklangen.[61] Auch in den folgenden Semestern nahm sich Aaron Copland immer wieder der Musik Paul Hindemiths an: Im Rahmen seiner Vorlesung zum Thema "Masterworks of Modern Music" (Wintersemester 1928/29) referierte er am Beispiel des *Marienlebens* über den Neo-Klassizismus Hindemiths, und in "The Forms of Modern Music" (Wintersemester 1929/30) behandelte er die Oper *Cardillac, op. 39*, die Kammermusiken, insbesondere op. 24a und op. 36 Nr. 1, sowie nochmals die *Klaviermusik, op. 37*.

Durch das Engagement Rosenfelds und Coplands wurde die New School for Social Research im Jahre 1927 zur ersten amerikanischen Institution, die in ihrem Lehrangebot sowohl die amerikanische, aber vor allem auch die europäische Avantgarde systematisch berücksichtigte. In den Vorlesungen

---

60 Neben der *Klaviermusik, op. 37* führte Copland in seiner 6. Vorlesung (Reger, Hindemith, Krenek - The New Counterpoint) Auszüge aus *Das Marienleben, op. 27* ("Argwohn Josephs") und aus *Die Serenaden, op. 35* ("Trio", "Gute Nacht") auf. Die von Copland behandelten 12 Themen seiner Vorlesung sind abgedruckt in: Werner Grünzweig: Vom "Schenkerismus" zum "Dahlhaus-Projekt". Einflüsse deutschsprachiger Musiker und Musikwissenschaftler in den Vereinigten Staaten - Anfänge und Ausblick, in: ÖMZ, 48. Jg., Nr. 1, Januar 1993, S. 165. In Coplands Vorlesungsmanuskripten erscheint die u. a. von Grünzweig angegebene Bezeichnung "The Evolution of Modern Music" jedoch nicht (vgl. dazu Aaron Copland Collection, Library of Congress, Box 210, Folder 8, sowie Hanns-Werner Heister et al. (Hrsg.): Musik im Exil. Folgen des Nazismus für die internationale Musikkultur, Frankfurt 1993, S. 301).

61 Unter dem Thema "A Cross-Section of Modern Music" erklangen in der New School am 28.12.27 acht Lieder aus *Das Marienleben*. Die Sopranistin Barbara Lull wurde von Aaron Copland am Klavier begleitet - zwei Tage darauf sang Greta Torpadie im Rahmen eines League of Composers-Konzerts in der New Yorker Town Hall ebenfalls Lieder aus diesem Zyklus. Weitere Hindemith-Aufführungen in der New School: 13.1.28, zwei Lieder aus *Das Marienleben* (Torpadie); 10.2.28, *4. Streichquartett, op. 22* (New World String Quartet).

Coplands wurde das Thema Neue Musik so umfassend behandelt, wie es an europäischen Hochschulen und Universitäten erst einige Zeit später geschah. In keiner anderen Stadt der USA konnte sich das interessierte Publikum so unmittelbar nach ihrer Entstehung mit den neuesten internationalen Tendenzen zeitgenössischer Musik vertraut machen wie in New York. Nachdem Henry Cowell 1929 zum Leiter der Musikabteilung der New School ernannt worden war, verengte sich die Thematik der Konzerte und Vorlesungen (unter weitgehender Vernachlässigung des Hindemithschen Werkes) von einem allgemeinen, jedoch europäisch geprägten Werkkanon mit großer stilistischer Vielfalt allmählich in Richtung der Schönberg-Schule und gleichsam (gewissermaßen zeitbedingt und der allgemeinen Tendenz zum aufklärerischen Linksliberalismus der Schule folgend) in Richtung einer proletarisch ausgerichteten Massenmusik.

Die Verbreitung und Propaganda, welche die moderne Kammermusik insbesondere durch die Komponistenvereinigungen seit den frühen zwanziger Jahren in den USA erfahren hatte, fand im Bereich der Orchestermusik keine Äquivalenz. Aufführungen zeitgenössischer Orchesterwerke waren vor allem vom Wohlwollen einflußreicher (meist europäischer) Orchesterleiter abhängig. Trotz einer seinerzeit sehr hohen Anzahl von Orchestergründungen[62] und trotz des hohen Niveaus der ungefähr 20 bedeutenden Symphonieorchester des Landes, gehörten Koussewitzky in Boston, Stokowsky und Monteux in Philadelphia, sowie Furtwängler, Mengelberg und Klemperer als Gastdirigenten u. a. der New Yorker Philharmoniker zu den wenigen, die sich - nicht selten gegen den Widerstand ihres eigenen Orchestervorstands - der Einstudierung und Aufführung Neuer Musik annahmen. Durch das beispielhafte Engagement Stokowskys wurden die *Nusch-Nuschi-Tänze* am 14. November 1924 als erstes Orchesterwerk Hindemiths in den USA in Philadelphia aufgeführt. Einige Tage darauf, am 18. November 1924, stellten Stokowsky und sein Philadelphia Orchestra diese Tanz-Suite dann erstmals in New York vor. Im Frühjahr 1926 gelangte ein weiteres Orchesterwerk Hindemiths von Boston aus nach New York: das *Konzert für Orchester, op. 38*. Nachdem es Sergej Koussewitzky am 5. März 1926 in Boston zur amerikanischen Erstaufführung gebracht hatte, wurde es vom Boston Symphony Orchestra unter seiner Leitung ebenfalls bereits am 13. März 1926 in New York gespielt. Daß sich die besten Orchester des Landes mit ihren Aufführungen Neuer Musik immer auch in Richtung New York orientiert haben, zeigt einmal mehr die herausragende Bedeutung dieser Ostküstenmetropole für die zeitgenössische Musik seit den zwanziger Jahren. Das erste szenische Werk Hindemiths traf in Philadelphia durch das Engagement Stokowskys und der dort ansässigen Society for Contemporary Music im Jahre 1928 mit der Aufführung des Sketches *Hin und zurück, op. 45a*

---

62 Vgl. dazu Helen M. Thompson: The American Symphony Orchestra, in: One Hundred Years of Music in America, Paul Henry Lang (Hrsg.), a.a.O., S. 41.

auf das amerikanische Publikum. Die Inszenierung dieses kurzen Bühnenwerkes in New York blieb jedoch zunächst aus.

Ende der zwanziger Jahre nahm das allgemeine Interesse am Werk Paul Hindemiths in den USA weiter zu. Im März 1929 erreichte Hindemith ein Brief von Sergej Koussewitzky aus Boston, in welchem er aus Anlaß des 50. Geburtstages des Boston Symphony Orchestras eine Komposition bei ihm in Auftrag gab.[63] Als sich Hindemith und Koussewitzky über das Honorar von $2000 geeinigt hatten, begann der Komponist mit der Arbeit an seiner *Konzertmusik für Streichorchester und Blechbläser, op. 50*, welche schließlich am 3. April 1931 in Boston zur Uraufführung gelangte. Elizabeth Sprague Coolidge, die im Verlauf der zwanziger Jahre zu einer großen Verehrerin des Hindemithschen Werkes geworden war, trat im Januar 1930 mit einer ähnlichen Bitte an ihn heran und verband ihren Kompositionsauftrag gleichzeitig mit einer Einladung nach Chicago, die Hindemith allerdings wegen Zeitmangels ausschlagen mußte. Den Kompositionsauftrag nahm er dennoch an, und die Uraufführung der daraus hervorgegangenen *Konzertmusik für Klavier, Blechbläser und Harfen, op. 49* fand (bereits vor jener der Konzertmusik) am 13. Oktober 1930 in Chicago statt. Hindemiths langjährige Freundin und Kollegin Emma Lübbecke-Job, die sich auf ihrer ersten Amerika-Tournee befand, war die Klaviersolistin in der Coolidge gewidmeten Konzertmusik. Der Geiger Hugo Kortschak, welcher das *Streichquartett, op. 16* zehn Jahre zuvor als Jurymitglied beim Kompositionswettbewerb des Berkshire Festivals noch abgelehnt hatte, dirigierte nun diese Uraufführung.

Diese beiden, zweifelsohne sehr bedeutenden Kompositionsaufträge, die Hindemith um 1930 von Koussewitzky und Coolidge erhielt, hätten, so meint Luther Noss, dem Hindemithschen Werk in den USA endgültig zum Durchbruch verholfen. Noss weist dabei aber gleichzeitig darauf hin, daß sich Coolidge bei Hindemith für die "tepid reviews in the Chicago papers" entschuldigt und ihm erklärt habe, die Chicagoer Kritiker seien "not very good and should not be taken seriously."[64] Zwar ist der entscheidende "Durchbruch" der amerikanischen Hindemith-Rezeption, den Noss am Ende des "Jazz Age" zu erkennen glaubt, noch nicht feststellbar (vgl. Kapitel 3 und 4), doch hat Hindemith mit Blick auf seine Kompositionen zu diesem Zeitpunkt bereits einige einflußreiche Fürsprecher in den USA gewinnen können.

---

[63] Vgl. den Brief Sergej Koussewitzkys an Paul Hindemith, Boston, 2.3.29. Das Original des Briefes befindet sich im PHI in Frankfurt.

[64] Vgl. Luther Noss: Paul Hindemith in the United States, a.a.O., S. 7-10.

2.1.5. Neue Medien versus Neue Musik: Schallplatte und Radio

Die Entdeckung einer deutschen Schallplatteneinspielung von Richard Strauss'
Till Eulenspiegels lustige Streiche habe, wie Irving Kolodin berichtet, im Jahre
1922 in den USA die Hoffnung genährt, daß nun auch dort die (im Blick auf
Strauss freilich nicht mehr ganz) Neue Musik, an der allgemein zunehmenden
Popularität der Schallplatte teilhaben könnte.[65] Obwohl dieses neue Medium
in den USA vor allem im Bereich des Operngesangs schon für die Musik
nutzbar gemacht worden war und es sich in den zwanziger Jahren zum
Statussymbol der kultivierten amerikanischen High Society entwickelte, waren
doch - dem geringen Interesse der amerikanischen Verlagshäuser an
zeitgenössischer Musik vergleichbar - auch die Schallplattenproduzenten nicht
bereit, die wenig Gewinn versprechende Neue Musik herauszugeben:

> "In America, what public existed was diffuse and inarticulate, the
> companies had not the slightest interest in subsidizing records that
> would not pay for themselves, and there were no enthusiastic
> amateurs."[66]

Dem Musikkritiker Alfred Frankenstein zufolge seien Schallplattenaufnahmen
mit Kompositionen Hindemiths, Milhauds und Strawinskys auch noch Mitte
der zwanziger Jahre nicht auf dem amerikanischen Markt erhältlich gewesen.[67]
Die Erfindung eines neuen elektrischen Aufnahmeverfahrens durch die "Bell
Telephone Laboratories" im Jahre 1924 verbesserte die Klangqualität der
Schallplatte erheblich und eröffnete ihr neue Märkte. Hatte zuvor einzig die
Wiedergabe von Vokalmusik zu klanglich befriedigenden Ergebnissen geführt,
so gewannen nun auch die Einspielungen von klassischer Orchestermusik
allmählich an Attraktivität. 1927 erreichte die Zahl aller verkauften
Schallpatten in den USA mit 104 Millionen ihren vorläufigen Höchststand,[68]
und auch im Bereich der Neuen Musik - vor allem bei Aufnahmen von
Kompositionen Strawinskys, Debussys, Strauss', Ravels und Elgars - wirkte
sich nun der Schallplatten-Boom positiv aus, so daß Kolodin 1933 feststellen
konnte: "One can hear practically the entire repertoire of each of these men
on records, with even a choice, in the major orchestral works, of

---

[65] Irving Kolodin: Ten Years of Modern Music Recording, in: MM, 10. Jg., Nr. 3
(March-April 1933), S. 103.

[66] Ebd.

[67] Vgl. dazu Judith Tick: Ruth Crawford Seeger. A Composer's Search for American
Music, New York, Oxford 1997, S. 52.

[68] Vgl. dazu Roland Gelatt: Music on Records, in: One Hundred Years of Music in
America, Paul Henry Lang (Hrsg.), a.a.O, S. 189.

interpretations by various conductors, including several by the composers themselves."[69]

In den zwanziger Jahren entwickelte sich in den USA auch das Radio zum Massenmedium. Mehr noch als durch die Schallplatte wurden hiermit Millionen von Zuhörern erreicht. 1921 besaß nur jeder 500. amerikanische Haushalt einen Radioempfänger, im Jahre 1930 bereits jeder zweite.[70] Die Hoffnung, mittels dieses Mediums ebenfalls das breite amerikanische Publikum kulturell zu "missionieren", war während dieser Zeit sehr groß.

Als am 2. November 1920 der Amateursender KDKA von Pittsburgh aus mit der ersten kommerziellen Radioübertragung begann, dachte dabei noch niemand primär an kulturelle Programme zur Erziehung des Publikums oder gar an anspruchsvolle Musikübertragungen. Man beabsichtigte vielmehr, das Radio als (politische) Informations- und Nachrichtenquelle und darüber hinaus natürlich für Werbezwecke einzusetzen. So waren die Pionier-Radiostationen großenteils "publicity ventures",[71] dennoch wurden sie in den folgenden Jahren vermehrt von Kirchen und Universitäten genutzt, und auch Musiksendungen (meist niedrigen Niveaus) fanden dort bald ihren festen Platz. Mitte der zwanziger Jahre überwogen - einer Statistik Cashmans zufolge - in den Radioübertragungen bereits verschiedene Arten von Musikaufführungen, allen voran populäre (Tanz-)Musik und Jazz:

> "In the 1925 schedules of the major stations in New York, Kansas City, and Chicago, over 70 percent of airtime was devoted to performed music, of which 25 percent was dance music. Music was performed live."[72]

Dominierten zunächst regionale Sender, so entwickelte sich mit der Gründung der National Broadcasting Company (NBC) von 1926 an die landesweite Radioübertragung. Die musikalischen Beiträge der NBC "ranged from the New York Symphony and Oratorio Society to the Goldman Band and an array

---

[69] Irving Kolodin: Ten Years of Modern Music Recording, a.a.O., S. 104.

[70] Vgl. Sean Dennis Cashman: America in the Twenties and Thirties, a.a.O., S. 312 und S. 320.

[71] Ebd., S. 307.

[72] Ebd., S. 309. (Vgl. dazu auch Daniel Gregory Mason: Tune in America: A Study of Our Coming Musical Independence, New York 1931, S. 87). Im Jahre 1922 verbot das amerikanische Handelsministerium, dem die Kontrolle über das Radio oblag, die Musikübertragung mit Hilfe der Schallplatte, indem es argumentierte, daß das amerikanische Publikum durch nicht live gesendete Musik hintergangen werde! Das Medium Radio wurde in den USA zwar von Anfang an staatlich kontrolliert, aber nicht - wie in Europa - staatlich finanziert.

of dance orchestras."[73] Ein Jahr darauf formierte sich durch die Initiative Arthur Judsons (Business Manager des Philadelphia und des New Yorker Philharmonischen Orchesters) die zweite nationale Radiogesellschaft; United Independent Broadcasting, später Columbia Broadcasting System (CBS) genannt. Die erste CBS-Übertragung aus der New Yorker Metropolitan Opera im Jahre 1927 führte dabei (primär aus technischen Gründen) zu einem finanziellen Fiasko. Radiosendungen dieser Art wurden auch deshalb für einige Zeit ausgesetzt, weil das Management argumentierte, daß jede Oper ihrer unerläßlichen szenischen Ausdruckskraft durch das Radio beraubt werde. Erst als sich die Metropolitan Oper in einer prekären finanziellen Notlage befand und deshalb ein Angebot der NBC nicht ausschlagen konnte, wurden die Übertragungen wieder aufgenommen.

Die beiden großen (in New York ansässigen) nationalen Radiostationen, NBC und CBS, wurden in der zweiten Hälfte der zwanziger Jahre schnell zu den führenden und kulturell einflußreichsten Institutionen, welche sich im Rahmen ihrer Übertragungen regelmäßig der klassischen Musik annahmen. Zeugnisse über Sendungen mit zeitgenössischer Musik und mit Kompositionen Hindemiths sind in den zwanziger Jahren jedoch rar. Es ist allerdings belegt, daß Elizabeth Sprague Coolidge, die wohl als eine der ersten das Potential des Radios "as a means of disseminating culture"[74] erkannt hatte, ihre Washingtoner Kammermusikkonzerte in der Library of Congress von Beginn an, also bereits 1925, vom Rundfunk übertragen ließ. Die League of Composers-Konzerte in New York wurden dagegen in den zwanziger Jahren vermutlich noch nicht gesendet - vielleicht auch wegen der oft geäußerten Befürchtung, das Radio würde die ohnehin schon geringe Zuhörerschaft bei solchen Veranstaltungen weiter dezimieren.[75]

---

[73] Irving L. Sablosky, American Music, a.a.O., S. 143.

[74] Vgl. Cyrilla Barr: Elizabeth Sprague Coolidge, a.a.O., S. 291.

[75] Die Zeitschrift *Modern Music* berichtete erst seit Mitte der dreißiger Jahre in ihrer Kolumne "Over the Air" regelmäßig über Radioübertragungen zeitgenössischer Musik.

2.2. Das "goldene" Zeitalter der amerikanischen Musik?

2.2.1. Paul Hindemith und die neuen Medien: Radio und Schallplatte

Der Periode der späten dreißiger und frühen vierziger Jahre wird in der amerikanischen Musikgeschichtsschreibung gelegentlich die Bezeichnung "Das goldene Zeitalter des Radios"[76] beigegeben. Den Zeitraum von 1929 bis 1945 betreffend ist gar vom "Goldenen Zeitalter der amerikanischen Musik" die Rede. Daß das Medium Radio an der Entwicklung hin zu einer eigenständigen, wie auch immer gearteten, amerikanischen Musikkultur, die sich seit den dreißiger Jahren auch für die Rezeption der zeitgenössischen Musik allmählich etwas günstiger auswirkte, eine entscheidende Rolle spielte, ist unbestritten. Aber ist diese Entwicklung, wie sie etwa auch Glenda Dawn Goss mit Blick auf das Medium Radio beschreibt, als durchweg positiv, bzw. als "golden" zu bewerten?

> "By the early 1930s, radio occupied an essential position in American life. There was a great variety of music, including an enormous number of serious compositions. One significant development was the trend toward broadcasting entire symphonies. In 1931 [...] 33.4 percent of broadcasting time was devoted to serious music; in 1934 CBS announced that its network had presented 444 hours of classical music in 659 broadcasts (up from 368 hours the previous year)."[77]

Dem Rancher im Südwesten, dem Baumwollpflanzer der Südstaaten, und ebenso dem Industriearbeiter im reichen Nordosten, allen stand, Glenda Dawn Goss zufolge, bereits in den frühen dreißiger Jahren durch das Radio ein reichhaltiges Angebot an klassischen Musikprogrammen[78] zur Verfügung. Cashman stellt dagegen fest, daß das typische Musikprogramm dieser Zeit von einem Orchester oder einem professionellen Sänger gestaltet worden sei, und

---

[76] Vgl. z. B. Sean Dennis Cashman: America in the Twenties and Thirties, a.a.O., S. 330: "The period 1935-1941 is sometimes known as the golden age of radio, principally because of the programming."

[77] Glenda Dawn Goss: Jean Sibelius and Olin Downes, a.a.O., S. 103.

[78] "Classical (oder "serious") music" ist bei Goss und anderen in der Bedeutung sehr weit gefaßt. Der Begriff, so stellt auch Richard Franko Goldman fest, "would include the *Poet and Peasant Ouverture* as well as Beethoven's *Fifth Symphony*, and the Aragonaise from *Le Cid* as well as the Brahms *Violin Concerto*; in short, exactly the type of 'classical' music one gets on radio." (Richard Franko Goldman: Music for the Army, in: MM, 20. Jg., Nr. 1 (November-December 1942), S. 9).

"popular or light classical music" zum Inhalt gehabt habe.[79] Über die Musik hinausgehend, wurden offenbar auch zahlreiche Programme mit niveauvoller kultureller Unterhaltung angeboten (z. B. Shakespeare-Dramen, Gedichtlesungen, Universitätsvorträge, Schulsendungen). Das erklärte Ziel der amerikanischen Regierung, der Rundfunk müsse (wie es bereits im Radio Act von 1927 festgeschrieben worden war) dem öffentlichen Interesse zum Vorteil und Nutzen gereichen, wurde offenbar in den dreißiger Jahren doch größtenteils realisiert.

Hat dabei die Dynamik des kommerziellen Radiobetriebs in den USA wirklich von sich aus zu dieser spürbaren Aufwertung von Sendungen mit höherem kulturellen Anspruch und damit auch zur Ausstrahlung von hoher musikalischer Kunst, insbesondere im Bereich der Orchestermusik, geführt? Und ist damit, unter Berücksichtigung des mehrheitlichen Interesses der Amerikaner, eine zufriedenstellende Balance zwischen dem "Delectare" und dem "Prodesse" bei Radioübertragungen geschaffen worden? Tatsächlich verdanken viele Kultursendungen, die in den dreißiger Jahren vor allem durch die landesweit operierenden, finanzkräftigen Sender NBC und CBS ausgestrahlt wurden, ihre Existenz allein dem Druck staatlich eingesetzter Kommissionen. Die Federal Communications Commission (FCC) machte z. B. darauf aufmerksam, daß die großen Radiostationen durch die übermäßige Übertragung von Werbung enorme Gewinne erwirtschaftet hätten und somit ihrem öffentlichen Auftrag nicht mehr ausreichend gerecht würden. Der amerikanische Kongreß veranlaßte daraufhin, den Umfang der Werbung im Radio streng zu kontrollieren und zu reglementieren. Gleichzeitig wurde den nationalen Sendern auferlegt, eine bestimmte Anzahl von Programmen mit den folgenden thematischen Schwerpunkten auszustrahlen: "educational, religious, agricultural".[80]

Als CBS im Jahre 1930 neben der Ausstrahlung der Sendereihe "American School of the Air" begonnen hatte, die Sonntagnachmittag-Konzerte der New Yorker Philharmoniker zu übertragen und NBC im Dezember 1931 - quasi im Gegenzug - die Sendungen aus der Metropolitan Oper aufgenommen hatte, entwickelte sich eine über die staatliche Kontrolle hinausgehende, konkurrenzbedingte "Eigendynamik" zwischen diesen beiden großen Sendeanstalten. Radioübertragungen mit klassischer Musik blieben aber in den dreißiger Jahren (und darüber hinaus) trotz des größeren Angebots und des größeren Publikumsinteresses vor allem für die regionalen, aber auch für die großen nationalen Sender ein Verlustgeschäft. NBC und CBS wiesen etwa bei ihren Konzert- und Opernübertragungen immer wieder explizit darauf hin, daß sie die finanziellen Erträge, die sie zuvor durch die Werbung erzielt hatten, hier besonders verantwortungsbewußt für kulturelle Erziehung

---

79 Sean Dennis Cashman: America in the Twenties and Thirties, a.a.O., S. 320.

80 Cecil Michener Smith: Over the Air, in: MM, 14. Jg., Nr. 1 (November-December 1936), S. 54.

ausgegeben hätten. Obwohl sich die Entwicklung der Radioprogramme mit klassischer Musik in den USA durchaus positiv darstellte und auch die Rezeption Neuer Musik hier allmählich erwachte, blickten viele Amerikaner, wie auch Marion Bauer, voll Neid nach Europa, wo die Sendeanstalten staatliche Förderungen erfuhren, und wo die zeitgenössische Musik im Radio bereits einen festen Platz eingenommen hatte:

"The British Broadcasting Company has made a special feature of presenting the latest works of English and Continental composers, and in Germany some of the prominent composers are in control of the stations, while others, such as Hindemith, Kurt Weill, Ernst Toch, Graener, Butting, and Fitelberg, have written special compositions for the radio, and the stations fight for "first performances" of new works."[81]

Neue Musik, auch jene, die für den Rundfunk komponiert worden war, fand im Rahmen von Radiosendungen in den USA zu Beginn der dreißiger Jahre noch relativ selten Berücksichtigung, und eine Konkurrenz zwischen den US-Sendern um die Übertragungsrechte von Uraufführungen nach europäischem Muster existierte nicht. Ein frühes Zeugnis dieser Art von Radiomusikübertragung ist die Ausstrahlung von Kurt Weills *Lindberghflug*, gespielt vom Philadelphia Orchester unter Stokowsky, im Jahre 1931. Weills ursprüngliche Idee, den Rundfunk hierbei pädagogisch zu verwerten, indem etwa der Radiohörer aufgefordert wird, bewußt ausgelassene Instrumentalstimmen durch eigenes Spiel zu ergänzen, wurde in den USA freilich ebensowenig in Betracht gezogen wie in Deutschland.

Marion Bauers Anregung, es den Europäern zumindest insofern gleichzutun, als z. B. die Sendeanstalten Komponisten beauftragen könnten, Musik speziell für das Medium Radio zu entwerfen, wurde in den USA zu Ende des Jahres 1936 durch CBS erstmals in die Tat umgesetzt. Im Rahmen der sogenannten "Columbia Composers Commission" sollten die sechs amerikanischen Komponisten Copland, Gruenberg, Hanson, Harris, Piston und Still, in jener Zeit allesamt Vertreter einer konservativ ausgerichteten und publikumszugewandten musikalischen Sprache, Werke einreichen, die einer vorgegebenen instrumentalen Besetzung entsprachen und darüber hinaus die Dauer von 40 Minuten nicht überschritten. Ihre Radiokompositionen, die 1937 übertragen wurden, fanden, wie alle Sendungen mit zeitgenössischer Musik, entweder gar keine Resonanz oder bestenfalls ein geteiltes, in der Mehrzahl jedoch negatives Echo beim Publikum, so daß sich CBS 1941

---

[81] Marion Bauer: Twentieth Century Music. How it developed. How to listen to it, New York, London 1933, S. 302.

entschloß, keine weiteren Kompositionsaufträge mehr zu vergeben.[82] Zudem wurde - ebenfalls im Jahre 1937 - eine Samstagabend-Serie von CBS mit dem Titel "Modern Masters" bereits nach drei Monaten wegen mangelnden Publikumsinteresses wieder eingestellt.

Wie sehr Rundfunkprogramme mit zeitgenössischer Musik vom unerbittlichen Diktat des amerikanischen Marktes abhängig waren und gleichsam sogar Gefahr liefen, zum Politikum zu werden, verdeutlicht eine Reaktion des New Yorker Bürgermeisters La Guardia auf die von Theodor W. Adorno geleitete Serie eines lokalen Senders. Obwohl La Guardia für sein Interesse an klassischer Musik bekannt war, verbot er dennoch kurzerhand Adornos Sendung, nachdem dieser eine (angeblich von Paul Hindemith stammende) Oboensonate ausgestrahlt hatte.[83] Wenn La Guardia, so meint Adorno, "so etwas weiter gestattet, bekommt er viele Protestanrufe und seine Wiederwahl ist gefährdet. Das bedeutet innerhalb des politischen Kräftespiels eine Niederlage. So wichtig ist die Musik nicht, also Schluß mit dieser."[84]

Neben der weiterhin sehr populären Sendung der "Music Appreciation Hour" begann die Musikabteilung der NBC in den dreißiger Jahren, die Konzerte der League of Composers finanziell zu unterstützen. Desweiteren gründete der Sender 1937 das NBC Symphony Orchestra und ernannte Arturo Toscanini zum ersten Chefdirigenten. Mit diesem Schritt, so war zunächst die einhellige Meinung in der Presse, habe sich das Radio endgültig zu einem "winged missionary of new art"[85] aufgeschwungen. Toscanini war jedoch nicht daran gelegen, die zeitgenössische Musik zu fördern, sondern er berücksichtigte in seinen Radiokonzerten vielmehr vor allem die Musik des 19. Jahrhunderts. Der Konservatismus Toscaninis wurde erst durch das Engagement verschiedener Gastdirigenten und schließlich durch die Ernennung Stokowskys zum "general director" im Jahre 1941 vorübergehend durchbrochen. So dirigierte Stokowsky, der sich schon seit einiger Zeit den Ruf eines standhaften Verfechters der musikalischen Avantgarde erworben hatte, am 6. Februar 1944 die Uraufführung von Schönbergs Klavierkonzert. Im selben Jahr wurde er allerdings wieder entlassen, denn seine zu fortschrittlich ausgerichtete Programmgestaltung stand dem Ziel des Senders, ein breites Spektrum von Musik mit sowohl hohem als auch niedrigem kulturellen Anspruch zu gewährleisten, diametral entgegen.

---

82 Vgl. dazu Davidson Taylor: To Order, For Radio, in: MM, 14. Jg., Nr. 1 (November-December 1936), S. 13 sowie Nicholas E. Tawa: Serenading the Reluctant Eagle, a.a.O., S. 97-98.

83 Vgl. dazu Eike Middell et al. (Hrsg.): Exil in den USA, Leipzig 1970, S. 301.

84 Zit. nach Auszug des Geistes. Bericht über eine Sendereihe, Radio Bremen (Hrsg.), Bremer Beiträge IV, Bremen 1962, S. 185.

85 Vgl. Donald C. Meyer: Toscanini and the NBC Symphony Orchestra, a.a.O., S. 309.

Die Hindemith-Rezeption im Radio erreichte wohl im Jahre 1937 mit der Übertragung des "Eighth Festival of Chamber Music" aus der Library of Congress in Washington ihren vorläufigen Höhepunkt. Hatten die seltenen Radiosendungen mit Hindemithscher Musik den Rundfunkanstalten bis dahin meist Beschimpfungen und zudem zahlreiche Schmähbriefe eingebracht, so zeichnete sich nun eine Wende ab. Auf das Konzert am 10. April 1937 Bezug nehmend, berichtet Davidson Taylor:

"At one stage in radio, Hindemith had the greatest power of any composer to infuriate listeners. No matter what his theories might have been, broadcasts of his music brought in unanimously vituperative letters. Then suddenly one Spring morning in 1937, the Columbia Broadcasting System carried an hour and three-quarters of Hindemith's music in Washington, with the composer participating as violist. The letters which came were not numerous, but they were all friendly."[86]

Während des Zweiten Weltkriegs verlagerte sich der Schwerpunkt der Musikprogramme vieler Radiosender in Richtung einer nationalistischen und propagandistischen Unterhaltungsmusik. Im Jahre 1942 hatte jede größere Station eine eigene Sendung mit "American Music". Neue Musik fand in dieser Zeit im Rundfunk dagegen vergleichsweise wenig Beachtung, ausgenommen jene, die (wie z. B. die *Third Symphony* von Roy Harris, aber auch die äußerst populäre Leningrader Symphonie von Schostakowitsch) das Nationale betont, die darüber hinaus (wie z. B. Blitzsteins *Airborne Symphony*) speziell für die amerikanischen Soldaten komponiert worden, und zudem für das Publikum leicht verständlich war.

Einen festen Platz im Programmrepertoire des Rundfunks nahmen in den frühen vierziger Jahren weiterhin die Live-Übertragungen aus den großen Konzertsälen amerikanischer Metropolen wie New York, Boston und Chicago ein, und sie waren es auch, die den Hauptanteil der Radiosendungen mit Hindemithschen Kompositionen ausmachen. Hier fanden vor allem Ur- und Erstaufführungen seiner Orchesterwerke große Beachtung. Zudem brachte Stokowsky während seiner Zeit als Dirigent des NBC Symphony Orchestras u. a. die *Symphonie in Es* und die Suite *Nobilissima Visione* heraus.

Sowohl nationale als auch regionale Stationen widmeten sich gelegentlich der Übertragung von Kammermusikaufführungen mit Werken Hindemiths. CBS sendete Anfang 1943 die *Kleine Kammermusik für fünf Bläser, op. 24 Nr. 2*, und im selben Jahr spielten William Primrose und Vladimir Sokoloff im Rahmen einer CBS-Konzertreihe mit Musik für Viola und Klavier seine *Trauermusik*. Nicht

---

[86] Davidson Taylor: Why Not Try the Air?, in: MM, 15. Jg., Nr. 2 (January-February 1938), S. 91.

primär des Werkes wegen, sondern wohl vielmehr aufgrund der Popularität des Collegiate Chorales und seines Chorleiters Robert Shaw gelangten (erneut durch CBS) drei der *Six chansons* zur Radioaufführung.[87] WNYC in New York sei hier schließlich stellvertretend für einige Regionalsender, die Werke von Paul Hindemith übertrugen, hervorgehoben. WNYC sendete die offizielle Uraufführung der *Sonata for English Horn and Piano* am 23. November 1941 aus dem Frick Museum.[88]

Hindemith selbst nahm stets regen Anteil an Rundfunkübertragungen. So verfolgte der Komponist gemeinsam mit seiner guten Bekannten und Schülerin Jean Mainous die Bostoner Erstaufführung der *Symphonic Metamorphosis* am 19. Januar 1945 im Radio:

"When the announcer, in discussing the work said that the work, the theme on which the work was written was from a four-hand piece by Weber ... he [Hindemith] really laughed and said, 'I wonder where they found that out.' He apparently had not divulged this information."

Über des Komponisten Reaktion zu dieser Aufführung durch das Boston Symphony Orchestra unter der Leitung von George Szell berichtet Mainous weiter: Hindemith "didn't seem displeased and he didn't seem overly elated ... but he was interested enough to listen."[89] Am Tag nach der Bostoner Aufführung schreibt Hindemith jedoch an seinen amerikanischen Verleger: "Szell rief heute morgen hier an (nach der gestrigen sehr schönen Metamorphosen Aufführung in Boston)."[90]

---

87 Vgl. Charles Mills: Over the Air, in: MM, 21. Jg., Nr. 2 (January-February 1944), S. 121.

88 Vor der offiziellen Uraufführung in New York wurde die Englischhorn-Sonate "ein paarmal im kleinen Kreise gespielt." (Brief Paul Hindemiths an Willy Strecker, o.O., 27.9.41). "Hindemiths Taschenkalender verzeichnet am 31.8.1941: '3 Church (mit Speyer Englischhorn-/Sonate/ bei Speyers).'" (zit. nach Ann-Katrin Heimer: Eine unbekannte Quelle für Hindemiths Englischhorn-Sonate, in: HJB 1995/XXIV, Anm. 2, S. 42). Die briefliche Korrespondenz zwischen Paul Hindemith und dem Schott-Verlag (Willy Strecker, Mainz), sowie dessen englischer (Hugo Strecker, London) und amerikanischer Vertretung AMP (New York) wird im PHI aufbewahrt.

89 Jean Mainous (im Interview mit Caitriona Bolster), Denton, TX, 11.1.76, in: OH, Typoskript S. 14-15. Mainous war neben Paul und Gertrud Hindemith, sowie Blanche Raisen das vierte Mitglied des sogenannten "Frankenstein"-Quartetts, welches sich während des Zweiten Weltkrieges regelmäßig samstagabends zum Streichquartettspiel im Hause Hindemith einfand.

90 Brief Paul Hindemiths an AMP, 20.1.45. Hindemith war offenbar mit der Szell-Interpretation der *Symphonic Metamorphosis* weit mehr zufrieden als mit der Schallplatteneinspielung der New Yorker Philharmoniker unter Rodzinski und wohl auch

Wenn in den amerikanischen Geschichtsbüchern vom "Goldenen Zeitalter des Radios" berichtet wird, dann ist damit in der Hauptsache die enorme und sich erstaunlich schnell vollziehende Verbreitung dieses Mediums gerade auch in den Jahren schwerer wirtschaftlicher Depression in den USA gemeint. Die Herausbildung eines neuen, prosperierenden Wirtschaftszweiges in der Unterhaltungsindustrie begünstigte vor allem die großen nationalen Radiosender, die durch Werbeeinnahmen höchste Gewinne erzielten. Auch das Anfang der vierziger Jahre überaus reichhaltige Angebot an Musikprogrammen, welches das breite Spektrum von Reklamemusik, Volks- und Kunstmusik abdeckte, kann in diesem Zusammenhang, wie es etwa auch Cashman tut, (rein quantitativ betrachtet) als "golden" bezeichnet werden. Es habe in den USA, wie Virgil Thomson im Mai 1943 bemerkt, offensichtlich bereits ein derartiges Überangebot an Musik geherrscht, daß die den ganzen Tag quasi in Musik "gebadeten" Zuhörer unweigerlich dazu verleitet würden, zum unreflektierten Dauerkonsum überzugehen. Thomson merkt darüber hinaus mahnend an:

"Nachdem nun fast jede Familie und jedes Restaurant und jede Imbißbude ihr Radiogerät dauernd spielen lassen, ist daraus eine ganz neuartige Situation entstanden. Nie vorher hat die zivilisierte Menschheit in einer solch ständigen Klangumgebung gelebt, war sie derart von morgens bis abends, von der Wiege bis zum Sarge, von beabsichtigten Geräuschen umgeben."[91]

Ob dieser Zustand, den Thomson beschreibt, ebenfalls als "golden" bezeichnet werden kann, ist freilich vom Blickwinkel des jeweiligen Betrachters abhängig. Sicher ist jedoch, daß die Musik in den USA durch kein anderes Medium so unweigerlich zum preisgünstigen Konsumgut degenerierte wie durch das Radio. Die dem Rundfunk von der US-Regierung aufgetragene Verpflichtung, das breite Publikum auch zu einem besseren Verständnis der eigenen Kultur zu erziehen, zeigte in den dreißiger Jahren zwar Wirkung, doch wurden die kulturell niveauvollen Programme noch immer zum Opfer von wirtschaftlichen Interessen, und sie waren darüber hinaus dem Diktat des mehrheitlichen Geschmacks und nicht zuletzt auch dem politischen Kalkül einzelner ausgeliefert.

Berichte über zeitgenössische (meist amerikanische) Musik im Rundfunk, wie sie in solchen Fachzeitschriften wie *Modern Music* regelmäßig erscheinen, sind oftmals von Euphemismus und Optimismus geprägt und geben deshalb nur

---

mit deren Uraufführung am 20.1.1944 (vgl. den Brief Paul Hindemiths an AMP, New Haven, 27.11.44).
[91] Virgil Thomson: Musikgeschehen in Amerika, a.a.O., S. 273.

ein sehr unscharfes Bild der Realität wieder, denn die Programme mit Neuer Musik wurden freilich weiterhin durch Ausstrahlungen von populärer Unterhaltungsmusik stark in den Hintergrund gedrängt. Ihr Anteil hatte sich zwar seit den zwanziger Jahren spürbar erhöht, doch war dieser in den USA (auch verglichen mit der Situation in Europa) in den dreißiger und frühen vierziger Jahren dennoch gering.

In der Weise, wie der Rundfunk seine "Vergoldung" erfuhr, so trat die Schallplatte gleichsam in ein tiefschwarzes Zeitalter ein, denn der Aufschwung, den sie noch in den zwanziger Jahren genommen hatte, fand trotz weiterer technischer Verbesserungen bereits zu Beginn der dreißiger Jahre, vor allem bedingt durch die starke Konkurrenz des Radios, sein jähes Ende. Obwohl sich das Schallplattengeschäft im Verlauf der dreißiger Jahre wieder vorübergehend erholte und der Anteil an "serious music"[92] sogar unverhältnismäßig stark zunahm, blieben die Verkaufszahlen, wie John Tasker Howard feststellt, dennoch hinter jenen von 1914 zurück.[93] Als James C. Petrillo, Präsident der American Federation of Musicians (AFM), als Reaktion auf die bereits lange andauernde Kontroverse mit der Schallplattenindustrie um Tantiemen im Jahre 1942 schließlich den Generalstreik ausrief und den Musikern seiner Gewerkschaft somit verbot, bei Schallplattenaufnahmen mitzuwirken, setzten daraufhin die beiden Gesellschaften RCA Victor und Columbia ihre Produktion für zwei Jahre ganz aus, andere verringerten ihre Herstellung drastisch.

Zwar war der Streit um Tantiemen in der Hauptsache mit Blick auf Musik populärer Provenienz entbrannt, doch bedeutete der Produktionsrückgang, der im übrigen auch durch den kriegsbedingten Mangel an Rohstoffen (z. B. Schellack) verursacht wurde,[94] ebenfalls einen herben Rückschlag für die zeitgenössische Musik. Im Jahre 1933 konnte Irving Kolodin noch optimistisch verkünden: "Today, there are available in New York City the works of no less than seventy-five living composers."[95] Er bemerkte desweiteren zu Recht, daß nun endlich auch Dirigenten großer amerikanischer Orchester langsam begonnen hätten, sich mit dem Medium Schallplatte

---

[92] Vgl. Ronald L. Davis: A History of Music in American Life, Volume III. The Modern Era, 1920-Present, Malabar (Florida) 1981, S. 16.

[93] John Tasker Howard: Our Contemporary Composers. American Music in the Twentieth Century, New York 1941, S. 338. Vgl. dazu auch Alexander L. Ringer: "New Deal" und Musik. Zur Lage der amerikanischen Musik in den Dreißiger Jahren, in: Bericht über den internationalen musikwissenschaftlichen Kongreß Bayreuth 1981, Christoph-Hellmuth Mahling, Sigrid Wiesmann (Hrsg.), Kassel, etc. 1984, S. 173.

[94] Edwin Hughes konstatiert bereits zu Beginn des Jahres 1942 einen "seventy per cent cut in the manufacture of records" (vgl. Edwin Hughes: Blackout For the Music Industries, in: MM, 19. Jg., Nr. 4 (May-June 1942), S. 253).

[95] Irving Kolodin: Ten Years of Modern Music Recording, a.a.O., S. 104ff.

auseinanderzusetzen und zudem auch die Einspielung von Musik des 20. Jahrhunderts in Betracht zögen. Stokowsky nahm Strawinskys *Sacre du Printemps* auf, Koussewitzky spielte Werke von Prokofieff, Ravel und Strawinsky ein, während sich Frederick Stock (Chicago Symphony Orchestra) dagegen vorwiegend auf die Musik der Romantik konzentrierte.

Viele verstanden die Schallplatte als große Gelegenheit für zeitgenössische Komponisten, sich einer breiteren Öffentlichkeit vorzustellen. In gleicher Weise waren etwa auch Musikkritiker nun nicht mehr gezwungen, ein Werk nach einmaligem Hören zu beurteilen. Mit der im Mai 1935 erstmals erscheinenden Zeitschrift *American Record Guide* (bzw. zunächst *The American Music Lover*) schaffte sich die amerikanische Musikkritik zudem ein neues, speziell auf die Schallplattenrezeption ausgerichtetes Forum, in welchem ebenfalls regelmäßig Interpretationen und Werkbeurteilungen zeitgenössischer Musik in ausführlichen Besprechungen berücksicht wurden.

Aufgrund des mit Blick auf die Möglichkeiten der Schallplatte vorherrschenden Optimismus' formierten sich, der Strategie der "organized audience" ähnlich, zu Beginn der dreißiger Jahre kleine Gruppen von Musikliebhabern und von Freunden der zeitgenössischen Musik mit dem Ziel, die durch das Einspielen klassischer und Neuer Musik entstehenden finanziellen Verluste zu vermeiden, indem sie den Schallplattenproduzenten im Vorhinein ausreichende Geldsummen von potentiellen Käufern in Aussicht stellten.[96] Diese zunächst auf regionaler Ebene (z. B. durch die Chicago Phonographic Society) erfolgreich durchgeführte Idee sollte, so Kolodin, im Rahmen eines umfangreicheren "Subscription Society"-Plans auch unter finanzieller Beteiligung der zahlreichen Gesellschaften für Neue Musik zu einer staatenübergreifenden und permanenten Einrichtung erweitert werden.

Die zunehmende Nachfrage an Neuer Musik wurde Mitte der dreißiger Jahre ebenfalls von den großen amerikanischen Schallplattengesellschaften wie RCA Victor und Columbia Records erkannt, und sie begannen bald von sich aus, zeitgenössische Musik aus Europa (aber auch vermehrt aus dem eigenen Land) herauszubringen. Noch vor der "Columbia Composers [Radio-]Commission" erschien bei RCA Victor im Jahre 1935 mit Roy Harris' *When Johnny Comes Marching Home*, eingespielt vom Minneapolis Symphony Orchestra unter Eugene Ormandy, die erste amerikanische Schallplatten-Auftragskomposition.[97] Als Ende der dreißiger Jahre der Umsatz stagnierte, zogen sich viele Schallplattenproduzenten jedoch schnell wieder auf kommerziell sicheres Terrain zurück, so daß Colin McPhee 1942 feststellen

---

[96] Irving Kolodin: American Composers and the Phonograph, in: MM, 11. Jg, Nr. 3 (March-April 1934), S. 130.

[97] Vgl. Richard Gilbert: A 'Premiere' by Disc; More Modern Records, in: MM, 12. Jg., Nr. 4 (May-June 1935), S. 205-207.

mußte: "There has been plenty of Brahms, but no more Berg."[98] Auch die Auswahl der bis Anfang der vierziger Jahre erschienenen Schallplatten mit zeitgenössischer amerikanischer Musik beschränkte sich auf solche Werke, die sich bereits zuvor beim Publikum im Rahmen von Konzert- und Opernaufführungen einiger Beliebtheit erfreut hatten; unter ihnen z. B. *The Cradle will Rock* (Blitzstein), *El Salón México* und *Music for Theatre* (Copland), sowie die *American Festival Ouverture* (Schuman).

Die Zahl der Schallplattenneuerscheinungen von Werken Paul Hindemiths nahm entgegen des (oben beschriebenen) allgemeinen Trends seit Mitte der dreißiger Jahre stetig zu. Hatte Hindemith zuvor bereits im Zusammenhang mit dem von Casadesus (weniger rekonstruierten als) fingierten *Adelaide*-Konzert Mozarts die Bühne des amerikanischen Schallplattenmarktes betreten - Hindemith hatte zu diesem Konzert eine Violinkadenz angefertigt[99] -, so setzte die Schallplattenrezeption mit seinen Originalkompositionen in den USA, Compton Pakenham zufolge, mit der Erscheinung des *2. Trios für Geige, Bratsche und Cello* bei Columbia Records und dessen Besprechung in der *New York Times* im Jahre 1935 ein:

> "This time his [Hindemiths] name appears entirely in its own right, appearing, so far as memory has it, for the first time on American lists. [...] The work now made available is his second trio for strings (1933), played by the so-called Hindemith Trio, consisting of Simon Goldberg (violin), the composer (viola) and Emanuel Feuermann ('cello). Its addition to the library is something for which we feel devoutly thankful. For, after getting down to the trio without benefit of score, one becomes increasingly surprised that, with the generous proportion of modern recordings made during the past couple of years, Hindemith has been overlooked for so long."[100]

Ein halbes Jahr später, am 18. Oktober 1935, gelangte das 2. Streichtrio im Rahmen einer Konzertreihe mit "recorded music" an der New Yorker New School for Social Research ausschnittweise zu seiner dortigen Erstaufführung.

---

[98] Colin McPhee: Scores and Records, in: MM, 19. Jg., Nr. 4 (May-June 1942), S. 271.

[99] Vgl. Compton Pakenham: Newly Recorded Music, in: NYT, 84. Jg., Nr. 28,218, 28.4.35, Section 10, S. 6. Der junge Geiger Yehudi Menuhin führte das *Adelaide*-Konzert mit der Kadenz Hindemiths bereits am 18.3.1934 in der New Yorker Carnegie Hall auf.

[100] Ebd. Im Mai 1935 erschien in der ersten Ausgabe des *American Music Lover* (*American Record Guide*) ebenfalls eine Schallplattenbesprechung des 2. Streichtrios (vgl. W.K. [William Kozlenko]: Hindemith: Trio for Strings, No. 2 (1933), played by the Hindemith Trio, in: The American Music Lover, 1. Jg., Nr. 1 (May 1935), S. 25).

50

Aaron Copland besprach und analysierte hier neben dem Streichtrio auch die beiden in New York bereits erklungenen Kompositionen[101] Symphonie *Mathis der Maler* und das *Streichquartett, op. 22*, sowie darüber hinaus Werke von Gustav Mahler und Kurt Weill.

Daß in den folgenden Jahren unverhältnismäßig viele Schallplatten mit Werken Hindemiths in den USA produziert wurden, hat mindestens zwei Gründe: Einesteils war Hindemith - bevor er 1937 erstmals nach Amerika reiste - der Ruf vorausgeeilt, mittlerweile zu den weltweit bedeutendsten zeitgenössischen Komponisten zu zählen, anderenteils wirkte sich die Doppelrolle, Komponist und Interpret seiner Werke zu sein, sicher ebenfalls positiv sowohl auf die Schallplatten- als auch auf die allgemeine Werkrezeption aus. Während Hindemiths erster USA-Reise plante RCA Victor bereits, das Konzert *Der Schwanendreher* mit ihm als Solisten herauszubringen. Hindemith lehnte jedoch ab, da er mit der Interpretation des Dirigenten Carlos Chávez nicht einverstanden war und andere Orchesterleiter nicht einspringen konnten (oder wollten). Ernest R. Voigt, Mitarbeiter der amerikanischen Schott-Vertretung AMP (Associated Music Publishers), berichtete in diesem Zusammenhang in einem Brief an den Mainzer Schott-Verleger Willy Strecker:

"Unfortunately the other conductors [Rodzinski, Autori, Arthur Fiedler] will not be available for recording for racial reasons [sic.], with the exception of Hindemith's old friend Hans Lange, who however is in Chicago...".[102]

Die offensichtliche Unsicherheit einiger in den USA ansässigen Dirigenten, aufgrund von "rassischen" Vorbehalten mit deutschen Musikern zu kooperieren, hinderte RCA Victor dennoch nicht daran, Hindemith unter Vertrag zu nehmen. Bei dieser Gesellschaft erschienen in den folgenden Jahren die meisten Kompositionen Hindemiths in den USA - aber auch Columbia brachte weitere Werke von Paul Hindemith auf Schallplatte heraus.[103]

---

[101] Das *Streichquartett, op. 22* gelangte bereits am 9.12.24 durch das New York String Quartet zur New Yorker Erstaufführung. Die *Mathis*-Symphonie hörte man dort erstmals am 4.10.34 mit den New Yorker Philharmonikern unter Klemperer.

[102] Brief Ernest R. Voigts an Willy Strecker, New York, 16.4.37.

[103] Frühe Schallplatteneinspielungen durch die großen US-Gesellschaften RCA Victor und Columbia:

a) Bei RCA Victor erscheinen folgende Werke Hindemiths:

1939: *Streichquartett, op. 22*; *Sonate für Bratsche und Klavier, op. 11 Nr. 4*

1940: *Trauermusik*; *Sonate für Klavier vierhändig*; *Der Schwanendreher*

2.2.2. Staatliche Musikförderung: Das Federal Music Project

Für die nach dem Börsenkrach von 1929 steigende Zahl von arbeitslosen Musikern in den USA wurden die schnelle Entwicklung der neuen Medien, insbesondere der Schallplatte, aber auch die Entwicklung des Films verantwortlich gemacht. So verloren (nach Angaben der American Federation of Musicians) im Jahre 1929 allein 5000 Musiker ihre Arbeit wegen des Schallplatten-Booms. Die Schallplatte wurde somit zum erklärten Feind eines jeden ausführenden Musikers, denn sie ersetzte immer häufiger "live" Musik durch die sogenannte "canned" Musik. Die Einführung des Tonfilms im Jahre 1927 machte zudem den gesamten Berufsstand des Kinomusikers (Mitglieder in Kinoorchestern, Kinoorganisten und -Pianisten) überflüssig, und diese Musiker fanden in der ohnehin krisengeschüttelten Zeit Anfang der dreißiger Jahre nur selten eine neue Beschäftigungsmöglichkeit. Barbara Tischler berichtet, daß 1933 von den insgesamt 15,000 AFM-Mitgliedern in New York 12,000 ohne Arbeit gewesen seien, "because of the combined effects of technological change and economic distress."[104]

Zunächst beschränkten sich die Versuche, die Lage der Musiker zu verbessern, auf nicht-staatliche Hilfsmaßnahmen. So schaffte etwa das Musicians Symphony Orchestra in New York von sich aus neue Stellen für Orchestermusiker. Auch die AFM verteilte landesweit Gelder für ihre arbeitslosen Mitglieder und veranstaltete Konzerte zu deren Unterstützung. Diese Strategien der finanziellen Soforthilfe bedeuteten jedoch keine dauerhafte Entspannung der Situation. Bedingt durch die für alle Berufsgruppen gleichermaßen ernste wirtschaftliche Krise in den USA, setzten staatliche Unterstützungsprogramme im Bereich der (nicht als vordringlich erachteten) Kulturförderung erst verspätet ein. Zudem hatte sich die amerikanische Bundesregierung bis Mitte der dreißiger Jahre mit ihrem finanziellen Engagement hier weitgehend zurückgehalten.[105] Nur in seltenen Fällen erfuhren Symphonieorchester, wie jene in Baltimore und San Francisco, finanzielle Förderung durch kommunale Initiativen. So war das Orchester in

---

1942: Symphonie *Mathis der Maler*

b) Bei Columbia erscheinen:

1937: *Sonate für Viola allein, op. 25 Nr. 1*

1940: *Kleine Kammermusik für fünf Bläser, op. 24 Nr. 2*

104 Barbara L. Tischler: An American Music. The Search for an American Musical Identity, a.a.O., S. 135.

105 "Government support for music prior to 1935 occasionally provided music for presidents and research facilities for scholars, but it provided almost no government-supported musical education or encouragement for composers to create American music." (Ebd., S. 156).

San Francisco Anfang der dreißiger Jahre durch die Erhebung einer "city tax" vor dem Bankrott und der drohenden Auflösung bewahrt worden.

Im Jahre 1931 war auf Anregung des Gouverneurs von New York, Franklin D. Roosevelt, erstmals ein weitreichendes Musikförderprogramm als Teil der sogenannten Temporary Emergency Relief Administration (TERA) entworfen worden, dessen Richtlinien dann auch für die kulturellen Unterstützungsmaßnahmen der amerikanischen Bundesregierung richtungsweisend wurden. Diese seien hier deshalb wiedergegeben:[106]

1)   The character of the plan must be a definite program of "educational, cultural, recreational, and remoralization value" for the public.
2)   The program must be non-competitive.
3)   The scope of the program must include a broad range of activities to include all types of musicians.

Die Grundidee dieses New Yorker Programms, welches nicht die Förderung der musikalischen Kunst per se intendierte, sondern vorrangig das Ziel verfolgte, Musikern wieder Beschäftigung zu garantieren, fand schließlich im Jahre 1935 während der Präsidentschaft Roosevelts Eingang in die föderale Arbeitsbeschaffungsmaßnahme, der sogenannten Works Progress Administration (WPA). Mit einem Volumen von insgesamt 4,8 Milliarden Dollar verabschiedete der amerikanische Kongreß am 6. Mai 1935 das WPA-Projekt. Im Verlauf desselben Jahres wurde dann WPA um einen wichtigen Teil, dem Federal Project no. 1, kurz Federal One genannt, erweitert, so daß Roosevelt mit einer Gesamtsumme von annähernd 27 Millionen Dollar nun auch kulturelle Förderung in den Bereichen "Art, Music, Writers, Drama" betreiben konnte. Federal One wurde damit zum bedeutendsten und umfangreichsten Kulturförderprogramm, das die US-Regierung bis heute geschaffen hat.

Wie intensiv Franklin D. Roosevelt dabei die Initiative seiner Regierung im Rahmen des am 30. Oktober 1935 (als Teil von Federal One) ins Leben gerufenen Federal Music Projects (FMP) verfolgte, berichtet Lehman Engel, der zeitweilig als sein musikalischer Berater tätig war, in seiner Autobiographie. Der Präsident habe Engel nicht nur gefragt, ob arbeitslose Musiker unter seiner Regierung eine angemessene Beschäftigung gefunden hätten, sondern Roosevelt habe sich darüber hinaus auch regelmäßig nach dem Nutzen dieser musikalischen Förderung für das Publikum, nach der Effizienz der staatlichen Verwaltung, nach der Vervollkommnung des allgemeinen

---

[106] Zit. nach Barbara L. Tischler: An American Music, a.a.O., S. 136-137.

Publikumsgeschmacks und des Kunstbewußtseins, sowie nach den Auswirkungen auf die private Musikwirtschaft erkundigt.[107]

Es wird aber nicht nur durch die Beschreibung Lehman Engels evident, daß das amerikanische Musikförderprogramm im Verlauf seiner insgesamt knapp achtjährigen Existenz[108] mit der Zielsetzung immer weiter über die ursprüngliche Absicht Roosevelts hinausging, arbeitslose Musiker wieder in Lohn und Brot zu stellen. Während sich die im Jahre 1935 festgeschriebenen Ziele des Federal One noch vorwiegend im Bereich der Arbeitsbeschaffung bewegten,[109] begannen die Verantwortlichen offenbar bald die weitreichenderen Möglichkeiten und die Auswirkungen dieser staatlichen Kulturinitiative zu erkennen. Ihnen war dabei aber gleichzeitig bewußt, daß die Fördermittel begrenzt waren, daß wohl schon bald Kürzungen vorgenommen und daß den Musikern deshalb Wege zur Selbstversorgung aufgezeigt werden müßten. 1936 wurde in einem WPA-Bericht über den Zweck des Federal Music Projects folgendes dokumentiert:

"The purpose of the Federal Music Project is to establish high standards of musicianship and to educate the public to an appreciation of musical opportunities, as well as to rehabilitate and retain musicians so as to enable them to become self-supporting."[110]

Die Hauptaufgabe des FMP war zweifellos die Förderung von künstlerisch hochwertigen Musikaufführungen ("high standards of musicianship"), die dem amerikanischen Publikum zu geringen Eintrittspreisen oder häufig gar kostenlos angeboten wurden. Dabei sollten die durch WPA gegründeten Musikervereinigungen, was die Gestaltung von Konzertprogrammen betrifft, nicht mit bereits bestehenden Ensembles und Institutionen in Konkurrenz treten. Da in amerikanischen Konzertsälen bis dahin - wie bereits erwähnt - vorwiegend Musik des 18. und 19. Jahrhunderts zu hören gewesen war, galt es nun also für die neu hinzutretenden Vereinigungen, den Blickwinkel von dort aus zu erweitern. Für das New Yorker Konzertleben hatte dies eine Horizonterweiterung sowohl in Richtung der älteren europäischen als auch in Richtung der neuen amerikanischen Musik zur Folge. So berichtet etwa

---

[107] Vgl. dazu Lehman Engel: This Bright Day. An Autobiography, New York 1974, S. 79.
[108] Das Musikförderprogramm der US-Regierung endete, so Ronald Davis, offiziell im Juli 1943 (vgl. Ronald L. Davis: A History of Music in American Life, a.a.O., S. 19).
[109] Vgl. dazu das WPA-Bulletin, Nr. 29, Supplement Nr. 1 (30.9.35), zit. nach Barbara L. Tischler: An American Music, a.a.O., S. 138.
[110] Division of Professional and Service Projects (Hrsg.): Government Aid during the Depression to Professional, Technical and Other Service Workers, zit. nach Barbara A. Zuck: A History of Musical Americanism, a.a.O., S. 162.

Barbara Zuck über die "unorthodoxe" Programmgestaltung der WPA-Konzerte in New York folgendes:

"For instance, the operatic choices of the New York City FMP for May, 1937 - Pergolesi's *La Serva Padrona* and Hart's *The Romance of the Robot* - were hardly standard fare at the Metropolitan Opera. Nor was it unusual to find works by Henry Hadley and Heinrich Biber or Ernest Bloch and A.E.M. Grétry gracing the WPA programs."[111]

Bedauerlich ist allerdings, daß diese selbst für das reichhaltige Programmangebot im New Yorker Musikleben in der Tat außergewöhnlichen Konzerte in den großen Tageszeitungen wie der *New York Times* und der *Herald Tribune* nur selten besprochen wurden, und daß das Werk Paul Hindemiths hier (wie auch im Rahmen von WPA-Konzerten in den gesamten USA) verhältnismäßig wenig Berücksichtigung fand. In New York führten z. B. am 14. März 1937 die Madrigal Singers unter Lehman Engel Hindemiths *Acht Kanons, op. 45 Nr. 2* auf, und erst ein Jahr danach, am 14. März 1938, stellte Clair Wilson im Rahmen eines WPA-Gesprächskonzertes Hindemiths Werk vor ("Program of music by Paul Hindemith").

In anderen Teilen der Vereinigten Staaten tat sich z. B. das Illinois Symphony Orchestra als treibende Kraft für die zeitgenössische europäische und amerikanische Musik hervor. Dieses WPA-Orchester bereicherte nicht nur das in den dreißiger Jahren (ungeachtet des zeitweiligen Engagements von Elizabeth Sprague Coolidge) noch äußerst traditionalistisch geprägte Musikleben in Chicago immens, sondern war auch auf dem Gebiet der Neuen Musik im gesamten Mittleren Westen führend. Schließlich seien die Verdienste des Federal Music Project Orchesters von Los Angeles um die Musik des frühen 20. Jahrhunderts erwähnt. Unter dem Dirigat Arnold Schönbergs gelangte dort am 17. Februar 1937 in einem begeistert aufgenommenen Konzert sein Werk *Pelléas und Mélisande* zur Aufführung.

Die Forderung der US-Regierung nach künstlerisch hochwertigen Aufführungen scheint somit, wie auch Olin Downes in seinem Resumé über das WPA-Projekt in der *New York Times* zu berichten weiß, im Bereich von New York größtenteils realisiert worden zu sein,[112] doch sind aus anderen Regionen der USA ebenfalls Berichte über drittklassige und deshalb wenig förderungswürdige Konzerte überliefert. Nikolai Sokoloff, einstiger Dirigent des Cleveland Orchestras, kritisierte als Leiter des FMP Anfang 1936 beispielsweise einige Konzerte des Denver Music Projects, indem er feststellte,

[111] Barbara A. Zuck: A History of Musical Americanism, a.a.O., S. 165.
[112] Vgl. dazu Olin Downes: What WPA Project Has Done, in: NYT, 87. Jg., Nr. 29,121, 17.10.37, Section 11, S. 7.

daß "such novelties as Mr. Krevas and his musical bottles, Miss Matlick in a Whistling Novelty, and skits of the John Reed Club" keinen Platz in staatlich unterstützten Konzerten hätten.[113] Im gleichen Jahr löste Sokoloff das Detroit Music Settlement Project aufgrund der schlechten Qualität seiner Konzerte kurzerhand auf.

Als Sokoloff ein halbes Jahr nach der Gründung des FMP eine erste Bilanz über die staatlichen Maßnahmen zur Kulturförderung zog, konnte er bereits nicht nur von einer sich stetig erweiternden regionalen Verwaltungsstruktur, sondern auch von insgesamt 270 Musikprojekten berichten, die neben den vorrangig geförderten Musikaufführungen darüber hinaus "18 projects for 361 copyists, librarians, tuners, and music binders"[114] mit einschlossen. So erhielt etwa die in Philadelphia ansässige Edwin Fleisher Collection, welche seinerzeit zu den weltweit größten Sammlungen von Orchestermusik gehörte, im Rahmen des "Music Copying-Project" ebenso staatliche Förderung wie Projekte zur musikalischen Erziehung und zur amerikanischen Volksliedforschung. Bei all diesen verschiedenen Förderprogrammen wird deutlich, daß es gleichermaßen eines der vordringlichen Ziele der US-Regierung war, das allgemeine Bewußtsein speziell für die amerikanische Musikkultur zu wecken.

Nicht selten gereichte die umfangreiche staatliche Finanzhilfe auch der zeitgenössischen amerikanischen Musik zum Vorteil. Obwohl der amerikanische Komponist zwar nur bedingt im Rahmen von Kompositionsaufträgen direkt durch die Regierung unterstützt wurde, so erhielt er (wie andere Musiker auch) dennoch als Lehrer, Dirigent, oder als Leiter von regionalen Musikprojekten der WPA ausreichende Arbeitsmöglichkeiten. Mehr als je zuvor gelangten seine Werke vor allem in WPA-Konzerten zur Ur- oder Erstaufführung. Zudem wurden alle im Rahmen dieser Konzerte zwischen 1935 und 1940 berücksichtigten Komponisten und ihre dort vorgestellten Werke im "Index of American Composers" genau dokumentiert. Schließlich traten auch viele bis dahin weitgehend unbekannte amerikanische Komponisten in den sogenannten Forum Laboratory Concerts mit ihren Werken ans Licht der Öffentlichkeit. Diese speziell für den "living American composer" gegründete Einrichtung hatte zunächst, wie Lehman Engel feststellte:

---

113 Brief Nicolai Sokoloffs an den Verantwortlichen des Denver Music Project, 20.1.1936, zit. nach Barbara L. Tischler: An American Music, a.a.O., S. 141.

114 Über den Umfang des FMP vgl. z. B. Nicholas E. Tawa: Serenading the Reluctant Eagle, a.a.O., S. 108-109.

"... several unique features: admission is free, discussion of compositions is invited, and best of all, in one sense, is the fact that the project is conducted on no "policy". It aims to serve no academy."[115]

Ein weiteres charakteristisches Merkmal dieser zwischen dem Typus des Gesprächskonzerts und jenem der Unterhaltungsshow oszillierenden Veranstaltung war die Anwesenheit eines "concert moderator", der die Publikumsfragen an die anwesenden Komponisten weiterleitete und die Diskussion im Rahmen der obligatorischen "question-and-answer session" führte. Einesteils wurde über die zuvor erklungenen Werke selbst und anderenteils über solche aktuellen Themen wie "Musikalischer Modernismus" oder "Amerikanismus in der Musik" gesprochen. Die Komponisten gingen aus diesen öffentlichen Diskussionsrunden entweder gestärkt und selbstbewußt oder völlig demoralisiert hervor. Viele konnten, wie Colin McPhee für sich feststellte, den in den meisten Fällen trivialen oder gar impertinenten Publikumsfragen, welche aus dem "idle pastime of vacant minds"[116] entsprungen seien, nur wenig Positives abgewinnen. Auch der junge Elliott Carter kritisierte diese "pitiless questions".[117] Paul Bowles nannte die Frägerunden zudem "brisk and biting" und erkannte in den Laborkonzerten gar "strictly a heckling session by 'leftists'." Bereits etabliertere amerikanische Komponisten wie Roy Harris, Virgil Thomson und William Schuman traten den Fragen gelassener entgegen, indem sie ihre Werke geduldig erklärten und dies als musikalische Erziehung des Publikums verstanden.

Im ersten Laborkonzert, welches auf Anregung von Ashley Pettis im Oktober 1935 in New York stattfand, kamen der Komponist Roy Harris und sein Werk zu Wort. Daß hierbei Musik durch die Schallplatte und (zunächst noch) nicht "live" erklang, ist sicher bezeichnend, denn der Schwerpunkt bei dieser Veranstaltung lag weniger auf der musikalisch-künstlerischen Interpretation sondern vielmehr auf dem ästhetischen Gehalt des Werkes selbst. Desweiteren waren die Laborkonzerte mit dem Anspruch ins Leben gerufen worden, sowohl bekannten als auch unbekannten amerikanischen Komponisten Gehör zu verschaffen, dabei die stilistische Vielfalt ihrer Kompositionen, die sich in einem breiten Spektrum zwischen Avantgarde und Traditionalismus bewegte, stets zu berücksichtigen, und nicht zuletzt mittels der Diskussionsrunden die breite Kluft zwischen Publikum und Komponist zu verringern.

---

115 Lehman Engel: New Laboratories and Gebrauchsmusik, in: MM, vol 13, no. 3 (March-April 1936), S. 51.

116 Colin McPhee: New York's Spring Season, 1936, in: MM, 13. Jg., Nr. 4 (May-June 1936), S. 39.

117 Vgl. hierzu im folgenden Nicholas E. Tawa: Serenading the Reluctant Eagle, a.a.O., S. 114-115.

Nach dem Vorbild des New Yorker Forum-Laboratory entstanden auch in Philadelphia, Boston, Cleveland, Detroit, Chicago und Los Angeles bald ähnlich ausgerichtete Veranstaltungen mit zeitgenössischer amerikanischer Musik. In seinem Bericht über das Philadelphia Forum Laboratory aus dem Jahre 1938 kommt Arthur Cohn zu dem Schluß, daß dort zwar ein erstklassiges Orchester zur Verfügung stehe, daß aber zu viele Forum-Konzerte drittklassigen Komponisten und ihren Werken gewidmet worden seien. Cohn meint damit (die heute meist vergessenen) "composers of a past generation"[118] wie Gilchrist, Zeckwer und von Steinberg oder "those who have nothing more to offer than academic twaddle" (Schmitz, Norma Silverman und andere).

Von den jungen Avantgardisten (z. B. Cohn oder Carter) ob der vielen traditionellen und, wie sie meinten, häufig dem Akademismus verfallenen Werke scharf kritisiert und von den Traditionalisten zumeist als publikumsfeindlich abgetan, fanden die umstrittenen, aber für die Entwicklung hin zu einer amerikanischen Musikkultur sehr bedeutungsvollen Konzerte im Rahmen des WPA-Projekts bis 1939 dennoch finanzielle Unterstützung durch die US-Regierung. Danach lebte die Forum Laboratory-Idee an einigen amerikanischen Hochschulen wie etwa der Princeton University weiter. Auch das "Town Hall Forum" in New York ist mit den ursprünglichen Laborkonzerten vergleichbar.

Bereits vor den im Jahre 1939 durchgeführten drastischen finanziellen Kürzungen wurde neben den hoffnungsvollen Stimmen, die das gesamte Förderprogramm Federal One als Möglichkeit zur landesweiten Verbreitung kulturellen Wirkens in den USA begrüßten, auch zunehmend Kritik auf politischer Ebene laut. Über die grundsätzliche Debatte hinausgehend, ob in Zeiten tiefer wirtschaftlicher Depression etwa ein Mandolinenorchester zu unterstützen sei und ob der Staat durch seine Zuschüsse nicht doch private Unternehmen benachteilige, wurden die Verantwortlichen des Federal One darüber hinaus vermehrt beschuldigt, die ohnehin stark aufkeimenden radikalen und linksgerichteten Kräfte in den USA nun auch noch staatlich zu fördern. Zwar greift letztere Kritik weniger mit Blick auf das FMP als auf das Federal Theatre Project, welches deshalb als erstes der vier Federal One-Projekte 1939 ganz aufgelöst wurde, doch mußte das in "WPA Music Program" umbenannte einstige FMP von 1939 bis 1943 ebenfalls auf einen erheblichen Teil der bundesstaatlichen Zuschüsse verzichten und viele Initiativen einstellen.

In der Blütezeit der WPA, von 1935 bis 1939, wurden durch das FMP, Tawa zufolge, insgesamt 225.000 Musikaufführungen ermöglicht. Mehr als 1600 amerikanische Komponisten waren mit ihren Werken vertreten. 150 Millionen

---

118 Arthur Cohn: How News Comes to Philadelphia, in: MM, 15. Jg., Nr. 4 (May-June 1938), S. 237.

Zuhörer besuchten die durch die US-Regierung unterstützten Konzerte, und 15 Millionen Amerikaner nahmen darüber hinaus an sogenannten "music-instruction classes" teil.[119] Als die Quelle der staatlichen Förderung allmählich zu versiegen drohte und immer mehr WPA-Ensembles ihre Auflösung vor Augen hatten, versuchten die Mitglieder durch private "fund raising"-Kampagnen ihre Arbeitsplätze zu erhalten. Auf diese Weise konnten einige, sicher nicht durchweg erstklassige, aber dennoch hohe Popularität genießende WPA-Orchester (wie etwa jene in Oklahoma City und in Buffalo) fortbestehen. Mit letzterem Orchester, welches seine weitere Existenz größtenteils dem Engagement des jungen Dirigenten Franco Autori zu verdanken hatte und nach Ende der WPA-Förderung durch die Buffalo Philharmonic Orchestra Society finanziell unterstützt wurde, führte Paul Hindemith während seiner ersten Amerika-Tournee am 23. April 1937 das Bratschenkonzert *Der Schwanendreher* als Solist auf und dirigierte darüber hinaus seine Symphonie *Mathis der Maler*. Noch am selben Tag berichtete Hindemith über die Proben und die Aufführung mit diesem WPA-Orchester seiner Frau:

"Abends war das Konzert. Erst eine von Autori dirigierte Haydn-Symphonie, dann Bratschenkonzert, zum Schluß Mathis. Als ich kam, erhob sich das Publikum. Die Aufführung war trotz des minderen Orchesters die beste nach der Bostoner. Der Mathis ging auch gut, abgesehen vom ersten Flötisten, der so stark angetrunken war, daß er alles falsch blies, sofern er überhaupt sich beteiligte. Dabei guckte er mich immer freundlich lächelnd an. In der Probe war vor dem Schlußakkord einiges Blech zu früh gekommen, worauf ich heftig geschimpft hatte. Um abends ein Zufrühkommen zu verhindern, schlug ich den vorletzten Takt leichter. Daraufhin blieb auch der Trompeter weg und wir saßen mit einem kürbisgroßen Loch vor dem Schlußakkord da."[120]

Trotz der (mit Ausnahme von New York City) meist nicht allzu hohen Qualität der WPA-Konzerte, trotz des oft wenig professionellen Managements der Ensembles und trotz der nicht selten überforderten regionalen Verwaltungen war es dem amerikanischen Staat dennoch gelungen, durch seine immense Förderung das Interesse an klassischer Musik bei einem breiten

---

[119] Nicholas E. Tawa: Serenading the Reluctant Eagle, a.a.O., S. 118-119.

[120] Brief Paul Hindemiths an seine Frau Gertrud, 23.4.37, zit. nach Friederike Becker, Giselher Schubert (Hrsg.): Paul Hindemith. "Das private Logbuch". Briefe an seine Frau Gertrud, Mainz, München 1995, S. 185. Vgl. dazu auch die von Luther Noss ins Englische übertragene (und - was Hindemiths kritische Äußerung über die Qualität des Buffalo Philharmonic Orchestras betrifft - zensierte) Fassung dieser Textstelle in: Luther Noss: Paul Hindemith in the United States, a.a.O., S. 27.

Publikum zu wecken. Dabei ist Nicholas Tawa uneingeschränkt zuzustimmen, wenn er resümiert:

> "[Federal One] was one of the highest points in American cultural history. For the first and only time in its existence, the Federal government took a profound interest in the arts and felt it had a democratic responsibility to bring the finest music, including that of its own people, before a wide public. It gave heart to composers, who had rarely received encouragement for their creative activities, by supporting them financially, playing their music, and fostering a growing audience that was taking an interest in what they had to say. [...] composers were regarded as useful members of society. Yet at the same time they were almost always allowed to maintain their artistic integrity by writing what they, not the government, wished.
>
> It was a cultural tragedy that just when American composer, performer, and more than an extremely tiny segment of the American society seemed about to consolidate into a lasting partnership, the noble experiment of relating art to daily life was given up."[121]

2.2.3. Musik für die Masse

Auf das von Tawa als "nobel" bezeichnete Experiment, sich auf Tuchfühlung mit dem Publikum zu begeben und damit eine engere Verbindung von Kunst und Alltag zu ermöglichen, ließen sich viele amerikanische Komponisten nicht nur dadurch ein, daß sie sich im Rahmen der Laborkonzerte den Fragen der Zuhörer stellten, sondern sie glaubten zudem zu erkennen, daß dieses "Experiment" nur dann gelingen könne, wenn sie dem allgemeinen Geschmack einesteils durch die Vereinfachung ihrer musikalischen Sprache und anderenteils durch die Berücksichtigung beliebter musikalischer Genres gleichsam entgegenkämen. Die in den dreißiger Jahren schnell wachsende Popularität von Film-, Ballett- und Bandmusiken eröffneten den amerikanischen Tonsetzern in diesem Zusammenhang ebenso neue und erfolgversprechende Betätigungsfelder wie etwa die Auseinandersetzung mit dem sogenannten "mass song".

---

121 Nicholas E. Tawa: Serenading the Reluctant Eagle, a.a.O., S. 119.

Weniger sinnvoll erschien den Komponisten dagegen die Beschäftigung mit den traditionellen Gattungen Oper, Symphonie, Oratorium und Chormusik. Zwar erkannten George Antheil und viele andere vor allem in der Oper das größte Potential, das Publikum quasi über außermusikalische Inhalte und nicht über die Abstraktheit der Symphonie an die zeitgenössische Musik heranzuführen,[122] doch mußten sie gleichzeitig feststellen, daß die Wahrscheinlichkeit, ihre Werke auf den Spielplänen der wenigen großen Häuser in New York, Chicago und San Francisco wiederzufinden, aus wirtschaftlichen Gründen äußerst gering war. Neueinstudierungen von Bühnenwerken im allgemeinen und von zeitgenössischen im besonderen bedeuteten einen hohen zeitlichen und finanziellen Aufwand und waren deshalb für die Opernhäuser unrentabel. Ähnliches galt für die Symphonieorchester. Obwohl Symphoniekonzerte seit jeher die größte Publikumsresonanz fanden, konnten amerikanische Komponisten auf diesem Wege nur selten neue Zuhörer für ihre Musik gewinnen. Die meisten Dirigenten zogen traditionelle Musik der zeitgenössischen schon deshalb vor, weil allein die Neueinstudierung eines modernen Orchesterwerkes, wie Virgil Thomson feststellt, z. B. die New Yorker Philharmoniker Anfang der vierziger Jahre etwa "zehn Dollar je Minute"[123] kostete. Wenn sich amerikanische Komponisten dennoch entschlossen, ein Werk für Symphonieorchester zu schreiben, dann spezialisierten sie sich in der Hauptsache auf kurze "curtain raisers" wie Ouvertüren oder einsätzige "Essays". Was schließlich die Chormusik betrifft, so hatten die Komponisten auch dort noch bis Mitte der vierziger Jahre kaum die Möglichkeit, auf enge Tuchfühlung mit dem Publikum zu gehen. Die wenigen bekannten Chorvereinigungen waren nicht an der Einstudierung neuer Chorwerke interessiert. Oftmals wären sie auch nicht in der Lage gewesen, diese angemessen wiederzugeben.[124]

"Art for society's sake", Kunst um der Gesellschaft willen, wurde gegenüber dem "art for art's sake" der zwanziger Jahre für niemanden mehr zum neuen Leitfaden als für Aaron Copland. Mit seiner neuen, den amerikanischen "Folk Music"-Stil adaptierenden Musik vollzog er im Verlauf der dreißiger Jahre eine deutliche, paradigmatische Stilwende. Er ging damit ganz bewußt auf den Publikumsgeschmack ein und avancierte zu Ende des Dezenniums zu einem der populärsten amerikanischen Komponisten. Mit der Forderung, daß das

122 Vgl. George Antheil: Wanted - Opera by and for Americans, in: MM, 7. Jg., Nr. 4 (June-July 1930), S. 11-16.
123 Virgil Thomson: Musikgeschehen in Amerika, a.a.O., S. 308. Im übrigen zahlten die großen amerikanischen Orchester, Minna Lederman zufolge, zwar hohe Honorare an ihre Dirigenten, doch sei für alle zeitgenössischen Komponisten pro Saison nur eine Summe von 2500 Dollar veranschlagt worden. In keinem anderen Land seien Tantiemen so niedrig gewesen wie in den USA. (Vgl. Minna Lederman: Recent Books - Star-Spangled Orchestras, in: MM, 17. Jg., Nr. 3 (March-April 1940), S. 196).
124 Vgl. dazu Joseph A. Mussulman: Dear People ... Robert Shaw, a.a.O., S. 34.

Publikum wegen seiner Unwissenheit nicht zu kritisieren sei, sondern daß dieses vielmehr - wie in den Laborkonzerten - an das einzelne Werk selbst, sowie im Rahmen von Vorlesungen und Schulunterricht beständig an die zeitgenössische Musiksprache als Ganzes herangeführt werden müsse,[125] distanzierte sich Copland gleichzeitig von seiner einstigen Lehrerin Nadia Boulanger, die 1939 in einem viel zitierten Interview das wirkliche Verständnis von musikalischen Meisterwerken dagegen nur einer kleinen Minderheit zugestand:

"Every one should have education, but culture should be granted only to those ready to receive it. It is useless to attempt to give culture to the majority - to those not born to receive it."[126]

Copland habe sich Mitte der dreißiger Jahre, wie Virgil Thomson glaubt, zwar von der elitären und intellektuellen Einstellung Boulangers zugunsten von "social-service ideals" distanziert, ohne sich allerdings jemals völlig von dieser loszusagen.[127] Sich der ideologischen Gratwanderung wohl bewußt, schrieb Copland Film-, Radio- und Ballettmusiken, er verfaßte darüber hinaus Musik für Schulkinder und sympathisierte nicht zuletzt mit solchen Komponistenvereinigungen, die den Ideen linksgerichteter politischer Kräfte sowie der amerikanischen KP nahestanden. So nahm er z. B. an einem Anfang 1934 von der kommunistischen Wochenzeitung *New Masses* ausgelobten Kompositionswettbewerb teil, komponierte zum vorgegebenen Gedicht von Alfred Hayes mit dem Titel "Into the Streets May First" ein Klavierlied und gewann damit die Konkurrenz. Dieses einstimmige Lied, welches Copland als "my communist song"[128] bezeichnete und sich bald davon mit den Worten "the silliest thing I did" distanzierte, wurde im Rahmen der Second Annual American Workers Music Olympiad am 29. April 1934 von einem 800 Stimmen zählenden (!) Arbeiterchor uraufgeführt. Kurze Zeit darauf, am 1. Mai 1934, erschien das Lied in *New Masses,* und es wurde zudem in das von der sozialistischen Composers' Collective im Jahre 1935 herausgegebenen Workers' Songbook No. 2 aufgenommen. Ashley Pettis begründet die Entscheidung der Jury zugunsten der Komposition Aaron Coplands mit den Worten:

---

125 Vgl. dazu Nicholas E. Tawa: Serenading the Reluctant Eagle, a.a.O., S. 43 und S. 49.

126 Noel Straus: Nadia Boulanger Discusses the Moderns, in: NYT, 88. Jg., Nr. 29,653, 2.4.39, Section 10, S. 7.

127 Nicholas E. Tawa: Serenading the Reluctant Eagle, a.a.O., S. 49.

128 Zit. nach Howard Pollack: Aaron Copland. The Life and Work of an Uncommon Man, New York 1999, S. 276.

"Copland has chosen a musical style of time-honored tradition, but he has imbued it with fresh vitality and meaning. [...] Some of the intervals may be somewhat difficult upon a first hearing or singing, but we believe the ear will very readily accustom itself to their sound."[129]

Durch die Synthese von Tradition und moderner musikalischen Sprache sollte der amerikanische "mass song" zum kommunikativen Medium der jungen Arbeiterbewegung werden. Darüber hinaus sollte, wie von Henry Cowell in seinem ebenfalls in *New Masses* veröffentlichten Beitrag "'Useful' Music"[130] suggeriert, durch gemeinsames Singen unter den streikenden Arbeitern Einheit und Solidarität gefördert und entschlossenes Handeln vorbereitet werden. Was Coplands Liedsatz betrifft, so waren es allerdings, wie im übrigen auch Pettis anmerkt, nicht nur die Intervalle oder die Melodik als solche, die den Arbeiterchören Einstudierung und Wiedergabe erschwerten, sondern vielmehr auch deren Einbettung in einen für den Laien ungewohnten harmonischen Zusammenhang. Andere amerikanische Komponisten von "mass songs" (wie etwa Wallingford Riegger und Charles Seeger) überforderten die Laiensänger zudem nicht selten mit komplizierter Rhythmik und Metrik, so daß die als revolutionär erachteten Texte der Arbeiterbewegung schon bald anstatt mit Originalkompositionen weitgehend mit traditionellen Folk Songs unterlegt wurden. Somit war sowohl das Ziel zahlreicher Komponisten, Musik speziell für den musizierenden Laien zu verfassen, als auch ihr optimistisches Bestreben, die Arbeiter mittels zeitgenössischer Musik zu solidarisieren, zumindest mit Blick auf die Entwicklung des "mass songs" bereits nach kurzer Zeit gescheitert. Auch das Engagement Hanns Eislers, der von 1935 bis 1938 an der New School for Social Research Vorlesungen zum Thema "mass song writing" hielt, konnte die vor allem von der Composers' Collective angestrebte Verquickung von moderner musikalischer Sprache und gleichzeitigem "public appeal" nicht herbeiführen. Schließlich nahm der Bedarf an Protestliedern Ende der dreißiger Jahre aufgrund des schwindenden Einflusses der politischen Linken in den USA stark ab.

Der Versuch, speziell für die breite und musikalisch ungebildete Masse zu komponieren, konnte (wie u. a. auch die Entwicklung des "mass songs" in negativer Weise gezeigt hatte) aus amerikanischer Sicht nur dann zum Erfolg führen, wenn diese einesteils bereits an Schulen und Hochschulen quasi auf "erzieherischem Wege" - und hier u. a. auch durch aktives Musizieren - an die zeitgenössische Musiksprache herangeführt, und wenn (aufgrund ihres

---

129 Ashley Pettis: Marching with a Song, in: NM, 1.5.34, S. 5.

130 "The use of music, aside from pure aesthetic enjoyment, consists either in creating a feeling of unity and solidarity among a group which would otherwise be less emotionally bound together, or in stirring individuals or groups in action." (Henry Cowell: "Useful" Music, in: NM, 29.10.35, S. 26).

dadurch erlangten besseren Verständnisses) anderenteils primär der passive Konsum optimiert werden würde. Daß solche Massenmusik in den USA - Mitte der dreißiger Jahre dort alsbald mit Begriffen wie "functional music", "utility music", "music for use", und nicht selten auch mit "Gebrauchsmusik" umschrieben - vornehmlich aus kommerziellen Gründen komponiert wurde, bestritten dabei deren Befürworter wie Aaron Copland ebensowenig wie deren entschiedene Gegner - unter ihnen Roger Sessions und Carl Ruggles.[131] Viele Amerikaner gaben dem (ihrer Auffassung nach) mit Hindemith engstens verbundenen Begriff der "Gebrauchsmusik" und seiner Synonyme noch eine weitere Konnotation bei: die der Popularisierungs- und Amerikanismusbewegung. So verkündet z. B. Paul Rosenfeld, indem er sich allerdings nicht auf zeitgenössische Musik, sondern vielmehr auf die Gattung des "Folk Song" bezieht: "The music of a people is not the music they listen to, but the music they make for themselves."[132]

Die seit den frühen zwanziger Jahren ursprünglich aus Deutschland stammende und auch von Hindemith mit Vehemenz vorgetragene Kritik an der überkommenen Institution des Konzerts wurde in den USA allerdings nicht mit "Gebrauchsmusik" in Verbindung gebracht. Auf der Suche nach neuen Märkten für seine musikalischen Produkte stellte kein amerikanischer Komponist den traditionellen Konzert- und Musikbetrieb grundsätzlich in Frage. Er wollte ihn lediglich zu seinen Gunsten erweitert wissen.

Hindemiths Hauptanliegen, das breite (junge) Publikum mit seiner "Gebrauchsmusik" aus der passiven Hörerrolle herauszuführen und zum aktiven Musizieren moderner Kompositionen anzuregen, wurde zwar bereits relativ früh in einem 1929 im *Musical Courier* erschienenen Interview mit César Searchinger wiedergegeben, doch hatten seine Überlegungen für das Musikleben in den USA zu Ende der zwanziger Jahre freilich noch keine Relevanz. Searchinger beschränkt sich wohl deshalb ganz bewußt darauf, hier Hindemiths Äußerungen als Beispiel aktueller europäischer Entwicklungen quasi aus "sicherer" Distanz zu beschreiben, ohne damit gleichsam für die USA konkrete Veränderungen einzufordern. Hindemith kommt in diesem Interview zunächst wie folgt zu Wort:

---

131 Vgl. dazu Nicholas E. Tawa: Serenading the Reluctant Eagle, a.a.O., S. 46, sowie Roger Sessions: Music in Crisis. Some Notes on Recent Musical History, in: Roger Sessions on Music. Collected Essays, Edward T. Cone (Hrsg.), Princeton 1979, hier S. 39. Sessions bezieht sich in seiner Erörterung der Musik für den "praktischen Konsum" in der Hauptsache auf die deutsche Entwicklung. Diese Musik sei dort nicht aus einer inneren Notwendigkeit heraus entstanden, sondern allein aus einer äußeren, wirtschaftlichen!

132 Paul Rosenfeld: Variation on the Grass Roots Theme, in: MM, 16. Jg., Nr. 4 (May-June 1939), S. 215.

"The problem of modern music is the creation of a new audience. What is the use of it all? Whom do we write all this music for? For people who pay three marks for a seat. It isn't good enough. You in England and America ... don't perhaps realize the trouble as we in the older musical countries do. In Germany the old concert game is bankrupt. People are passive; musically they don't really live. The old people want to hear the old things; the young people go to the movies, the talkies, or engage in sport. We have to build a new audience if music, the music of today, is to survive. [...] How is this done? We must create a new contact. We must interest the young generation in a new way - not to buy tickets and merely sit in seats, but to *do* something. It isn't enough for a few people to learn to play chamber music. Thousands must participate, must become active, sing, play, in some way do their part, however modest."

Searchinger ergänzt Hindemiths Ausführungen in dessen Sinne, wenn er formuliert:

"That, we may add, is the underlying idea of the German movement for 'utility music' - music for amateurs, music to be played and sung instead of being listened to. It is to supply the lack of a modern folk music which might familiarize people with the new idiom, as the folk music from the past, from the nursery onwards, prepared us for the diatonic scale. Certainly, something has to be done."[133]

Die weit darüber hinausgehende Idee Hindemiths, Musik "nach Maß" anzufertigen, d. h. für die Bedürfnisse und Fähigkeiten etwa eines bestimmten Gesangvereins zu komponieren, diesem dabei ein "Mitbestimmungsrecht über Art und Anlage des Textes und der Musik"[134] zuzugestehen und überdies dessen Änderungsvorschläge zu berücksichtigen, kommt in Searchingers Interview nicht zur Sprache. Sie blieb auch in den USA der dreißiger und vierziger Jahre ganz unbekannt. Zwar erschienen in amerikanischen Musikzeitschriften und auch in einflußreichen Zeitungen[135] ausführliche Berichte über die deutsche Gebrauchs- und Jugendmusik-Bewegung - im Jahre

---

133 César Searchinger: Tuning in With Europe, in: MC, 99. Jg., Nr. 17, 26.10.29, S. 32.

134 Paul Hindemith: Wie soll der ideale Chorsatz der Gegenwart oder besser in der nächsten Zukunft beschaffen sein?, in: Paul Hindemith - Aufsätze. Vorträge. Reden, Giselher Schubert (Hrsg.), Zürich, Mainz 1994, S. 28.

135 Vgl. dazu z. B. die Berichte Alfred Einsteins: 1.) The Baden Festival. Hindemith and His Fellow Modernists Compose in Various Styles, in: NYT, 77. Jg., Nr. 25,768, 12.8.28, Section 7, S. 5, 2.) Berlin's New Music. Works for the Masses, Children and Youth - Creative Participation, in: NYT, 79. Jg., Nr. 26,496, 10.8.30, Section 8, S. 5, sowie 3.) Music in Germany Today, in: Christian Science Monitor, 25. Jg., Nr. 36, 7.1.33, S. 4.

1931 wurde gar das Vorwort zu Hindemiths *Lehrstück* in einem von Willi Reich verfaßten Aufsatz in der Zeitschrift *Musical Quarterly* abgedruckt[136] -, doch erwogen amerikanische Komponisten auch dann nicht, etwa die Idee des *Plöner Musiktags* aufzugreifen, als Hindemith auf seiner ersten USA-Reise darüber in New York referierte.[137] Niemand komponierte in den USA Lehrstücke, obwohl gerade dieses neue Genre den Bemühungen, amerikanische Komponisten aus ihrer selbst verschuldeten Isolation herauszuführen und das Publikum quasi "aktiv" mit der neuen Musiksprache vertraut zu machen, in idealer Weise hätte zum Vorteil gereichen können. Vielleicht ist ja wirklich gerade das Ungewohnte der öffentlichen und aktiven musikalischen Publikumsbeteiligung und die damit verbundene Preisgabe des individuellen Musikempfindens ein wichtiger Grund für das völlige Ausbleiben der Rezeption des deutschen Lehrstück-Prototyps in den USA.[138]

Als Hindemith 1937 in die USA kam, mußte er zu Recht feststellen, daß der Begriff "Gebrauchsmusik", von welchem er sich zu diesem Zeitpunkt bereits selbst distanzierte, dort nicht nur inflationäre Verbreitung gefunden, sondern auch einen erheblichen Bedeutungswandel erfahren hatte:

> "Es berührte mich daher ein wenig seltsam, als ich vor einigen Jahren zum ersten Male hier ins Land kam und dem fast vergessenen Kinde von damals wiederbegegnete - nicht nur einmal, sondern hunderte von Malen. Aus dem harmlosen, kaum beachteten und gerade für seine bescheidene Aufgabe taugenden Bürschchen war inzwischen ein ziemlich anspruchsvoller und laut Anerkennung fordernder Jüngling geworden. Man hatte ihm ein buntes, bedeutungsvolles Kleid umgehängt und zeigte ihn überall herum. Seitdem dient sein Name als Aushängeschild für geglückte, als Deckmantel für mißlungene Versuche. In jedem Falle erscheint er mir aber entfremdet; die Gesichtszüge sind noch dieselben, aber der Charakter ist verändert."[139]

---

[136] Willi Reich: Paul Hindemith, in: MQ, 17. Jg., Nr. 4 (October 1931), S. 491.

[137] Hindemith hielt den Vortrag "Mahnung an die Jugend, sich der Musik zu befleißigen" am 26.4.37 an der Greenwich-Settlement-Music School in New York.

[138] Mit Blick auf Hindemiths *Lehrstück* schreibt Hermann Closson verallgemeinernd: "For it is not an irrational distinction that slowly but ever more clearly and firmly has grown up between the two musical attitudes, the active and the passive. A communicated emotion may be more powerful than a personal one, and in fact its very character is expressed by this difference. For in collective emotion, the choral song or popular fanfare, there is something undeniably gross, an embarassing unanimity." (Hermann Closson: The Case against "Gebrauchsmusik", in: MM, 7. Jg., Nr. 2 (February-March 1930), S. 19).

[139] Paul Hindemith: Betrachtungen zur heutigen Musik, in: Paul Hindemith - Aufsätze.Vorträge.Reden, a.a.O., S. 161. Hindemiths Bemerkungen zum Thema "Gebrauchsmusik", die er im Rahmen zweier Vorträge am 8. bzw. 15. April 1940 an der

Musik für Ballett, Band, Radio und Film, Musik innerhalb und außerhalb des Konzertsaals, pädagogische Musik und Vortragsmusik, Musik für den Laien und den Fachmann, Unterhaltungsmusik und ernste Musik, Musik in zeitgenössischer und traditioneller Einfachheit, nationale und internationale Musik, erstklassige und zweitklassige Musik: all dies wurde in den USA seit Mitte der dreißiger Jahre mit dem Begriff der "Gebrauchsmusik" belegt - jedoch immer nur dann, wenn auch das Kriterium des "public appeal", der profitablen Volksnähe also, hinreichend erfüllt war.[140] Seine große semantische Vielfalt, seine mangelnde Trennschärfe, und nicht zuletzt seine Distanz zur deutschen Originalbedeutung machten ihn Anfang der vierziger Jahre ein für alle Mal hinfällig. John Tasker Howard gelangt 1942 zu der Erkenntnis:

> "The Gebrauchsmusik movement has taken two directions: the first, developing music for amateurs to perform [...]. The other type of Gebrauchsmusik is for performance by professionals, but intended for a wide audience."[141]

Anhand dieser Kategorisierung kann Howard Paul Hindemiths Symphonie *Mathis der Maler* ebenso unter dem Begriff "Gebrauchsmusik" subsumieren wie dessen Spielmusiken. Ernst Kreneks Oper *Jonny spielt auf*, die sich in Europa für kurze Zeit überaus großer Beliebtheit hatte erfreuen können, sei, so Howard, nicht zuletzt auch wegen der "incorporated American jazz patterns" ebenfalls eng mit der Gebrauchsmusik-Bewegung verbunden gewesen.

Die erhöhte Aufmerksamkeit, welche dem musikalischen Publikum vor allem durch die Mehrzahl der amerikanischen Komponisten, durch die umfangreiche staatliche Kulturförderung, sowie nicht zuletzt auch durch das einflußreiche Medium des Radios seit den dreißiger Jahren zuteil wurde, blieb freilich nicht ohne Folgen. Zu der elitären und gebildeten Zuhörerschaft, welche in den

---

School of Music der Yale University darlegte, fanden in einer englischen Übersetzung Eingang in die erste amerikanische Dissertation über Paul Hindemith von John R. Halliday aus dem Jahr 1941 (vgl. dazu: John R. Halliday: Paul Hindemith - The Theorist, Ph.D. Diss., Eastman School of Music, University of Rochester, April 1941, S. 391ff).

[140] Vgl. dazu Deems Taylor: Music à la Carte, in: The Well Tempered Listener, New York 1940, S. 115-122, sowie den Beitrag von Olin Downes in der *New York Times* vom 1. März 1943, in welchem er bei Paul Hindemiths *Symphonie in Es* seinen persönlichen gewinn- und unterhaltungsorientierten Gebrauchsmusik-Maßstab anlegte und zu dem Ergebnis gelangte, daß diese Orchesterkomposition schlichtweg zu "teuer" sei, um im Sinne seines Verständnisses ('utilitarian sense") irgendeinen Zweck zu erfüllen (Olin Downes: Stokowski Leads Hindemith Work, in: NYT, 92. Jg., Nr. 31,082, 1.3.43, S. 14).

[141] Vgl. im folgenden John Tasker Howard: This Modern Music. A Guide For the Bewildered Listener, New York 1942, darin das Kapitel 8: Workaday Music for Every-day Use - Gebrauchsmusik, S. 158-171, hier S. 159.

frühen zwanziger Jahren fast allein den "klassischen" Konzerten beigewohnt hatte, trat nun ein sehr facettenreiches, aus der breiten Schicht des Bürgertums und Ende der dreißiger Jahre auch vereinzelt aus der Arbeiterklasse stammendes Publikum hinzu. Der einstige "Boobus americanus", jener kulturell ungebildete Amerikaner der zwanziger Jahre, war nun der nationalen und internationalen Kultur und somit auch der ernsten Musik gegenüber aufgeschlossener. Er gab sich im allgemeinen selbstbewußt, und er glaubte zudem, trefflich ästhetisch urteilen zu können. Mit einer festen musikalischen Meinung ausgestattet schickte er sich nun an, wie es Marc Blitzstein bildhaft formuliert, die Tore der Konzertsäle zu stürmen. Einmal ausgelöst, könne niemand mehr diesen in der Geschichte einzigartigen, lawinenartigen Ansturm der Masse aufhalten.[142] Dieses Massenpublikum machte jedoch vor den Toren der zeitgenössischen (Kammermusik-)Konzerte, die etwa von der League of Composers, der ISCM oder der New School for Social Research veranstaltet wurden, weiterhin halt. Sie blieben ausschließlich einer kleinen Anzahl von musikalischen Fachleuten vorbehalten.

Der Ansturm der musikliebenden Masse zielte dagegen offenbar weiterhin auf die großen Symphoniekonzerte ab. Hier wird der rasante Anstieg von Zuhörerzahlen, der sich innerhalb eines sehr kurzen Zeitraums vollzieht, zumindest sehr deutlich erkennbar. So erhöhte sich die Anzahl derjenigen, die in der Saison 1937/38 den Konzerten des Houston Symphony Orchestras beiwohnten, im Vergleich zur vorangegangenen Saison von 40.000 auf nunmehr 81.000! Ähnliche Entwicklungen sind auch mit Blick auf das Interesse an Symphoniekonzerten in Indianapolis, Pittsburgh, Chicago, San Francisco, Los Angeles und New York, sowie mit Blick auf die zahlreichen Sommerkonzerte in den großen Sportstadien zu beobachten.[143] Die Faszination des musikalischen Massenerlebnisses und die vorherrschende Erwartung, hierbei vor allem Zerstreuung und Unterhaltung (und nicht unbedingt musikalische Erziehung und kulturelle Erbauung) zu erfahren, waren für den durchschnittlichen amerikanischen Zuhörer Motivation genug, Symphoniekonzerte aufzusuchen. Das bei Stadionkonzerten im Freien zwangsläufig entstehende "erbarmungswürdige Klangchaos", von welchem Paul Hindemith mit Blick auf eine Aufführung von Beethovens Neunter Symphonie berichtet,[144] war für das Publikums offenbar ebenso irrelevant wie die unterschiedliche Qualität der Werke selbst.

---

142 Marc Blitzstein: Coming - The Mass Audience!, in: MM, 13. Jg., Nr. 4 (May-June 1936), S. 25.

143 Vgl. dazu Hans Heinsheimer: Challenge of the New Audience, in: MM, 16. Jg., Nr. 1 (November-December 1938), S. 30.

144 "Der Chor bestand aus etwa 1000 Sängern, im Orchester waren etwa 500 Spieler beschäftigt. Aufführung und Aufführende waren von hoher Qualität, aber die Dimensionen des Aufführungsraumes waren derart in Mißproportion zur Satztechnik des Stückes, daß ein erbarmungswürdiges Klangchaos entstand, in welchem außer Anfang

Hindemiths Besuch dieses Stadionkonzertes weckte bei ihm offenbar sogleich das Interesse, selbst ein Werk zu konzipieren, das in seiner Satztechnik den riesigen Dimensionen des Aufführungsraumes bestmöglich gerecht werden würde. Dabei war es für Hindemith wohl primär die neue kompositorische Herausforderung mit dem Ziel einer besseren klanglichen Transparenz (und weniger das Erreichen eines möglichst großen Publikums), die ihn dazu bewegte, ein Chorwerk mit Instrumentalbegleitung für dieses monumentale Konzertumfeld auszuarbeiten. Im November 1943 schreibt er an Arthur Mendel:

"I made Stokowsky a proposal (very confidentially!) for a Stadium-piece, which would use all the new means of giant space, loudspeakers, ten thousands of listeners etc. in a new and better way - on a text of the Last Judgement (in the Oxford book of medieval latin verse). He is very curious, and eager to cooperate. Don't say a word about the plan before it has some concrete form."[145]

Eine "konkrete Form" nahm dieser Plan Hindemiths zu diesem Zeitpunkt noch nicht an. Am 24. Februar 1947 vollendete Hindemith jedoch ein Werk, das den erwähnten lateinischen Text aus dem *Oxford Book of Medieval Latin Verse* miteinschließt: *Apparebit Repentina Dies* (für gemischten Chor und zehn Blech-Instrumente). Dieses Werk, welches Hindemith zunächst im Hinblick auf die klanglichen Anforderungen eines Sportstadions geplant hatte - der komplette Verzicht auf Streichinstrumente und die umfangreiche Bläserbesetzung von vier Hörnern, zwei Trompeten, drei Posaunen und einer Baßtuba ist für Hindemiths ursprüngliches Vorhaben geradezu ideal -, wurde schließlich am 2. Mai 1947 im vergleichsweise "intimen" Rahmen in der Memorial Church der Harvard University uraufgeführt. Statt des nach Entertainment verlangenden Stadionpublikums wohnten der Uraufführung, die im Rahmen des "Symposium on Music Criticism" stattfand, vielmehr die einflußreichsten Vertreter der amerikanischen Musikkritik sowie der akademischen Prominenz bei.

---

und Ende nichts zu erkennen war." (Paul Hindemith: Komponist in seiner Welt. Weiten und Grenzen, Zürich 1959, S. 138-139).

[145] Brief Paul Hindemiths an Arthur Mendel, o.O. und Datum [vermtl. November 1943], in: Thomas Hall Papers, Yale University Music Library Archival Collection. Aus der von Hindemith erwähnten Korrespondenz mit Stokowsky geht hervor, daß das "Stadium-piece" offenbar für die Hollywood Bowl in Los Angeles geplant wurde. Im Frühjahr 1944 wurde das kompositorische Vorhaben jedoch ohne erfindliche Gründe verworfen. Das Konvolut von insgesamt neun Briefen Stokowskys an Paul Hindemith aus den Jahren 1943 und 1944 befindet sich im PHI.

Neben den großen klassischen und romantischen Symphonien, die die Programme der Stadionkonzerte dominierten, erfreute sich der amerikanische Massen-Konzertbesucher darüber hinaus an symphonischen Dichtungen, der lyrischen Oper, dem heroischen Solokonzert, aber auch an so intimen Gattungen wie dem Sololied und dem Charakterstück für Klavier. Seine bevorzugte Musik ist in klarer Tonalität geschrieben und besitzt gut singbare, durch Dreiklangsharmonik unterstützte Melodien. Klare formale Strukturen, beeindruckende orchestrale Klangfarben und eingängige Rhythmen sind weitere wichtige Kriterien, die das ästhetische Urteil des breiten Publikums bestimmten. Keine andere "ernste" Musik konnte diese Vorausetzungen somit besser erfüllen als die sogenannten "tried and true masterworks" des 19. Jahrhunderts, jene Musik also, die bereits in den zwanziger Jahren die Konzertprogramme dominiert hatte. Amerikanische Komponisten, die sich entschlossen, Kurs auf den allgemeinen Publikumsgeschmack zu nehmen, mußten sich demnach nicht nur den neuen, oben bereits erwähnten, populären Genres zuwenden, sondern sie mußten ihre musikalische Sprache auch zumindest ansatzweise auf diese Kriterien hin ausrichten. In diesem Zusammenhang wurde deshalb vielerorts vom Stil des "new romanticism" gesprochen. Die Zeiten des Experimentierens, der Provokation und der Aggressivität seien für immer vorbei. Ebenfalls vorbei sei die Ära des objektiven "Neo-Klassizismus", z. B. jene eines Igor Stravinskys. Vielmehr sei es nun wieder die Melodie, wie der Komponist Louis Gruenberg um 1940 in seinem künstlerischen Credo formuliert, welche das Blut einer jeden Komposition ausmache, und der Ausdruck des Gefühls ("emotion") müsse ihr Hauptanliegen sein.[146]

In den frühen vierziger Jahren kritisierte Eugene Goosens deutlicher als je zuvor das festgefahrene, konservative ästhetische Wertesystem des breiten Publikums und die damit verbundene Gleichgültigkeit gegenüber allem Ungewohnten. Goosens konstatierte aber gleichzeitig, daß bereits etablierte Kompositionen des 20. Jahrhunderts zumindest eine relative Popularität haben erreichen können, daß dies aber noch keineswegs ein Indikator dafür sei, von einer allgemeinen Sympathie für die zeitgenössische Musik zu sprechen:

"There is far too much of the "I-know-what-I-like, and like-what-I-know" attitude among our audiences today. It displays itself in a thinly veiled indifference to everything new and unfamiliar - especially American - except certain highly publicized and sometimes wholly admirable contemporaneous works. An artificial and quickly-whipped-up enthusiasm for Shostakovich is by no means an indication of sympathy

---

146 Wiedergegeben nach Nicholas E. Tawa: Serenading the Reluctant Eagle, a.a.O., S. 45.

for the New Music. Neither was that suspicious yearning for the more esoteric Sibelius of two or three years ago."[147]

Benjamin Britten gelangte 1942, nachdem er knapp drei Jahre in den USA verbracht hatte, mit Blick auf die Nachfrage an zeitgenössischer Musik zu einer etwas optimistischeren Beurteilung. Im Vergleich zu Europa hätten Komponisten - Britten differenziert nicht zwischen europäischen und amerikanischen - dort "very rosy opportunities".[148] Durch Kompositionsaufträge und -Wettbewerbe sowie durch das Engagement in den "commercial fields" (Radio, Film, Theater) hätten sich für sie mannigfaltige Betätigungsmöglichkeiten ergeben. Gleichzeitig sei es für die Komponisten von Vorteil, daß der amerikanische Zuhörer nun begonnen habe, den "abgedroschenen" Werken (vermutlich gerade jene des 19. Jahrhunderts) langsam überdrüssig zu werden, und daß er sich stattdessen mehr der Musik seines Jahrhunderts zuwende. Das allgemein ansteigende Interesse an zeitgenössischer Musik belegt Britten am Beispiel von Paul Hindemiths Symphonie *Mathis der Maler*, die offenbar bereits zu Beginn der vierziger Jahre zu den von Goosens beschriebenen, weitläufig bekannten Werken des 20. Jahrhunderts gehörte. Ein bedeutendes Orchester des Mittleren Westens habe Hindemiths Symphonie aufgrund der großen Publikumsnachfrage zehnmal auf seiner Konzerttournee gespielt. Selbst die Bemerkungen eines Eugene Goosens über die vergleichsweise geringe Berücksichtigung neuer amerikanischer Kompositionen können nicht darüber hinwegtäuschen, daß auch die landeseigene, dem Publikumsgeschmack entsprechende (und damit traditionszugewandte) zeitgenössische Musik in den Konzertsälen der USA in den frühen vierziger Jahren endgültig zu einer festen Größe geworden ist.

---

[147] Eugene Goosens: The Public - Has it Changed?, in: MM, 20. Jg., Nr. 2 (January-February 1943), S. 75.

[148] Benjamin Britten: Au Revoir to the U.S.A., in: MM, 19. Jg., Nr. 2 (January-February 1942), S. 101.

2.2.4. Band-, Ballett- und Filmmusik

Bandmusik
_____

Von den drei Genres, denen sich Komponisten in den USA der dreißiger und vierziger Jahre vermehrt zuwandten, konnte sich die Bandmusik dort auf die längste Tradition berufen. Bereits Ende des 19. Jahrhunderts hatte sie sich ein breites Publikum geschaffen. Zivile und Militärkapellen beherrschten in dieser Zeit landesweit das Feld der populären Unterhaltungsmusik, und sie mußten noch bis zu Beginn der 1920er Jahre keine ernsthafte Konkurrenz, etwa durch die großen Symphonieorchester, fürchten. Der wohl bekannteste amerikanische Vertreter dieses Genres, John Philip Sousa (1854-1932), begab sich mit seiner Blaskapelle von 1892 an regelmäßig auf Konzertreisen durch die USA und Europa und begeisterte überall das Publikum. Seine Programme stellte er aus eigenen Suiten und Märschen sowie aus transkribierten Ausschnitten bekannter Symphonien, Opern und Operetten (u. a. von Beethoven, Meyerbeer, Rossini und Wagner) zusammen.

Obwohl das von vielen als "golden" beschriebene Bandzeitalter spätestens mit dem Tod John Philip Sousas endete, hatte sich für die Bandmusik zur gleichen Zeit bereits ein neuer, wohl nicht minder "goldener" (und bis heute für die Musikindustrie äußerst lukrativer) Markt eröffnet: jener der Blasmusik in High Schools, Colleges und Universitäten. Bands dieser Art hatte es zwar auch im 19. Jahrhundert gegeben, allen voran in den renommierten Bildungseinrichtungen von Harvard und Yale, doch trat dieser seinerzeit wenig beachtete Teilbereich der Bandmusik erst in den 1920er Jahren deutlicher denn je hervor.

Als Medium der Menschenbildung verschaffte sich die Blasmusik im Rahmen des amerikanischen Erziehungssystems bald einen angesehenen Platz. Die sogenannte "school band"-Bewegung, die von den großen Universitäten des Mittleren Westens (Illinois und Michigan) ausgegangen war, fand schnell landesweite Verbreitung, und sie trug damit neben ihrem hohen musikalischen Bildungsanspruch auch zur oft geforderten Dezentralisierung der amerikanischen Musikkultur bei. Band-Wettbewerbe wurden ausgetragen und Festivals organisiert, Bands spielten im Rahmen von Sportveranstaltungen in großen Universitätsstadien und bereicherten, indem sie die zahlreichen nicht-universitären Amateurkapellen allmählich verdrängten, das Musikleben in allen Teilen der Vereinigten Staaten.

Die große Popularität der School Bands ließ die Zahl ihrer Mitglieder stark ansteigen. Zudem war ihr Holzbläser-Instrumentarium in den zwanziger Jahren mit dem Ziel erweitert worden, der Band nunmehr einen symphonischen Klang zu verleihen. In den folgenden Jahren musizierten - wie etwa im Fall der Illinois University Band - desöfteren mehr als 400 Schüler oder Studenten in einem Ensemble. Zur besseren Charakterisierung dieser neuen Form des Massenmusizierens wurde der Begriff "Band" in den USA erweitert. Komposita wie etwa "concert band" oder "symphonic band" waren nun gebräuchlich. Was den deutschen "Band"-Begriff angeht, so bleibt freilich eine Homonymie bestehen. Beim Versuch, dieses genuin amerikanische Band-Phänomen im Deutschen semantisch zu fassen, ist wohl die Übersetzung mit "(symphonisches) Blasorchester" am geeignetsten.

Edwin Gerschefski machte in seinem Beitrag "To the Brass Band", der 1937 in der Musikzeitschrift *Modern Music* erschien, nicht nur auf die weite Verbreitung der Schul-Blasorchester aufmerksam - "almost every school and college has one"[149] -, sondern betonte gleichzeitig ihren großen Wert für die musikalische Erziehung der Massen (auch außerhalb der schulischen Umgebung) und ihre gegenüber den Symphonieorchestern größere Einsatzmöglichkeiten:

"The band as a musical organization reaches into every phase of our national life. I need not point out that bands are 'in touch' with people much more than orchestras - there are more of them, they play for innumerable 'occasions' on which it would be thought somehow improper to ask a symphony orchestra to play."[150]

Wenn Gerschefski in seinem Beitrag mit Blick auf die Musikerziehung so explizit die große Bedeutung der Blasorchester hervorhebt, dann nicht zuletzt auch deshalb, um auf die unzureichende und qualitativ oft mangelhafte Literatur hinzuweisen, die ihnen zur Verfügung stand. Damit ihr großes Instrumentarium in seiner vollen Vielfalt ausgeschöpft werden könne, müsse die existierende Literatur - zumeist Transkriptionen - durch Originalkompositionen ersetzt werden. Er forderte daher die zeitgenössischen Komponisten auf, sich diesem bis dahin vernachlässigten Medium vermehrt zuzuwenden.[151]

In der Tat setzte sich noch zu Beginn der dreißiger Jahre zumindest kein amerikanischer Komponist ernsthaft mit dem Genre der Bandmusik auseinander. Daran hatte auch der von Edwin Franco Goldman seit 1919 jährlich ausgelobte Wettbewerb für Bandkompositionen nichts grundlegend verändern können. Die wenigen bedeutenden Originalkompositionen von Gustav Holst, Ralph Vaughan Williams und Percy Grainger, die auch deshalb

149 Edwin Gerschefski: To the Brass Band, in: MM, 14. Jg., Nr. 4 (May-June 1937), S. 189.
150 Ebd., S. 191.
151 Vgl. dazu auch Virgil Thomsons Kritik am bestehenden Bandrepertoire in seinem Beitrag "Militärmusik" (Virgil Thomson: Musikgeschehen in Amerika, a.a.O, S. 38-41).

schnell Eingang in das amerikanische Bandrepertoire gefunden hatten, weil sie durch die häufige Verarbeitung von Volksliedmaterial dem Geschmack des breiten Publikums entsprachen, blieben zunächst die seltene Ausnahme. Im Verlauf der dreißiger Jahre waren es dann zunächst weitere europäische Komponisten, die ihre Werke auch speziell für die Besetzung der amerikanischen Blasorchester konzipierten - unter ihnen Respighi, Roussel und Weinberger. In den frühen vierziger Jahren entwickelte sich schließlich die Bandmusik, unterstützt durch die wachsende Nachfrage an patriotischer Musik während des Krieges, ebenfalls unter den zeitgenössischen amerikanischen Komponisten zu einem "real movement".[152] 1942 entstanden etwa im Rahmen der Feierlichkeiten zum 25-jährigen Jubiläum der Goldman Band, dem seinerzeit wohl bedeutendsten professionellen Ensemble in den USA, zahlreiche neue Werke, darunter Originalkompositionen für Band von Pedro Sanjuan (*Canto Yorubâ*), Morton Gould (*Jericho*) und William Schuman (*News-Reel*), sowie Arrangements u. a. auch von Aaron Copland *(Outdoor Overture)*.

Paul Hindemith hatte sich im Jahr 1926 erstmals der Komposition von (Militär-)Blasmusik zugewandt. Seine *Konzertmusik für Blasorchester, op. 41* war zwar bereits ein halbes Jahr nach ihrer Donaueschinger Uraufführung am 10. Februar 1927 durch das New Yorker Symphonische Orchester unter Klemperer in New York gespielt worden, doch konnte sich dieses Werk in den USA danach nicht durchsetzen. Die in einschlägigen Musiklexika geäußerte Behauptung, daß Hindemiths *Konzertmusik, op. 41* in den dreißiger und vierziger Jahren fester Repertoirebestandteil zahlreicher (Universitäts-)Blasorchester in den USA gewesen sei, ist zu bezweifeln, denn das Aufführungsmaterial war offenbar bis in die sechziger Jahre hinein dort nicht erhältlich.[153] Hindemith selbst habe dieses Werk, so Keith Wilson, mit der Absicht zurückgehalten, hierfür eine speziell auf die Instrumentalbedürfnisse der amerikanischen Bands hin ausgerichtete Neufassung anzufertigen.[154] Diese Revision hat Hindemith allerdings nie vorgenommen. Nach der amerikanischen Premiere und einer Aufführung durch das Orchester von Cincinnati in der Saison 1929/30[155] wurde ein Teil aus der *Konzertmusik, op. 41* erst wieder 1951 in Washington gespielt. Dort dirigierte der Komponist selbst

---

[152] Richard F. Goldman: A New Day for Band Music, in: MM, 23. Jg., Nr. 4 (Fall 1946), S. 263.

[153] Vgl. Jon Pareles: American wind bands, in: The New Grove. Dictionary of Music and Musicians. Second Edition, Stanley Sadie, John Tyrrell (Hrsg.), Volume 2, London, New York 2001, S. 641, sowie Wolfgang Suppan: Blasorchester. IV. Paul Hindemith in Donaueschingen 1926, in: MGG, Sachteil 1, Ludwig Finscher (Hrsg.), Kassel, etc. 1994, Sp. 1570-1571.

[154] Interview Caitriona Bolsters mit Keith Wilson, Yale University, 20.3.75, in: OH, Typoskript, S. 17.

[155] Vgl. Kate Hevner Mueller: Twenty-Seven Major American Symphony Orchestras, a.a.O., S. 174.

deren Schlußsatz (Marsch). Hinweise darauf, daß dieses Werk bereits in den dreißiger und vierziger Jahren an der Yale University oder an anderen amerikanischen Universitäten aufgeführt wurde, gibt es nicht.

Hindemith wurde wohl zunächst durch seinen amerikanischen Verleger AMP darauf aufmerksam gemacht, daß in den USA zu Ende der dreißiger Jahre eine große Nachfrage an Schulblasorchester-Literatur herrschte. Im Dezember 1939 schreibt er aus Sierre an AMP:

"Erinnern Sie sich, daß Sie mir damals einen Prospekt über die Schulblasorchestersache gaben, in welchem auch die Besetzung solcher Unternehmungen angegeben waren? Ich habe ihn bei Ihnen oder sonstwo drüben liegen gelassen. Wollen Sie ihn mir nochmals schicken? Vielleicht schreibe ich Ihnen etwas dafür."[156]

Während seiner amerikanischen Jahre setzte sich Hindemith dann immer wieder mit dem Genre der Bandmusik auseinander. Zunächst versprach er im Jahre 1941, für ein Schulmusik-Festival in Minnesota ein "Band-Stück" zu komponieren, was er allerdings nicht tat.[157] Im Jahr darauf unterrichtete er an der Yale University "Band Orchestration" und forderte zu diesem Zweck von seinem amerikanischen Verleger AMP "einige music dummies als Übungsmaterial"[158] an. Darüber hinaus dachte Hindemith, als er sich in den Jahren 1942 und 1943 mit der Komposition der *Symphonic Metamorphosis* befaßte, von Beginn an sowohl an eine Orchester- als auch an eine Bandfassung. Letztere nahm zu diesem Zeitpunkt aber noch keine Gestalt an. Wenige Jahre später, vermutlich 1947, bat Hindemith jedoch den damaligen Leiter der Yale University Band, Keith Wilson, die *Symphonic Metamorphosis* für dieses Genre einzurichten.[159] Obwohl Wilson zugesagt hatte, konnte er erst

---

156 Brief Paul Hindemiths an AMP, Sierre, 4.12.39. Vgl. dazu auch Paul Hindemiths Brief an Willy Strecker, o.O., 20.11.39.

157 Vgl. Paul Hindemiths Brief an AMP, New Haven, ohne Datum [nach dem 23.11.41]. Aus dem Briefwechsel mit AMP geht nicht eindeutig hervor, für wen Hindemith plante, ein "Band-Stück" zu komponieren. Wahrscheinlich war es die National Music School Association. Daß Hindemith seinem Versprechen nie nachgekommen ist, hat offenbar finanzielle Gründe: "Die Nat. Mus. School Association habe ich schon zweimal in den letzten Jahren abgelehnt ...: hinfahren, quatschen, und außerdem noch draufzahlen – nee." (Brief Paul Hindemiths an AMP, New Haven, ohne Datum [vor dem 6.10.42]).

158 Für den Kurs "Band Orchestration" bestellte Hindemith ein von AMP kurz zuvor veröffentlichtes "Marsch-Album" (vgl. hierzu den Brief Paul Hindemiths an AMP, New Haven, 24.11.42).

159 "Must have been in '47 that Hindemith called me and wanted to talk to me about the Metamorphoses. He said 'my publishers Associated in New York think it would be a fine band piece, and I think it would, too.' But he says 'I don't want to do it' and asked 'would you be willing and interested in transcribing it for band?'" (Interview des Verfassers mit

13 Jahre später mit der Umarbeitung beginnen, denn die Verleger AMP und Schott waren sich über die Aufführungsrechte und die Art der Herausgabe zunächst nicht einig geworden.

Daß Paul Hindemith in den USA immer wieder daran gedacht haben muß, für eine genuin amerikanische Blasorchesterbesetzung zu komponieren, wird nicht zuletzt daran deutlich, daß er schließlich von sich aus, also ohne einen Kompositionsauftrag, mit der Arbeit an einem Band-Stück begann. Es hat offenbar zunächst einzig der geeignete Anlaß gefehlt. Nachdem er Ende 1950 gebeten worden war, im Rahmen der abschließenden Veranstaltung der Washingtoner "Freedom Sings"-Konzerte als Gastdirigent der United States Army Band aufzutreten, entschloß er sich kurzerhand, "eine Kleinigkeit"[160] dafür zu komponieren. Bei der Arbeit an dieser "Kleinigkeit", aus der immerhin ein dreisätziges Werk von knapp 20 Minuten Dauer hervorgegangen ist, trat Hindemith offenbar mit Fragen zur amerikanischen Militärband-Instrumentation erneut an seinen Yale-Kollegen Wilson heran.[161] Die starke Dominanz von Saxophonen in Hindemiths Blassymphonie und der vergleichsweise geringe Gebrauch von Tenorblech - nur zwei Trompeten - weicht dann auch auffallend von der mitteleuropäischen Klangtradition ab. Vielmehr ist seine Besetzung zwischen den amerikanischen Kategorien der "standard band" und der "concert band" anzusiedeln, wie sie die American Band Masters' Association im Jahre 1929 definiert hatte.[162] Neben der Uraufführung der *Symphony in B flat for Concert Band* am 5. April 1951 in Washington erklang unter dem Dirigat Hindemiths der (bereits erwähnte) Marsch aus der *Konzertmusik, op. 41* sowie der 2. Satz aus der *Symphonia serena*.

Die Frage, ob Hindemiths *Symphony for Concert Band*, deren Schlußsatz in einer breit angelegten Doppelfuge gipfelt, den von Richard Goldman im folgenden zitierten Erwartungen des Massenpublikums entsprochen hat, muß wohl schon allein mit Blick auf die hier angewandte Satztechnik verneint werden:

"Most of the new band works ... can stand on their own merits if they are taken for what they are: music written for a certain combination of

---

Keith Wilson, Yale University, 25.8.99). Aus dem Briefwechsel Hindemiths mit AMP geht jedoch nicht hervor, daß der Verlag den Komponisten gebeten hat, die *Symphonic Metamorphosis* für Band zu transkribieren.

160 Richard E. Thurston: The Genesis of a Masterpiece, in: The Instrumentalist, July 1981, S. 45.

161 Vgl. ebd., sowie das Interview Caitriona Bolsters mit Keith Wilson, Yale University, 20.3.75, in: OH, Typoskript, S. 17.

162 Vgl. dazu: David Ralph Bircher: The brasswind idiom in Paul Hindemith's large instrumental works, D.M.A. Diss., University of Cincinnati 1988, S. 92-93.

instruments, to be played for a mass audience wanting to be entertained."163

Obwohl sich Hindemith mit Blick auf seine neue Band-Symphonie aufgrund des "unerhoerten Bedarf[s] fuer Blasmusikstuecke ... einen sehr grossen Absatz"164 versprochen hatte, komponierte er dennoch zumindest am Anspruch des Massenpublikums, das vornehmlich unterhalten werden wollte, vorbei. So ist es nur verständlich, wenn die meisten Aufführungen dieser Symphonie weniger im Rahmen von öffentlichen Freiluft-Großveranstaltungen (wie etwa jene der Goldman Band im New Yorker Prospect oder Central Park) stattfanden. Vielmehr erschien das Werk seit den fünfziger Jahren häufig auf Programmen von Universitätskonzerten. Hier wurde es alsbald zum "chef d'oeuvre for wind and percussion instruments."165

Ballettmusik

Während die Bandmusik - ausgehend vom Mittleren Westen der USA - schließlich im Rahmen der "school band"-Bewegung landesweite Verbreitung fand, so setzte mit Blick auf das Ballett in den dreißiger und frühen vierziger Jahren von New York aus eine ähnliche Entwicklung ein. In der Ostküstenmetropole versammelten sich alle einflußreichen Größen dieses Genres, sowohl jene, die das klassische Ballett russischer Provenienz repräsentierten, als auch diejenigen, die dem Modern Dance letztlich zu seiner Geltung verholfen haben.

Marc Blitzstein konnte bereits 1931 feststellen: "The American public appears to have become suddenly dance-conscious; it attends recitals given by foreign and native dancers, [...]".166 Dieses neue "Tanz-Bewußtsein" des

163 Richard F. Goldman: A New Day for Band Music, a.a.O, S. 263.

164Vgl. den Brief Paul Hindemiths an Willy Strecker, New Haven, 21.1.51.

165 David Ralph Bircher: The brasswind idiom in Paul Hindemith's large instrumental works, a.a.O., S. 113. Nach einer Studie von Brian Keith Hopwood war Paul Hindemiths *Symphony for Concert Band* auf den Tagungen der College Band Directors National Association (CBDNA) zwischen 1951 und 1995 mit insgesamt 16 Aufführungen das meistgespielte Werk (Brian Keith Hopwood: Wind Band Repertoire: Programming Practices at Conventions of the College Band Directors National Association, D.M.A. Diss., Arizona State University 1998, zit. nach Dissertation Abstracts Ondisc (Jan. 1997-Dec. 1999), UMI, Ann Arbor 1999).

166 Marc Blitzstein: Dancers of the Season, in: MM, 8. Jg., Nr. 3 (March-April 1931), S. 38.

amerikanischen Publikums wurde in den dreißiger Jahren durch zahlreiche Kompanie-Gründungen, die zum Teil mit Opernhäusern affiliiert waren, unterstützt und gefördert - darunter waren das San Francisco Opera Ballet (1933), das Philadelphia Ballet (1935), die Humphrey-Weidman Company (1935), sowie die Page-Stone Ballet Company (Chicago, 1937). Zahlreiche amerikanische Tournee-Truppen und russische Ensembles brachten sowohl das klassische Tanztheater als auch den Modern Dance in alle Teile der USA. Der großen Verbreitung, die das Ballett bis Ende der dreißiger Jahre dort gefunden hatte, wurde sich auch Paul Hindemith gewahr. Er berichtete seiner Frau Gertrud am 27. Februar 1940 aus Buffalo: "Amerika ist von Balletten überschwemmt, darunter allein 3 russische, [...]."[167]

Daß sich das klassische Ballett zu Beginn der dreißiger Jahre dauerhaft in den USA etablieren konnte, verdankte es in der Hauptsache zwei Tänzern und Choreographen, die beide in der Tradition des Russen Serge Diaghileff standen: Leonide Massine und George Balanchine. Beide neigten aber - anders als Diaghileff - in ihren Choreographien dazu, Ausstattung und Handlung zu reduzieren und stattdessen das Hauptaugenmerk auf die Kongruenz von Musik und Bewegung zu legen. Damit wurde die Musik für Massine und Balanchine gleichermaßen zur alleinigen Inspirationsquelle des Tanzes. Während Massine allerdings die Musik dennoch als assoziative Grundlage einer dramatisch-philosophischen Handlung anerkannte, beschritt Balanchine einen weitaus radikaleren Weg, indem er das Ballett grundsätzlich nicht mehr "als getanztes Drama, sondern allein als autonomes Zusammenspiel musikalisch-choreographischer Strukturen"[168] verstand.

Massines Repertoire - und damit das seiner Kompanie Ballet Russe de Monte Carlo - blieb weitgehend der europäisch-russischen Tradition verpflichtet, obwohl er bereits ein Jahr nach seinem US-Debut in New York mit *Union Pacific* 1934 erstmals auch ein genuin amerikanisches Thema aufgegriffen hatte.[169] Das Ballet Russe de Monte Carlo ging (trotz fortwährend desaströser finanzieller Situation) regelmäßig auf Tournee durch die USA und wurde Ende der dreißiger Jahre zum Inbegriff des klassischen Balletts schlechthin. Als Massine seine Kompanie 1942 aufgrund von internen Streitigkeiten endgültig verließ und Agnes de Mille noch im selben Jahr *Rodeo* inszenierte, begann das Ballet Russe de Monte Carlo allerdings, sich allmählich von seinem

---

[167] Brief Paul Hindemiths an Gertrud Hindemith, Buffalo, 27.2.40, zit. nach Friederike Becker, Giselher Schubert (Hrsg.): Paul Hindemith. "Das private Logbuch", a.a.O., S. 407.

[168] Monika Woitas: George Balanchine und das neoklassische Ballett, in: MGG, Sachteil 9, Ludwig Finscher (Hrsg.), Kassel, etc. 1998, Sp. 334-335.

[169] Massines Ballett-Neuschöpfungen mit amerikanischer Thematik wie *The New Yorker*, *Saratoga* und *Ghost Town*, allen voran jedoch *Union Pacific*, wurden für ihn in den USA im Vergleich zu seinen traditionelleren europäischen Produktionen wie etwa *Les Sylphides*, *Prince Igor* oder *Petrouchka*, zu katastrophalen Mißerfolgen.

angestammten Repertoirekanon zu lösen. Ronald L. Davis glaubt gar, daß de Mille mit ihrer *Rodeo*-Choreographie für das Ballett etwas ganz Neues hervorgebracht habe:

> "Not only was the Russian company dealing with a pleasant piece of Americana, but it was presenting ballet of a new genre. *Rodeo* dealt with folk in common dress and casual parlance, thereby humanizing ballet for a wider public."[170]

In der Tat konnten Agnes de Mille und das Ballet Russe de Monte Carlo mit ihrem unterhaltsamen amerikanischen Ballett aufgrund der "deliberate lightness of touch"[171] und nicht zuletzt auch aufgrund der eingängigen Musik Aaron Coplands in New York einen außerordentlichen Erfolg feiern, doch der Weg, den Agnes de Mille mit *Rodeo* beschritten hatte, war zu Beginn der vierziger Jahre keineswegs mehr neu. Im Jahre 1938 konnte sich ein Ballett mit ähnlicher Cowboy-Thematik beim breiten Publikum in gleicher Weise durchsetzen. Eugene Lorings *Billy the Kid*, eine Produktion des sogenannten "Ballet Caravan" (wiederum zur Musik von Aaron Copland), galt seitdem als Prototyp des amerikanischen Balletts und zählt noch heute zu den populärsten Balletten in den USA. Minna Lederman versucht, das Erfolgsrezept von *Billy the Kid* ex post zu ergründen:

> "This calls for a story well fixed in a special time and place, a score that adapts folk or popular tunes, a dynamic rhythmic workout with inventions based on native dance steps, some episode, slight or developed, of honky-tonk, and a quality of over-all homely sentiment. [...] There have been experiments beyond these limits, ambitious and interesting too. But the popular-folk-form is the prevailing one, most recognizably American, [...]."[172]

Die Tanzkompanie "Ballet Caravan", die *Billy the Kid* in Szene setzte, war aus der 1934 durch Lincoln Kirstein und Edward M. M. Warburg in New York gegründeten "School of American Ballet" hervorgegangen. Sie fungierte quasi als "mobiler" Teil der schuleigenen American Ballet Company, deren künstlerische Leitung von Anbeginn George Balanchine und Vladimir Dimitriew oblag.

---

170 Ronald L. Davis: A History of Music in American Life, a.a.O., S. 79.

171 Ebd.

172 Minna Lederman: With the Dancers, in: MM, 23. Jg., Nr. 3 (Summer 1946), S. 216.

Das Ziel dieser "School of American Ballet" war es zunächst, amerikanische Tänzer und Choreographen fundiert im klassischen Ballettstil auszubilden. Balanchines russische Trainings- und Aubildungsmethoden, die Adaption von Square Dance-Elementen, verquickt mit der Begeisterung junger amerikanischer Tänzer; all dies waren (neben einer "well fixed" Story und "popular tunes") wichtige Voraussetzungen, auf deren Grundlage sich ein auf die amerikanischen Bedürfnisse zugeschnittenes neues Tanz-Vokabular entwickeln konnte. In seinem Beitrag "In Defense of the Ballet" verweist Lincoln Kirstein nicht nur auf das primäre Anliegen der jüngst durch ihn ins Leben gerufenen Ballettschule, ein typisch amerikanisches Tanzidiom zu kreieren, sondern er mißt ihr überdies die Aufgabe zu, eng mit allen künstlerischen Kräften Amerikas, die bei einer Ballettproduktion mit eingebunden werden können, zusammenzuarbeiten und ihnen damit ein "working instrument for their collaboration"[173] bereitzustellen. Das, was Diaghileff zwanzig Jahre zuvor in Europa geschaffen habe, so Kirstein, müsse sich nun die "American school" zum Vorbild nehmen, und sie müsse zudem dazu beitragen, daß sich das Genre Ballett in den USA in ähnlicher Weise durchsetze.

Durch seine pädagogische Arbeit an der "School of American Ballet", insbesondere durch seine Vermittlung zwischen traditionell russischem Stil und amerikanischen Tanzformen, hat Balanchine dem amerikanischen Ballett zu seiner Identität verholfen. Der eigene Tanzstil Balanchines blieb (wie jener "seiner" New Yorker Schule) trotz einiger experimenteller Modifizierungen jedoch grundsätzlich den klassischen Bewegungs- und Ausdrucksformen eng vepflichtet. Choreographien, in denen er selbst mitwirkte, behandeln darüber hinaus selten eine amerikanische Thematik, wobei in diesem Zusammenhang seine 1954 inszenierte *Ivesiana* für Amerika sicher eine wichtige Ausnahme darstellt.

Wenn Lincoln Kirstein in seinem Verteidigungsartikel von 1934 den Weg der "klassischen" Ausbildung an der American School (und damit die Tradition des klassischen Balletts schlechthin) propagierte und gleichzeitig scharf gegen die Arbeitsweise der "modernen" Tänzer zu Felde zog, dann hatte er damit freilich auch die volle Unterstützung seines künstlerischen Leiters, denn auch Balanchine kann den Formen und Techniken des Modern Dance nichts abgewinnen.

"[...] their only common working esthetic is a belief in a free use of gesture and movement, the freedom defined only by their own idiosyncrasies and their debt to Isadora Duncan. [...] The "modern"

173 Lincoln Kirstein: In Defense of the Ballet, in: MM, 11. Jg., Nr. 4 (May-June 1934), S. 193-194.

dance is offered as an example of a limitless form capable of expressing anything."[174]

Die uneingeschränkte Freiheit der Gestik und Bewegung, welche im Modern Dance, wie Kirstein annimmt, allein durch die Eigentümlichkeiten des jeweiligen Tänzers definiert werde, führe den Ausdruckswillen einer jeden Choreographie ad absurdum. Modern Dance, der "Freiheit" in der Tat insofern zum Ideal erhebt, als er sie einesteils als Entfesselung vom tradierten Bewegungsrepertoire und anderenteils als Basis eines neuen individuellen Ausdrucks versteht, verfolgt primär das Ziel, den fühlenden Menschen stärker denn je in den Mittelpunkt zu stellen und damit gleichzeitig jedwede Stilisierung zu negieren.[175] Der einzelne Tänzer ist nun nicht mehr nur Teil eines mit äußerster Präzision ablaufenden theatralen Gesamtkonzepts aus Ton, Bewegung, Farbe, Form und Licht, sondern er avanciert vielmehr zum Träger höchst subjektiver Botschaften, welche einzig durch ein individuell abgestimmtes Ausdrucks- und Bewegungsrepertoire adäquat zu vermitteln sind. Dieses Ideal des Modern Dance erfordert in der Regel keine aufwendigen Inszenierungen oder große Ballett-Kompanien.

Die in den USA seinerzeit nicht nur von Kirstein geäußerte Kritik, daß es den "modernen" Tänzern an Technik mangele, trifft auf die von ihm genannte und noch weitgehend experimentierende Modern Dance-Pionierin Isadora Duncan sicher weit mehr zu als auf Martha Graham, die Mitte der dreißiger Jahre zur Hauptvertreterin dieses Genres wurde. Graham war aus der Denishawn-Schule hervorgegangen und hatte im Verlauf der zwanziger Jahre zu ihrem eigenen Stil gefunden. Ihre charakteristischen Bewegungen strahlten primär Natürlichkeit und Individualität aus, sie wirkten desöfteren grotesk und wurden manchmal gar als "gequält"[176] beschrieben. Grahams Technik basierte auf dem Konzept der Intensivierung des natürlichen Ein- und Ausatmens und dem damit verbundenen Phänomen des "contraction" und "release". Dadurch wurde es ihr möglich, "peitschende Drehungen, heftige Kicks und plötzliches Fallen"[177] auszuführen. Martha Graham engagierte sich, wie auch Balanchine, auf dem Gebiet der Tanzpädagogik. 31-jährig, übernahm sie 1925 die Leitung des Dance Department an der Eastman School of Music. Sie unterrichtete

---

174 Ebd., S. 189 und S. 191.

175 Martha Graham mochte nicht als Baum, Blume oder Welle tanzen. Sie wollte in ihren Choreographien vielmehr versuchen, "the miracle that is a human being" (zit. nach Ronald L. Davis: A History of Music in American Life, a.a.O., S. 83) darzustellen.

176 Vgl. ebd., S. 82.

177 Jack Anderson: Modern Dance. 3. Zwischen den Weltkriegen, in: MGG, Sachteil 9, Ludwig Finscher (Hrsg.), Kassel, etc. 1998, Sp. 348. Zu Grahams Tanzstil vgl. auch Agnes de Mille: Martha. The Life And Work of Martha Graham, London, etc. 1991, S. 95ff.

später "Modern Dance" am Bennington College und eröffnete schließlich 1941 in New York ihre eigene Schule.

Martha Graham und George Balanchine haben neben ihrer tanzpädagogischen Arbeit mit Blick auf das Werk Paul Hindemiths eine weitere Gemeinsamkeit. Die mehrmalige Auseinandersetzung mit seiner Musik führte offenbar bei beiden zu einer Modifikation ihres Tanzstils, bzw. zu wichtigen Erfahrungen in ihrer Karriere. In der Tanz-Pantomime *Adolescence* zu Hindemiths *Klaviermusik, op. 37, 2. Teil* aus dem Jahr 1929 habe sich Martha Graham, Ernestine Stodelle zufolge, erstmals mit der Thematik der menschlichen Psyche auseinandergesetzt, indem sie versucht habe, die komplexe Gefühlswelt eines heranwachsenden Mädchens darzustellen.[178] In ähnlicher Weise ging Graham 15 Jahre später, diesmal in direkter Zusammenarbeit mit dem Komponisten, an die Choreographie der *Hérodiade* heran, denn auch hier stellte sie die Ergründung der menschlichen Seele auf der Suche nach Wahrheit in den Mittelpunkt ihrer Interpretation. 1952 berichtet Graham im Rahmen eines Vortrags vor Studenten der New Yorker Juilliard School of Music zunächst über die für sie bis dahin ungewohnte inhaltliche Zugangsweise:

"When I did Hérodiade, this was a great crisis in my life. It was the first time that I had done a dance in which I did not do the scenario first. Mr. Hindemith decided that he wanted to do that particular piece and I wanted very much to do a piece with him. I had not read the poem of Mallarmé. I went to work."[179]

Für Graham war es nicht nur außergewöhnlich, daß Hindemith allein den Ballett-Stoff auswählte, sondern daß er wie zuvor bei seinen Kooperationen mit Massine und Balanchine auch bei ihr davon ausging, maßgeblichen Einfluß auf die Choreographie nehmen zu können. So änderte der Komponist die von Graham dem Ballett zunächst beigegebene Bezeichnung "Mirror before me" nachträglich in *Hérodiade* um.[180]

---

[178] Vgl. Ernestine Stodelle: Deep Song - The Dance Story of Martha Graham, New York, London 1984, S. 58. Graham tanzte *Adolescence* am 3.3.29 im New Yorker Booth Theatre.

[179] Zit. nach Walter Sorell: Martha Graham Speaks ..., in: Dance Observer, 30. Jg., Nr. 4 (April 1963), S. 54. Die Entstehungsgeschichte von *Hérodiade* wird ausführlich anhand von Korrespondenzen zwischen Paul Hindemith, Martha Graham, Elizabeth Sprague Coolidge und Harold Spivacke (Library of Congress) dargestellt von Wayne D. Shirley: Ballets for Martha, in: Performing Arts Annual. 1988, The Library of Congress, Washington 1989, S. 40-73.

[180] Paul und Gertrud Hindemith "didn't like what I did to his music, Mrs. Hindemith particularly. She said, 'Where are the bottles of perfume that you're supposed to be

Über die besondere Funktion des Spiegels berichtet Martha Graham im Rahmen ihres Juilliard-Vortrags schließlich folgendes:

"When you look in a mirror, what do you see? Do you see just only what you want to see? Sometimes you do. Sometimes you don't. Therefore, you change your make-up or you change clothes, or do something about it. But also behind it you see all the little bones and all the little structures of your own body and you also see, if you are introspective, your own death. A mirror is an instrument in an endeavor to arrive at the truth. And that is how it is used in *Hérodiade*."[181]

Wie Martha Graham in *Adolescence*, so hat auch George Balanchine in seiner Choreographie *The Four Temperaments* zu Hindemiths *Theme with four Variations (according to the four Temperaments)* erstmals neue stilistische Wege beschritten. Dieses Ballett sei, so Gunhild Schüller, das erste in einer Reihe von Werken Balanchines, in welchen das klassische Vokabular - gemeint ist hier etwa die Adaption von Schrittfolgen aus dem "Pas de deux" - zwar weiterhin als Basis diene, zugleich aber auch aufgebrochen und in seine Bestandteile zerlegt werde. Balanchine "demodelliere" gewissermaßen dieses klassische Vokabular und gehe besonders in den Männervariationen ("Melancholy" und "Phlegmatic") bis zu dessen Auflösung.[182] In Balanchines von nun an oft als puristisch und archaisch bezeichneten Choreographien stehen Musik und Tanz mehr als je zuvor als gleichberechtigte Partner nebeneinander. Der Verzicht auf einen durchgehenden Handlungsstrang sowie die drastische Reduktion der Bühnenausstattung und der Kostüme sind entscheidende Merkmale seines modifizierten Stils, die sich zwar schon in der Premierenchoreographie von 1946 abzeichnen, die aber umso deutlicher im Rahmen der Wiederaufnahme durch das New York City Ballet hervortreten. In seiner Neuinszenierung von

---

passing in front of? Where is the leopard on the stage?' She said, 'You didn't consult the composer at all about this.' I said, 'Why, it never occurred to me to consult the composer about the choreography.' Well, this upset her no end." (Interview Anna Kisselgoffs mit Martha Graham, zit. nach Agnes de Mille: Martha, a.a.O., S. 260-261). Grahams Einschätzung, daß Hindemith ihre Interpretation nicht gemocht habe, trifft offenkundig nicht zu, denn Paul Hindemith äußerte sich mehrmals höchst anerkennend darüber: "Hérodiade: Let me say again that I have the highest appreciation for Martha Graham's version of this piece [...]." (Brief Paul Hindemiths an den Dean der Juilliard School, Mark Schubart, Zürich, 3.7.62. Der Brief wird im Archiv der Juilliard School in New York aufbewahrt: Office of the President. General administrative records, Box 52, Folder 5).

181 Walter Sorell: Martha Graham Speaks ..., a.a.O., S. 54.

182 Gunhild Schüller: The Four Temperaments, in: Pipers Enzyklopädie des Musiktheaters, Carl Dahlhaus (Hrsg.), Bd. 1, München, Zürich 1986, S. 158-159. Vgl. dazu auch Nancy Reynolds: Repertory in Review. 40 Years of the New York City Ballet, New York 1977, S. 73.

1951 ersetzte Balanchine die einst aufwendigen und vom eigentlichen Tanz ablenkenden Kostüme zum ersten Mal durch bequeme Trikots.

Was die Musik betrifft, die einzelne amerikanische Tänzer und Ballett-Kompanien für ihre Choreographien auswählten, so wird deutlich, daß die Vertreter des Modern Dance zeitgenössischen Werken offener gegenüberstanden als jene des klassischen Balletts. Zeitgenössische amerikanische Kompositionen fanden als musikalische Grundlage für klassische Ballettproduktionen europäischer Prägung in den dreißiger und vierziger Jahren noch keine Berücksichtigung; umso mehr jedoch in dem von Balanchine begründeten amerikanischen Tanztheater sowie im Bereich des Modern Dance. So erteilte der "Ballet Caravan" Kompositionsaufträge an Virgil Thomson, Aaron Copland und Paul Bowles. Martha Graham, die seit 1934 ausschließlich zu eigens für sie komponierter Musik tanzte, vergab Aufträge an Komponisten wie Louis Horst, Lehman Engel und Henry Cowell. In den vierziger Jahren traten Werke u. a. von Samuel Barber, Aaron Copland, Norman Dello Joio und William Schuman hinzu. Nach einer Analyse aller von Massine, Balanchine und Graham berücksichtigten Kompositionen wird darüber hinaus evident, daß diese bedeutendsten aller Vertreter des Balletts und des Modern Dance in den USA trotz ihrer stilistischen Verschiedenheit offenbar durch die Musik keines anderen zeitgenössischen Komponisten derart inspiriert werden konnten wie durch die Musik Paul Hindemiths. Dessen Kompositionen werden zum Bestandteil der Haupt- und Erfolgswerke ihres jeweiligen Repertoires: Massine (*Nobilissima Visione*), Balanchine (*The Four Temperaments*), Graham (*Hérodiade*).

Im Jahre 1927 war es Martha Graham, die in den USA erstmals zu einer Komposition von Paul Hindemith tanzte. Ihre Choreographie, die sie schlicht *Tanzstück* nannte, kam am 16. Oktober 1927 im New Yorker Little Theatre zur Aufführung und basierte (wie auch *Adolescence* aus dem Jahr 1929) auf Teilen der *Klaviermusik, op. 37*. Diese Komposition mußte für Grahams Inszenierungen so geeignet gewesen sein, daß sie 1929 nochmals darauf zurückgriff - diesmal nannte sie ihren Tanz *Prelude in Black, Song in White* und verwendete dazu den Beginn von op. 37, 2. Teil.

Paul Hindemiths eigene intensive kompositorische Auseinandersetzung mit dem Genre Ballett setzte - abgesehen vom Sonderfall des von Oskar Schlemmer entworfenen und erstaufgeführten *Triadischen Balletts* - erst 15 Jahre nach der Entstehung der Tanz-Pantomime *Der Dämon, op. 28* mit der Arbeit an der *Nobilissima Visione* für Leonide Massine 1937 erneut ein.[183] Sein Verleger Willy Strecker ermutigte Hindemith zwar, sich der Komposition von

---

183 "Ein Auftrag der Ballets Russes von 1928, ein Ballett *Nr. 13* (oder *Nr. 27*) über ein Sechstagerennen zu schreiben, wurde", wie Andres Briner bemerkt, "nicht ausgeführt." (Andres Briner: Hindemiths Ballett-projekte zwischen 1936 und 1940 - Die Entstehung von *Nobilissima Visione* und spätere Ballettszenarien, in: HJB 1986/XV, S. 52).

Balletmusik zu widmen, denn dies könne eine "große Reklame" für ihn werden. Er wies ihn aber gleichzeitig darauf hin, daß diese "Balletts nur in seltenen Fällen Reichtümer" brächten, und warnte ihn mit Blick auf die Vertragsverhandlungen mit Massine zudem vor den russischen Kompanien:

"Diese russischen Balletts sind ein Pleite-Unternehmen seit des seligen Diaghileff's Zeiten. [...] Es herrscht unter diesen braven Leuten immer Krach, und kaum hat ein Ballett ein bißchen Erfolg, so zersplittert es sich aus Eifersucht. [...] Für länger wie zwei Jahre soll man Ihnen aber keinesfalls das Monopol geben. [...] Die Orchester-Suite [zu *Nobilissima Visione*] muß auf alle Fälle vollkommen frei bleiben."[184]

Nach dem großen Erfolg von *Nobilissima Visione* in Europa war Hindemith an einer weiteren Zusammenarbeit mit Massine interessiert. Diese fand zwar ihre Fortsetzung, doch gingen daraus auch deshalb keine weiteren "vollständigen" Ballette hervor, weil sich Choreograph und Komponist entweder nicht über eine passende Musik, einen geeigneten Stoff oder die Art der jeweiligen Inszenierung einigen konnten. Quasi als "Nebenprodukte" aus der Zusammenarbeit mit Massine entstanden folgende Werke, bzw. Szenarien:

1) *Symphonische Tänze* (1937)

- Hindemith hatte dieses Werk ursprünglich für den *Nobilissima Visione*-Stoff vorgesehen. Es entsprach aber letztlich nicht Massines Vorstellungen.

2) Ballett-Szenarium "Gefühlvolles Ende einer ruhmreichen Laufbahn" (1939)

- An diesem (komischen) Szenarium, welches von "Seeräubern und einem Mädchenpensionat"[185] handelt und Massine im Frühjahr 1939 überreicht worden war, hatte der Choreograph kein Interesse.

3) Ballett-Szenarium "Gleichnis von den Blinden" (1940)

- Zu einer musikalischen Ausarbeitung dieses Stoffs kam es schon deshalb nicht mehr, weil die Kooperation zwischen Hindemith und Massine im April 1940 endete. Anhand der Auswahl der Handlung zu diesem Szenarium (nach Sprichwörtern und nach Bildern von Pieter Breughel) wird einmal mehr deutlich, wie intensiv sich der Komponist

---

184 Brief Willy Streckers an Paul Hindemith, Mainz, 19.5.37.
185 Brief Paul Hindemiths an Willy Strecker, New York, 12.3.39.

seinerzeit in seinem Werk mit den historischen Ereignissen in Europa und dem NS-Regime auseinandersetzte. Den Epilog zum Szenarium faßt Luther Noss wie folgt lapidar zusammen: "Five blind men follow a leader who is also blind. The leader stumbles and all six men fall down. End of ballet."[186]

4) Musik zu einem "Weber-Ballett" (1940)

- Hindemith bearbeitete in "einer Art freier Paraphrase"[187] zwei Werke für Klavier zu vier Händen von Carl Maria von Weber (Opera 60,4 und 10,2) und fertigte hierzu für Massine einen (ebenfalls vierhändigen) Klavierauszug an. Massine verlangte jedoch zudem eine Instrumentation, die aber vertraglich nicht vereinbart worden war. Hindemith, der zwar von sich aus ebenfalls beabsichtigte, die Weber-Stücke für Orchester einzurichten, ging dennoch nicht auf Massines Forderung ein, weil ihm seine Choreographie dazu - "eine Folge von nahezu undefinierbaren Tanznummern"[188] - nicht gefiel. Aus der Ballettmusik für Massine ging schließlich das Orchesterwerk *Symphonic Metamorphosis of Themes by C. M. von Weber* (1943) hervor.

Die Zusammenarbeit Hindemiths mit George Balanchine war von längerer Dauer als jene mit Massine und begann ebenfalls bereits im Sommer 1937. Zu dieser Zeit stand er mit ihm "wegen eines Balletts für New York"[189] in brieflichen Verhandlungen, und er plante, Balanchine dieses im Herbst 1938 zu überreichen. Hindemiths beabsichtigter Zeitplan konnte nicht eingehalten werden. Im Frühjahr 1939 einigten sich dann aber beide doch auf eine Musik und ein Szenarium. Die ursprünglich für Massine komponierten *Symphonischen Tänze* (1937) sollten nun einem neuen Stoff unterlegt und in der Saison 1939/40 durch die American Ballet Company, die mit diesem Stück beabsichtigte, auf USA-Tournee zu gehen, mehrmals aufgeführt werden. Kurz nachdem Hindemith das dafür vorgesehene Szenarium über den "Kinderkreuzzug" fertiggestellt hatte, mußte er allerdings erfahren, daß die Tournee der Kompanie wegen Geldmangels abgesagt worden war. Die Truppe unter der künstlerischen Leitung Balanchines löste sich noch im selben Jahr endgültig auf.

---

186 Luther Noss: Notes on <u>Gleichnis [von] den Blinden</u>, in: PHC, Box 23, Folder 362.

187 Vgl. hierzu den Brief Paul Hindemiths an seine Frau Gertrud, Buffalo, 21.3.40, in: Friederike Becker, Giselher Schubert (Hrsg.): Paul Hindemith. "Das private Logbuch", a.a.O., S. 431.

188 Ebd.

189 Vgl. dazu den Brief Paul Hindemiths an AMP, Berlin, 5.7.37.

Ein Jahr später fragte Balanchine den Komponisten, ob er seine *Kammermusik Nr. 2* in Szene setzen dürfe.[190] Hindemith verneinte zwar, er versprach Balanchine aber, ihm stattdessen eine Ballettmusik (ohne Szenarium) "auf den Leib"[191] zu schreiben. Diese vollendete Hindemith am 1. November 1940 und schickte einige Tage darauf einen Klavierauszug des mit *The Four Temperaments* bezeichneten Werks an Balanchine ab.

Im Frühjahr 1941 begann der Ballet Caravan mit den Proben zur Hindemithschen Musik, denn er plante, damit noch im selben Jahr auf eine Südamerika-Tournee zu gehen. Pavel Tchelitchew hatte zuvor ein Libretto mit dem Titel *The Cave of Sleep*, in welchem die Thematik der Freudschen Traumdeutung behandelt wird,[192] ausgearbeitet und für Balanchines Choreographie zudem Kostüme entworfen. Hindemith, der von all dem zunächst nichts wußte, schreibt am 30. Mai 1941 an seinen Mainzer Verleger:

"Das kleine Ballett, ..., kommt am 29. [Juni?] in New York heraus, als eine Art Generalprobe für eine Südamerikatour des Balletts Caravan. Soll sehr gut sein. Ich solls dirigieren, aber wie immer bei diesen Ballettfritzen wird alles Nähere erst fünf Minuten vor der Aufführung arrangiert werden."[193]

Nachdem Hindemith kurz darauf vom Inhalt der Handlung erfahren und die Choreographie in Augenschein genommen hatte, verbot er kurzerhand alle geplanten Aufführungen durch den Ballet Caravan.[194] Diese Tanzkompanie konnte zwar (freilich ohne *The Four Temperaments*) durch die Unterstützung der

---

[190] Vgl.dagegen den Brief Gertrud Hindemiths an Willy Strecker vom 21.4.1940 (in: PHC, Box 5, Folder 177). Hier glaubt Gertrud Hindemith, daß Massine und nicht Balanchine bereits 1940 an der Choreographie der *Kammermusik Nr. 2* interessiert war, was wenig plausibel erscheint, da zu diesem Zeitpunkt bereits zwei andere Ballettprojekte (Weber-Ballett sowie das Ballett-Szenarium "Das Gleichnis von den Blinden") mit ihm vereinbart worden waren und darüber hinaus die Zusammenarbeit Hindemiths mit Massine bald darauf ein dauerhaftes Ende fand (vgl. Luther Noss, Paul Hindemith in the United States, a.a.O., S. 78-79). Auch Luther Noss geht davon aus, daß es Balanchine war, der die *Kammermusik Nr. 2* als Ballett herausbringen wollte (vgl. ebd., S. 205).

[191] Brief Paul Hindemiths an AMP, o.O. und Datum (um den 5.10.40).

[192] Vgl. zum Inhalt und zur Choreographie dieses Szenariums Donald Windham: The Stage and Ballet Designs of Pavel Tchelitchew, in: Dance Index (New York), 3. Jg., Nr. 1 (January-February 1944), S. 25-29.

[193] Brief Paul Hindemiths an Willy Strecker, New Haven, 30.5.41.

[194] Vgl. dazu Gunhild Schüller: The Four Temperaments, a.a.O., S. 157. Offenbar herrschte schon zwischen Balanchine und Tchelitchew Uneinigkeit über die Choreographie zu *The Cave of Sleep*. Dies führte schließlich dazu, daß Tchelitchew seine Zusammenarbeit mit Balanchine aufkündigte (vgl. das Interview Caitriona Bolsters mit John Colman, New York, 21.11.76, in: OH, Typoskript, S. 42-46).

US-Regierung noch auf die geplante Südamerika-Tournee gehen, doch löste sie sich danach, wie viele andere Kompanien auch, während des Zweiten Weltkriegs auf.

Lincoln Kirstein gründete nach Kriegsende die Ballet Society in New York und bat Balanchine um Mitarbeit bei seinen neuen Choreographien. In diesem Zusammenhang kam Balanchine auch wieder auf Hindemiths "kleines Ballett" zurück. In einer neugestalteten Choreographie, der Hindemith zustimmte, gelangten *The Four Temperaments* in ihrer getanzten Fassung schließlich am 20. November 1946 in New York zur Uraufführung. Nach dem Debut der Ballet Society mit *The Four Temperaments* beauftragte Balanchine den Komponisten, Musik für ein weiteres Ballett zu verfassen. Dies tat Hindemith zwar nicht, aber er gestattete ihm offenbar, eine Choreographie zu den *Symphonic Metamorphosis*, die ja zeitweilig ebenfalls als Ballettmusik vorgesehen und inzwischen als eigenständiges Orchesterwerk herausgegeben worden waren, zu entwerfen. Hindemith wohnte der Premiere der *Symphonic Metamorphosis* mit seiner Frau Gertrud am 25.11.52 im New Yorker City Center bei und berichtet darüber folgendes:

> "... Inszenierung war ein grosser Erfolg. Wir waren da. Er hat es sehr lustig gemacht. Nix wie komisches Herumgetanze, ohne jede konkrete Handlung - wenn man nicht einen an eine junge Dame sich muehsam heranschlaengelnden Kaefer als solche gelten lassen will - ausgezeichnet vorgefuehrt. Das City-Center ist eine etwas seltsame Atmosphaere, ein frueherer Freimaurertempel mit allem shrinerischen Firlefanz und recht provinziell. Aber der B. hat hier tatsaechlich sowas wie eine nationale Tanzkultur aufgebaut. Sie tanzen jetzt die ganzen Wochen hindurch, Metamorphosen wie auch die Temperaments haben sie sechs oder siebenmal drauf. Er ist sehr wild, ein neues Ballett zu bekommen womoeglich abendfuellend. Ich will mirs ueberlegen."[195]

Hindemith schrieb keine weiteren Ballettmusiken. In den siebziger Jahren brachte Balanchine jedoch mit dem New York City Ballet nochmals zwei Choreographien zu Kompositionen von Paul Hindemith heraus: *Sinfonietta in E* (1975), *Kammermusik Nr. 2* (1978). Zur letzteren hatte Hindemith - wie erwähnt - 1940 sein Einverständnis verweigert.[196]

---

195 Brief Paul Hindemiths an Willy Strecker, New Haven, 28.11.52.

196 Amerikanische Ballett-Premieren zur Musik von Paul Hindemith: *Tanzstück* (Graham, 1927), *Adolescence*, sowie *Prelude in Black, Song in White* (Graham, 1929), *Elegiac* (Graham, 1933), *Harvest "1935"* (1. *Sycophants*, 3. *Maneuvers*), *Individual and the Mass* (Tamiris, 1935), *Histrionics* (Anna Sokolow, 1936), *Nobilissima Visione* (Massine, 1938), *Hérodiade* (Graham, 1944), *The Four Temperaments* (Balanchine/Seligmann, 1946), *Characters of the Annunciation* (Eleanor King, 1946 - zur Symphonie *Mathis der Maler*), *Symphonic Metamorphosis*

Filmmusik

Im Verlauf der Kooperation Hindemiths mit Balanchine, der neben seiner Arbeit an der "School of American Ballet" auch Ballette für den Broadway und für den Film inszenierte, bekam der Komponist während seiner zweiten Amerika-Reise von ihm auch ein Angebot, Musik für einen "kleine[n] Ballettfilm"[197] zu schreiben. Zudem, so berichtet Hindemith am 28. Februar 1938 weiter an seine Frau, habe Paramount aus Hollywood angefragt, welchen Mindestpreis er für eine Filmpartitur verlange. Mit seinen New Yorker Verlegern habe er sich schließlich auf ein "Anfangsgehalt" von 15-20.000 Dollar geeinigt. Zu konkreteren Verhandlungen sowohl mit Paramount als auch mit Balanchine über eine Ballettfilm-Musik kam es seinerzeit jedoch nicht.

Paul Hindemith, der bereits 1921 eine umfangreiche Musik zu Arnold Fancks Stummfilm *Im Kampf mit dem Berge* geschrieben, während der Baden-Badener Kammermusiktage 1927-28 die Probleme der Filmmusik thematisiert, seit 1930 an der Berliner Musikhochschule Kurse über Filmmusik gegeben und somit reiche Erfahrung mit diesem Genre gesammelt hatte, bezeichnete die USA nach den ersten vielversprechenden Kontakten mit Hollywood im Hinblick auf das Filmgeschäft zunächst noch als das "Land der begrenzten [finanziellen!] Unmöglichkeiten."[198] Während seines Aufenthalts in Hollywood im Frühjahr 1939 mehrten sich bei ihm allerdings zunehmend ernsthafte Zweifel, dort alsbald selbst als Filmkomponist erfolgreich tätig werden zu können - etwa in Zusammenarbeit mit Walt Disney oder mit dem deutschen Filmregisseur Oskar Fischinger.

Über Fischinger, für den Hindemith bereits in den Jahren 1931 und 1932 in Berlin Musiken zu abstrakten Filmen komponiert hatte, wurde der Kontakt mit Walt Disney hergestellt. Fischinger hielt sich seit 1937 in Hollywood auf und arbeitete dort für den berühmten amerikanischen Filmemacher. Den deutschen Komponisten vor einer gemeinsamen Filmproduktion mit Disney ausdrücklich warnend, verwies Fischinger darauf,

"daß Stravinsky mit seinem Schicksal bei Disney mehr als unglücklich wäre, daß Disney äußerst obsessiv und nur auf sich bezogen wäre, und

---

(Balanchine/Seligmann, 1952), *Playtime, Friendly Chat* (Fred Berk, 1953), *Moods of an Afternoon* (Natanya Neumann, 1953), *Der Dämon* (José Limon, 1963), *Sinfonietta in E* (New York City Ballet, 1975), *Kammermusik Nr. 2* (New York City Ballet, 1978).

[197] Brief Paul Hindemiths an seine Frau Gertrud, New York, 28.2.38, in: Friederike Becker, Giselher Schubert (Hrsg.): Paul Hindemith. "Das private Logbuch", a.a.O., S. 238.

[198] Ebd.

daß Hindemith, wenn er ihm jemals ein Musikstück schreiben würde, mit jeder Form der Entstellung rechnen müßte."[199]

Wie Disney musikalische Meisterwerke für seine Zwecke "entstellte" mußte Hindemith anhand des Films *Fantasia* in aller Deutlichkeit erfahren. Am 28. Februar 1939 berichtet er enttäuscht an seine Frau:

> "Sie machen tatsächlich das, was ich mir schon immer von ihnen wünsche: Einen ernsten gezeichneten Film. Aber wie! Er beginnt mit besagter Stokowsky-Platte [Bach-Fugen] und besteht auch weiterhin aus Meisterwerken seiner Stabführung, wobei allerdings die Meisterwerke der Komponisten schwer unter seiner Bearbeiterfaust zu leiden haben. Das ganze ist ein irrsinniger Mischmasch von Programm: Zauberlehrling, Nußknackersuite, Sacre du Printemps, Nacht auf dem kahlen Berge und Ave Maria von Schubert."[200]

Oskar Fischinger träumte seinerseits davon, mit dem deutschen Komponisten Paul Hindemith in Hollywood einen Animationsfilm in Spielfilmlänge drehen zu können, in welchem er ausschließlich dessen Musik verwenden wollte; "unter anderem einige der früheren Arbeiten wie die Suite des Volkslieds 'Der Schwanendreher' und das symphonische Arrangement für 'Mathis der Maler' sowie ein neukomponiertes Stück, wahrscheinlich die 'Variationen nach Leitmotiven von Carl Maria von Weber', die Hindemith als Vorschlag einbrachte."[201] Fischingers Pläne mußten jedoch bald aus finanziellen Gründen aufgegeben werden. Ein Film dieses (von Fischinger selbst erschaffenen) Genres, jenes der "Visuellen Musik", wäre aufgrund der hohen Abstraktheit und des hohen Kunstanspruchs seinerzeit sicher auf wenig Resonanz beim amerikanischen Filmpublikum gestoßen. Nach den Enttäuschungen der Jahre 1938 und 1939, die sowohl die Realisierung eigener Vorstellungen als auch die für die meisten Komponisten miserablen

---

[199] William Moritz: Oskar Fischinger, in: Optische Poesie - Oskar Fischinger. Leben und Werk. Ausstellung/Filme, 16. Dezember 1993 bis 3. April 1994 (Deutsches Filmmuseum Frankfurt am Main, Hrsg.), Frankfurt 1993, S. 58. Für den Hinweis über die geplante Zusammenarbeit zwischen Paul Hindemith und Oskar Fischinger in Hollywood sei Herrn Günther Metz an dieser Stelle ausdrücklich gedankt!

[200] Brief Paul Hindemiths an seine Frau Gertrud, o.O., 28.2.39, zit. nach Friederike Becker, Giselher Schubert (Hrsg.): Paul Hindemith. "Das private Logbuch", a.a.O., S. 332.

[201] William Moritz: Oskar Fischinger, a.a.O., S. 58.

Arbeitsbedingungen betrafen,[202] kehrte Hindemith Hollywood und der Filmmusik für immer den Rücken.

Das "Anfangsgehalt", welches Hindemith im Frühjahr 1938 von Paramount zu verlangen beabsichtigte, lag weit über dem Durchschnitt, denn in der Regel betrug der Wert einer Filmmusik-Partitur in Hollywood zu Ende der dreißiger Jahre zwischen 3000 und 8000 Dollar. Trotzdem blieben auch diese Summen noch für all diejenigen Komponisten unerreichbar, die in den USA außerhalb der dortigen Filmindustrie - etwa an Colleges und Universitäten - Arbeit fanden.[203] Die Honorare erhöhten sich schon bald derart, daß ein Komponist wie Otto Luening im Jahre 1941 als (Max Steiners) Assistent für die Ausarbeitung eines Taktes in der Partitur zum Film "Of Human Bondage" 30 Dollar (!) verdiente. "Every time I passed a bar line", schreibt Luening in seiner Autobiographie, "I could hear the cash register ring."[204]

Daß in Hollywood solch hohe Summen an "living composers" gezahlt wurden, ist auf einen Umstand zurückzuführen, der das Zitieren aus populären "klassischen" Kompositionen unrentabel gemacht hatte. Während bereits existierende Musik zur Erstellung einer Filmpartitur Ende der zwanziger Jahre noch nicht durch die amerikanische Copyright-Gesetzgebung geschützt gewesen sei, so müsse die Filmindustrie, George Antheil zufolge, Mitte der dreißiger Jahre dafür nunmehr hohe Tantiemen - im Durchschnitt etwa 100 Dollar pro Takt - entrichten. Dies hätte bei den Produzenten die Nachfrage an Originalkompositionen erheblich erhöht.[205] Dadurch daß diese Filmmusiken unter erheblichem Zeitdruck fristgerecht fertiggestellt werden müßten, oftmals im Verlauf von nur zwei bis drei Wochen, verfüge jedes Filmstudio, so berichtet Antheil weiter, über ein Personal von 17 bis 30 Tonsetzern, denen jeweils eine bestimmte Aufgabe zugewiesen werde: "one man writes war music, a second does the love passages, another is specialist in nature stuff, [...]".[206]

Wegen der hohen Honorare, die ihnen in Aussicht gestellt wurden, ließen sich vor allem zahlreiche junge amerikanische Komponisten auf diese schematische musikalische Fließbandproduktion in Hollywoods Filmstudios ein. Bereits etablierte amerikanische und europäische Komponisten, die sich - wie

---

[202] Vgl. hierzu den Brief Paul Hindemiths an seine Frau Gertrud vom 27.3.39, in: Friederike Becker, Giselher Schubert (Hrsg.): Paul Hindemith. "Das private Logbuch", a.a.O., S. 348ff.

[203] Vgl. George Antheil: Breaking into the Movies, in: MM, 14. Jg., Nr. 2 (January-February 1937), S. 86.

[204] Vgl. Otto Luening: The Odyssey of an American Composer, New York 1980, S. 344-346.

[205] George Antheil: Composers in Movieland, in: MM, 12. Jg., Nr. 2 (January-February 1935), S. 64.

[206] Ebd., S. 63.

Hindemith - in keiner existentiellen Notlage befanden und die darüber hinaus aufgrund ihrer Musiksprache in großer stilistischer Distanz zu den in Hollywood bevorzugten Idiomen standen, wandten sich dagegen der Filmmusik nur kurzzeitig oder gar nicht zu. Diejenigen Komponisten, die sich dennoch auf die Arbeit in Hollywood eingelassen hatten, stellten bald fest, daß sie sich dem musikalischen Geschmack des jeweiligen Produzenten, der sich seinerseits wiederum primär dem Geschmack des Publikums verpflichtet fühlte, bedingungslos unterordnen mußten. Über die Folgen der diktatorischen Allmacht des Filmproduzenten erklärte Aaron Copland:

"It isn't surprising therefore, that all film music in Hollywood tends to be very much the same. The score of one picture adds up to about the score of any other. You seldom hear anything fresh or distinctive partly because everyone is so intent on playing safe. A pleased producer means more jobs."[207]

Filmmusik wurde in Hollywood aufgrund ihrer Ähnlichkeit beliebig austauschbar. So war es dort etwa noch bis 1944 gängige Praxis, eine Komposition, die sich beim Publikum größter Beliebtheit erfreut hatte, für viele weitere (meist "low budget"-) Produktionen einfach zu übernehmen.

Hanns Eisler konnte dank eines zweijährigen Stipendiums der Rockefeller-Foundation die Filmmusik in den USA einer systematischen Untersuchung unterziehen. Von 1940 bis 1942 verband er im Rahmen dieses Projekts theoretische Auswertung mit praktischer und experimenteller Arbeit, indem er z. B. mehrere alternative Filmmusikversionen komponierte. Eisler erhielt dabei Gelegenheit, seine kritische Sicht der gängigen Hollywoodpraxis anhand von Beispielen zu konkretisieren. Inhaltliche und ökonomische Erwägungen gegenüber eigenen ästhetischen Prinzipien in den Hintergrund rückend, schrieb er etwa zu *Forgotten Village* (Drehbuch: John Steinbeck) eine Filmmusik, die anstatt eines großen Orchesterapparats nur mit einem kammermusikalischen Ensemble von neun Musikern auskommt.

Eisler kritisierte neben dem häufig äußerst aufwendigen Instrumentarium bei Filmmusikproduktionen, welches nach seiner Auffassung u. a. auch durch elektronische Instrumente hätte ausgetauscht werden können, desweiteren vor allem die geringe Qualität des musikalischen Materials als solches und nicht zuletzt auch den fehlenden Bezug zwischen dramatischer Handlung im Film und der jeweils unterlegten Musik. Nicht selten werde, so Eisler, "'photogenic' trash" komponiert, der in keiner Relation zur jeweiligen Dramaturgie des

207 Aaron Copland: Second Thoughts on Hollywood, in: MM, 17. Jg., Nr. 3 (March-April 1940), S. 142.

Films stehe.[208] Wie George Antheil, Aaron Copland und Paul Hindemith, so war freilich auch Hanns Eisler ein entschiedener Gegner von zeitgenössischer Filmmusik, die (primär aufgrund von kommerziellem Kalkül) der Feder mehrerer Komponisten entstammte. Eisler vertrat zudem die Auffassung, daß bisweilen gar die 12-Ton-Technik durchaus erfolgreich in der Filmmusik zum Einsatz kommen könne.[209] Seine Forschungsergebnisse und die damit verbundene scharfe Kritik an den bestehenden Verhältnissen in den meisten amerikanischen Filmstudios faßte Eisler (gemeinsam mit Th. W. Adorno) im 1947 veröffentlichten Buch *Composing for the Films* zusammen. Das Buch blieb in Hollywood weitgehend unbeachtet.

Um ein Vielfaches einflußreicher als Hanns Eisler waren zwei weitere Komponisten aus der "Alten Welt": Erich Wolfgang Korngold und Max Steiner. Sie galten als die unbestrittenen Stars in Hollywood und bestimmten die frühen Jahre des sogenannten "goldenen Filmzeitalters",[210] welches etwa von 1935 bis 1955 reichte, maßgeblich mit. Dabei verdankten sie Erfolg und Ansehen größtenteils der Tatsache, daß sie in der Lage waren, ihren Kompositionsstil den amerikanischen Bedürfnissen anzupassen und damit den (zum Teil durch sie geprägten) ästhetischen Konventionen der "klassischen" Filmmusik - eine auf Leitmotivik basierende, symphonisch durchkomponierte Musik spätromantischer Provenienz - in hohem Maße gerecht wurden. So konnten beide als Leiter der Musikabteilungen ihrer jeweiligen Filmstudios - Steiner (RKO), Korngold (Warner Brothers) - in den Jahren 1935, bzw. 1936 den "Academy Award" für die beste Filmmusik in Empfang nehmen. Aufgrund ihrer Erfolge erhielten sie in Hollywood, entgegen der oben beschriebenen allgemeinen Musik-Produktionsverhältnisse, als zwei der wenigen Komponisten alle Freiheiten bei der Ausarbeitung ihrer Filmpartituren: freie Wahl der zu vertonenden Filme, absolute Kontrolle über ihren musikalischen Teil, Mitsprache beim Schnitt (falls aus musikdramaturgischen Gründen erforderlich), sowie die Urheberrechte an ihrer Musik. Was amerikanische Komponisten betrifft, so ist es allein Alfred Newman, dem in Hollywood eine ähnlich große Anerkennung zuteil wurde wie Korngold und Steiner. Die Europäer Igor Strawinsky und Arnold Schönberg, die sich vor dem zweiten Weltrieg ebenfalls an der amerikanischen Westküste niedergelassen hatten, konnten oder wollten dagegen beim Film auf Dauer nicht Fuß fassen.[211]

---

[208] Hanns Eisler: Film Music - Work in Progress, in: MM, 18. Jg., Nr. 4 (May-June 1941), S. 252-253.

[209] Ebd., S. 251.

[210] Vgl. dazu Mervyn Cooke: Film music. 3. Hollywood, in: The New Grove Dictionary of Music and Musicians. Second Edition, Stanley Sadie, John Tyrrell (Hrsg.), Volume 8, London, New York 2001, S. 799.

[211] Arnold Schönberg stand bereits ein Jahr nachdem er sich in Los Angeles niedergelassen hatte in Verhandlungen mit Irving Thalberg (MGM) und William Dieterle

Über die Komposition von "klassischen" Filmmusiken in Hollywood hinausgehend eröffnete sich insbesondere zahlreichen amerikanischen Komponisten im Bereich der (durch die US-Regierung finanzierten) Dokumentar- und Propagandafilme ein weiteres Betätigungsfeld. Daß vielen amerikanischen Komponisten offenbar keine andere Wahl blieb, als sich auf diese Weise außerhalb Hollywoods mit dem Genre der Filmmusik auseinanderzusetzen, war nach Auffassung von Gail Kubik einzig auf die dortigen Arbeitsbedingungen, welche die "Vorrechte" und damit das Selbstverständnis des schaffenden Künstlers mißachteten, zurückzuführen:

"Let the Hollywood producers allow the serious composers the exercise of their prerogatives as creative artists and you will find few of them available thereafter for a government documentary."[212]

Dokumentarfilme brachten zwar ein vergleichsweise niedriges Honorar ein, und sie fanden auch eine weitaus geringere Verbreitung, doch konnten Komponisten wie Virgil Thomson, der im Auftrag des Department of Agriculture zwei Dokumentarfilme (*The River* und *The Plow that Broke the Plains*) schrieb, ihre Partituren hier in der Tat ohne die Einflußnahme der jeweiligen Produzenten, also quasi "in eigener Regie" erstellen. Morton Gould, Oscar Levant, Paul Creston, Gail Kubik u. a. widmeten sich (unter ähnlichen Voraussetzungen) von 1940 bis 1943 der Komposition von Propagandafilmen.

Die große Hoffnung vieler amerikanischer Komponisten seit Beginn der dreißiger Jahre, mit der Filmmusik ein ebenso breites Publikum zu erreichen wie mit der Band- oder der Ballettmusik, blieb in der Regel Utopie und wurde für viele, die sich in Hollywood schließlich ernsthaft mit diesem Medium auseinandersetzten, gar bald in mehrfacher Hinsicht zur Dystopie. Der Typus des "ernsten" amerikanischen Komponisten, derjenige also, der seit den zwanziger Jahren nach einer eigenen musikalischen Identität gesucht, im Verlauf der dreißiger Jahre seine Isolation verlassen, an Selbstbewußtsein gewonnen und zudem seinem Land ein nationales und volkszugewandtes

---

(Warner Brothers) über Filmmusiken, die jedoch zu keinem Erfolg führten. Schönberg stellte offenbar bewußt Forderungen, die für die Produzenten unannehmbar waren. Igor Strawinsky komponierte u. a. Musik zum Film *The Commandos Strike at Dawn*, ohne daß diese allerdings darin jemals Verwendung fand (vgl. dazu 1. John Russell Taylor: Strangers in Paradise. The Hollywood Émigrés 1933-1950, London 1983, S. 80-81, bzw. S. 156, 2. Albrecht Dümling: Zwischen Außenseiterstatus und Integration. Musiker-Exil an der amerikanischen Westküste, in: Hanns-Werner Heister et al. (Hrsg.): Musik im Exil, a.a.O., S. 320, sowie 3. Dorothy Lamb Crawford: Arnold Schoenberg in Los Angeles, in: MQ, 86. Jg., Nr. 1 (Spring 2002), S. 17-19).

212 Gail Kubik: Composing for Government Films, in: MM, 23. Jg., Nr. 3 (Summer 1946), S. 190.

Idiom geschenkt hatte, war nun nicht mehr bereit, diese hart erkämpften Errungenschaften zugunsten einer durch das Diktat der Produzenten bestimmten, zutiefst schematischen und formelhaften Filmmusik wieder aufzugeben. Zudem erreichten etwa Aaron Coplands Filmmusiken zu *Of Mice and Men* (John Steinbeck) und *Our Town* (Thornton Wilder), die in Hollywood im Jahre 1940 unter vergleichsweise "idealen" Bedingungen entstanden waren,[213] trotz ihrer genuin amerikanischen Thematik und trotz der ähnlich einfach formulierten Musiksprache eine nicht annähernd so breite Publikumsresonanz wie seine äußerst populären Ballettkompositionen zu *Billy the Kid*, *Rodeo* und *Appalachian Spring*.

2.2.5. Europäische Emigranten

Die amerikanische Geschichtsschreibung neigt in ihrer Darstellung musikhistorischer Entwicklungen dazu, mit der Emigration europäischer Musiker und Musikwissenschaftler, die nach der Machtergreifung Hitlers im Jahre 1933 einsetzte und mit der Kapitulation Frankreichs im Zweiten Weltkrieg ihren Höhepunkt fand, eine "Schwerpunktverlagerung der musikalischen Welt"[214] von Europa in die USA zu verbinden. Dabei, so scheint es gelegentlich, kommt den Emigranten, die sich - wie etwa Th. W. Adorno - nicht selten als eine in den USA Schutz findende Gemeinschaft von Flüchtlingen verstanden wissen wollten,[215] einzig die Funktion zu, den sich dort ohnehin abzeichnenden Entwicklungszug der Vereinfachung, Konsolidierung und Stabilisierung der musikalischen Sprache zu beschleunigen. Fungiert die europäische Emigration mit Blick auf das komplexe amerikanische Musikleben tatsächlich nur als Katalysator, als günstige Fügung und zufällige Ergänzung zu einer kompositorischen und ästhetischen Neuorientierung, die sich ohne sie in ähnlicher Weise hätte vollziehen können, oder kommt den Emigranten im Wechselspiel des Einfluß-Nehmens und des Beeinflußt-Werdens darüber hinaus die Rolle zu, in ihrer neuen Umgebung tiefgreifendere Veränderungen einzuleiten?

---

[213] Vgl. dazu Aaron Copland, Vivian Perlis: Copland. 1900 through 1942, a.a.O., S. 297ff.

[214] Vgl. dazu Gilbert Chase: United States of America, I. Art music, in: The New Grove Dictionary of Music and Musicians, Volume 19, Stanley Sadie (Hrsg.), London 1980, S. 430f.

[215] Theodor W. Adorno: Fragen an die intellektuelle Emigration (1945), in: Gesammelte Schriften 20.1., Vermischte Schriften I, Frankfurt 1986, S. 352.

Das berufliche und private Schicksal der emigrierten Komponisten, welches - der geradezu paradigmatischen Kategorisierung Jürgen Scheberas folgend - etwa für Paul Dessau Isolation, für Hanns Eisler Integration oder für Kurt Weill Assimilierung bedeutete,[216] war in der Hauptsache davon abhängig, welchen Stellenwert und welche Bekanntheit ihr jeweiliges Werk in den USA vor der Übersiedlung besessen hatte, inwieweit bereits zuvor geknüpfte "geschäftliche" Verbindungen und persönliche Freundschaften (etwa mit amerikanischen Musikern) nützlich gewesen waren, um die Probleme bei der Einwanderung und der Berufswahl möglichst zu minimieren, und inwieweit die Emigranten schließlich bereit waren, in ihrem vielfältigen musikalischen Tun auf die amerikanischen Verhältnisse einzugehen. Im günstigsten Fall konnte allerdings selbst ein Komponist von so hohem internationalem Rang wie Igor Strawinsky um 1940 zunächst noch nicht ganz sorgenfrei in den USA leben und arbeiten, obwohl er als Interpret dort längst eingeführt war, zudem von renommierten amerikanischen Orchestern Kompositionsaufträge erhalten hatte und nicht zuletzt auch für ein Jahr (von 1939 bis 1940) auf den Lehrstuhl für Poetik an die Harvard University berufen worden war. Auch er mußte aus Geldmangel zeitweilig privaten Kompositionsunterricht erteilen. Strawinsky war aber im Gegensatz zu den meisten anderen europäischen und amerikanischen Komponisten jedoch alsbald imstande, allein von seinen Kompositionen zu leben.

Von denjenigen in die USA emigrierten europäischen Komponisten, die die Musik des 20. Jahrhunderts unverwechselbar geprägt haben, nahm die Mehrzahl eine Lehrtätigkeit an einer amerikanischen Universität, bzw. einem College an oder war mit einer solchen Institution zumindest durch Forschungsprojekte affiliert. Arnold Schönberg unterrichtete am Malkin-Konservatorium in Boston und New York, sowie später an der University of California in Los Angeles (UCLA). Béla Bartók erhielt sein einziges regelmäßiges Einkommen durch einen Forschungsauftrag über die Bearbeitung der Parryschen Sammlung mit jugoslawischer Volksmusik von der Columbia University in New York.[217] Paul Hindemith, der zunächst Vorlesungen/Kurse am Wells College, der Cornell University, der University of Buffalo, sowie am Berkshire Music Center in Tanglewood gehalten hatte, lehrte ab September 1940 an der Yale University in New Haven und wurde dort 1947 zum Battell Professor of the Theory of Music ernannt. Darius Milhaud gehörte der Fakultät des Mills College bei San Francisco an. Hanns Eisler und Ernst Toch waren zunächst Gastprofessoren an der New School for Social Research in New York (University in Exile) und nahmen dann beide

---

216 Jürgen Schebera: Drei Brecht-Komponisten in den USA: Hanns Eisler, Kurt Weill und Paul Dessau, in: Exil in den USA, Eike Middell et al. (Hrsg.), a.a.O., S. 309ff.

217 Béla Bartók erreichte im Frühjahr 1940 ein Angebot von Randall Thompson, am Curtis Institute in Philadelphia zu unterrichten. Er lehnte aber dieses (wie alle anderen Lehrangebote von amerikanischen Universitäten) kategorisch ab.

- neben ihren Tätigkeiten als Filmkomponisten - in den vierziger Jahren Lehrstühle in Kalifornien an. Eisler wurde 1944 Arnold Schönbergs Nachfolger an der UCLA, Ernst Toch erhielt von der University of Southern California den Ruf auf den Alchin Chair in Composition. Schließlich sei auch Ernst Krenek erwähnt, der zunächst am Black Mountain College (North Carolina), danach am Vassar College in Poughkeepsie (New York) lehrte, daraufhin an die Hamline University nach St. Paul (Minnesota) wechselte und sich nach dem Zweiten Weltkrieg entschloß, als freier Komponist in Kalifornien zu leben.

Daß so viele der renommierten europäischen Komponisten früher oder später die Entscheidung getroffen haben, sich an der amerikanischen Westküste (und hier vorwiegend in Los Angeles) niederzulassen, ist nicht allein auf die günstigen klimatischen Verhältnisse und die beeindruckende Landschaft zurückzuführen - wie etwa im Zusammenhang mit Schönberg oft konstatiert wird -, sondern dieses Phänomen liegt wohl auch in der Tatsache begründet, daß die entsprechenden Lehrstühle an den angesehenen Instituten der Ostküste bereits von amerikanischen Komponisten okkupiert wurden, und daß dort häufig die finanziellen Mittel nicht aufgebracht werden konnten, um darüber hinaus europäischen Emigranten längerfristig eine Anstellung zu garantieren. Howard Hanson war in den dreißiger Jahren an der Eastman School of Music in Rochester (New York) bereits so etwas wie eine Institution geworden. Walter Piston lehrte an der Harvard University, Roger Sessions war an der Princeton University beschäftigt. Randall Thompson leitete das Curtis Institute in Philadelphia. Bernard Wagenaar unterrichtete an der Juilliard School in New York.

Mit ihrem Entschluß für die Westküste der USA manövrierten sich die Emigranten - sofern sie nicht beabsichtigten, als Filmkomponisten in Hollywood Fuß zu fassen - mehr oder weniger freiwillig ins musikalische Abseits, denn eine lebendige zeitgenössische Musikpflege, ja sogar eine erwähnenswerte "klassische" Musikpflege im weiteren Sinne gab es dort auch in den vierziger Jahren noch ungleich weniger als in den Metropolen des amerikanischen Ostens. In Los Angeles, einer Stadt mit der immerhin zweithöchsten Emigrantenpopulation in den USA nach New York, galt es eine musikalische "Infrastruktur" mit Symphonie- und Kammerkonzertreihen, Oper und Ballett erst noch aufzubauen. So wie Otto Klemperer, der zwischen 1933 und 1940 neben seinen regulären Konzerten mit dem Los Angeles Philharmonic Orchestra auch Kinderkonzerte mit eigenen Werkeinführungen veranstaltete, ein Jugendorchester gründete und leitete und zudem eine neue Konzertreihe an der UCLA einrichtete, so mußten auch die emigrierten Komponisten auf akademischem Gebiet musikalische Pionierarbeit leisten. Arnold Schönberg konnte an der UCLA keine wirklich bedeutende

Kompositionsklasse aufbauen und mußte stattdessen auch Anfängerunterricht in Harmonielehre erteilen.[218]

Paul Hindemith, der auf seiner dritten Konzertreise durch die USA im Jahre 1939 Los Angeles besuchte, beschreibt das dortige öffentliche und akademische Musikleben in einem Brief an seine Frau Gertrud äußerst treffend:

"Von einem Musikleben außerhalb der Movies kann man in dieser Riesenstadt kaum reden. Es gibt nicht mal eine richtige Musikschule. Klemperer dirigiert das Orchester, aber das steht so allein wie der berühmte Baum im Odenwald. Irgendeine musikgebildete Gesellschaft oder selbst interessierte oder erhaltende Organisationen als Hintergrund gibt es nicht, [...]. [Richard] Lert, immerhin ein Mann, der Jahre lang an der Berliner Staatsoper Kapellmeister war, wenn auch kein erstklassiger, kondöktet in Pasadena sowas wie ein halbes Dilettantenorchester, Schönberg gibt an der Universität Anfängerunterricht in Harmonielehre (geschieht ihm recht) und so fummeln alle die einstmals Großkopfeten etwa so herum wie ein Stadtmusikdirektor im bekannten Kyritz an der Knatter, nur mit dem Unterschiede, daß diese Knatter, verglichen mit dem Los Angeles River an Kunstgeschwängertheit den kastalischen Quell ungefähr so überragt wie der Main das Königsbrünnche."[219]

Was Konzertreihen betrifft, in denen regelmäßig zeitgenössische europäische und amerikanische Musik erklang, so bildeten die erst 1939 in Los Angeles ins Leben gerufenen Konzerte "Evenings on the Roof" die einzige rühmliche Ausnahme. Sie wurden nach ihrem ersten Aufführungsort benannt; ein durch den bedeutenden Architekten Rudolph Schindler ausgebautes Dachstudio im Hause des Veranstalters Peter Yates. Die sogenannten "Roof"-Konzerte boten den weitgehend unter sich lebenden europäischen Emigranten die seltene Gelegenheit, sich mit amerikanischen Künstlern auszutauschen und damit eine Annäherung zwischen ihren Kulturen, deren Verschiedenartigkeit nirgendwo sonst so deutlich zu Tage trat wie in Los Angeles, herbeizuführen.[220] So entwickelte sich aus der ursprünglichen "Geschäftsbeziehung" zwischen Arnold Schönberg und den Veranstaltern Peter Yates und Frances Mullen bald

---

[218] Das wöchentliche Unterrichtspensum Arnold Schönbergs an der UCLA ist als Lehrplan erhalten geblieben und wird u.a. dargestellt in: Josef Rufer: Das Werk Arnold Schönbergs, Kassel 1959, S. 142.

[219] Brief Paul Hindemiths an seine Frau Gertrud, Los Angeles, 27.3.39, zit. nach Friederike Becker, Giselher Schubert (Hrsg.): Paul Hindemith. "Das private Logbuch", a.a.O., S. 351-352.

[220] Vgl. dazu Gottfried Reinhardt: It was no Paradise, in: Exiles in Paradise, Carol Merrill-Mirsky (Hrsg.), Los Angeles 1991, S. 71.

eine enge Freundschaft. Otto Klemperer hörte in einem "Roof"-Konzert zum ersten Mal Kompositionen von Charles E. Ives.

Das Motto dieser verdienstvollen Kammerkonzertreihe, die am 23. April 1939 mit einem "All-Bartók-Program" eröffnet wurde, formuliert Peter Yates in seiner ersten Ankündigung wie folgt: "... open to the public by the consent of the performers ... for the pleasure of the performers ... regardless of audience."[221] Desöfteren (aber aufgrund ihrer differierenden Programmgestaltung wohl zu Unrecht) mit Arnold Schönbergs Wiener "Verein für musikalische Privataufführungen" in Verbindung gebracht,[222] wurden im Rahmen dieser Veranstaltungsreihe in den ersten sechs Monaten ihres Bestehens neben dem Bartók-Abend ein "All-Ives-", "All-Busoni-", "Pre-Bach-", sowie ein "Chopin-Scriabin"-Konzert gegeben. Ab der Saison 1942 strebten die Veranstalter dann eine Programmauswahl in ihren Konzerten an, die stets zu einem Drittel Kompositionen des 20. Jahrhunderts beinhalten sollte. In den vierziger Jahren waren verhältnismäßig häufig Werke von Schönberg, Bartók, Strawinsky, sowie zahlreichen amerikanischen Komponisten zu hören. Paul Hindemith wurde dagegen vergleichsweise selten gewürdigt, wobei sowohl sein *3. Streichquartett* als auch insbesondere der am 7. Januar 1946 zur Aufführung gelangte Liederzyklus *Das Marienleben* auf höchst positive Resonanz stießen.

Peter Yates konnte für seine Konzerte immer wieder berühmte Musiker gewinnen; darunter waren Richard Buhlig, Alice Ehlers, Ingolf Dahl, Joseph Schuster und Joseph Szigeti. Paul Hindemiths ehemaliger Violinlehrer Adolf Rebner, der sich in Cincinnati niedergelassen und bereits am 28. und 30. Juli 1940 im Rahmen der "Roof"-Konzerte zwei Abende mit J. S. Bachs Violinsonaten gestaltet hatte, gehörte dabei ebenso zum Kreis der Mitwirkenden wie später sein Sohn Wolfgang, der in Hollywood zu einem bekannten Studio-Pianisten avancierte. Europäische Emigranten wie Otto Klemperer, Richard Lert und Paul Pisk verfolgten die "Evenings on the Roof" von Beginn an mit großem Interesse. Die zunächst noch geringe Anzahl von Besuchern, die etwa beim Eröffnungskonzert im April 1939 gerade einmal 19 betragen hatte, erhöhte sich in den folgenden Jahren beständig. Von 1944 an zählte auch Igor Strawinsky zu den regelmäßigen Gästen dieser wohl bedeutendsten Konzerte mit zeitgenössischer Musik an der amerikanischen Westküste in den vierziger und fünfziger Jahren.

Mit ihrer Präsenz in den USA unterstützten die lehrenden Emigranten den dort seit Mitte der dreißiger Jahre landesweit verstärkt einsetzenden strukturellen Erweiterungsprozeß in der universitären Musikausbildung und

---

221 Zit. nach Dorothy Lamb Crawford: Evenings On and Off the Roof. Pioneering Concerts in Los Angeles, 1939-1971, Berkeley, etc. 1995, S. 36.

222 Vgl. dazu Lazare Saminsky: Composers of the Pacific, in: MM, 20. Jg., Nr. 1 (November-December 1942), S. 24.

die damit verbundene kontinuierliche Anhebung des musikalischen Bildungsstandes. Nicht nur Arnold Schönberg mußte sich an der UCLA auf das im Vergleich zu europäischen Verhältnissen weitaus niedrigere Niveau seiner Studenten einstellen. Ernst Krenek sah sich an der Hamline University im Mittelwesten einer ähnlichen Situation gegenüber, und Ernst Toch konnte über die musikalische Vorbildung seiner Schüler an der New School for Social Research in New York ebenfalls nur folgendes berichten:

"[Es ist] natürlich richtig, daß der Boden für die Musik in Europa und ganz besonders in Deutschland viel besser vorbereitet, besser durchgeackert war als hier. Es gab nur wenige Ausnahmen unter meinen Schülern, die überhaupt etwas von dem, was ich Boden nenne, hatten; aber die anderen waren sehr empfänglich."[223]

In ähnlicher Weise beschreiben Paul Hindemith und Ernst Krenek den musikalischen "Boden", den es zwar in den USA erst noch "durchzuackern" galt, der aber dort durchaus auch sehr fruchtbar sein konnte. Insbesondere die Aufgeschlossenheit und der Eifer der meisten amerikanischen Studenten wird von ihnen als positives Charakteristikum desöfteren hervorgehoben. Ausgenommen ist dabei freilich jene Gruppe von selbstbewußten "Studenten", die sich etwa in Hindemiths Kompositionsklasse in Tanglewood (Sommer 1940) bereits als fertig ausgebildete Komponisten ausgaben.[224]

Während Ernst Krenek seinen Weggang von der Ostküste in die "Provinz" des Mittelwestens als ein "neuerliches Exil"[225] auffassen mußte - es hatte an der Hamline University in St. Paul bis zum Eintreffen Kreneks kein entwickeltes Graduate Program und eine nur sehr spärlich bestückte Bibliothek gegeben -, so traf Hindemith, als er 1940 seine Lehrtätigkeit an der Yale University aufnahm, dort ungleich bessere Voraussetzungen an:

"Die Schule ist sehr erfreulich. Nicht groß, aber sehr gut eingerichtet (schöne Bibliothek und alles sonstige) und mit einer ganzen Anzahl guter Begabungen. Man kann eine Menge guter Arbeit hier tun und die Aussichten auf erfreuliche Früchte sind ebenso gut wenn nicht noch besser als irgendwo sonst. Überhaupt hat das Musikleben in den letzten vier Jahren ungeheure Fortschritte gemacht; der Starbetrieb hat sehr an

223 Interview Irmgard Bachs mit Ernst Toch, in: Auszug des Geistes, Radio Bremen (Hrsg.), a.a.O., S. 179.
224 Vgl. Claudia Maurer Zenck: Ernst Krenek, a.a.O., S. 250 und S. 252, sowie den Brief Paul Hindemiths an seine Frau Gertrud, Lenox (Mass.), 14.7.40, in: Friederike Becker, Giselher Schubert (Hrsg.): Paul Hindemith. "Das private Logbuch", a.a.O., S. 461ff.
225 Claudia Maurer Zenck: Ernst Krenek, a.a.O., S. 251.

Wichtigkeit verloren, überall bemerkt man das Streben nach wesentlichen Dingen, und der Lerneifer ist unbegrenzt und fast unglaublich. [...] Ich werde mich vermutlich auch in Zukunft sehr wohl fühlen in dieser Arbeit."[226]

Die "schöne" Musikbibliothek der Yale University, von der Hindemith seinem Verleger Strecker (und ebenso seiner Frau Gertrud[227]) voller Begeisterung berichtet, gehörte seinerzeit zu den am besten ausgestatteten ihrer Art in den USA, und sie konnte einen Literatur- und Notenbestand (vor allem auch von Alter Musik) von insgesamt 17.000 Exemplaren ihr eigen nennen.[228] Obwohl Hindemith zunächst als "Visiting Professor of Theory of Music" an die Universität berufen worden war und ausschließlich mit dem fortgeschrittenen Harmonielehre- und Kompositionsunterricht betraut wurde, erforschte und nutzte er (über seine Pflichttätigkeit hinaus und dem besonderen Interesse an Alter Musik folgend) von Beginn an auch die umfangreichen Bestände der Bibliothek, indem er etwa schon im Jahr 1940 in Zusammenarbeit mit dem Musikwissenschaftler Leo Schrade Instrumental- und Chormusik des 14.-17. Jahrhunderts für seine Studenten einrichtete.

Neben einer respektablen Schallplattensammlung, die Teil der Musikbibliothek war, besaß die Universität auch eine wertvolle Sammlung historischer Musikinstrumente, die Hindemith mit seinem Kollegen Ralph Kirkpatrick alsbald betreute. Hindemith verstand diese Instrumente weniger als eine Art klangloses museales Kleinod. Er setzte sie vielmehr im Rahmen seines Unterrichts und in seinen Collegium Musicum-Konzerten ein. Darüber hinaus verpflichtete er jeden einzelnen seiner Studenten immer wieder aufs Neue zu deren praktischem Gebrauch.[229] Im Juni 1943 berichtet Hindemith an seinen ehemaligen Studenten Leonard Berkowitz:

---

[226] Brief Paul Hindemiths an Willy Strecker, New Haven, 27.10.40.

[227] "Bibliothek füllt ein Riesenhaus, ist offenbar eine der schönsten in der Welt, Musikbibliothek ist auch außerordentlich wohlassortiert - sogar das Original des "Klavierbüchleins" von Bach ist da!" (Brief Paul Hindemiths an seine Frau Gertrud, New Haven, 13.4.40, zit. nach Friederike Becker, Giselher Schubert (Hrsg.): Paul Hindemith. "Das private Logbuch", a.a.O., S. 451.)

[228] Die Musikbibliothek der Yale University muß auch eine (für die USA seltene) umfangreiche Sammlung musiktheoretischer Traktate des 18. Jahrhunderts besessen haben; u.a. von Mattheson, Marpurg und Rameau (vgl. dazu das Interview Caitriona Bolsters mit Eva J. O'Meara, Yale University, 1.2.73, in: OH, Typoskript, S. 2).

[229] "Hindemith insisted that anyone studying with him would not only have to become familiar with them but also make use of them whenever possible." (Luther Noss: A History of the Yale School of Music, New Haven 1984, S. 154).

"[...] plenty of other work, as for instance a concert we produced: 'A Collegium musicum of the Early Seventeenth Century, ' with the original music and the original instruments (2 harpsichords, 7 Gambas, Viola d'amour, Lute, Trumpet, 8 recorders, pochette ...) all from our collections. I did all the copying, arranging ... myself (about 300 pages!!), [...]."[230]

Mit Hindemiths Engagement für die Alte Musik und mit der Fähigkeit, die Studenten pädagogisch in seine eigenen Forschungen miteinzubeziehen, betrieb er auf diese Weise eine angewandte und in höchstem Maße lebendige Musikwissenschaft wie man sie an der Yale University und in den gesamten Vereinigten Staaten bis dahin noch nicht gekannt hatte.

Was den Kompositionsunterricht vor Hindemiths Ankunft betrifft, so konnte sich Yale dagegen bereits auf eine 50-jährige Tradition berufen, die im frühen 20. Jahrhundert vor allem mit dem konservativen amerikanischen Komponisten Horatio Parker eng verbunden war. Er hatte seine Musikausbildung in Deutschland bei Joseph Rheinberger absolviert, sich nach der Rückkehr in die USA dort bald einen Ruf als "eminent composer" erworben und nicht zuletzt auch Charles E. Ives Unterricht in Komposition erteilt. Durch die Persönlichkeit Horatio Parkers (und durch seinen Nachfolger David Stanley Smith) sei die Yale University in der "outer world",[231] wie Allen Forte wohl nicht ohne Lokalpatriotismus und Euphemismus bemerkt, in der Hauptsache wegen der "study in musical composition" bekannt geworden. Aufgrund der Tatsache, daß sowohl der Kompositions- als auch der Theorieunterricht schon vor 1940 einen festen Platz im Lehrangebot der Yale University besessen habe, und daß dort gerade die Tradition der deutschen Musikkultur vorherrsche, kommt Forte zu dem Schluß: "In this setting Hindemith's interests found a congenial home."

Wie an vielen anderen Universitäten der USA hatten sich auch die Verantwortlichen der Yale University und jene der ihr angegliederten School of Music seit 1939 mit der Reform der Musikausbildung befaßt. Unter dem Vorsitz des bekannten amerikanischen Komponisten Douglas Moore hätte die School of Music mit einem neu zu gründenden Music Department vereinigt und zu einer "Graduate School" ausgebaut werden sollen. Als Moore, der an der New Yorker Columbia University lehrte, das Angebot aus Yale im April 1940 überraschend ablehnte, wurden die umfangreichen Reorganisationspläne

---

[230] Brief Paul Hindemiths an Leonard Berkowitz, New Haven, 28.6.43. Ein Konvolut von insgesamt acht Briefen, bzw. Postkarten des Komponisten an Berkowitz wird seit Juli 2001 in der Irving S. Gilmore Music Library, Yale University, aufbewahrt.

[231] Allen Forte: Paul Hindemith's Contribution to Music Theory in the United States, in: HJB 1998/XXVII, S. 70-71. Vgl. dazu auch Will Crutchfield: Composition at Yale from 1890-1983, in: Music at Yale, 13. Jg. (March 1984), S. 4-6, sowie S. 14-15.

für einige Zeit beiseite gelegt. Zwar wurde das Music Department mit der Graduate School, die schließlich unter dem Vorsitz Leo Schrades eine starke musikwissenschaftliche Ausprägung erhielt, im akademischen Jahr 1940/41 trotzdem eingerichtet, doch bestand die School of Music zunächst ohne tiefgreifende curriculare Veränderungen weiter. Erst als Paul Hindemith, dessen außergewöhnliche Arbeit als Lehrer und Wissenschaftler beim gesamten Kollegium schnell höchste Anerkennung gefunden hatte, das Angebot einer dauerhaften Anstellung als Professor an der Yale University unterbreitet wurde, und als er daraufhin erklärte, daß er nur unter der Voraussetzung von umfangreichen Reformen bereit sei, diese Position anzunehmen, begannen die Überlegungen hinsichtlich einer Umstrukturierung des Curriculums im Frühjahr 1941 von Neuem. Hindemith wurde beauftragt, einen Reformplan nach seinen Vorstellungen auszuarbeiten. Als er diesen (den Strukturen der Berliner Musikhochschule offenbar weitgehend nachempfundenen[232]) Plan vorlegte, stieß er damit auf heftige Ablehnung bei seinen Kollegen. Sie erachteten Hindemiths Ansatz mit Blick auf das amerikanische Universitätssystem in seiner Gesamtheit als für nicht umsetzbar. Zudem fürchteten einige Fakultätsmitglieder, daß ihr eigener Wirkungskreis und Einfluß durch die drohende Übermacht Hindemiths stark eingeschränkt werden könnte. Neben Respekt und Hochachtung wurde dem deutschen Emigranten Paul Hindemith nunmehr vorübergehend auch Neid und Haß entgegengebracht. Hindemith sei, wie einige gegen ihn intrigierenden Fakultätsmitglieder glaubten, "more or less a Nazi in mufti who would soon take over as a dictator."[233] David Stanley Smith, seinerzeit Dean der Yale School of Music, hatte dem Universitätspräsidenten Charles Seymour am 11. Januar 1940 noch empfohlen, Hindemith als "leading living German composer"[234] an die Yale University einzuladen. Sich der Unterstützung einiger seiner Kollegen gewiß, schrieb er ein Jahr darauf (ohne daß Hindemith davon Notiz nahm) erneut an Seymour:

> "The change in our views comes from a sudden realization that the delightful, likeable Mr. Hindemith, the 'nice fellow' of a week ago, whom we all have cordially taken into our faculty and our homes is a different person from the kind we thought him to be. The change in him coincides with his belief that his plan for reorganizing the Music School

---

[232] Hindemiths umfangreiche Pläne zur Reorganisation der Yale School of Music, die er in tabellarischer Form akribisch ausgearbeitet hatte, existieren nicht mehr.

[233] Luther Noss: A History of the Yale School of Music, a.a.O., S. 146.

[234] Brief David Stanley Smiths an Charles Seymour, New Haven, 11.1.1940. Die Korrespondenz zwischen Smith und Seymour befindet sich in den Records of Charles Seymour as President of Yale University, RU 23, Manuscripts and Archives, Yale University Library, Box 114, Folder 974. Der Verfasser dankt der Yale University für die Abdruckgenehmigung der Briefzitate.

has been accepted and that he is to have absolute dictatorial powers in its execution."[235]

Hätte Hindemith von den (insgesamt zwei) Protestbriefen an den Präsidenten erfahren, wäre seine Arbeit an der Universität Yale nach kurzer Zeit sicher sofort wieder beendet gewesen. Dem diplomatischen Geschick Seymours war es letztlich zu verdanken, daß es zu keiner Verschlimmerung der Situation kam und daß mit Blick auf die vorzunehmenden Veränderungen des Curriculums bald eine Übereinkunft erzielt wurde. Einige grundlegende Forderungen Hindemiths fanden in den neu formulierten allgemeinen Richtlinien ("General Outline"), die 1941 in Kraft traten, ihre Berücksichtigung: 1.) Nur fortgeschrittene Studenten, die eine Aufnahmeprüfung abzulegen hatten, wurden zum Studium an der Yale School of Music zugelassen; 2.) Aufgrund der erschwerten Aufnahmebedingungen wurde eine "preparatory division" eingerichtet; 3.) Musiktheorie- und Kompositionsunterricht wurden fortan getrennt, was die Gründung eines eigenständigen Magisterstudiengangs in Musiktheorie zur Folge hatte; 4.) Alle Studenten waren verpflichtet, musikpraktische Kurse zu belegen.

Hindemith hatte in den folgenden Jahren sowohl bei der Auswahl seiner Studenten als auch bei der Gestaltung der Kurse freie Hand (vgl. Abb. 1). Die in diesem Zusammenhang seitens seiner Kollegen und Studenten oft beschriebene "school within a school", die Hindemith für sich ganz nach seinen Vorstellungen einrichtete, hatte bis zu seinem Weggang im Jahre 1953 Bestand, ohne daß es aufgrund dieser zu weiteren offiziellen Protesten kam.

---

235 Brief David Stanley Smiths an Charles Seymour, New Haven, 29.1.1941.

Abb. 1:   <u>Hindemiths Lehrtätigkeit in Yale im Überblick (nach Luther Noss)</u>[236]

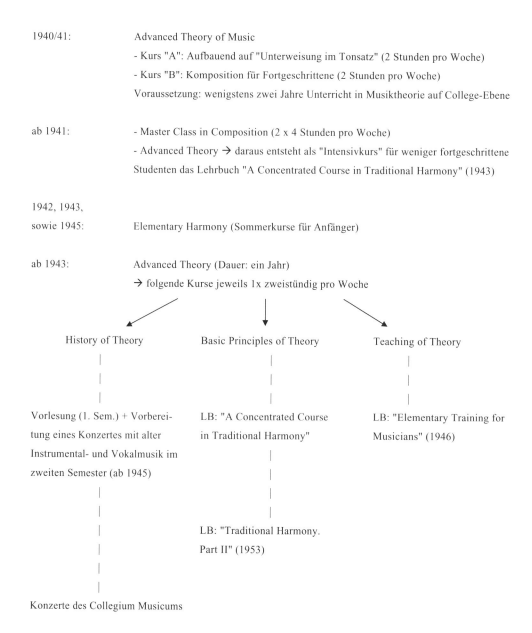

1940/41:   Advanced Theory of Music

- Kurs "A": Aufbauend auf "Unterweisung im Tonsatz" (2 Stunden pro Woche)

- Kurs "B": Komposition für Fortgeschrittene (2 Stunden pro Woche)

Voraussetzung: wenigstens zwei Jahre Unterricht in Musiktheorie auf College-Ebene

ab 1941:   - Master Class in Composition (2 x 4 Stunden pro Woche)

- Advanced Theory → daraus entsteht als "Intensivkurs" für weniger fortgeschrittene

Studenten das Lehrbuch "A Concentrated Course in Traditional Harmony" (1943)

1942, 1943,

sowie 1945:   Elementary Harmony (Sommerkurse für Anfänger)

ab 1943:   Advanced Theory (Dauer: ein Jahr)

→ folgende Kurse jeweils 1x zweistündig pro Woche

History of Theory   Basic Principles of Theory   Teaching of Theory

Vorlesung (1. Sem.) + Vorberei-   LB: "A Concentrated Course   LB: "Elementary Training for
tung eines Konzertes mit alter   in Traditional Harmony"   Musicians" (1946)
Instrumental- und Vokalmusik im
zweiten Semester (ab 1945)

LB: "Traditional Harmony.
Part II" (1953)

Konzerte des Collegium Musicums

---

[236] Luther Noss: Paul Hindemith in the United States, a.a.O., S. 63-109.

Durch seinen unermüdlichen Einsatz für die musikalische Sache drang Hindemith unvermeidlich immer wieder auch in Arbeits- und Kompetenzbereiche seiner Kollegen ein, was freilich zwangsläufig zu Spannungen führen mußte. So wurde etwa das anfangs als sehr gut beschriebene Verhältnis zwischen Leo Schrade und Paul Hindemith von Schülern und Fakultätsmitgliedern der Yale School of Music bald als ein sehr gespanntes kolportiert. Das Collegium Musicum, welches nach dem Zweiten Weltkrieg Hindemiths vorlesungsähnlichem Kurs "History of Theory" entwachsen war und unter seiner Leitung im gesamten amerikanischen Nordosten durch die einzigartigen Aufführungen Alter Musik große Berühmtheit erlangte, hatte zuvor mit gleichem Namen unter Leo Schrades Leitung existiert, aber nur vergleichsweise wenig Beachtung gefunden.[237]

Hindemith empfand das Verhältnis zu seinen Kollegen in den ersten sechs Jahren seiner Lehrtätigkeit an der Yale-University (und wohl auch danach) nie als belastend. Ebenso konnte der Emigrantenstatus als "enemy alien", der für ihn und für seine Frau Gertrud während des Zweiten Weltkrieges gewisse "Einschränkungen in der Freizügigkeit" bedeutete, sein positives Amerika-Bild, welches er im folgenden in einem im Frühjahr 1946 verfaßten Rundbrief an seine europäischen Freunde zeichnet, in keiner Weise trüben.

"Den Krieg haben wir, obwohl in fortdauernder Hochspannung, wenigstens äußerlich ruhig hier verlebt. Die reichlich bemessene Schul- und sonstige Arbeit ließ einem wenig Zeit zu müßigen Gedanken und Unternehmungen. Die Universität, ganz auf die Soldatenerziehung eingestellt, hatte auch die Musikschule völlig in den Dienst der Kriegsbereitschaft gestellt, und damit sind wir bis letztes Jahr unentwegt unter Hochdruck gehalten worden. Persönlich hatten wir niemals die geringsten Schwierigkeiten. Weder hat man uns in Konzentrationslager gesteckt noch hat man uns auch nur fühlen lassen, daß wir ja immerhin die feindlichen Ausländer waren. Auch in der schwierigen Kriegszeit zeigte sich der allgemeine freundliche und rücksichtsvolle Charakter aller Bevölkerungsteile mit denen man in Berührung kam im schönsten Lichte. Die einzige 'Freiheitsberaubung' bestand in der Einschränkung der Freizügigkeit: wollte man verreisen, so mußte man in der Staatshauptstadt eine Genehmigung einholen. Die wurde aber ausnahmslos gewährt, und wir konnten so oft wir wollten oder mußten nach New York zu Geschäften, nach Chicago und dem Mittelwesten für

---

237 Vgl. dazu insbesondere das Interview Caitriona Bolsters mit Klaus Liepmann, Cambridge (Massachusetts), 27.4.76, in der OH, darin: [Hindemith] "rather ruthlessly took it [Collegium Musicum] away from him [Schrade]" (Typoskript, S. 27.) sowie ebenso die Interviews mit Ward Davenny und Ellsworth Grumman.

Konzerte und nach der Maine-Küste und in die Berge zur Erholung reisen."[238]

Hindemiths Einfluß auf die Neugestaltung der Yale School of Music wird von Luther Noss als essentiell beschrieben. Nur weil Hindemith 1941 darauf bestanden habe, die dringend notwendigen Reformen einzuleiten, habe die School of Music begonnen, sich allmählich vom vorherrschenden Niveau der musikalischen Grundausbildung zu lösen und sich stattdessen zu einer Institution der "advanced studies in music" emporzuschwingen.[239] Allen Forte führt gar den im Jahre 1965 in Yale eingerichteten Promotionsstudiengang in Musiktheorie und darüber hinaus die Existenz der Zeitschrift *Journal of Music Theory*, die 1957 erstmals erschien und von dem Hindemith-Schüler David Kraehenbuehl herausgegeben wurde, auf Hindemiths Reformbemühungen, bzw. sein "musiktheoretisches Interesse"[240] zurück.

Aus Hindemiths Theorie- und Kompositionsklassen an der Yale University ist keine eigenständige "Schule" hervorgegangen, die etwa einen genuin Hindemithschen Kompositionsstil repräsentiert.[241] Es haben sich aus den Reihen seiner amerikanischen Schüler - vielleicht mit Ausnahme von Lukas Foss - auch keine Komponisten von wirklich internationalem Rang hervorgetan, obwohl Hindemith, wie sein Schüler Howard Boatwright vermutet, "von 1945 bis 1953 ... wahrscheinlich die beste Kompositionsklasse in Amerika"[242] besessen habe. Daß es in diesem Zusammenhang weniger Hindemiths Absicht war, in Yale eine "Komponistenschmiede" nach seinen eigenen musikästhetischen Vorstellungen einzurichten, sondern daß er vielmehr stets das Bestreben hatte, Studenten zu vielseitigen Musikern auszubilden, belegt wohl schon die sehr geringe Anzahl derjenigen, die unter seiner Federführung einen akademischen Abschluß im Fach Komposition erlangt haben. Von den insgesamt etwa 300 Studenten, die Hindemith in seiner Yale-Zeit unterrichtete, verließen überhaupt nur 47 die Schule mit

---

[238] Brief des Ehepaars Hindemith an die Familie Karl Schmidt, New Haven, Frühjahr 1946, zit. nach Rüdiger Jennert: Paul Hindemith in Friedberg/Hessen, in: HJB 2001/XXX, S. 80.

[239] Vgl. dazu Luther Noss: A History of the Yale School of Music, a.a.O., S. 156, sowie ders.: Paul Hindemith in the United States, a.a.O., S. 86.

[240] Vgl. dazu Allen Forte: Paul Hindemith's Contribution to Music Theory in the United States, a.a.O., S. 75ff.

[241] Vgl. dazu Ian Kemp, H. Wiley Hitchcock: Paul Hindemith, in: The New Grove Dictionary of American Music, Volume Two, New York 1986, S. 390, sowie Kiwha Kim: Studien zum musikpädagogischen Werk Paul Hindemiths, Frankfurt, etc., 1998, S. 161.

[242] Howard Boatwright: Hindemith in Amerika, in: Philharmonische Blätter (Berlin), 1970/71, Heft 3, S. 12.

einem "Bachelor" oder einem "Master": acht davon in Komposition, 35 in Musiktheorie, und vier sowohl in Komposition als auch in Musiktheorie.[243]

Den Absolventen dieser rigorosen, immer sowohl musiktheoretische als auch musikpraktische Disziplinen umfassenden Hindemith-Ausbildung war eine eigene Universitätskarriere - etwa als Lehrer für Musiktheorie - in den USA offenbar so gut wie sicher. Zu Beginn seines Studiums bei Hindemith im September 1947 berichtet David Kraehenbuehl optimistisch an seine Eltern:

"After all, schools hire theory teachers. I understand, however, that to be a student of Hindemith's is to automatically be eligible for some terrific jobs in the field right up to starting out as head of the theory department at colleges with music schools the equivalent of the U of I [University of Illinois]. Seems like its rough but its a free pass to a salaried job."[244]

Mit dem erwähnten "free pass", welcher zweifelsohne auf der landesweit sehr hohen akademischen Reputation Hindemiths als Lehrer und Komponist beruhte, fanden sich viele seiner ehemaligen Schüler in der Tat alsbald selbst in der Lage, an einer der zahlreichen amerikanischen Hochschulen zu unterrichten; auch David Kraehenbuehl hat diese Berufsmöglichkeit nach seiner Ausbildung ergriffen.[245] Auf diesem (direkten) Wege haben Kraehenbuehl und zahlreiche andere zur Verbreitung der Hindemithschen Methoden und Theorien in den USA beigetragen. Sie verwendeten desöfteren auch seine in mehrfacher Auflage erschienenen Lehrbücher. *The Craft of Musical Composition, A Concentrated Course in Traditional Harmony* und *Elementary Training for Musicians* zählten neben Walter Pistons Buch *Harmony* in den USA der vierziger Jahre zur Standardliteratur.[246] Hindemiths theoretisches

---

243 Eine Aufstellung von denjenigen Hindemith-Schülern, die Yale mit einem akademischen Abschluß verlassen haben, ist abgedruckt in: Luther Noss: Paul Hindemith in the United States, a.a.O., S. 203-204.

244 Brief David Kraehenbuehls an seine Eltern, Woodmont, Connecticut, 15.9.47, in: The David Kraehenbuehl Papers, MSS 79, Irving S. Gilmore Music Library, Yale University, Box 9, Folder 154. Der Verfasser dankt Marie Kraehenbuehl für die Abdruckgenehmigung des Briefzitats.

245 Kraehenbuehl unterrichtete ab 1950 zunächst als Assistant Professor am Colorado College (Colorado Springs) Musikgeschichte und Musiktheorie und gründete dort ein Collegium Musicum nach Hindemithschem Vorbild. 1953 kehrte er als Fakultätsmitglied an die Universität Yale zurück, wo er die Nachfolge seines ehemaligen Lehrers antrat.

246 In den vierziger Jahren erschienen folgende Lehrbücher von Paul Hindemith bei AMP, bzw. Schott in englischer Sprache: 1.) The Craft of Musical Composition, Book 1, 1942, Revised Edition 1945, 1948; 2.) The Craft of Musical Composition, Book 2, 1941; 3.) A Concentrated Course in Traditional Harmony, Part I: First Edition 1943, Second, Revised Edition 1944 und 1946, 4.) A Concentrated Course in Traditional Harmony, Part II. Exercises for Advanced Students: First Edition 1949; 5.) Elementary Training for

Hauptwerk, *The Craft of Musical Composition*, stieß auch außerhalb der praktischen Anwendung im akademischen Lehrbetrieb zunächst auf weitgehend positive Resonanz. Der erste Teil wurde bereits vor dem "offiziellen" Erscheinen (in der Übersetzung durch Arthur Mendel) im Rahmen der Dissertation von John R. Halliday 1941 auszugsweise in englischer Sprache erstmals wiedergegeben, dort aber keinerlei kritischer Betrachtung unterzogen. Als bemerkenswert an Hindemiths Theorie wurde zunächst vor allem seine Traditionszugewandtheit und seine systematische Darstellung und Neuordnung des musikalischen Materials hervorgehoben. Die Herleitung des Tonvorrats aus der naturgegebenen Obertonreihe und die offenkundig intendierte (aber durchaus zweifelhafte) wissenschaftliche Fundierung dieses Ansatzes wurde dabei in der frühen amerikanischen *Craft*-Rezeption noch nicht explizit in Frage gestellt.[247]

Im Vergleich zu Paul Hindemith legten andere europäische Emigranten weitaus weniger Wert auf die Publikation von unterrichtsbegleitender Literatur. Arnold Schönbergs Buch *Fundamentals of Musical Composition* ist zwar letztlich aus seiner amerikanischen Lehrtätigkeit hervorgegangen, es blieb jedoch bis zu dessen Tod unvollständig und wurde erst im Jahre 1967 von Gerald Strang und Leonard Stein herausgegeben. *The Shaping Forces in Music* von Ernst Toch war aus seiner im Herbst 1944 an der Harvard University gehaltene Vorlesungsreihe hervorgegangen und erschien im Jahr 1948, ohne allerdings eine mit Hindemiths Lehrwerken vergleichbare große Beachtung zu finden. Ernst Kreneks *Studies in Counterpoint* von 1940 wurde schon deshalb nur sehr zögerlich aufgenommen, weil er darin - sich zur "atonalen" Ästhetik bekennend - ausschließlich die Dodekaphonie behandelt. Obwohl man, wie Ernst Krenek selbst berichtet, dem an einer amerikanischen Universität lehrenden europäischen Komponisten im allgemeinen auch in Bezug auf seine ästhetischen Prinzipien keine ausdrücklichen Vorschriften gemacht habe, so habe man seine pädagogische Wirksamkeit immer dann mit Mißtrauen betrachtet, wenn sie zu fortschrittlich gewesen sei, d. h. wenn sie sich auf

---

Musicians, 1946, Revised Edition 1949. Zur hohen Akzeptanz und Wertschätzung von Hindemiths theoretischen Schriften an amerikanischen Universitäten in den vierziger Jahren vgl. Hans Rosenwald: Speaking of Music ..., in: Music News, 43. Jg, Nr. 5 (May 1951), S. 9, sowie Virgil Thomson: German Composers, in: NYHT, 106. Jg., Nr. 36,491, 13.10.46, Section 5, S. 6.
247 Vgl. dazu Otto Ortmann: An Analysis of Paul Hindemith's Unterweisung im Tonsatz, in: Bulletin of the American Musicological Society, 4. Jg. (1940), S. 26-28; John R. Halliday: Paul Hindemith - The Theorist, Ph.D. Diss., Eastman School of Music, University of Rochester (April) 1941; Bernhard Heiden: Hindemith's "System" - A New Approach, in: MM, 19. Jg., Nr. 2 (January-February 1942), S. 102-107; Virgil Thomson: Hindemith on Harmony, in: NYHT, 102. Jg., Nr. 34,937, 12.7.42, Section 6, S. 6; Frani B. Muser: The Recent Work of Paul Hindemith, in: MQ, 30. Jg., Nr. 1 (January 1944), S. 29-36.

Atonalität und Zwölftontechnik erstreckt habe.[248] Daß die Zwölftontechnik auf akademischer Ebene in den USA der frühen vierziger Jahre (noch) auf breite Ablehnung stieß (Krenek hat nach eigener Einschätzung wegen des Unterrichtens dieses Kompositionsverfahrens seine Lehrstelle am Vassar College verloren), führt der Komponist sowohl auf die grundsätzliche Befangenheit der akademischen Mentalität gegen das Neue als auch auf das Amerika-spezifische, pragmatische "und damit dem Konformismus zuneigende öffentliche"[249] Bewußtsein zurück. Das Extraordinäre stoße, so Krenek, in den USA nur deshalb auf verständnislose Indifferenz, weil es sich in die Kategorien des Nützlichen, Brauchbaren und schlechthin Funktionierenden nicht einordnen lasse.

Nach dem Weggang vom Vassar College hatte Ernst Krenek an seiner neuen Arbeitsstätte, der Hamline University in St. Paul, dann auch (wie Hindemith) alle Freiheiten. Sich der uneingeschränkten Unterstützung durch den Präsidenten Charles Nelson Paine gewiß, konnte er in gleicher Weise eine "eigene" Musikabteilung einrichten und sich nach dem ersten Aufbaujahr, in welchem er täglich acht Stunden lang Komposition, Musikgeschichte, Harmonielehre, Kontrapunkt und gar Klavierunterricht gab, als Dean der neu begründeten School of Fine Arts ganz den Disziplinen Musikgeschichte und Komposition sowie der musikwissenschaftlichen Forschung widmen. Außerhalb des universitären Musiklebens gründete Krenek 1943 die ISCM-Ortsgruppe der "Twin Cities" Minneapolis und St. Paul und organisierte in diesem Rahmen - das Werk Hindemiths dabei ganz unberücksichtigt lassend! - ISCM-Konzerte mit zeitgenössischer Musik, in denen neben Studenten seiner Universität auch Dimitri Mitropoulos, Louis und Adrienne Krasner sowie das Pro-Arte-Quartet mitwirkten. Als Krenek im Sommer 1947 St. Paul mit Ziel Kalifornien verließ, begann das Musikleben (nicht zuletzt auch aufgrund des Wechsels von Mitropoulos nach New York) dort allmählich wieder zur musikalischen Provinz herabzusinken.

Die Berufung des Wiener Musikers Hans Weisse als Professor für Komposition und Musiktheorie an die New Yorker Mannes Music School im Jahre 1931 hatte für das akademische Musikleben in den USA langfristige Auswirkungen, denn durch seine Vorlesungen über die Theorien Heinrich Schenkers, die er zunächst noch in kleinem Kreis hielt, hatte er (wie auch der Schenker-Schüler Oswald Jonas, der ab 1938 in Chicago lehrte) trotzdem maßgeblichen Anteil daran, daß sich der sogenannte "Schenkerismus" in den USA etablieren konnte.[250] Dabei, so scheint es, beruhte der Beginn der

---

248 Vgl. Ernst Krenek: Amerikas Einfluss auf eingewanderte Komponisten, in: Musica, 13. Jg. (1959), S. 758.

249 Ebd., S. 759.

250 Hans Weisses Übersiedlung in die USA war zwar keine direkte Folge der nazistischen Vertreibungspolitik, doch mußten Oswald Jonas und Felix Salzer, die in den vierziger

akademischen Schenker-Rezeption in den USA quasi auf einem musikhistorischen Mißverständnis. Durch die Empfehlungsschreiben sowohl von seinem ehemaligen Lehrer Heinrich Schenker als auch von Wilhelm Furtwängler - beide Texte wurden im Vorlesungsverzeichnis der Mannes School 1931 abgedruckt - war Hans Weisse der (freilich nicht zutreffende) Ruf vorausgeeilt, in Europa ein bekannter Musikgelehrter und zudem gar ein berühmter Komponist gewesen zu sein. Auch werde, wie Furtwängler in seinem Schreiben ausführt, Heinrich Schenker zu Recht von vielen als der bedeutendste Musiktheoretiker der Gegenwart angesehen.

Schenkers Lehre war zu seinen Lebzeiten in Europa zwar weithin bekannt, auch Paul Hindemith hatte sich bereits Mitte der zwanziger Jahre mit ihr auseinandergesetzt, sie galt aber keineswegs als musiktheoretisches Allgemeingut. Sie war - im Gegenteil - wegen der darin geäußerten These, daß die zeitgenössische Musik im Sinne des traditionellen Kunstbegriffs gar keine Kunst mehr sei und daß die Musik gleichsam mit Brahms gestorben sei, höchst umstritten. Zudem erlangte sie auch nach Schenkers Tod in Europa - vielleicht mit Ausnahme von Großbritannien - zu keiner Zeit auch nur annähernd die Bedeutung, die ihr in den USA vor allem seit den frühen fünfziger Jahren gemeinhin beigemessen wurde.

Versuche, die Verbreitung des "Schenkerismus" in den USA als spezifisch amerikanisches Phänomen aus musikhistorischer Perspektive plausibel zu ergründen, führten kaum zu befriedigenden Ergebnissen.[251] Es scheint in diesem Zusammenhang allerdings weniger die ursprüngliche Lehre Heinrich Schenkers selbst zu sein, die seine positive Rezeption in den USA ausgemacht hat; sein Buch *Neue musikalische Theorien und Phantasien (1906)* wurde erst 1954 von William J. Mitchell und Oswald Jonas in englischer Sprache herausgebracht. Vielmehr waren es die (nicht selten von Schenkers eigentlichen Ideen abweichenden) Modifikationen durch Hans Weisse und später durch seinen ehemaligen Wiener Schüler Felix Salzer, die vornehmlich rezipiert wurden. Ihr neuer höranalytischer Ansatz, welcher von der in den USA vorherrschenden, meist konventionellen empirischen Analyse stark abweicht, muß auch deshalb auf die amerikanische Musiktheorie eine so überwältigende Faszination ausgeübt haben, weil dieser danach trachtet, "das kompositorische Denken selbst" und damit "die Überlegungen des Komponisten sichtbar"[252] zu machen. Weisses und Salzers Vorgehensweise, die schließlich 1952 im Lehrbuch *Structural Hearing* von Felix Salzer festgeschrieben wurde, stand somit einesteils in Kongruenz mit dem in den

Jahren entscheidenden Anteil an der dortigen Verbreitung der Schenkerschen Lehre hatten, nach dem "Anschluß" Österreichs ihre Heimat verlassen.

251 Vgl. dazu auch Werner Grünzweig: "Bargain and Charity"? Aspekte der Aufnahme exilierter Musiker an der Ostküste der Vereinigten Staaten, in: Musik im Exil, Hanns-Werner Heister et al. (Hrsg.), a.a.O., S. 306-307.

252 Werner Grünzweig: Vom "Schenkerismus" zum "Dahlhaus-Projekt", a.a.O., S. 162.

dreißiger und frühen vierziger Jahren vorherrschenden Bestreben nach einer größeren kompositorischen Transparenz. Anderenteils ließ sich die Lehre Schenkers in ihrer modifizierten, pragmatisch-pädagogischen Ausrichtung aufgrund des zweifelsohne höchst dogmatischen Ansatzes nahtlos in die Wissenschaftlichkeit des amerikanischen Universitätsbetriebs und die dort vorherrschende positivistische Denktradition einpassen.

Die Rezeption der ursprünglichen Lehre Heinrich Schenkers setzte in der musikalischen Fachpresse ebenfalls Mitte der dreißiger Jahre vor allem durch Roger Sessions, Paul Henry Lang und Adele Katz ein. In seinem Nachruf "Heinrich Schenker's Contribution" aus dem Jahre 1935 hebt Sessions zwar die Annäherung zwischen der Musiktheorie und dem "actual musical thought of the composer"[253] als positives Merkmal des Schenkerschen Ansatzes hervor, doch kritisiert er die Tendenz zur Vereinfachung der Beschreibung und zur Verabsolutierung musikalischer Sachverhalte. Seine Analysen, so fährt Sessions fort, würden immer dann zur Sterilität verkommen, wenn Schenker den Bereich des Deskriptiven zugunsten des Normativen und Dogmatischen aufgebe. Nicht zuletzt bleibt Sessions auch nicht verborgen, daß Schenker allem Zeitgenössischen in der Musik äußerst feindlich gegenübersteht. Während der Aufsatz von Adele Katz, "Heinrich Schenker's Method of Analysis",[254] die Schenkersche Lehre in ihren Grundzügen darstellt, diese wiederholt als revolutionär bezeichnet und mit einer ausführlichen Laudatio schließt, kritisiert dagegen Paul Henry Lang, wie auch Sessions, die Analysen der Schenkerianer auch deshalb, weil darin das jeder Komposition naturgemäß innewohnende Phantasievolle und Künstlerische weitgehend außer acht gelassen werde.[255]

Daß Hindemiths entscheidender Einfluß auf die amerikanische Musiktheorie nur in den vierziger Jahren Bestand hatte und daß seine Ästhetik, die er im theoretischen Teil von *The Craft of Musical Composition* deutlich zum Ausdruck bringt, danach zunehmend in Vergessenheit geriet, obwohl seine anderen, musiktheoretisches und musikpraktisches Basiswissen vermittelnden Lehrbücher weiterhin hohe Wertschätzung genossen, hatte seine Ursache hauptsächlich in der aufkommenden Schenkerismus-Bewegung sowie in der starken Rezeption der seriellen und der Zwölftontechnik seit den fünfziger Jahren. Allen Forte, selbst Schenkerianer und Yale-Professor für Musiktheorie, faßt diese Entwicklung wie folgt zusammen:

---

253 Vgl. Roger Sessions: Heinrich Schenker's Contribution, in MM, 12. Jg., Nr. 4 (May-June 1935), S. 170-178.

254 Adele T. Katz: Heinrich Schenker's Method of Analysis, in: MQ, 21. Jg., Nr. 3 (July 1935), S. 311-329.

255 Vgl. Bryan R. Simms: Theory - 5. After 1950, in: The New Grove Dictionary of American Music, Volume Four, H. Wiley Hitchcock, Stanley Sadie (Hrsg.), London, New York 1986, S. 374.

"And it was Babbitt's theoretical work, together with Schenkerian theory and analysis, that were to displace Hindemith's theories from what might otherwise have been a position of leadership in American musical-intellectual history.

In particular, the remarkable growth of the Schenker influence has effectively veiled Hindemith's theoretical ideas as they applied to tonal music, while Babbitt's work coincided with the ascendancy of 12-tone music and serialism of various kinds and inspired formal theoretical ventures that quite completely eclipsed Hindemith's formulations."[256]

Die bedeutendsten unter den europäischen Komponisten übten nicht nur durch ihre Lehrtätigkeiten, sondern gleichzeitig auch durch ihre Kompositionen selbst deutlichen Einfluß auf die junge amerikanische Musikergeneration aus. In diesem Zusammenhang wurde Anfang der vierziger Jahre unter Beteiligung vieler prominenter US-Komponisten eine öffentliche und zum Teil äußerst leidenschaftliche Diskussion geführt, in welcher die Vor- und Nachteile der europäischen Emigrantenpräsenz ausführlich erörtert wurden. Von Howard Hanson allgemein als "kulturelle Bereicherung für den einheimischen künstlerischen Blutkreislauf"[257] begrüßt und im Gegensatz dazu etwa von Guy Maier mit Blick auf die Vergabe von akademischen Lehrstellen als gefährliche und zudem nicht selten als mit Hochmut und Arroganz auftretenden Rivalen verachtet, stießen die emigrierten Komponisten, wie auch das Beispiel Paul Hindemith verdeutlicht, in den USA zu keiner Zeit auf uneingeschränkte Gastfreundschaft. Wiederholt wurde warnend auf die Gefahr hingewiesen, daß sich die amerikanischen Komponisten durch die "Manieriertheit" und das "philosophische und theoretische Dogma"[258] der bekannten Europäer wie Strawinsky, Bartók und Hindemith beeinflussen lassen könnten. Dieser Bedrohung könne, so die Überzeugung von Olin Downes, allerdings erst dann erfolgreich begegnet werden, wenn die amerikanischen Komponisten bereit seien, dem handwerklichen Vorbild ihrer Kollegen aus der Alten Welt nachzueifern, denn gerade aufgrund ihrer Tradition und ihrer "long-acquired skill as craftsmen"[259] seien die Europäer den Amerikanern zweifelsfrei hoch überlegen. Downes meint damit 1.) die traditionelle polyphone Satztechnik Bachs und Palestrinas,

---

[256] Allen Forte: Paul Hindemith's Contribution to Music Theory in the United States, a.a.O., S. 74.

[257] Vgl. dazu im folgenden Olin Downes: Problem of Adjustment - Clashing Interests Between Native Musicians and Refugees Come to America From Oversees, in: NYT, 90. Jg., Nr. 30,311, 19.1.41, Section 9, S. 7.

[258] David Diamond: From the Mail Pouch - From a Composer about Composers, in: NYT, 90. Jg., Nr. 30,339, 16.2.41, Section 9, S. 6.

[259] Olin Downes: Invasion of Ideas - Need Not Be Feared in Music of the Nation Retains Cultural Identity, in: NYT, 90. Jg., Nr. 30,325, 2.2.41, Section 9, S. 7.

2.) die in den dreißiger Jahren oft geforderte neue Einfachheit ("simplicity"), die sich in der Musik des 18. Jahrhunderts widerspiegelt, und 3.) auch das "technische Mittel" der Atonalität. Nur auf der Grundlage einer wie auch immer gearteten soliden Satztechnik (und nicht etwa durch das schlichte Kopieren der europäischen Musiksprache) werde sich bald endlich auch im Bereich der Musik eine nationale Identität entfalten können. Downes vermochte diese musikalische Identität im Gegensatz zu vielen anderen amerikanischen Musikkritikern und Komponisten allerdings auch zu Beginn der vierziger Jahre noch nicht zu erkennen.

Hindemith wurde für die Amerikaner schon früh zum Inbegriff des europäischen "craftsman" par excellence. Seine Musiksprache - und dabei insbesondere seine meisterhafte Beherrschung der polyphonen Satztechniken - galt als fest mit der deutschen Tradition verwurzelt. Sein "medievalism" sei, so Lukas Foss, "void of all erudite attitudinizing, void of all fashionable popularising"[260] und somit zutiefst sein verinnerlichtes Eigentum. Die neue Einfachheit, die sich seit Ende der dreißiger Jahre in Hindemiths Kompositionen manifestiere, basiere auf einer umfassenden Kenntnis der mittelalterlichen Musik. Hindemiths kompositorisches Schaffen in einen musikhistorischen Kontext einordnend, kommt Foss zu dem Schluß, daß die Zeit von 1920 bis 1945 ohne ihn undenkbar gewesen sei. Zwar habe er bereits bis zum Ende der dreißiger Jahre einen Teil seiner jungenhaften kompositorischen Lebendigkeit weltweit versprüht, doch erst durch seinen reifen Stil, der etwa in der Oper *Mathis der Maler* und im darauf folgenden Sonatenwerk klar hervortrete, habe er seit den frühen vierziger Jahren zusammen mit Igor Strawinsky den Kampf gegen die Wiener Schule unter dem Banner des "classicism" führen können. Nicht zuletzt werde seine Musiksprache allenthalben positiv gewürdigt und oft imitiert.

Daß Hindemiths Stil in den vierziger Jahren für eine Vielzahl von amerikanischen Komponisten zum größten Vorbild wurde, läßt sich zunächst anhand ihrer jeweiligen Werkrezeption eindeutig belegen. Bei Besprechungen von Werken Leonard Bernsteins (frühe Klarinettensonate, 1. Satz), Walter Pistons (*Passacaglia* für Klavier), Vincent Persichettis (*Streichquartett* aus dem Jahr 1939, 2. Satz), Norman Dello Joios (Ballettmusik *Winderness Stir*) und vieler anderer, vergleichsweise unbedeutender US-Komponisten wird zu Recht wiederholt auf Hindemith verwiesen. Seine Musiksprache fand somit nicht nur Eingang in das Werk vieler amerikanischer Komponisten, sondern sie wurde (wie die unten angeführten Beispiele verdeutlichen sollen) auch zur ästhetischen Größe und zum Maßstab ihrer Rezensenten.

---

[260] Vgl. im folgenden Lukas Foss: In Memoriam: Paul Hindemith (1895-1963), in: PNM, 2. Jg., Nr. 2 (Spring-Summer 1964), S. 2-3.

<u>New York Times</u>-Besprechungen von amerikanischen Kompositionen, in welchen auf Hindemiths Musiksprache verwiesen wird

1) "The middle part [of Walter Piston's "Concertino" for piano and orchestra] has a Hindemithian shadow, a dark and brooding quality, with much color, some melodic substance, but little actual invention."[261]

2) "Mr. [Remi] Gassmann's two pieces, "Air With Variation" and "Toccata," had less to say and leaned too heavily on Hindemith with occasional bows to the modern French school, to achieve originality."[262]

3) "Mr. Dello Joio's score [*Winderness Stir*] is rich, full, Hindemithian [...]."[263]

4) Kurt Kennans *Sonatine (1946)* für Klavier "was an example of professional-sounding eclecticism based mostly on Hindemith."[264]

Sowohl in den Tageszeitungen als auch in musikalischen Fachzeitschriften geben die Musikkritiker im Rahmen ihrer Besprechungen nur selten genauer an, was an den jeweiligen amerikanischen Kompositionen das speziell "Hindemithische" ausmacht. Es ist deshalb wohl davon auszugehen, daß der Name Hindemith in den vierziger Jahren mit einem spezifischen, schon weithin quasi "geläufigen" Idiom in Verbindung gebracht wurde.

Obwohl an anderer Stelle dieser Arbeit eine umfassendere (aber ausschließlich das Werk Hindemiths selbst betreffende) Stilbetrachtung durchgeführt wird, sei hier auf eine kurze, das Hindemithsche Idiom karikierende Komposition von Edward Ballantine aus dem Jahr 1941 hingewiesen. Ballantines *Variations on "Mary had a Little Lamb" - Style of Paul Hindemith: Eine kleine Tagesmusik* heben sich zwar in der Qualität der angewandten Satztechniken nur unwesentlich von der Banalität ihrer melodischen Vorlage ab, doch ist seine Variationenreihe hier deshalb von Belang, weil darin auf engstem Raum - in nur 42 Takten - einige der charakteristischsten Merkmale des Hindemithschen Stils regelrecht "abgearbeitet" werden. Der Exposition des Themas ("Ganz gleichgültige Viertel") folgen in Ballantines Werk zwei Variationen (1. "Trotz seiner Melancholik wie einen reinobjektiven Walzer zu spielen", 2. "Fugato der Wunderkinder - Piu mosso"), danach eine Rekapitulation des Themas und

---

261 Olin Downes: Boston Symphony Opens Season Here, in: NYT, 89. Jg., Nr. 29,889, 24.11.39, S. 28.

262 N.S. [Noel Straus]: Leon Kushner Gives Town Hall Recital, in: NYT, 94. Jg., Nr. 31,698, 6.11.44, S. 25.

263 John Martin: Graham Company Opens Dance Fete, in: NYT, 97. Jg., Nr. 33,075, 14.8.48, S. 6.

264 H.C.S. [Harold C. Schonberg]: Louis Kohnop Bows in Keyboard Recital, in: NYT, 100. Jg., Nr. 33,997, 22.2.51, S. 26.

schließlich eine kurze Coda ("animato - lebhaft"). Ballantine fügt seiner kurzen Stilkarikatur zudem folgende Bemerkung bei:

> "Note: This piece is merely intended to occupy the time it takes to play it. Nobody is expected to listen, but as many people as possible should take part using whatever instruments or voices they may happen to have. For [after the (?)] performance a stadium will serve if there is no desert handy."[265]

Notenbsp. 1: Beginn des Themas, Takt 1-4

Notenbsp. 2: Anfang des Themas in seiner Originalgestalt

---

[265] Eine Kopie der Komposition befindet sich in der Thomas Hall Collection, MSS 81, Irving S. Gilmore Music Library, Yale University. Die Notenbeispiele 1, sowie 3 bis 5 sind in der Handschrift Ballantines. Der Verfasser dankt der Musikbibliothek der Yale University für die Abdruckgenehmigung von Auszügen aus Ballantines Komposition.

Notenbsp. 3: Beginn der 1. Variation, Takt 9-12

Notenbsp. 4: Thema des Fugatos, Takt 18-21

Notenbsp. 5: Coda-Motiv, Takt 39

Schon in der Exposition des Themas verfremdet Ballantine die Melodie von "Mary had a Little Lamb" fast bis zur Unkenntlichkeit, indem er ihre rhythmisch-metrische Grundstruktur aufbricht, und indem er zugleich ihr ursprüngliches Tonmaterial mit Alterationen versieht und darüber hinaus bereits ab dem zweiten Takt, die intervallische Fortschreitung betreffend, von der Vorlage grundlegend abweicht. Die größte Annäherung an die "Ur-

Melodie" findet sich erst im Fugato-Thema der zweiten Variation! Die bei Ballantine zur Anwendung kommende Verfremdungstechnik mittels Alteration der melodischen Vorlage impliziert die Erweiterung des diatonischen Materials zur 12-tönigen chromatischen "Totalen" und damit zugleich die Erweiterung der Dur-/Molltonalität. Paul Hindemith schöpft bei der Bildung seiner Melodien - wie etwa im Fugenthema des *5. Streichquartetts op. 32* (1. Satz) - schon in den frühen zwanziger Jahren aus diesem erweiterten Materialvorrat von zwölf untereinander gleichberechtigten Tönen. Später wird er die chromatische Tonleiter in seiner *Unterweisung im Tonsatz* endgültig "als Baustoff unserer Tongebilde"[266] annehmen.

Sowohl die Überlagerung von Quint-Oktav- mit Quart-Oktavklängen, wie sie in der homophonen Setzweise des verfremdeten Themas bei Ballantine zum Ausdruck kommt, als auch der explizite Gebrauch von Quartklängen im weiteren Verlauf der Variationenreihe galten in den USA zu Ende der dreißiger Jahre als die typischsten Merkmale der Hindemithschen Harmonik. Sie manifestieren sich bei Hindemith deutlich in seinem Sonatenwerk; z. B. in seiner Violin- und seiner Bratschensonate aus dem Jahr 1939. Desweiteren sind Bitonalität wie sie sich in Ballantines erster Variation darstellt und auch der häufige Gebrauch von polyphonen Satztechniken - bei Ballantine durch die "Fugato"-Variation repräsentiert - ebenfalls wichtige (aber freilich nicht ausschließliche) Charakteristika des Hindemithschen Stils der zwanziger und dreißiger Jahre.

Die Spielanweisung Ballantines, die den Interpreten zu einer "reinobjektiven" und gar "gleichgültigen" Wiedergabe seiner Variationenreihe anleiten sollen, deckt sich u. a. auch mit jener Hindemiths aus der Solosonate für Bratsche op. 25/1, in welcher er die "Tonschönheit" bisweilen als Nebensache vernachlässigt wissen will und stattdessen die mechanische Wiedergabe zum Primat erhebt. Die ergänzende Bemerkung Ballantines stellt Hindemith schließlich als wichtigen Vertreter der Gebrauchsmusik-Ästhetik hin.

Paul Hindemith war die Variationenreihe bekannt, denn Ballantine hatte ihm ein Notenexemplar davon geschickt und ihn um Erlaubnis gebeten, dieses Werk als Karikatur seines Stils veröffentlichen zu dürfen. Hindemith äußert sich in einem im folgenden in Auszügen zitierten Antwortschreiben an Ballantine darüber und legt ihm schließlich nahe, die Variationen nicht herauszubringen:

"I had to send your piece to the representative of my editors, since I don't know anything about the legal part of the question. He says there is no objection, so you may publish it or not, just as you like. [...] ... as the

---

266 Paul Hindemith: UiT, Bd. 2 (Übungsbuch für den zweistimmigen Satz), Mainz 1939, S. 137.

sending of the piece could have the only purpose to know my opinion, I can simply and frankly assure you that I don't like it at all. Not due to a lack of knowledge of good musical caricatures - I think I did a good deal of them myself - and not due to the vanity of a composer - there is no composer who feels humbler and without any basis for this vice - but simply because I think it is not good. Even a caricature must at least show what a composer does, and the mocking mirror can be a marvellous help to bring out the respective properties. But you only show the things I am attacking since more then twenty years."[267]

Hindemith kritisiert in seinem Brief weniger das von Ballantine exponierte Idiom an sich, seine "respective properties", sondern in der Hauptsache die schlechte satztechnische Ausführung Ballantines ("what a composer does"). Ballantine verzichtete schließlich auf eine Publikation.

So, wie die emigrierten Komponisten das amerikanische Musikleben in vielfältiger Weise geprägt haben, so hat sich die Emigration auch in ihrem Werk ganz unterschiedlich niedergeschlagen. In Schönbergs amerikanischem Œuvre kommt eine bis dahin nicht gekannte stilistische Mannigfaltigkeit zur Geltung, die neben dem avantgardistischen *Streichtrio, op. 45* von 1946 auch tonale Werke wie etwa die für Studenten verfaßte *Suite for Strings* - seine erste amerikanische Komposition - miteinschließt. Igor Strawinsky legte in den frühen Jahren der Emigration eine Reihe von kurzlebigen und mit Blick auf sein gesammtes Schaffen in die völlige Bedeutungslosigkeit abgeglittenen Werke wie die *Circus Polka,* die *Danse concertantes* und die *Norwegian Moods* vor. Kurt Weill ließ einen bedeutenden Teil seiner Musiksprache in der europäischen Heimat zurück und entwickelte in den USA nur sein nicht der ernsten Musik zuzurechnendes Idiom weiter: Arbeiten für den Film, die Bühne, den Rundfunk und für den Broadway. Was das (amerikanische) Spätwerk Bartóks betrifft - *Konzert für Orchester* (1943), *Sonate für Violine solo* (1944), *3. Klavierkonzert* (1945) - so scheint sich die Emigration, Giselher Schubert zufolge, in einer "kontinuierlichen Vereinfachung und musikalischen Vertiefung"[268] bemerkbar zu machen. Für Hindemith und Milhaud bedeutet die Emigration, so Schubert weiter, eine "Fortführung des Œuvres unter amerikanischen Prämissen." Inwieweit sich die amerikanischen Jahre auf das Schaffen Hindemiths ausgewirkt haben und inwieweit damit Veränderungen in

---

267 Brief Paul Hindemiths an Edward Ballantine, New Haven, 15.11.41, aufbewahrt in: Thomas Hall Papers (a.a.O.). Grammatikalische und orthographische Fehler wurden in diesem Briefzitat nicht korrigiert. Vgl. zu Ballantines Stilkarikaturen auch den Brief Paul Hindemiths an AMP, New Haven, 24.10.41, sowie Robert Evett: Music - The Decline and Fall of Paul Hindemith, in: The New Republic, 28.2.70, S. 27-29.
268 Vgl. dazu Giselher Schubert: "Ein bißchen daheim sein". Zu den Problemen der in die USA emigrierten Komponisten in den dreißiger und vierziger Jahren, in: Hermann Danuser et al. (Hrsg.): Amerikanische Musik seit Charles Ives, a.a.O., S. 86-87.

seiner Musiksprache einhergehen, gilt es, im Kapitel 5 dieser Arbeit genauer zu ergründen.

Die europäische Emigration in den dreißiger und frühen vierziger Jahren ist für das amerikanische Musikleben weit mehr als nur eine Beschleunigung von sich bereits abzeichnenden Entwicklungen. Sie steht in der Musikgeschichte als ein epochales Ereignis da. Daß dabei die führenden europäischen Komponisten wie Strawinsky, Schönberg, Krenek, Toch, Eisler, Milhaud, Bartók, Weill, insbesondere aber auch Paul Hindemith einen so entscheidenden Anteil an diesem Ereignis hatten, liegt vornehmlich in ihrer einflußreichen Lehrtätigkeit, aber auch zugleich in ihrer amerikanischen Werkrezeption begründet. Nur am Rande auf die europäischen Emigranten eingehend, resümiert H. Wiley Hitchcock in seiner amerikanischen Musikgeschichte, daß ihre Präsenz die in den USA zu beobachtende Tendenz zur musikalischen Isolation der USA beendet und dem Land die Rolle des "international leader of progressive trends in Western music"[269] verliehen habe. Zugleich habe die Emigration von europäischen Musikwissenschaftlern wie Alfred Einstein, Curt Sachs, Hans David, Karl Geiringer und Leo Schrade auf die USA insofern stimulierend gewirkt, als durch ihre Hilfe das Fach Musikwissenschaft als anerkannte Disziplin an amerikanischen Universitäten etabliert worden sei. Dank ihrer Präsenz sei schließlich auch die Gründung der American Musicological Society (1934) und die Music Library Association (1931) erfolgt.

Paul Hindemith war als wesentlicher Bestandteil des Musiklebens in der amerikanischen Emigration mit Blick auf Jürgen Scheberas Kategorisierung integriert, nicht jedoch wie etwa Kurt Weill assimiliert. Zwar nahm er die neuen, USA-spezifischen kompositorischen Herausforderungen stets an. Er ging zudem vor allem im Rahmen seiner Lehrtätigkeit auf seine neue Umgebung in vielfältiger Weise ein und setzte nicht zuletzt gerade hier viele neue Akzente. Wenn es jedoch um die aktive Beteiligung am "war effort" ging, so hielt er sich, die politische Motivation seiner Kompositionen für die amerikanische Sache betreffend, ausnahmslos zurück. Hindemith wäre es seinerzeit sicher nicht in den Sinn gekommen, etwa (wie Strawinsky) die amerikanische Nationalhymne zu instrumentieren oder gar wie Kurt Weill bereits kurz nach Kriegseintritt der USA für die Organisation "Fight for Freedom" im Januar 1942 *Drei Walt Whitman-Songs* zu komponieren.[270]

---

[269] Vgl. dazu im folgenden H. Wiley Hitchcock: Music in the United States: A Historical Introduction, Third Edition, Englewood Cliffs (New Jersey) 1988, S. 228-229.

[270] Vgl. dazu: Lys Symonette, Elmar Juchem (Hrsg.): Kurt Weill: Briefe an die Familie (1914-1950), Stuttgart, Weimar 2000, S. 376-385.

2.3. Das amerikanische Musikleben nach 1945

2.3.1. Die neue musikalische Elite

Nicht mehr vom Patriotismus bestimmt, bedeuteten die ersten Jahre nach dem Zweiten Weltkrieg nun sowohl zunächst eine Neuorientierung im öffentlichen Musikleben - wie etwa die (staatlich unterstützte) Reintegration zahlreicher zum Kriegsdienst verpflichteten Musiker ins zivile Leben - als auch einen durch den "Kalten Krieg" bedingten kulturpolitischen Aufarbeitungsprozeß der dreißiger Jahre, welcher unter der Federführung des Senators Joseph McCarthy in der rigorosen Abrechnung der US-Regierung mit all denjenigen emigrierten und zugleich amerikanischen Künstlern gipfelte, die seinerzeit mit der politischen Linken und der amerikanischen KP sympathisiert hatten. Den Tatbestand "guilt of association" erfüllten in diesem Zusammenhang Hanns Eisler ebenso wie Aaron Copland. Beide mußten vor dem "House Committee on Un-American Activities" aussagen. Eisler wurde aufgrund seiner kommunistischen Gesinnung zur persona non grata und mußte im Frühjahr 1948 die USA für immer verlassen. Copland, der (wie erwähnt) für die Composers' Collective den "mass song" *Into the Streets May First* komponiert hatte, erfuhr zwar eine vergleichsweise "milde" Behandlung, er sah sich aber seit Anfang der fünfziger Jahre, was Aufführungen seiner Werke und Engagements als "guest lecturer" an Universitäten betraf, zahlreichen Repressalien gegenüber. So wurde etwa sein patriotisches Werk *Lincoln Portrait*, welches nach der Wahl von Dwight D. Eisenhower zum amerikanischen Präsidenten anläßlich des Inaugurationskonzertes am 18. Januar 1953 in Washington hätte erklingen sollen, auf Initiative des Kongreßabgeordneten Fred E. Busbey wegen Coplands "questionable affiliations"[271] kurzfristig vom Programm abgesetzt.

Daß sich das amerikanische Musikleben so schnell von den Folgen des Krieges erholen konnte, liegt zum einen in der prosperierenden Wirtschaft begründet, die spätestens in den frühen fünfziger Jahren einen wahren "Kulturboom" auslöste und auf allen Gebieten der Kunst schöpferische Energien freisetzte.[272] Organisationen wie etwa die Ford und die Rockefeller Foundation gewährten Konzertveranstaltern finanzielle Unterstützung. Desweiteren stellten sie in großem Umfang Gelder für Auftragskompositionen zur Verfügung und verliehen zahlreiche Preise und Stipendien an junge amerikanische Komponisten. Zum anderen wirkten sich technische

---

[271] Vgl. Proceedings and Debates of the Eighty-third Congress, First Session, Appendix, 99. Jg., Teil 9 (3 January 1953-23 March 1953), S. 169-171, zit. nach Aaron Copland, Vivian Perlis: Copland Since 1943, a.a.O., S. 185.

[272] Vgl. Hans Heinz Stuckenschmidt: Reise durch Amerikas Musikwelt, in: Stimmen, 2. Jg. (1949), Heft 15, S. 411-414.

Innovationen wie die Einführung der Langspielplatte im Jahre 1948 vor allem sehr vorteilhaft auf die Rezeption der klassischen Musik aus. Erstmals fanden große symphonische Werke auf einer einzigen Schallplatte Platz. Der Erwerb einer Schallplatte war in den USA der späten vierziger Jahre zudem günstiger als je zuvor, was eine (während des Zweiten Weltkrieges noch kaum vorstellbare) Renaissance dieses Mediums einleitete. So wurde, H. Wiley Hitchcock zufolge, bisweilen der "Erfolg" auch eines ernsten Komponisten nicht mehr nur an den Konzert-Aufführungszahlen seiner Kompositionen gemessen, sondern ebenfalls an der Zahl seiner auf Schallplatte eingespielten Werke. Zahlreiche Statistiken aus den fünfziger Jahren belegen, daß etwa mit Blick auf das Medium Radio von ungefähr 1000 Stationen wöchentlich insgesamt 13.795 Stunden "concert music" ausgestrahlt wurden, und daß Amerikaner häufiger Konzertveranstaltungen besuchten als Baseball-Spiele.[273] Hitchcock fährt in seiner kurzen Beschreibung des amerikanischen Musiklebens der sechziger Jahre wie folgt fort:

"By the early 1960s, arts centers were being constructed in city after city, the most extensive one being Lincoln Center for the Performing Arts in New York [...]. [...] The number of composers increased dramatically. So did the number of performance organizations: one survey [1968] reported that whereas in 1939 there had been about 600 symphony orchestras in the United States, by 1967 there were 1436, more than half of the world's 2000 such orchestras; there were 918 opera-producing groups; there were, in American schools, some 68,000 instrumental music organizations (of which 50,000 were wind bands)."[274]

Was die zeitgenössische Musik betrifft, so markieren die Jahre nach dem Zweiten Weltkrieg in den USA wie in Europa einen deutlichen Wandel. Im Vergleich mit den grundsätzlich verwandten Entwicklungen in der westeuropäischen Musik ergeben sich mit Blick auf die USA jedoch zumindest zwei markante Unterschiede. Einesteils konnte sich in der Neuen Welt aufgrund der weniger katastrophalen Auswirkungen des Krieges eine junge Avantgarde ungleich schneller konstituieren. Anderenteils fiel der musikalische Fortschritt dort - u. a. als Folge des weitaus einflußreicheren Geschmacks des amerikanischen Publikums - weniger radikal aus als in Europa. Moderate und zum Teil bewußt traditionszugewandte Idiome konnten in den USA in mannigfaltigen Schattierungen fortbestehen.[275] So stellte sich in den USA nach 1945 eine Koexistenz von Idiomen und ästhetischen Idealen ein wie es

---

[273] Vgl. H. Wiley Hitchcock: Music in the United States, a.a.O., S. 243.

[274] Ebd., S. 243-244.

[275] 1957 wurde z. B. ein Orchesterwerk von Roy Harris mit dem vielsagenden Titel *Ode to Consonance* veröffentlicht.

sie dort bis dahin noch nicht gegeben hatte. Internationalismus statt Amerikanismus, Experimentalismus und Traditionskritik statt Traditionalismus, und nicht zuletzt auch Individualismus statt Populismus sind wichtige Grundzüge der zeitgenössischen Musikentwicklung in der amerikanischen Nachkriegszeit.

Auf die Gefahren und die Sinnlosigkeit des isolationistischen Amerikanismus verweisend, meldeten sich bereits während des Zweiten Weltkriegs einige US-Komponisten zu Wort. Zu ihrem einflußreichsten Vertreter wurde Roger Sessions.[276] Er wendet sich mit seiner Kritik am musikalischen Nationalismus zunächst vor allem an das ästhetische Credo vieler Zeitgenossen, wenn er ihre dogmatische Negation jedweder (europäischer) Werte und Traditionen anprangert und ihnen sein Amerikanismus-Verständnis, welches er einzig auf den nicht musikspezifischen Idealen der Gleichheit, Freiheit und schließlich der Humanität gründet, als Alternative entgegenstellt. In dem Beitrag "Music in a Business Economy" aus dem Jahr 1948 zielt seine Kritik dann auch auf die Fetische des neoklassischen und neoromantischen Populismus wie musikalische "accessibility" und "audience appeal" ab. Wenn nicht für ein Massenpublikum geschrieben, so sollte das moderne Musikwerk, Sessions zufolge, aufgrund seiner Expressivität und seiner strukturell-formalen Durchbildung zumindest einer Elite mit der Fähigkeit konzentrierten Hörens prinzipiell verständlich sein. Auch Aaron Copland, der der Amerikanismus-Bewegung in den dreißiger Jahren maßgeblich zu ihrer Geltung verholfen hatte, begann bereits 1941 (allerdings vorerst noch nicht in öffentlichen Stellungnahmen), der Notwendigkeit einer "bewußten" nationalen und publikumszugewandten Musikästhetik eine nur noch untergeordnete Stellung beizumessen.[277] Im Jahre 1950 wurde schließlich auch von ihm mit dem *Piano Quartet* ein Werk vorgelegt, dessen Rezeption er weniger durch das breite Publikum als vielmehr durch den "cultivated listener"[278] verstanden wissen wollte. Mit dieser Auffassung reihte sich auch Aaron Copland allmählich wieder in den Kreis einer sich neu formierenden musikalischen Elite ein.

Eine vergleichsweise ausgeprägte Elitekultur der Neuen Musik hatte es in den USA vorübergehend schon in den zwanziger Jahren gegeben, und sie war insbesondere durch die wenigen, vom allgemeinen Trend unbeeindruckten Komponisten wie Wallingford Riegger, Henry Cowell und Carl Ruggles auch

[276] Vgl. dazu im folgenden Roger Sessions: American Music and the Crisis [1941], sowie Music in a Business Economy [1948], in: Roger Sessions on Music. Collected Essays, Edward T. Cone (Hrsg.), Princeton 1979, S. 295ff, bzw. S. 157ff.

[277] Vgl. den Brief Aaron Coplands an den Musikkritiker Oscar Thompson, 2. Juni 1941, darin: "Ich sehe nicht länger die Notwendigkeit, einen bewußten Amerikanismus zu suchen." (zit. nach Hermann Danuser: Auf der Suche nach einer nationalen Musikästhetik, in: Hermann Danuser et al. (Hrsg.): Amerikanische Musik seit Charles Ives, a.a.O., S. 56)

[278] Aaron Copland, Vivian Perlis: Copland Since 1943, a.a.O., S. 152.

noch in den dreißiger und frühen vierziger Jahren repräsentiert worden. Zu Ende des Zweiten Weltkriegs war ihre Musik gerade noch einmal der Gefahr entronnen, für immer in irreversibler Bedeutungslosigkeit zu versinken. Unter einflußreicher Mitwirkung von Elliott Carter, Milton Babbitt und John Cage kristallisierte sich nunmehr eine junge musikalische Elite heraus, deren Mitglieder trotz ihrer verschiedenen kompositorischen Ansätze grundsätzlich darin übereinstimmten, daß die Werbung der Komponisten um die Zustimmung des breiten Publikums ein für alle Mal an ihr Ende gekommen sei. Wenn Elliott Carter, dessen Ideal des elitären Hörers sich mit Sessions' Auffassung größtenteils deckt, im Jahr 1950 in letzter Konsequenz zur Komposition seines ersten Streichquartetts in die Wüste von Arizona ging, und wenn er in diesem Zusammenhang sogar mitteilt: "to hell with the public and with the performers too", dann wollte er sich zwar nicht dauerhaft dem Publikum entziehen, und er beabsichtigte auch nicht, sich wie vor ihm Henry David Thoreau - und im gewissen Sinne auch wie Charles E. Ives - in eine permanente künstlerische Eremitage zurückzuziehen, aber er verlieh dadurch seiner Intention, Musik zu schreiben, die ausschließlich für ihn selbst interessant ist, zeitweilig auch symbolischen (und durchaus nachhaltigen) Ausdruck. Zur Begründung seines außergewöhnlichen Entschlusses merkt Carter an: "I wanted to write a work that carried out completely the various ideas I had at that time about the form of music, about texture and harmony."[279]

Milton Babbitts Aufsatz mit dem provokativen Titel "Who cares if you listen"[280] propagiert in ähnlicher Schärfe wie zuvor Carters Ausspruch vor allem die Kompromißlosigkeit, mit welcher der zeitgenössische Komponist dem passiven Publikum in einem überkommerzialisierten Musikbetrieb gegenüberzutreten habe. Babbitt legt den Komponisten nahe, sich von dieser Art Publikum zurückzuziehen, um damit dessen Eliminierung einzuleiten und letzlich die Trennung von Gesellschaft und Musikwerk zu vollziehen. Stattdessen solle die "private performance" und die vermehrte Berücksichtigung der "electronic media" angestrebt werden. Sein musikalisches "Privatleben", so konstatiert Babbitt, könne der Komponist an keinem Ort besser führen als an den Universitäten, wo er nicht nur auf eine musikalisch vorgebildete und erfahrene Zuhörerschaft treffen, sondern wo er auch eine ideale Heimat für das Komplexe, Schwierige und Problematische in der Musik vorfinden würde.

---

[279] Allen Edwards: Flawed Words and Stubborn Sounds. A Conversation with Elliott Carter, New York 1971, S. 35.
[280] Erstpublikation in: High Fidelity Magazine, 8. Jg., Nr. 2 (February 1958), hier im folgenden zitiert nach dem Wiederabdruck unter dem Titel "The Composer as Specialist", in: Esthetics Contemporary, Richard Kostelanetz (Hrsg.), Buffalo (N.Y.) 1978, S. 280-287.

Mit dem allmählichen Rückzug aus dem öffentlichen Musikleben an die Universitäten sah sich der zeitgenössische Komponist dort in der Tat einem Publikum gegenüber, welches allem Neuen nunmehr grundsätzlich aufgeschlossen war. Die amerikanischen Hochschulen, die noch in den frühen vierziger Jahren aufs engste dem Konservatismus verhaftet gewesen waren, wurden in den fünfziger Jahren zum Experimentierfeld der musikalischen Avantgarde, und sie lösten damit zugleich die einst bedeutenden Komponistenvereinigungen wie etwa die League of Composers ab.[281] Ihnen kam somit quasi als "Institutionen" der Neuen Musik seit der Jahrhundertmitte eine tragende Rolle im zeitgenössischen Musikleben der USA zu, wie sie in Europa etwa mit den staatlichen Rundfunkanstalten vergleichbar war.

Auf eine ganz außergewöhnliche und extreme Weise forderte John Cage das Publikum heraus, wenn er dieses mit seinem am 29. August 1952 erstmals durch den Pianisten David Tudor in Woodstock (weniger aufgeführten als vielmehr) inszenierten "Tacet"-Stück *4'33"* durchweg mit stiller "Musik" konfrontierte. Interpret, Komponist und Zuhörer werden dabei zu gleichen Teilen sowohl zu Produzenten als auch zu Rezipienten von zufälligen, nicht-instrumentalen Geräuschereignissen. Sein Experiment *4'33"* will John Cage nicht als Provokation verstanden wissen, sondern er beabsichtigt, das Publikum damit vielmehr durch die Stille des, bzw. der Interpreten zur bewußten ästhetischen Wahrnehmung der akustischen Umwelt anzuleiten. Darüber hinaus stellt Cage zum einen die traditionelle Konzertform auf radikalste Art in Frage, indem er das soziale Rollenverständnis aller daran Beteiligten neu definiert. Zum anderen wird der Begriff des musikalischen Kunstwerks "bis auf seine letzten Elemente ausgehöhlt",[282] denn bei jeder klanglichen Realisierung ergibt sich eine stets neue Interaktion zwischen unvorhersehbaren Entstehungs- und Aufführungsprozessen. Von Cage selbst als "experimental music"[283] bezeichnet und im angelsächsischen Sprachgebrauch mit Adjektiven wie etwa "aleatory", "indeterminate", "improvisational" genauer gefaßt, ist diese Konzeption von musikalischer Kunst nicht zu verwechseln mit jener der Experimentalisten in den zwanziger und dreißiger Jahren, die ihrerseits die traditionelle Werkategorie nicht grundsätzlich in Frage gestellt haben. Was den Einfluß von John Cage auf das amerikanische Musikleben der fünfziger Jahre betrifft, so kommt der Komponist und Musikkritiker Eric Salzman zu dem Schluß, daß sich um ihn

---

281 1954 wurde die League of Composers mit der International Society for Contemporary Music (ISCM) mit Hauptsitz in New York vereinigt. Bereits Ende 1946 war die Publikation ihrer "hauseigenen" Zeitschrift *Modern Music* eingestellt worden.

282 Hermann Danuser: Gegen-Traditionen der Avantgarde, in: Hermann Danuser et al. (Hrsg.): Amerikanische Musik seit Charles Ives, a.a.O., S. 108.

283 "An experimental action is one the outcome of which is unforeseen." (John Cage, zit. nach H. Wiley Hitchcock: Music in the United States, a.a.O., S. 265).

eine ganze "'junk music' school of tape and electronics" formiert habe, die als akustisches Äquivalent zur "junk sculpture"[284] kaum besser dastehen könne.

Zur gleichen Zeit, als sich Cage mit "tape and electronics" beschäftigte - sein Stück *Imaginary Landscape No. 5* aus den Jahren 1951-52 gilt als erste amerikanische Tonband-Komposition - entstand an der Columbia University in New York ein bedeutendes Zentrum der elektronischen Musik. Dort richteten die Komponisten Otto Luening und Vladimir Ussachevsky ihr Studio ein und begannen mit der systematischen Erforschung der elektronischen Klangerzeugung. Im Herbst 1952 wurde unter ihrer Leitung im New Yorker Museum of Modern Art ein Konzert ausschließlich mit "tape-music" veranstaltet. 1959 gründeten sie schließlich gemeinsam mit Milton Babbitt das Columbia-Princeton Electronic Music Center.[285]

Aaron Copland versteht die Tendenz zur Serialisierung des musikalischen Materials, d. h. zur "totalen" Durchorganisation sämtlicher möglicher Parameter der Komposition, als einen von zwei Entwicklungssträngen kompositorischer Innovation zu Beginn der fünfziger Jahre, welche aus der Dodekaphonie hervorgehen. Während Babbitt die Dodekaphonie unter strengen mathematischen Prämissen auf der Grundlage der von ihm beschriebenen Kategorie der "combinatoriality" zum kompositorischen System erhebt und sich mit dem Ziel der "systematischen" Serialisierung schließlich folgerichtig auch der elektronischen Musik zuwendet, bedeutet die Zwölftontechnik dagegen für Copland nicht mehr als eine Methode, die neben den traditionellen homophonen und polyphonen Satztechniken in jeder Komposition in "freier" Anwendung zum musikalischen Ausdrucksmittel werden kann.[286]

Auf seine *Piano Fantasy* aus dem Jahr 1957 Bezug nehmend, bemerkte Aaron Copland:

> "... the musical framework of the entire piece is based upon a sequence of ten different tones of the chromatic scale. To these are joined, subsequently, the two unused tones of the scale, related throughout as a

---

284 Eric Salzman: Music from the Electronic Universe, in: High Fidelity Magazine (August 1964), S. 56-57, wiedergegeben in: Nicholas E. Tawa: A Most Wondrous Babble, a.a.O., S. 140.

285 Vgl. dazu H. Wiley Hitchcock: Music in the United States, a.a.O., S. 259ff.

286 Der englische Begriff "serial composition" umfaßt, anders als im deutschen Sprachgebrauch, jede Art von Reihenkomposition, vor allem aber die Zwölftontechnik der Wiener Schule. H. Wiley Hitchcock unterscheidet zwischen ihrer "freien" Applikation etwa durch Copland und der "strengeren" Anwendung durch Babbitt; letzteres Verfahren umfaßt die Durchorganisation weiterer, jedoch nicht unbedingt aller musikalischer Parameter und wird von ihm mit "systematic serial composition" umschrieben (vgl. dazu H. Wiley Hitchcock: Music in the United States, a.a.O., S. 252ff).

kind of cadential interval. [...] The *Piano Fantasy* is by no means rigorously controlled twelve-tone music, but it makes liberal use of devices associated with that technique. It seemed to me at the time that the twelve-tone method was pointing in two opposite directions: toward the extreme of total organization with electronic applications, and toward a gradual absorption into what had become a very freely interpreted tonalism. My use of the method in the *Piano Fantasy* was of the latter kind."[287]

Sowohl Babbitt als auch Copland rezipierten in ihren Werken die Zwölftontechnik nicht bis zur letztmöglichen Konsequenz, sondern sie traten ihr mit offenkundiger amerikanischer "Gelassenheit"[288] und Distanz gegenüber. Eine Serialisierung aller musikalischen Parameter, wie sie in Europa durch Olivier Messiaen vollzogen wurde, erreichte Babbitt in seinen Kompositionen zu keiner Zeit. Aaron Copland verzichtete, wie etwa in der *Piano Fantasy* und - einige Jahre zuvor - im *Piano Quartet*, stets bewußt auf die strenge und alleinige Anwendung der dodekaphonen Technik.

Ein Amerikaner, dessen Musik in den dreißiger Jahren fast ausschließlich einem kleinen Kreis von Musikern bekannt war und erst in den vierziger Jahren allmählich in das Blickfeld sowohl einer größeren Anzahl von Interpreten als auch des Publikums rückte, wurde zu Beginn der fünfziger Jahre endgültig auf den Sockel des "grand old man of American music"[289] gehoben: Charles E. Ives. Völlig isoliert, ohne jedes fundierte Handwerkszeug und zudem in gänzlicher Ermangelung von "sophistication", habe Ives in seinem Œuvre, der Auffassung Eric Salzmans zufolge, dank seiner Originalität gleichsam geradezu paradigmatisch fast alle wichtigen Entwicklungen der zeitgenössischen Musik in der ersten Hälfte des 20. Jahrhunderts vorweggenommen.

"He composed proto-serial and proto-aleatory music; he invented block forms and free forms; he used tone clusters and structural densities; he wrote in poly-meters and poly-tempi; he composed spatial music and music that could be realized in a multiplicity of ways; he anticipated recent improvisatory works-in-progress, assemblages, and "pop-art"

---

[287] Aaron Copland, Vivian Perlis: Copland Since 1943, a.a.O., S. 242.

[288] Vgl. dazu auch Hermann Danuser: Plädoyer für die amerikanische Moderne, in: Carl Dahlhaus (Hrsg.): Die Musik der fünfziger Jahre. Versuch einer Revision, Mainz, etc. 1985, S. 21-38.

[289] Vgl. Henry und Sidney Cowell: Charles Ives and His Music, New York 1983, S. 108ff.

ideas - in short, just about every important development of the last sixty years and some of the most notable of the last fifteen."290

Charles Ives' Werk, welches er anhand seiner zahlreichen Schriften stets mit einem philosophischen, dem Neuengland-Transzendentalismus verpflichteten Überbau versah und welches zudem aufgrund der Vielfalt an konzeptionellen Ideen (und weniger aufgrund des hörbaren Resultats selbst) damals wie heute weitaus mehr im musikalischen Schrifttum rezipiert als aufgeführt wird, griff in der Tat vielem voraus, was sich zu Beginn der fünfziger Jahre an neuen Entwicklungen in den USA abzeichnete. Sowohl John Cage als auch Milton Babbitt, Elliott Carter und viele andere Repräsentanten der jungen amerikanischen Komponistengeneration konnten sich mit Blick auf ihr Werk und ihre Ästhetik auf Ives berufen.

2.3.2. Avantgarde-Kritik und der "Fall Hindemith"

Einige Komponisten der "mittleren Generation"291 sowie einflußreiche Musikkritiker maßen den Ansätzen der amerikanischen Avantgarde - freie Anwendung der Dodekaphonie, moderater Serialismus, elektronische und experimentelle Musik, u. a. nach Cageschem Vorbild - dagegen keine dauerhafte Bedeutung bei. Anhand ihrer Werke ließe sich, so Harold C. Schonberg (*New York Times*), kein wirkliches "outstanding compositional talent" erkennen. Die Dodekaphonisten der Wiener Schule hätten die jungen amerikanischen Komponisten eher in eine kompositorische Sackgasse geführt, als daß sie in der Lage gewesen seien, ihnen neue Perspektiven aufzuzeigen. Mit Blick auf die Entwicklung in den frühen sechziger Jahren bemerkt er weiter:

"Right now there are indications that romanticism is on its way back. [...] There also are indications that the twelve-tone hold, especially the Webern craze, has spent its force. But in the meantime it is hard to think of a young American composer who has a strong, individual style. At the moment the young American composer is confused. He lies in a very

---

290 Eric Salzman: Twentieth-Century Music: An Introduction, Englewood Cliffs (New Jersey) 1967, S. 144.
291 Vgl. im folgenden Harold C. Schonberg: Where Are They? U.S. Has Much Compositional Activity, But Young Generation Lacks Power, in: NYT, 111. Jg., Nr. 37,976, 14.1.62, Section 2, S. 11.

fluctuating magnetic field, and is tugged this way, that way. John Cage and his aleatoric music still exert a pull. Electronic music is the very latest fad. The twelve-tone school is by no means dead. A Bartókian type of dissonance can be noticed in such young composers as Leon Kirchner. On the whole, young American composers today are writing in the eclectic, cosmopolitan style. Much of it is anonymous-sounding, and very little has vitality or personality behind it."

Die starke Dodekaphonie-Rezeption in den USA, die sich, Harold C. Schonbergs Beschreibung zufolge, nach dem Zweiten Weltrieg geradezu in einer Art "Webern-Manie" niedergeschlagen hatte, nahm Paul Hindemith mit äußerlich zur Schau getragenem Gleichmut hin. Auf die Kurzlebigkeit "derartiger Methoden"[292] in der Musikgeschichte hinweisend, brachte er im Rahmen der Charles Eliot Norton Lectures an der Harvard University (1949/50) mit Gelassenheit zum Ausdruck, daß sich Europa - nicht jedoch Amerika! - nach dem Zweiten Weltkrieg zwar aufs Neue mit dem 12-Ton-"Bazillus" infiziert habe, daß sich der Patient aber bereits wieder besser fühle. Hindemith ging somit noch 1949 von der Verläßlichkeit einer allgemeinen amerikanischen Resistenz gegen diesen ephemeren musikalischen Krankheitserreger aus.

Wie für den Musikkritiker Harold C. Schonberg, so führt die Anwendung der dodekaphonen Methode auch für Paul Hindemith grundsätzlich in eine kompositorische Sackgasse. Die zahlreichen, willkürlich aufgestellten Konstruktions- und Setzregeln, die fehlende Berücksichtigung der Klangwerte harmonischer und melodischer Intervalle sowie ihrer Spannungsgehalte, und schließlich die unabdingbare Voraussetzung einer temperierten und somit unreinen ("Kompromiß"-)Skala: all diese Merkmale der höchst artifiziellen, sich auf "keinerlei musikalische Tatsachen" stützende Zwölftontechnik stehen Hindemiths kompositorischem Ansatz, welcher von den natürlichen Gesetzen der Töne und Tonverwandtschaften ausgeht, diametral entgegen.[293]

In seinen Harvard-Vorlesungen wandte sich Hindemith nicht nur gegen die Prinzipien der Dodekaphonie, sondern auch - und in diesem Zusammenhang deutlich polemisierend - gegen die satztechnischen Experimente derjenigen Komponisten, die etwa ihr klingendes Material an solchen nicht musikspezifischen Organisationshilfen wie "Fieberkurven"[294] oder "Kochrezepten" festzumachen gedachten. Hindemith erkannte in diesen verschiedenen "neuzeitlichen Bestrebungen" neben ihrer ostentativen

---

[292] Vgl. dazu im folgenden Paul Hindemith: Komponist in seiner Welt, a.a.O., S. 156.

[293] Zur Kritik Hindemiths an der Zwölftontechnik vgl. Paul Hindemith: UiT, Bd. 1 (Theoretischer Teil), Mainz 1937, S. 77 und S. 185f, sowie ders.: UiT, Bd. 3 (Dreistimmiger Satz), Mainz 1970, S. 130 und S. 192.

[294] Paul Hindemith: Komponist in seiner Welt, a.a.O., S. 156-157.

"sektiererischen Haltung" zugleich das ihnen allen gemeinsame, seiner Auffassung nach irrige Prinzip, einen einzelnen "musikalischen Konstruktionsfaktor untergeordneter Wichtigkeit" zum Primat zu erheben. Hindemith unterstellte diesen Komponisten, ohne zwischen europäischen und amerikanischen grundsätzlich zu unterscheiden, zum einen Sensations- und Erfolgshunger und zum anderen die mangelnde Beherrschung traditioneller Kompositionstechniken.[295] Der Forderung, sich wieder auf die altgriechische Idee vom Ethos in der Musik und damit auf die moralische Verpflichtung jedes Musikers gegenüber dem Hörer zu besinnen, wollten allerdings viele seiner jungen amerikanischen Zeitgenossen kaum mehr nachkommen. Hindemiths eigentliches Ziel des Komponierens, "Gebilde zu schaffen, die vernünftigen Proportionsgesetzen folgend durch ihre Vollkommenheit im Hörer Gefühle auslösen, die er ohne die Einwirkung solcher Kunstwerke kaum haben würde,"[296] war für John Cage, Milton Babbitt, aber auch für Elliott Carter, wie erwähnt, völlig obsolet.[297] Auf die drohende Gefahr nachdrücklich hinweisend, daß die zeitgenössische Musik ihres kommunikativen Gehaltes schließlich ganz beraubt werden könnte, formuliert Hindemith die Conclusio zu seiner Avantgade-Kritik in den Harvard-Vorlesungen wie folgt:

"Die Verpflichtungen des Komponisten gegen seine Mitmenschen weichen einer Art Kreuzworträtsel in Tönen, das (wie jedes Kombinationsspiel) ein angenehmer Zeitvertreib ist, aber den nach Mitbeteiligung dürstenden Anderen draußen läßt wie das arme Kind im Schnee vor dem Haus mit dem leuchtenden Christbaum. Wenn in der Musik solcher Art überhaupt eine Botschaft an andere enthalten ist, so ist es der brutale Befehl: ´Du hast mir zu gehorchen, hast meinen Äußerungen unbedingt zu glauben.´ Das in einer Zeit, die uns täglich mehr nach einem schwachen Schimmer jener Botschaft ausschauen läßt, die Schiller und Beethoven der Menschheit verkündeten: Seid umschlungen, Millionen!"[298]

---

295 "Ein Jahr Harmonielehre, eins Kontrapunkt, dann noch ein bißchen 'freie' Komposition, und fertig ist der Komponist." (Paul Hindemith: Musik und Musiker in alter und neuer Zeit (Vortrag: Chicago 1944), in: Paul Hindemith - Aufsätze. Vorträge. Reden, Giselher Schubert (Hrsg.), Zürich, Mainz 1994, S. 200).

296 Ebd., S. 199. Vgl. dazu auch Paul Hindemiths Vorwort zur Neufassung *Das Marienleben*, New Haven, Juni 1948, S. III, sowie Hindemith über Musik in USA [ohne Verf.], in: Lübecker Nachrichten, 5.2.49.

297 Vgl. dazu auch die folgenden Rezensionen zu Paul Hindemiths 1952 erschienenen Buch *A Composer's World*: 1.) Robert Evett: The Meaning of Music, in: The New Republic, 126. Jg., 24.3.52, S. 18-19, sowie 2.) Lawrence Morton: A Composers' World, in: MLA Notes, 9. Jg. (June 1952), S. 408-409.

298 Paul Hindemith: Komponist in seiner Welt, a.a.O., S. 157.

1945 wurde für Paul Hindemith zum Jahr der persönlichen Entscheidung. Sein 50. Geburtstag, den er im selben Jahr feiern konnte, bot ihm zudem auch Anlaß zu einer grundlegenden kompositorischen "Standortbestimmung". Mit dem Bezug des eigenen Hauses in der Alden Avenue 137 in New Haven am 1. Oktober 1945 entschloß sich Hindemith für den Verbleib in den USA, die Fortsetzung seiner Lehrtätigkeit an der Yale University und somit eindeutig gegen eine Rückkehr nach Europa oder gar nach Deutschland, von wo aus ihn schon bald euphorische Berichte über die Rezeption seiner Werke erreichten. Obwohl er im Frühjahr 1946 einige Angebote erhalten hatte, in administrativen Positionen am Wiederaufbau des deutschen Musiklebens mitzuwirken,[299] lehnte er diese mit der Begründung ab, daß man ihn dort zwar zweifelsohne als unangreifbare moralische Instanz anerkennen würde, daß man ihn aber gleichzeitig als einflußreichen Spielstein musikpolitischen Kalküls und demnach ausschließlich individueller Interessen mißbrauchen könnte.[300] Stattdessen erhielt er am 11. Januar 1946 die amerikanische Staatsbürgerschaft. Kurz darauf, am 17. Januar 1946, begann er mit der intensiven Arbeit an einer oratorischen Komposition über Walt Whitmans Dichtung "When Lilacs Last in the Door-Yard Bloom'd", welcher er zunächst den Untertitel "An American Requiem" beizugeben gedachte.

Zu Hindemiths 50. Geburtstag wurden in den USA landesweit Festkonzerte veranstaltet, an welchen sich der Komponist in New York, Detroit und Chicago als Dirigent eigener Werke beteiligte. Die bedeutendste Veranstaltung dieser Art fand in New York statt. Von der Juilliard School gemeinsam mit dem Verlag AMP organisiert und finanziert, wurde dort am 23. und 24. November 1945 zu Ehren des Komponisten ein "Festival of three concerts of music composed by Paul Hindemith" gegeben. Hindemith informierte sich von Beginn an über den Stand der Planungen. Ihm oblag die definitive Entscheidung über die Auswahl der Werke und deren Interpreten. Den Feierlichkeiten sah Hindemith allerdings schon deshalb mit großer Skepsis entgegen, weil er für beide Veranstalter große finanzielle Verluste befürchtete. Seinen Bedenken verlieh er in einem ausführlichen Brief an AMP vom 11. September 1945 deutlichen Ausdruck:

"Mir ist noch das Konzert in Erinnerung, das wir ... vor sechs Jahren in der Town Hall veranstaltet haben: die Veranstaltung war sehr schön, ein mäßig besetzter Saal hat sie mäßig erfreut hingenommen, am nächsten

---

[299] Im Januar 1946 erhielt Hindemith eine Einladung der Stadt Donaueschingen, die dortigen Musikfeste wieder aufzubauen. Im Februar desselben Jahres wurde er gebeten, die Leitung der Musikhochschule in Berlin zu übernehmen. Auch die Stadt Frankfurt unterbreitete ihm im Frühjahr 1946 das Angebot, an die Spitze der dortigen Hochschule zu treten.

[300] Vgl. den Brief Paul Hindemiths an Willy Strecker, Mexico City, 15.7.46, zit. in: Dieter Rexroth (Hrsg.): Paul Hindemith. Briefe, Frankfurt 1982, S. 237-243.

Tag war alles vergessen und die AMP (besser Schott) mußte 1300 Dollar auf den Tisch legen. Diesmal würde es genauso kommen, höchstens daß noch die NY Times einen ausführlichen Artikel über die reaktionäre, so gänzlich die Zeichen der so fortgeschrittenen Zeit mißverstehende Haltung des Jubilars dranhängen würde. Es war schon damals schwer genug, den armen Voigt über das fortgeschwommene Geld einigermaßen zu trösten; diesmal einer ganzen Gruppe Schuldiger (Verschuldeter) den Verlust versüßen zu müssen, würde die rapide abnehmenden Geisteskräfte der gefeierten Ruine noch schneller dem absoluten Nullpunkt entgegentreiben. Überlegen Sie sich's darum nochmals gründlich. Mir genügt der gezeigte gute Wille völlig, und das sogenannte Musikleben fühlt sich ohnehin viel wohler bei seinen so bequemen - sky's, -witsch's und -eff's."[301]

Hindemith war sich offenbar im Jahr 1945 ganz genau bewußt, daß er aufgrund seiner neuesten in den USA entstandenen Werke - sie machten auch den Hauptbestandteil der drei Juilliard-Konzerte aus[302] - zwar den weltweit arriviertesten und prominentesten zeitgenössischen Komponisten zuzurechnen war, daß er aber nicht mehr der musikalischen Avantgarde angehörte. Die Befürchtung, daß die *New York Times* die Konzerte in der Juilliard School überdies zum Anlaß nehmen könnte, einen langen vernichtenden Beitrag über seine traditionalistischen Kompositionen zu verfassen, bewahrheitete sich nicht. Die beiden einflußreichsten Tageszeitungen der Stadt (*New York Times* und *New York Herald Tribune*) nahmen kaum Notiz von diesem Ereignis.[303] In zahlreichen Beiträgen musikalischer Fachzeitschriften wurden die Juilliard-Konzerte hingegen

---

[301] Brief Paul Hindemiths an Karl Bauer, o.O., 11.9.45, zit. nach Dieter Rexroth (Hrsg.): Paul Hindemith. Briefe, a.a.O., S. 234-235. Hindemith bezieht sich im letzten Satz der zitierten Textstelle wohl auf die seinerzeit in der Tat äußerst populären russischen Komponisten Tschaikowski, Schostakowitsch und Prokofieff (vgl. dazu John H. Mueller: The American Symphony Orchestra, a.a.O., S. 188).

[302] In den drei Juilliard-Konzerten erklangen folgende Werke:

23.11.45: *Sonata for Two Pianos, Four Hands, Die junge Magd, Sonate in C für Geige und Klavier, 6th String Quartet in E-flat.*

24.11.45 (nachmittags): *Sonata for Trombone and Piano, Ludus tonalis.*

24.11.45 (abends): *Hérodiade* (1944), *In Praise of Music, Five Songs on Old Texts, Theme and four Variations (according to the four Temperaments).*

[303] Vgl. dazu: Juilliard Offers Hindemith Music [ohne Verf.], in: NYT, 95. Jg., Nr. 32,081, 24.11.45, S. 23, sowie F.D.P. [Francis D. Perkins]: Hindemith Festival, in: NYHT, 25.11.45.

vergleichsweise ausführlich besprochen, und sie fanden dort größtenteils positive Resonanz.[304]

Den Vorschlag von AMP, die Neufassung des *Marienlebens* im Rahmen der Juilliard-Konzerte durch Jennie Tourel in Gänze zur Uraufführung zu bringen, hatte der Komponist entschieden abgelehnt, weil er glaubte, daß der Liederzyklus selbst für diese erfahrene und renommierte Sängerin zu schwer sei, um innerhalb kurzer Zeit einstudiert und adäquat interpretiert werden zu können.[305] Ein weiterer Grund für seine Ablehnung war die Tatsache, daß das lange geplante Vorwort zur Neufassung noch keine Gestalt angenommen hatte. Bereits nach der Fertigstellung der *Unterweisung im Tonsatz (1. Teil)* im Jahre 1937 entschloß sich Paul Hindemith, seinem theoretischen Hauptwerk die *Marienleben*-Musik in einer grundlegenden Revision als "praktische Erläuterung"[306] beizugeben. Die im Mai 1941 vollendete Neufassung sollte durch eine englische Übersetzung der Rilkeschen Textvorlage ergänzt und "in einer Art faksimilierter Luxusausgabe" zusammen mit einer "umfangreichen [englischen] Einleitung" von AMP primär für "Freunde und Wissenschaftler"[307] veröffentlicht werden. Hindemith verstand dabei die *Marienleben*-Neufassung zusammen mit dem Vorwort weniger als pädagogischen Begleitband zur *Unterweisung im Tonsatz*, sondern vielmehr als historisches Dokument, in welchem er sein musikästhetisches Credo in nuce darlegen wollte und welches, so Hindemith prophezeiend, "einiges Aufsehen erregen" und "die eilfertigen Federn der nächsten Musikwissenschaftlergeneration gebührend in Aufregung versetzen"[308] werde.

---

[304] Vgl. dazu Robert Sabin: Hindemith Is Honored on His Birthday By Concerts of His Works at Juilliard, in: MA, 10.12.45, H.C.S. [Harold C. Schonberg]: Hindemith Festival Held at Juilliard, in: MC, 15.12.45, sowie Marion Bauer: Hindemith Festival at Juilliard School, in: Musical Leader, 19.12.45.

[305] Aus dem Brief Hindemiths an Karl Bauer (11.9.45) geht nicht eindeutig hervor, daß es sich bei der geplanten *Marienleben*-Aufführung um die Neufassung (und damit um deren Weltpremiere) handelt, doch ist es aufgrund der erneuten Initiative des Komponisten im Sommer 1945, die abgeschlossene Revision nun endlich herauszubringen, sehr wahrscheinlich (vgl. den Brief Hindemiths an Karl Bauer, New Haven, 15.6.45, in Auszügen zit. in: PHC, Box 6, Folders 191-193). Jennie Tourel wirkte bei den Juilliard-Konzerten nicht mit.

[306] Vgl. den Brief Hindemiths an seinen Mainzer Verleger Willy Strecker [vermutl. 30.5.37] aus Berlin. Dieser enthält folgende Schlußbemerkung zur *Unterweisung im Tonsatz*, die in den gedruckten Ausgaben fehlt: "Als praktische Erläuterung wird ferner eine Neufassung des 1924 erschienenen "Marienleben" (Text von Rainer Maria Rilke) und des "Liederbuches für mehrere Singstimmen" (1925) [gemeint sind die *Lieder nach alten Texten, op. 33*] erscheinen."

[307] Vgl. dazu die beiden Briefe Paul Hindemiths an AMP, jeweils o.O. und Datum [vermutl. New Haven, Anfang März, bzw. Mitte August 1941], sowie den Brief Willy Streckers an Paul Hindemith, Mainz, 9.7.41.

[308] Brief Paul Hindemiths an Willy Strecker, New Haven, 30.5.41. Hinweise darauf, ob Hindemith *Das Marienleben* als ergänzende Erläuterung zur *Unterweisung im Tonsatz* im

Die Übersetzung der Rilke-Texte ins Englische und deren Anpassung an die jeweilige Melodievorlage gestaltete sich offenbar als sehr schwierig.[309] Die Erstellung des Faksimiles bedeutete für Hindemith zudem einen hohen Zeitaufwand. Obwohl dem Verlag AMP in New York über die Druckkosten hinaus keinerlei Ausgaben entstanden, wurde dort die Möglichkeit eines guten Absatzes von Beginn an bezweifelt. Zur Veröffentlichung des überarbeiteten *Marienlebens* mitsamt Einleitung kam es deshalb 1941 trotz Drängen seitens des Komponisten zunächst noch nicht.

Die steten Bemühungen Paul Hindemiths um die Revision, die Veröffentlichung und schließlich um die Uraufführung des *Marienlebens*, die sich quasi wie ein "Leitmotiv" durch dessen amerikanische Jahre ziehen, führten im Jahr 1948 zu einem ersten erkennbaren, aber für den Komponisten wohl kaum befriedigenden Ergebnis. Der Liederzyklus erschien bei Schott; allerdings nicht wie ursprünglich intendiert als Faksimile der autographen Partitur. Während das deutsche Vorwort von Beginn an Teil der "einfachen" Notenausgabe war, wurde die englische Fassung zusammen mit der Übersetzung der Rilke-Texte erst fünf Jahre darauf in Form eines separaten Libretto-Bandes herausgegeben.[310] Entgegen Hindemiths Absicht, das *Marienleben* nicht in Europa, sondern zunächst "in der zwar auch nicht idealen aber doch gesünderen hiesigen [amerikanischen] Atmosphäre gedeihen"[311] zu lassen, fand die Uraufführung letztlich doch am 3. November 1948 in Hannover statt.[312]

Rahmen seines Unterrichts an der Yale University behandelt hat, gibt es nicht. Es ist aber davon auszugehen, daß er ausführliche Besprechungen eigener Werke in seinen Lehrveranstaltungen grundsätzlich ausspart (vgl. dazu die Interviews Caitriona Bolsters mit Sam di Bonaventura, Fairfax (Virginia), 5.4.76, in: OH, Typoskript, S. 26, sowie mit David Kraehenbuehl, Princeton Junction, New Jersey, 9.4.76, a.a.O., Typoskript, S. 23). Zu Beginn der fünfziger Jahre beauftragte Hindemith allerdings zwei fortgeschrittene Theorie-Studenten, seine beiden neuesten Kompositionen für das Klavier zu bearbeiten; Thomas Goodman fertigte als Schulaufgabe eine Klavierfassung zum *Concerto for Woodwinds, Harp and Orchestra* an. Nicholas England wurde mit der Erstellung eines Klavierauszuges zum *Concerto for Trumpet, Bassoon and String Orchestra* betraut (vgl. dazu den Brief Paul Hindemiths an Willy Strecker, Veysonaz, Sion, 5.8.52).

[309] Hindemith suchte nach Vollendung der Neufassung einen geeigneten Übersetzer für die Rilke-Texte. In diesem Zusammenhang nahm er mit Thornton Wilder und Edward Downes Kontakt auf. Beide lehnten ab. Schließlich kam eine Zusammenarbeit mit Herter Norton und Mrs. Hugh Ross zustande. Ihre Übersetzungen blieben für Hindemith jedoch stets unbefriedigend.

[310] Vgl. dazu den Brief Hindemiths an Willy Strecker, Vevey, 24.6.53.

[311] Brief Paul Hindemiths an Willy Strecker, Mexico City, 15.7.46, zit. nach Dieter Rexroth (Hrsg.): Paul Hindemith. Briefe, a.a.O., S. 240.

[312] Offenbar war die Uraufführung der *Marienleben*-Neufassung durch Jennie Tourel und Erich Itor Kahn im Rahmen der "New Friends of Music"-Konzerte bereits in der Saison 1947/48 in New York geplant. Warum die Premiere in Deutschland stattfand, ist unklar. Die genannten Interpreten brachten den Liederzyklus am 23.1.49 in der New Yorker

Hindemiths so ganz unmoderne Musikanschauung, wie er sie im *Marienleben*-Vorwort unmißverständlich zum Ausdruck bringt und welche sich vor allem auf Musiktheoretiker des Mittelalters wie Boethius und Augustinus stützt, führte in Europa - etwa durch Hans-Werner Henzes Gegenposition aus dem Jahr 1949[313] - bald zu der von ihm prophezeiten (und wohl auch erhofften) ausführlichen Diskussion. In den USA stieß die Neufassung dagegen auf weit weniger Resonanz. Die latent polemische Avantgarde-Kritik am Ende des Vorwortes verhallte dort genauso unbemerkt wie jene ungleich ausführlichere, die Hindemith kurze Zeit darauf in seinen Harvard-Vorlesungen darzulegen beabsichtigte. Vornehmlich den Inhalt des Vorwortes wiedergebende Beiträge, wie sie etwa von Olin Downes anläßlich der amerikanischen Erstaufführung des neuen *Marienlebens* im Januar 1949 in der *New York Times* verfaßt wurden, bedeuteten in den USA die Regel. Wenn Downes seine Ausführungen mit dem Satz beschließt: "It seems rather clear that Mr. Hindemith's flirtations in the past with "atonality" had been abandoned some time before he put the fact of their rejection into words",[314] dann wird nur allzu evident, daß Hindemiths Ästhetik zu diesem Zeitpunkt dort bereits zur Genüge und in aller Verständlichkeit musikalisch ausformuliert und zudem ausreichend rezipiert wurde. Es bestand somit offenbar kein Anlaß mehr, sich anhand des *Marienlebens* abermals auf solche öffentlichen Diskussionen einzulassen, wie sie in den frühen vierziger Jahren mit Blick auf den stilistischen Einfluß Hindemiths (und anderer europäischer Emigranten) auf das amerikanische Musikleben auch in der *New York Times* vehement geführt worden waren.

Die seltenen Reaktionen von Seiten der amerikanischen Avantgarde waren vor allem geprägt von großem Unverständnis über Hindemiths rigorose Ablehnung seiner frühen Kompositionen. Die Schönberg-Schülerin Dika Newlin, die der amerikanischen Erstaufführung der *Marienleben*-Neufassung in New York beiwohnte, versucht in ihrem Beitrag "The Case of Hindemith"[315] bewußt zu provozieren und zu polarisieren, wenn sie Hindemith als Wortführer der "arroganten Reaktionäre" und als Gegner des musikalischen Fortschritts hinstellt. Die Tatsache, daß Hindemith das Vorwort und seine darin enthaltene, mit "Verbitterung" vorgetragene Avantgarde-Kritik überdies in Auszügen im Programmheft habe abdrucken lassen, sei, so Newlin, schon

---

Town Hall zur amerikanischen Erstaufführung (vgl. dazu Arthur V. Berger: New Friends. Hindemith's "Marienleben" Is Heard in Town Hall Program, in: NYHT, 108. Jg., Nr. 37,325, 24.1.49, S. 12, sowie Olin Downes: Miss Tourel Sings For New Friends, in: NYT, 98. Jg., Nr. 33,238, 24.1.49, S. 16).

[313] Vgl. Hans-Werner Henze: Das neue Marienleben, in: Melos, 16. Jg., Heft 3 (März 1949), S. 75-76.

[314] Olin Downes: Foundation of Song. Composer's Changed Views In 25-Year Interval, in: NYT, 98. Jg., Nr. 33,244, 30.1.49, Section 2, S. 7.

[315] Dika Newlin: The Case of Hindemith, in: Partisan Review, 16. Jg., Nr. 4 (April 1949), S. 412-414.

deshalb als "a flagrant affront to taste" zu bewerten, weil der Veranstalter (New Friends of Music) angeblich gleichzeitig die laufende und die folgende Konzertsaison dem Werk Arnold Schönbergs zu Ehren seines 75. Geburtstages gewidmet habe.

Nicht zuletzt geht aus Interviews mit amerikanischen Hindemith-Schülern hervor, daß einige von ihnen die primäre Intention des Komponisten, seine Ästhetik quasi in Wort und Musik am *Marienleben* zu exemplifizieren, grundlegend mißverstanden. So bemerkt etwa Hindemiths ehemaliger Theorie-Schüler Mason Martens lapidar, daß es wohl besser gewesen wäre, wenn Hindemith anstatt der wiederholten Rilke-Vertonung einen anderen Text für eine ganz neue Komposition in Betracht gezogen hätte.[316]

Sind das mangelnde Interesse des Verlegers AMP an der Herausgabe des neuen *Marienlebens*, die nur "einfache" Edition des Werkes mit deutschem (und nicht englischem!) Vorwort von 1948, seine ursprünglich für die USA vorgesehene, dann aber doch in Deutschland stattfindende Uraufführung, und gerade auch die gleichgültige, bisweilen unsachliche und für Hindemith zweifelsohne insgesamt höchst enttäuschende amerikanische *Marienleben*-Rezeption Indikatoren, bzw. Gründe für eine wachsende Unzufriedenheit des Komponisten über das Musikleben und das Musikverlagswesen in den USA? Daß die von Hindemith favorisierte faksimilierte *Marienleben*-"Luxusausgabe" - wie die zunächst tatsächlich in seiner Handschrift erschienenen Werke *Ludus tonalis* und *6th String Quartet in E-flat* (1943) - nur eine aus der Not des Zweiten Weltkrieges entsprungene Übergangslösung gewesen sein könnte, ist allein aufgrund der ästhetischen Bedeutung, die der Komponist dem Werk von Beginn an beigemessen hat, wenig wahrscheinlich. War die Tatsache, daß die kritische und ernsthafte Auseinandersetzung mit Hindemiths Ästhetik, welche sich der Komponist anhand des *Marienlebens* erhoffte, die aber in den USA - wie erwähnt - weitgehend ausblieb, darüber hinaus gar ein Auslöser dafür, daß er, nachdem er sich wenige Jahre zuvor noch dezidiert für den Verbleib in den USA entschieden hatte, letztlich doch 57-jährig als amerikanischer Staatsbürger nach Europa zurückkehrte? Was mag Hindemith überdies veranlaßt haben, seine gesicherte Existenz in New Haven aufzugeben? Ist schließlich die Rückkehr in die Schweiz (und gerade nicht nach Deutschland!), wie David Neumeyer suggeriert, einzig mit dem mangelnden Willen des Komponisten zu begründen, sich intensiv mit dem Wiederaufbau des Musiklebens in seinem Vaterland zu befassen? Gedachte Hindemith, vom "Swiss syndrome"[317] befallen, seinen Lebensabend stattdessen in sicherer Entfernung zu Deutschland in einer Art angenehmem Ferienrefugium zu verbringen?

---

316 Vgl. das Interview Caitriona Bolsters mit Mason Martens, New York, 4.6.75, in: OH, Typoskript, S. 130.
317 David Neumeyer: Hindemith and His American Critics. A Postmodern View, in: HJB, 1998/XXVII, S. 231f.

2.3.3.   Der "komplette" Musiker Paul Hindemith: Zwischen Entfremdung
           und künstlerischer Rehabilitation

Im November 1949 erhielt Hindemith einen Brief von Professor Heinrich
Straumann, dem Dekan der Philosophischen Fakultät I der Universität Zürich.
Dieser erkundigte sich nach der Möglichkeit für eine Berufung Hindemiths an
seine Hochschule und bot ihm einen Lehrstuhl im Fach Musikwissenschaft an.
In seinem Antwortschreiben vom 30. November 1949 bekundet Hindemith
erstmalig auf Anfragen von Musikinstituten aus Europa deutliches Interesse an
einer Lehrverpflichtung mit der Begründung, daß Zürich für ihn "das ideale
Operationszentrum" wäre, "so weit ... europäische Verbindungen in Frage
kommen."[318] In selbigem Brief zog er zudem in Betracht, seine Lehrtätigkeit
in Yale (zwar noch nicht sofort, so doch in absehbarer Zukunft) ganz gegen
den ihm angebotenen Lehrstuhl in Zürich einzutauschen. Die Universität
Zürich richtete schließlich für Hindemith ein "persönliches Ordinariat für
Musiktheorie, Komposition und Musikpädagogik"[319] ein, das von ihm, "unter
Beurlaubung in jedem zweiten Jahr bekleidet werden" sollte. Zum Oktober
1951 nahm er dort seine Arbeit auf. Er lehrte bis 1953 abwechselnd an der
Yale University und an der Universität Zürich.

Wenn Hindemith zu Beginn seines Briefes an Heinrich Straumann den
Standort Zürich als das "ideale Operationszentrum" für "europäische
Verbindungen" bezeichnete, so meinte er damit in der Hauptsache nicht mehr
seine musikpädagogische Arbeit, sondern vor allem diejenige als Komponist
und Dirigent. Das Züricher Angebot bot ihm die wohl beste Gelegenheit, in
Europa längerfristig auf künstlerischem Gebiet wieder Fuß fassen und dabei
gleichzeitig sein Unterrichtspensum schrittweise reduzieren zu können. Am
13. April 1955 äußerte Hindemith in einem Brief an seinen amerikanischen
Freund und Rechtsanwalt Oscar Cox schließlich den Wunsch, sich den
Aufgaben als Hochschullehrer alsbald ganz entledigen zu können. Da
Hindemith in seinem Brief an Cox wie nirgendwo sonst auch seine Vorbehalte
gegenüber dem amerikanischen Musikleben so explizit zum Ausdruck brachte
und darin gleichzeitig die eigene Position in der US-Musikszene zu bestimmen
suchte, sei dieser im folgenden ausführlicher wiedergegeben:

   "In my particular case there is no doubt that I have to be in Europe. My
   two main activities are composing and concertizing (I hope to get rid of
   any university duties after the current term), both of which I cannot do
   in the States: for composing there would not be any time left over, as for

---

[318] Brief Paul Hindemiths an Heinrich Straumann, Boston, 30.11.49, zit. nach Heinrich
Straumann: Die Berufung Paul Hindemiths an die Universität Zürich, in: Schweizerische
Musikzeitung, 106. Jg., Nr. 6 (November-Dezember 1966), S. 335.
[319] Ebd., S. 336.

making a living one is obliged to have a college job - and this, as I had amply time to find out, is practically the end of composing, not to mention the rather hopeless situation of a music teacher whose only obligation seems to be to produce hundreds of mediocre students, write again hundreds of recommendations for them each year and as for highlights in his career waits for a Guggenheim or other fellowship every second or third year. As for conducting, the situation is more than hopeless, as the conductors in the USA more than anywhere else are a kind of brotherhood worse than those of the locomotive engnineers': they prevent any outsider to come into their realm.

[...] Another point is artistical reputation. Here I am a famous man (whatever that means - but it is part of a musician's existence) while in America in spite of many students scattered all over the country I was just one of many teachers and nothing else. That beside that I did some composing as a side line, was recognized, to be sure, but what does not mean in face of all the native talent that has to be taken care of and pampered - there is hardly such a thing as free competition, except in a very small way, as far as solo or chamber music playing goes."[320]

Durch die umfangreiche musikpädagogische Arbeit an der Yale University fühlte sich Hindemith nicht nur seiner Zeit für schöpferisches Tun zusehends beraubt, sondern er hegte darüber hinaus bereits seit den späten vierziger Jahren Zweifel an deren Wirksamkeit. Obwohl er seinen eigenen Unterricht, wie erwähnt, inhaltlich frei gestalten konnte, war er dennoch immer dem amerikanischen Lehrsystem unterworfen; etwa mit Blick auf die Praxis der Notengebung, die er kategorisch ablehnte.[321] In den USA, so bemerkt Hindemith 1949, wo ja im Vergleich zu Deutschland und Europa einer freieren Entwicklung des Musikunterrichts nichts im Wege gestanden hätte, habe man sich einer völlig doktrinären, durch fortwährende Examen, Zensuren und punktmäßige Bewertung jeglicher Schulaktivität in einen Schematismus hineingeritten, aus dem auf absehbare Zeit kein Ausweg zu sehen sei.[322] Der perspektivenlose status quo in der Musikerziehung, den Hindemith mit Blick auf die amerikanischen Universitäten diagnostizierte,

320 Brief Paul Hindemiths an Oscar Cox, Blonay, 13.4.55, in Auszügen veröffentlicht in: Geoffrey Skelton (Hrsg.): Selected Letters of Paul Hindemith, New Haven, London 1995, S. 225-228, hier S. 226.

321 Vgl. dazu das Interview Caitriona Bolsters mit David Kraehenbuehl, Princeton Junction, New Jersey, 9.4.76, in: OH, Typoskript, S. 58, sowie Hindemiths Skizzen zu seinem Vortrag "Musikleben in den USA", den er am 21.1.49 im Theater am Neuen Markt in Zürich hielt. Das Manuskript hierzu befindet sich im PHI.

322 Paul Hindemith: Komposition im heutigen Deutschland (Vortragsmanuskript, Juni 1949), in: Giselher Schubert (Hrsg.): Paul Hindemith - Aufsätze. Vorträge. Reden, a.a.O., S. 233-234.

förderte zweifelsohne die Heranbildung von nur "mittelmäßigen Studenten". Dieses System stand der Auffassung des Komponisten, seine Schüler umfassend und fundiert zu Musikern auszubilden, ebenso deutlich entgegen, wie die Praxis der frühen Förderung durch Preise und Stipendien, welche die jungen, handwerklich rückständigen, sogenannten "Komponisten", anstatt sie der "free competition" auszusetzen, nur "verwöhnten".[323]

Hindemith wollte sich offenbar nicht länger als Teil eines Systems betrachtet wissen, das ihn zwang, gegen seine musikalische Überzeugung zu handeln. So wurde er trotz seiner entschiedenen Ablehnung wiederholt aufgefordert, das "Fifth Annual Symposium of the International Federation of Music Students", welches vom 12. bis 17. März 1951 an der Yale University stattfand, mit einer Rede vor Kompositionsstudenten der namhaftesten Musikinstitute Nordamerikas zu eröffnen. Er mußte schließlich dem großen Repräsentationsdruck nachgeben. Mit dem Vortrag zum Thema "Musical Inspiration", in welchem Hindemith allgemein auf die junge Komponistengeneration und auf ihr fragwürdiges künstlerisches Selbstverständnis Bezug nahm, kritisierte er gerade auch diejenigen Symposiumsteilnehmer, die an der Yale University ihre neuesten Werke vorzustellen beabsichtigten. Hindemiths deutliche Kritik wurde, so beschreiben es Gertrud Hindemith und Luther Noss, ohne eingehende Reflexion oder protestierende Reaktion hingenommen. Stattdessen erhielt seine Rede starken Beifall. Der Komponist blieb allen Konzerten und Vorträgen, die im Rahmen dieses Symposiums abgehalten wurden, aus Überzeugung fern.[324]

Wenn Hindemith seinem Schüler Joseph Iadone vor seiner Rückkehr nach Europa anvertraute, daß es in den USA "keinen einzigen Komponisten" gebe, und daß das Niveau derer, die sich dennoch als Komponist bezeichnen, hoffnungslos tief gesunken sei,[325] dann ist dies ohne Zweifel Ausdruck von tiefer Enttäuschung und Resignation darüber, in einflußreicher und höchst angesehener Position als Kompositionsprofessor nicht die von ihm als dringend notwendig erachteten, grundlegenden Umstrukturierungen in der amerikanischen Musikausbildung eingeleitet zu haben. Dies hatte sich Hindemith seit Beginn der vierziger Jahre durch seinen unermüdlichen

---

[323] Vgl. dazu Howard Taubman: A Pampered Age? - Hindemith Says Composers Are Being Spoiled by Dependence on Prizes, in: NYT, 109. Jg., Nr. 37,311, 20.3.60, Section 2, S. 9, sowie die Entgegnung Elie Siegmeisters in der Kolumne "The Mail Pouch", in: NYT, 109. Jg., Nr. 37,325, 3.4.60, Section 2, S. 9.

[324] Vgl. Luther Noss: Paul Hindemith in the United States, a.a.O., S. 150-151. Hindemith entnahm seine Eröffnungsrede über "Musical Inspiration" den Harvard-Vorlesungen (vgl. dazu insbesondere Paul Hindemith: Komponist in seiner Welt, a.a.O., S. 80ff).

[325] Vgl. das Interview Caitriona Bolsters mit Joseph Iadone, Bridgeport, 13.4.75, in: OH, Typoskript, S. 20.

pädagogischen Einsatz zum Ziel gesetzt, und dies hatte er an der Yale School of Music zumindest teilweise realisieren können. Hindemiths Unterricht, der in den ersten Yale-Jahren noch als sehr lebendig, detailliert und anspruchsvoll beschrieben wird, nahm, wie aus zahlreichen Darstellungen von Schülern hervorgeht, immer mehr einen scheinbar teilnahmslosen, geradezu geschäftsmäßigen Al-fresco-Charakter an.[326] So berichtet auch Yehudi Wyner, der in den frühen fünfziger Jahren Hindemiths Kompositionsklasse angehörte, über den für ihn und seine Kommilitonen wenig erhellenden Unterricht folgendes:

"... sessions ... were flying blind as far as we were concerned. There was no powerful, generalized illumination that was shed for us. Also there was absolutely no tailor-making of the ideas that he would project. There was no recognition that we had different things to say and that we were individuals perhaps seeking values different from his own. And so what seemed to be a brilliant display of analysis, synthesis, and re-creation on his part, was in many ways a very self-centered exercise of very, very little benefit."[327]

So mag es nicht verwundern, daß bei Hindemith in seiner späten Yale-Zeit eine wachsende Neigung zu erkennen ist, sich aus dem akademischen Musikleben zurückzuziehen. Gleichzeitig begann er, sich auch seinen bewährten Freunden immer mehr zu verschließen.[328]

Hindemith mußte es, so vermutet Lukas Foss, darüber hinaus als Verrat an seiner Ästhetik verstanden haben, daß viele Schüler schon bald nicht mehr bereit waren, seiner traditionszugewandten Auffassung zu folgen. Foss entfernte sich spätestens mit der Komposition *Time Cycle* für Sopran und Orchester (1959/60) deutlich von Hindemiths Ästhetik, indem er darin versuchte, das etwa im Jazz bereits seit geraumer Zeit etablierte Improvisationsverfahren nun auch der zeitgenössischen Musik zuzuführen. Die Faszination des zufälligen Klangereignisses und die relative Freiheit der Form, die Foss in seinen improvisatorischen Kompositionen wohl bewußt hervorhebt, stehen in grundlegendem Widerspruch zu Hindemiths Forderung

---

326 Vgl. dazu das Interview Caitriona Bolsters mit Eckhart Richter, Atlanta (Georgia), 29.12.75, in: OH, Typoskript, S. 19-20, sowie Claire R. Reis: Composers, Conductors and Critics, New York 1955, S. 181.
327 Interview Caitriona Bolsters mit Yehudi Wyner, New Haven, 18.6.75, in: OH, Typoskript, S. 11.
328 Vgl. die Interviews Caitriona Bolsters mit Beekman Cannon, Yale University, 22.4.76, in: OH, Typoskript, S. 11, sowie mit Gretel Thalheimer-Lowe, Hamden, CT, 28.11.73, a.a.O., Typoskript, S. 41-42.

nach strenger formaler Durchgestaltung eines jeden Musikwerks.[329] Wie Lukas Foss, so kommt auch Howard Boatwright zu dem Schluß, daß die zunehmende Mißachtung des für Hindemith uneingeschränkt geltenden ästhetischen Wertesystems zugunsten von "new aesthetical and technical approaches" letztlich dazu geführt hätte, daß Hindemith seine Lehrtätigkeit aufgegeben habe:

> "[Hindemith] knew before most of his students did that the post-World War II period had brought new aesthetical and technical approaches, many of which appeared to him to be revivals of movements started during the twenties that he had already worked so hard to resolve in his own style. Having sensed this situation, he held back: before he ever had to struggle to hold the attention of young composers against a new radicalism, he stopped teaching."[330]

Neben der mangelhaften amerikanischen Musikausbildung und ihren Folgen nennt Hindemith in seinem Brief an Oscar Cox als zweiten Grund für seine Präferenz des europäischen Standortes die für ihn mehr als hoffnungslose Situation, als Dirigent in den USA regelmäßig in Erscheinung treten zu können. Hindemith bekam dort immer nur dann die Möglichkeit, ein sogenanntes "major orchestra"[331] zu leiten, wenn er ausschließlich eigene Kompositionen zur Ur- oder amerikanischen Erstaufführung brachte. Ihm war indes weit mehr daran gelegen, komplette Orchesterkonzerte zu leiten,

---

[329] "For him [Hindemith] it was a matter of right and wrong: Stravinsky was arbitrary, Schoenberg and Webern insane, his own students traitors. I suppose I am one of Hindemith's more wayward students. My gradual discovery ("triggered off by a pedagogic experiment: improvisation") of what is loosely called "extreme music" was like a betrayal to him." (Lukas Foss: In Memoriam: Paul Hindemith (1895-1963), a.a.O., S. 3.) Vgl. dazu auch das Interview Caitriona Bolsters mit Lukas Foss, New York, 11.11.76, in: OH, Typoskript, S. 4, das Interview Jack Cranes mit Lukas Foss im Rahmen der Sendereihe "The Legacy of Paul Hindemith", 12.1.64, Canadian Broadcasting Company (ein Typoskript des Interviews wird aufbewahrt in: PHC, Box 19, Folder 321), sowie das Interview Whitney Balliets mit Mel Powell, wiedergegeben in: Whitney Balliet: Profiles - What ever happened to Mel Powell?, in: The New Yorker, 25.5.87, S. 37-43.

[330] Howard Boatwright: Hindemith as a Teacher in America, in: Yale Alumni Magazine, 28. Jg., Nr. 3 (December 1964), S. 20. Vgl. dazu auch das Interview Caitriona Bolsters mit Howard Boatwright, Fayetteville (New York), 16.12.76, in: OH, Typoskript, S. 54-55.

[331] Die amerikanischen Orchester wurden in vier Kategorien eingeteilt: Major Orchestra, Metropolitan Orchestra, Community Orchestra, und College Orchestra. Die Zuordnung zu den jeweiligen Kategorien ergab sich primär durch den Umfang des jährlichen Budgets. So existierten in den USA im Jahre 1940 insgesamt 16 "major orchestras". Ihr Budget betrug mindestens $ 100.000 per annum (vgl. Helen M. Thompson: The American Symphony Orchestra, in: One Hundred Years of Music in America, Paul Henry Lang (Hrsg.), a.a.O., S. 36-52).

deren Programme über die Präsentation seiner Werke hinausgingen. In den USA gestaltete sich dies für Hindemith jedoch als sehr schwierig. Kurz vor seiner Rückkehr nach Europa, am 13. März 1953, erhielt er zum ersten Mal Gelegenheit, mit dem Minneapolis Symphony Orchestra nicht nur die amerikanische Premiere seiner Symphonie *Die Harmonie der Welt*, sondern auch alle weiteren Progammpunkte (Weber: *Freischütz*-Ouvertüre und Mendelssohn: *Schottische Symphonie*) in einem öffentlichen Konzert zu dirigieren. Was die Mitwirkung bei Schallplattenproduktionen betrifft, so mußte er seinem Verleger Willy Strecker im Jahre 1949 mitteilen, daß auch dies für ihn so gut wie unmöglich sei, da kein Kapellmeister einen Outsider heranlasse. Für diese "Knaben",[332] so Hindemith, sei es "ein Kampf aufs Messer." Außerdem wirke es sich nachteilig für ihn aus, daß er keiner amerikanischen Musikergewerkschaft angehöre. Howard Boatwright glaubte überdies, daß es Hindemith geschadet habe, sich nicht für die Verpflichtung eines amerikanischen Konzertmanagers entschieden zu haben.[333]

Das sich verschlechternde Verhältnis zwischen Hindemith und seinem Verleger AMP zu Ende der vierziger Jahre mag - neben den beiden offiziellen Gründen der Schwerpunktverlagerung auf die Komposition und das Dirigieren[334] - ein dritter Grund für seine Rückkehr nach Europa gewesen sein. Hindemiths wachsender Unmut über die nachlässige Betreuung durch die amerikanische Schott-Vertretung stand dabei in engstem Zusammenhang mit der Ernennung von Merritt Tompkins zum Leiter von AMP im Sommer 1947. Tompkins, so mußte Hindemith bald erkennen, war zwar ein guter amerikanischer Geschäftsmann, aber kein kompetenter Musikverleger. Sein Hauptinteresse lag auf dem Geschäft mit populärer Musik. Die ernste Musik war für ihn dagegen nur eine "kostspielige Prestigesache."[335] Obwohl auch Tompkins bewußt war, daß Hindemith aufgrund der hohen Verkaufs- und Aufführungszahlen seiner Werke den einzigen "soliden Grundpfeiler"[336] von AMP im Bereich der Neuen Musik bildete, lehnte er dennoch jedes zusätzliche finanzielle Engagement - wie etwa die von Hindemith geforderte Einstellung eines erfahrenen musikalischen Beraters - strikt ab.

---

[332] Brief Paul Hindemiths an Willy Strecker, New Haven, 4.10.49.

[333] "Hindemith prevented himself from doing much that he could have done in America ... he didn't go under a management of any kind and people are not gonna ask a professor at Yale University to come and conduct this or that orchestra ..., secondly he would not join the union." (Howard Boatwright im Interview mit Caitriona Bolster, Fayetteville (New York), 16.12.76, in: OH, Typoskript, S. 66).

[334] Vgl. dazu Henry Cooper: Hindemith Will Vacate Faculty Post, in: Yale Daily News, 74. Jg., Nr. 149, 28.4.53, S. 1.

[335] Brief Paul Hindemiths an Willy Strecker, o.O., 18.1.48.

[336] Brief Paul Hindemiths an Willy Strecker, o.O., 22.2.48.

Nachdem Hindemith im Jahre 1947 in großen finanziellen Nöten aus Europa zurückgekehrt war und er daraufhin AMP um unbürokratische Soforthilfe ersuchte, wurde ihm diese durch Tompkins verwehrt. Dies veranlaßte Hindemith einesteils, Schott den Wechsel seiner amerikanischen Vertretung nahezulegen. Anderenteils entschloß er sich, seine Einnahmen aus dem Verlagsgeschäft mit AMP einer grundlegenden Prüfung zu unterziehen. Dabei galt es, alle ihm zustehenden Einkünfte zu ermitteln, die aufgrund der Verkaufs-, Verleih-, Aufführungs-, Schallplatten- und Radiorechte seit 1940 angefallen waren. Desweiteren gedachte er, diejenigen Einnahmen aus bei Schott verlegten Werken einzufordern, die über AMP auf ein Sperrkonto des Custodian of Alien Property, einer Treuhänderbehörde in Washington, überwiesen worden waren.

Hindemiths Berechnungen zufolge beliefen sich die ausstehenden Tantiemen aus den "ungefähr dreissig"[337] Werken, die er von 1940 bis 1947 komponiert und "umsonst" (in Kommission für den Mainzer Schott-Verlag) an AMP abgegeben hatte, auf insgesamt 3000 Dollar, "was etwa einem Preis von 100 Dollar pro item entspricht." Dies sei eine Summe, so schreibt Hindemith am 15. März 1948 verärgert an Willy Strecker, "die man nicht mal einem untalentierten Anfänger" in den USA zahlen dürfe. Die "sehr erfolgreichen" Theoriebücher und deren Nachdrucke blieben indessen "ohne jede Bezahlung." Da Hindemith wegen seiner vertraglichen Zugehörigkeit zu Schott-AMP nicht der Aufführungsrechtsgesellschaft ASCAP (American Society of Composers, Authors and Publishers) beitreten konnte, mußte er zwischen 1940 und 1947 auf Tantiemenzahlungen aus dem US-amerikanischen Ausland ganz verzichten. Aus gleichem Grund gingen ihm alle Einnahmen aus amerikanischen Radioübertragungen verloren. Hierfür bot Tompkins dem Komponisten "ein paar hundert Dollar" als Entschädigung an. Hindemith veranschlagte jedoch seinen finanziellen Verlust, den er allein aus dem amerikanischen Radiogeschäft erlitten hatte, mit 5000 Dollar. Zusätzlich schätzte er die Summe, die ihm vom Custodian of Alien Property zustand, auf insgesamt 7000 bis 8000 Dollar.

Aufgrund seiner Nachforschungen mußte Hindemith im Frühjahr 1948 unweigerlich zu dem Ergebnis gelangen, daß ihn die amerikanische Schott-Vertretung seit 1940 zu ihren Gunsten massiv mißbraucht und ihm seinen beträchtlichen Anteil aus dem Verlagsgeschäft weitgehend vorenthalten hatte. Als Willy Strecker von all dem Kenntnis erhielt, reagierte er empört über die "gänzlich unfaßliche"[338] Behandlung und veranlaßte umgehend eine Unterredung mit seinen Geschäftspartnern von AMP und Schott-London über das "Problem Hindemith". Obwohl dem Komponisten danach unter anderem jährliche Zahlungen in Höhe von 5000 Dollar für anfallende

---

337 Vgl. im folgenden den Brief Paul Hindemiths an Willy Strecker, o.O., 15.3.48.
338 Vgl. die Briefe Willy Streckers an Paul Hindemith, Mainz, 24.3.48, sowie Mainz, 5.4.48.

Aufführungsgebühren aus Radioübertragungen und Konzerten in Aussicht gestellt wurden, brachten die Ergebnisse dieser geschäftsmäßigen Zusammenkunft, was die Kooperation Hindemiths mit AMP betrifft, lediglich eine vorübergehende Entspannung. Schon bald trafen die vereinbarten Zahlungen wieder mit Verzögerung ein oder blieben gar ganz aus, so daß Hindemith im Oktober 1949 feststellen mußte: "... die AMP-Situation ist trostlos, und sie wird es wohl auch bleiben, aus den schon so oft erwähnten Gründen. Es bleibt offenbar nichts übrig als zu resignieren."[339] Ohne jede Unterstützung durch AMP gelang es Hindemith erst im Jahre 1952, die durch den Custodian of Alien Property unter Verschluß gehaltenen Gelder endgültig freizubekommen. Im Herbst desselben Jahres wurde Merritt Tompkins in den Ruhestand entlassen.

Trotz der fortwährenden Unzufriedenheit Hindemiths über die "trostlose" Situation bei AMP, die nicht zuletzt auch durch das Fehlen eines amerikanisches Äquivalents zu seinem in allen Verlagsangelegenheiten hochqualifizierten Vertrauensmann bei Schott, Willy Strecker, genährt wurde, befand sich der Komponist, was die schnelle Veröffentlichung und die Neuauflage seiner Werke in den USA betrifft, gegenüber seinen Zeitgenossen dennoch in einer vergleichsweise idealen Position. Amerikanische Komponisten konnten überhaupt erst im Verlauf der vierziger Jahre ernsthaft mit einer Drucklegung ihrer Werke durch etablierte einheimische Verlage rechnen. Europäer, die bereits vor ihrer Emigration mit Schott oder UE affiliiert waren, hatten zwar grundsätzlich eher die Möglichkeit, in den USA etwa von AMP unter Vertrag genommen zu werden, doch stellte die langfristige Betreuung durch einen einzigen Musikverlag, wie sie Hindemith zuteil wurde, ein seltene Ausnahme dar. Igor Strawinskys Werke aus den frühen vierziger Jahren erschienen weitgehend bei AMP; dort aber nicht selten mit erheblicher Verzögerung. Nach dem Zweiten Weltkrieg griff Strawinsky vermehrt auf andere Verlage zurück. Mit Blick auf Arnold Schönberg ist eine ähnliche Entwicklung zu beobachten. Ernst Krenek veröffentlichte in den ersten Jahren in den Vereinigten Staaten nur einige Gelegenheitskompositionen bei Schirmer und Belwin, die diese Firmen zuvor in Auftrag gegeben hatten. Martinu und Milhaud publizierten einen Teil ihrer Werke bei AMP, Elkan Vogel und Schirmer. Ernst Toch, der wie Hindemith in Europa bei Schott unter Vertrag gewesen war, mußte sich in den USA immer wieder aufs Neue um einen geeigneten Verleger seiner Werke bemühen. Obwohl Hindemith genau wußte, daß er bei AMP der erfolgreichste Komponist ernster Musik war, schien er gleichzeitig zu verkennen, daß nur er das Privileg genießen durfte, seine zahlreichen in den USA entstandenen Kompositionen und darüber hinaus seine theoretischen Schriften bei einem einzigen Verlag in der Regel schon kurz nach ihrer Fertigstellung

---

[339] Brief Paul Hindemiths an Willy Strecker, New Haven, 4.10.49.

veröffentlichen zu können. Keinem anderen seiner europäischen oder amerikanischen Zeitgenossen wurde dies in solchem Umfang ermöglicht.

1949 war zweifelsohne das Jahr, in welchem Hindemith seine Entscheidung, in den USA zu verbleiben, ernsthaft überdachte und schließlich revidierte. Aufgrund der "trostlosen" Verlagssituation bei AMP, die Hindemith im Oktober 1949 letztlich ebenso erkennen mußte wie die fehlende Möglichkeit, als Dirigent vor großen Orchestern regelmäßig in Erscheinung treten zu können, aufgrund der insgesamt nur noch geringen Beachtung, die seine Ästhetik erhielt, und nicht zuletzt auch aufgrund der hoffnungslosen Lage der universitären Musikausbildung, welche er in seinen Harvard-Vorlesungen und in seinem Vortrag "Komposition im heutigen Deutschland (Juni 1949)" erstmals in aller Deutlichkeit zu Protokoll gab, sah Hindemith für sich in den USA längerfristig kaum mehr künstlerische und musikpädagogische Perspektiven. Dagegen wurde ihm während seiner Reisen durch Europa, die er 1947 und 1948/49 unternahm, genau die hohe künstlerische Anerkennung als Komponist und Dirigent zuteil, von der er glaubte, daß sie in den USA zur gleichen Zeit zunehmend ausblieb. Das Angebot aus Zürich vom November 1949 kam deshalb für ihn im rechten Moment. Es wies ihm vor allem verheißungsvolle Wege künstlerischen Wirkens auf europäischem Boden - und dort nicht nur als Vermittler eigener Werke.

Die große Hoffnung Hindemiths, die USA nach 1953 von Europa aus regelmäßig zu bereisen, um dort mit bedeutenden amerikanischen Orchestern Konzerte zu geben, wurde für ihn zunächst zur bitteren Enttäuschung. Die wenigen Engagements, die Hindemith erhielt, konnten keine solide finanzielle Absicherung für eine Rückkehr gewährleisten, und sie versprachen darüber hinaus auch keine wirklich befriedigende musikalische Arbeit. Die Verpflichtung eines amerikanischen Konzertmanagers - wie den seinerzeit gefeierten Arthur M. Judson - lehnte der Komponist weiterhin kategorisch ab und begründete dies resignierend mit der Einschätzung, daß es in den USA für Musiker statt Freiheit stets nur Sklaverei gegeben hätte. Musiker seien dort zu Dienern u. a. von Konzertmanagern herabgesunken.[340]

---

[340] "In music freedom does not exist in America; the musician, especially the composer, lives in medieval slavery, being the serve [sic.] of all kinds of Managers, union bosses, conductors, professional societies, against which no individual can do anything, unless he has millions to spend and has the background of his musical activities in old Europe." (Brief Paul Hindemiths an Oscar Cox, Blonay, 14.12.56, zit. nach Geoffrey Skelton (Hrsg.): Selected Letters of Paul Hindemith, a.a.O., S. 234). Arthur Rubinstein hatte sich, wie erwähnt, Mitte der zwanziger Jahre bereits in ähnlicher Weise zu Wort gemeldet, indem er zwar mit Blick auf den Stand des Musikers keine Sklaverei konstatierte, aber zumindest von einer deutlichen künstlerischen Bevormundung durch die Konzertmanager sprach.

Erst im Jahre 1957 kristallisierten sich für Hindemith mehrere ernstzunehmende Anfragen aus den USA heraus. Im Sommer 1957 sollte er drei Konzerte mit dem Chicago Symphony Orchestra leiten. Die Yale University bot ihm darüber hinaus eine hochdotierte Lehrposition an. Schließlich bestellte das Orchester von Pittsburgh eine Symphonie, die im Rahmen der Feierlichkeiten zum 200. Gründungsjahr der Stadt Anfang 1959 uraufgeführt werden sollte. Während Hindemith die ersten beiden Angebote wegen Zeitmangels, bzw. aus Altersgründen ausschlagen mußte, trat er mit Blick auf den Kompositionsauftrag aus Pittsburgh alsbald in Verhandlungen mit den Verantwortlichen des Orchesters ein.

Zur Uraufführung seiner *Pittsburgh Symphony* kehrte Paul Hindemith fünfeinhalb Jahre nach Verlassen der USA im Januar 1959 dorthin zurück.[341] Der erste (eineinhalb monatige) Aufenthalt nach 1953 - er besuchte neben Pittsburgh auch New Haven, Waterville (Maine) und New York - wurde für Hindemith zu einem vollen Erfolg, der etwa auch darin manifest wurde, daß er das Angebot erhielt, die New Yorker Philharmoniker in der Saison 1959/60 in mehreren Konzerten zu leiten. Obwohl seine Qualitäten als Dirigent generell umstritten blieben,[342] wurde Hindemith seit 1959 gerade auch in dieser Funktion von der amerikanischen Presse oftmals große Anerkennung entgegengebracht.[343] Von nun an war er für viele Amerikaner endgültig nicht mehr nur der "College Man" oder der "Yale Professor",[344] sondern der "Compleat Musician",[345] für den sich Hindemith selbst auch immer verstanden wissen wollte.

Als "kompletter" Musiker (Dirigent, Komponist und Musikwissenschaftler) kehrte er dann im Jahre 1960 auch an die Yale University zurück. Für das Konzert am 19. Februar 1960 mit dem Collegium Musicum der Universität stellte Hindemith ein Programm aus Alter und Neuer Musik zusammen, welches neben Dietrich Buxtehudes Kantate *Herzlich lieb hab' ich dich, O Herr* auch drei Teile aus den *Symphoniae Sacrae* von Giovanni Gabrieli beeinhaltete, die er selbst für das Yale-Ensemble unter Berücksichtigung der dort zur Verfügung stehenden historischen Musikinstrumente eingerichtet hatte. In dem denkwürdigen Konzert erklangen weiterhin sechs der insgesamt zwölf *Weinheber-Madrigale* von Hindemith sowie Igor Strawinskys *Psalmensymphonie*.

---

341 Die Uraufführung der *Pittsburgh Symphony* fand am 30. Januar 1959 im Syria Mosque Auditorium zu Pittsburgh statt.

342 Vgl. dazu Andres Briner: Paul Hindemith, Zürich 1971, S. 257-258.

343 Vgl. dazu im folgenden das Kapitel 15 in: Luther Noss: Paul Hindemith in the United States, a.a.O., S. 182-197.

344 Vgl. den Brief Gertrud Hindemiths an Osea Noss, 28.1.57, zit. ebd., S. 177.

345 Vgl. dazu den Beitrag The Compleat Musician [ohne Verf.], in: Time, 76. Jg., Nr. 16, 17.10.60, S. 77, sowie Howard Shanet: Conversation Piece: The Seven Hindemiths, zit. in: Programmnotizen des New York Philharmonic Orchestra, 118th Season (1959-1960), 25.-28.2.60, S. 2-4.

Der überaus herzliche Empfang, den man ihm in Yale bereitet hatte, und die durchweg positive Resonanz des Collegium Musicum-Konzertes veranlaßte den Komponisten ein Jahr darauf wohl zu dem Angebot, der Yale University (und nicht der Universität Zürich oder der Frankfurter Musikhochschule) seine sämtlichen musikalischen Manuskripte zu überlassen. Zu konkreten Verhandlungen zwischen Hindemith und der Universität kam es jedoch nicht mehr.

Im Frühjahr 1963 besuchte Hindemith ein letztes Mal die USA. Während er bei den ersten drei Amerika-Aufenthalten (1959, 1960 und 1961) jeweils nicht öfter als sechs Mal als Dirigent in Erscheinung getreten war, leitete er 1963 insgesamt 20 Orchester-, bzw. Chorkonzerte.[346] Von der enormen Belastung des Konzertierens geschwächt, trat er am 2. Mai 1963, nachdem er u. a. die amerikanische Erstaufführung seines Operneinakters *Das Lange Weihnachtsmahl* und die Uraufführung seines *Concerto for Organ and Orchestra* in New York dirigiert hatte, die Rückreise nach Europa an.

2.4. Zusammenfassung

Der Beginn der Hindemith-Rezeption in den USA der zwanziger Jahre geht mit einem ebenso grundlegenden wie vielfältigen Wandel im dortigen Musikleben einher. Die Einrichtung von bedeutenden Musikhochschulen an der amerikanischen Ostküste, das Erwachen der populären Musik und der Einzug des Jazz auch in die großen Konzertsäle, der Beginn der Kultivierung des breiten Konzertpublikums, sowie insbesondere dessen Erziehung zur ernsten Musik etwa durch Walter Damroschs "NBC Appreciation Hour", die Dezentralisierung der Musikkultur u. a. mittels der kommerziellen "organized audience"-Strategie, die technische Fortentwicklung der Medien Radio und Schallplatte, die nun ebenso vermehrt für die ernste Musik nutzbar gemacht wurde, und nicht zuletzt auch die Konstituierung der Gesellschaften für zeitgenössische Musik: all dies veränderte das Musikleben in den USA seit den frühen zwanziger Jahren nachhaltig.

Was die zeitgenössische europäische und amerikanische Musik betrifft, so blieb diese trotzdem weiterhin nur einem kleinen Kreis von Kennern vorbehalten. Sie wurde vorwiegend in New York rezipiert. Von einer landesweiten Verbreitung oder gar einer "Popularisierung" der Neuen Musik

---

[346] Vgl. dazu Luther Noss: Paul Hindemith in the United States. A Chronological Record, Data gathered from his personal journals, letters, and pocket date books now deposited in the archives of the Paul Hindemith Institute in Frankfurt, Yale University, April 1978 (unveröffentlicht), in: PHC, Box 25, Folder 375.

kann deshalb im "Zeitalter des Jazz" nicht die Rede sein. Es ist wohl davon auszugehen, daß das Hindemithsche Werk ebenfalls noch größtenteils unbeachtet blieb. Diese Vermutung gilt es, im folgenden Kapitel zunächst anhand von Aufführungsstatistiken zu belegen oder gegebenenfalls zu widerlegen. Wenn gleichwohl sogar die Zeitschrift *Vanity Fair* im Jahr 1930 die großen Verdienste Hindemiths um die Neue Musik würdigt, dann wird damit primär auf dessen Bedeutung im Kontext europäischer Musikentwicklungen verwiesen. Amerika befand sich dagegen noch ganz inmitten seines kulturellen Selbstfindungsprozesses, und es war darüber hinaus viel zu sehr in den Aufbau der eigenen (landesweiten) musikalischen Infrastruktur involviert, als daß es eine wie auch immer geartete musikalische Avantgarde aus eigener Kraft wirksam hätte unterstützen können (oder wollen).

Von den umfangreichen staatlichen Kulturfördermaßnahmen, die Mitte der dreißiger Jahre trotz desaströser Wirtschaftslage in Kraft traten, profitierten zunächst zahlreiche arbeitslose Musiker. Sie fanden in neuen Ensembles, deren Repertoire über die bis dahin allgemein bevorzugte europäische Musik des 18. und 19. Jahrhunderts weit hinausging, wieder ausreichend Beschäftigung. Die Zahl der Aufführungen von ernster Musik (insbesondere amerikanischer Provenienz) stieg landesweit stark an. Verschiedene Projekte zur Erforschung der amerikanischen Musikkultur (etwa des amerikanischen Volksliedes) wurden im Rahmen des sogenannten Federal Music Projects gefördert. Die Musikerziehung wurde auf allen Ebenen intensiviert. Gesprächskonzerte mit zeitgenössischer Musik (Forum Laboratory Concerts) sollten vor allem amerikanischen Komponisten Gelegenheit geben, ihr Werk einem breiten Publikum nahezubringen. Das übergeordnete Ziel dieser staatlichen Kulturinitiativen war es, die Kluft zwischen Kunst und Bevölkerung zu schließen und das Bewußtsein gerade für die eigene Kultur zu wecken.

Auch viele amerikanische Komponisten erkannten zu Beginn der dreißiger Jahre die Notwendigkeit, statt weiterhin in künstlerischer Isolation zu verharren, nunmehr "Kunst um der Gesellschaft willen" zu schaffen. "Populäre" Amerikaner wie Aaron Copland vereinfachten, ja banalisierten bisweilen bewußt ihre musikalische Sprache (oftmals unter Preisgabe ihres eigenen Idioms!) und wandten sich dem volksnahen (und überdies hohe Gewinne versprechenden) Genre der Filmmusik, aber auch der Ballett- und Bandmusik zu. Sie stellten darüber hinaus ihre schöpferische Kraft sowohl in den Dienst der in den dreißiger Jahren vorübergehend an Einfluß gewinnenden politischen Linken, als auch danach in den Dienst des sogenannten "war efforts". Paul Hindemiths Ansatz, das Publikum zwar mittels einer vereinfachten Musiksprache, jedoch stets ohne jegliche Verschleierung des eigenen Stils vor allem durch praktisches Tun - etwa auch in öffentlichen Konzerten - an die Neue Musik heranzuführen, fand im Zusammenhang mit der Popularisierungs- und Amerikanismusbewegung in den USA keine Beachtung. Sein Konzept der "Gebrauchsmusik" wurde größtenteils mißverstanden, der Begriff dort einzig dem Kriterium des profitablen "public appeal" unterworfen. Obwohl die amerikanische Hindemith-Rezeption der dreißiger Jahre nur indirekt von den staatlichen Kulturfördermaßnahmen profitierte, nahm man dennoch vom Werk des mittlerweile in Europa bedeutenden Komponisten nun auch in den USA immer mehr Notiz. So mehren sich Hinweise darüber, daß sein Werk etwa über das Medium Radio zunehmende Verbreitung und auch positive Resonanz fand. Entgegen dem allgemeinen Trend rückläufiger Verkaufszahlen von Schallplatten, nahmen Produktionen und Neuerscheinungen Hindemithscher Kompositionen mit Blick auf dieses Medium ebenfalls deutlich zu.

Als Hindemith in die USA kam und sich dort ein genaues Bild vom amerikanischen Musikleben machen konnte, begann er seinerseits, auf die musikalischen Bedürfnisse des Landes einzugehen. Er wandte sich (mit Ausnahme der Filmmusik) ebenfalls den populären Genres zu, indem er Ballettmusiken für die dort führenden Tänzer und Choreographen schrieb. Bereits Ende 1939 reifte in ihm der Gedanke heran, speziell für die US-Bandbesetzung zu komponieren. Nach dem Besuch eines Stadionkonzertes gedachte er 1943 ein Werk zu konzipieren, das aufgrund seiner Satztechnik allen Anforderungen der riesigen Freiluft-Konzerträume gerecht werden würde. Daß Hindemith einen Teil seiner speziell auf die amerikanischen Bedürfnisse ausgerichteten kompositorischen Vorhaben nur mit einiger Verspätung realisieren konnte, ist primär eine Folge der umfangreichen musikpädagogischen Arbeit, welcher er sich an der Yale University widmete. Deren erkennbare Früchte waren sowohl die Herausgabe von einigen musiktheoretischen Lehrbüchern in englischer Sprache, die umgehend landesweite Beachtung fanden, als auch seine überaus erfolgreichen Konzerte mit dem Collegium Musicum. Nicht zuletzt trugen auch die curricularen Reformen an der Yale School of Music von 1941 Hindemiths Handschrift.

Eine eigenständige Hindemith-"Schule", die aus seinen Theorie- und Kompositionsklassen in Yale hätte hervorgehen können, existierte in den USA nicht. Trotzdem nahm er dort bis weit in die vierziger Jahren hinein mehr als jeder andere Europäer (vielleicht mit Ausnahme von Igor Strawinsky) zum einen durch seine theoretischen Schriften, seine Vorträge und seinen Unterricht, und zum anderen auch durch sein Werk selbst, dessen Idiom spätestens zu Beginn der vierziger Jahre weithin bekannt war, deutlichen Einfluß auf eine Vielzahl von jungen amerikanischen Komponisten. Ende der vierziger Jahre merkte Hindemith allerdings, daß seine Ästhetik an Bedeutung einbüßte und schließlich (wenn überhaupt, dann) nur noch als musikhistorisches Phänomen rezipiert wurde, daß seine ästhetischen Mahnungen an die komponierende Jugend wirkungslos verhallt waren, daß selbst seine ehemaligen Schüler begannen, ganz andere kompositorische Wege zu beschreiten, und daß er seine reformatorische Agens-Position im universitären Musikbetrieb allmählich verlor und stattdessen gezwungen wurde, ein doktrinäres Bewertungs- und Förderungssystem gegen seine Überzeugung mitzutragen. Zudem glaubte Hindemith zu erkennen, daß er künstlerisch sowohl als Dirigent als auch als Komponist nicht mehr genügend Beachtung durch die amerikanische Öffentlichkeit fand und daß er für viele einzig der angesehene Universitätsprofessor war. Nicht zuletzt wurde die Zusammenarbeit mit seinem amerikanischen Verleger AMP durch die massive Unterschlagung von Tantiemen erheblich belastet, so daß auch deshalb eine Rückkehr nach Europa, welche er noch 1946 vehement abgelehnt hatte, bereits 1949 für Hindemith als die einzige, unausweichliche Alternative erscheinen mußte. Wäre Hindemith in dieser Zeit zumindest diejenige künstlerische Anerkennung als Musiker zuteil geworden, welche er schließlich doch noch zehn Jahre später während seiner Konzertreisen durch die USA erhielt, hätte er seinen amerikanischen Standort in New Haven trotz allem vermutlich nie verlassen.

3. Hindemith-Aufführungen in den USA: Quantitative Analyse

3.1. Vorbemerkungen, Quellen, Fragen

<u>Vorbemerkungen</u>

Bei der Durchführung einer quantitativen Analyse, die hier die Aufführung Hindemithscher Kompositionen in den USA betreffen soll, gilt es zunächst, grundsätzlich nach ihrer Validität zu fragen, d. h. zu untersuchen, ob anhand von Statistiken verläßliche Aussagen über die Popularität eines Komponisten und dessen Werk getroffen werden können. Sind soziologische Phänomene wie Popularität und Geschmack in diesem Zusammenhang überhaupt meßbar - und wenn ja, wie?

Wenn ein Kunstwerk Popularität genießt, dann trifft es den Geschmack der Mehrheit einer bestimmten sozialen Gruppe. Es erhält jedoch zu keiner Zeit die Zustimmung aller Gruppen der Gesellschaft in gleicher Weise. Der Geschmack (und damit verbunden ein ästhetisches Werte- und Regelsystem) wird einesteils durch individuelle Erfahrung gebildet. Überdies kann davon ausgegangen werden, daß Geschmack anderenteils immer auch quasi "von außen" beeinflußt, danach bisweilen kodifiziert, tradiert, und in letzter Konsequenz gar institutionalisiert und dogmatisiert wird. Dies geschieht sowohl mit Hilfe der Kunstkritik als auch durch gezielte wirtschaftliche Förderung und (schlimmstenfalls) durch politisch und ideologisch motivierte Einflußnahmen etwa eines totalitären Staatssystems. Da anhand von Denkschulen und Kunstströmungen in einem gewissen Zeitraum und an einem gewissen Ort immer wieder aufs Neue ästhetische Präferenzen evident werden, und da diese Präferenzen gerade nicht allein auf der Grundlage eines hermetischen Individualismus' heranreifen und letztlich verfestigt werden können, ist also Geschmack - wie jede andere Form sozialen Verhaltens - auch ein empirisches Phänomen und somit grundsätzlich meßbar.[347]

Was die künstlerische Avantgarde und deren Popularität betrifft, so verletzt diese (im Gegensatz zum Traditionalismus) naturgemäß weitaus mehr die allgemein anerkannten Normen des Geschmacks. Sie greift bestehende Stabilität an und muß zwangsläufig mit einem hohen Maß an Kritik und

---

[347] Vgl. dazu John H. Mueller: Fragen des musikalischen Geschmacks. Eine musiksoziologische Studie, in: Kunst und Kommunikation. Schriften zur Kunstsoziologie und Massenkommunikation, Band 8, Alphons Silbermann (Hrsg.), Köln, Opladen 1963, S. 24.

Ablehnung rechnen. Ihre Akzeptanz wird sie deshalb zunächst nur in sehr kleinen sozialen Gruppen finden. Nur dort wird sie "populär" sein.

Unter der Voraussetzung, daß Geschmack grundsätzlich meßbar ist, muß es demnach auch möglich sein, diesen mit Blick auf die Rezeption eines musikalischen Kunstwerkes anhand von statistischen Erhebungen verläßlich zu ermitteln. Die Popularität eines Musikwerkes spiegelt sich in diesem Zusammenhang wohl kaum besser wider als in der Anzahl der privaten und öffentlichen Aufführungen. Spätestens seit den vierziger Jahren des 20. Jahrhunderts trat als Gradmesser für dessen Popularität auch die jeweilige Präsenz in den neuen Medien hinzu. Sie kann etwa anhand von Schallplattenverkaufszahlen festgemacht werden. Während eine wie auch immer geartete Wiedergabe von Musik in kleinen sozialen Umfeldern - sei es im Familien- und Freundeskreis oder im Instrumentalunterricht - freilich nur sehr schwer nachweisbar ist, so lassen sich dagegen Aufführungen und Aufführungsfrequenzen im Rahmen öffentlicher Konzerte vergleichsweise leicht verifizieren.

Das Konzert bildet durch die Auswahl der darin aufgeführten Werke neuen Geschmack und reflektiert gleichzeitig bestehenden. Konzertveranstalter dürfen daher - sofern sie mit ihren Programmen eine große Anzahl von Zuhörern erreichen möchten - die ästhetischen Vorlieben des Publikums nicht unberücksichtigt lassen. Ähnliches gilt für den Komponisten und für den Interpreten bei seiner Zusammenstellung des Repertoires. Als Aaron Copland dem Pianisten Walter Gieseking Anfang der dreißiger Jahre seine *Piano Variations* mit der Bitte um Aufführung vorlegte und Gieseking daraufhin ablehnte, tat er dies nicht, weil er von der Qualität der Coplandschen Komposition wenig überzeugt war, sondern weil er die Existenz eines geeigneten Publikums bezweifelte.[348]

Das komplexe Wechselspiel aller derjenigen Kräfte, die auf den Konzertbetrieb einwirken und somit an der allgemeinen Geschmacksbildung beteiligt sind, kann zwar nicht Hauptgegenstand der Erörterung sein, doch erhält der Bereich der soziologischen Ästhetik in seiner Gesamtheit auch im Rahmen dieser quantitativen Studie immer dann sofort große Relevanz, wenn es darum geht, Popularitätsentwicklungen und Rezeptionsverhalten zu erklären. Dies wird bei besonders markanten Veränderungen oder Auffälligkeiten in der amerikanischen Hindemith-Rezeption anhand von ausgewählten Beispielen in diesem Kapitel ebenfalls versucht.

---

348 Vgl. Walter Giesekings Brief an Aaron Copland (Berlin, 22.6.31): "During the last week I found time to try out your Variations. This composition is very interesting and most original, but I do not know an audience which would accept such crude dissonances without protesting, except perhaps the League of Composers people in N.Y. and some of the group of the ISCM." (zit. nach Aaron Copland, Vivian Perlis: Copland. 1900 through 1942, a.a.O., S. 179).

Quellen

Die quantitative Untersuchung der Werkrezeption eines Komponisten verlangt nach der Eingrenzung des Quellenmaterials. Dabei ist es zunächst zwingend notwendig, aus dem unüberschaubaren Fundus gerade diejenigen Materialien so auszuwählen und auszuwerten, daß auf exemplarische Weise eine reliable, d. h. vor allem eine möglichst lückenlose und chronologische Rezeptionsentwicklung zur Darstellung kommt. Was die Rezeption des Hindemithschen Werkes in den USA betrifft, so könnte "exemplarisch" entweder eine Fokussierung des Blickwinkels auf das wichtigste amerikanische Zentrum zeitgenössischer Musik in der ersten Hälfte des 20. Jahrhunderts schlechthin, nämlich New York, oder eine zwar das gesamte Gebiet der Vereinigten Staaten berücksichtigende, dann aber notwendigerweise gattungsspezifische Untersuchung (etwa der Kammermusik oder des Orchesterwerkes) bedeuten. Bei der Sichtung von Quellen, die für eine quantitative Analyse in Betracht zu ziehen waren (Programmkonvolute zu Konzerten und Konzertreihen sowie Veranstaltungskalender in Zeitungen und musikalischen Fachzeitschriften) wurde schnell deutlich, daß eine landesweite Erhebung von Konzertaufführungen nicht nur wegen der unbewältigbaren Fülle des Materials, sondern auch wegen der großen Lückenhaftigkeit ihrer Dokumentation als Ausgangspunkt für diese Studie zu keinen befriedigenden Ergebnissen geführt hätte. Einzig eine Untersuchung von Aufführungen des Hindemithschen Orchesterwerkes wäre im Hinblick auf die Quellenlage möglich gewesen, denn zumindest das Repertoire der großen amerikanischen Orchester ist durch entsprechende Konzertprogramme vollständig dokumentiert. Aufgrund des zur Verfügung stehenden Quellenmaterials und aufgrund der Tatsache, daß eine Studie, die das amerikanische Orchesterrepertoire unter aufführungsstatistischen Gesichtspunkten untersucht, bereits existiert,[349] erschien es schließlich am zweckmäßigsten, sich in der Hauptsache auf die Ermittlung und Auswertung von Hindemith-Aufführungen in New York zu konzentrieren.

Als Primärquelle für die Untersuchung des New Yorker Konzertlebens erwies sich die Tageszeitung *New York Times* (und ergänzend *New York Herald Tribune*) als geradezu ideal. Ausgehend von einem ausführlichen musikalischen Veranstaltungskalender in der Sonntagsausgabe der *Times* wurden im Rahmen einer systematischen Durchsicht der Jahrgänge 1930 bis 1953 Aufführungen Hindemithscher Werke ermittelt und durch entsprechende Rezensionen verifiziert. Zwar ist davon auszugehen, daß auch die beiden einflußreichsten Tageszeitungen New Yorks nicht von allen Konzerten Kenntnis hatten

---

[349] John H. Mueller: The American Symphony Orchestra - A Social History of Musical Taste, a.a.O., sowie: Kate Hevner Mueller: Twenty-Seven Major American Symphony Orchestras, a.a.O.

(Orgel- und Kirchenkonzerte, sowie Konzerte in der renommierten Juilliard School wurden nur selten angekündigt und besprochen), doch sind zumindest die musikalischen Veranstaltungen in den großen Konzertsälen wie etwa der Town Hall und der Carnegie Hall dort ebenso lückenlos dokumentiert wie die Konzerte der League of Composers. Für den Zeitraum vor 1930 stellte die Dissertation Barbara Muesers,[350] welche sich mit der Rezeption zeitgenössischer Musik in New York von 1919 bis 1929 befaßt, eine wertvolle Quelle dar. Zusätzliche Hinweise auf Hindemith-Aufführungen in den Vereinigten Staaten ergaben sich nach der Auswertung relevanter Materialien im Frankfurter Paul Hindemith-Institut sowie in der Musikbibliothek der Yale University (Paul Hindemith Collection).

Die über die Stadt New York hinausgehenden Hindemith-Aufführungen erscheinen in einer gesonderten Statistik. Diese ist zwar bereits wegen ihrer geringeren Gesamt-Aufführungszahl im Vergleich zur New Yorker Statistik weniger reliabel, doch lassen sich auch hier Tendenzen und Stationen der Rezeptionsentwicklung deutlich herauslesen. In den folgenden Abschnitten wird deshalb immer zwischen der New Yorker Statistik, der Statistik "außerhalb New Yorks", sowie einer die Gesamtheit der USA betreffende Statistik unterschieden.

Die bereits erwähnte amerikanische Orchesterrepertoirestudie, die von John H. Mueller begonnen und von Kate Hevner Mueller erweitert wurde, bildete eine weitere wichtige Ergänzung. Ausgehend von musiksoziologischen und musikästhetischen Fragestellungen werden darin Aufführungsfrequenzen von Werken europäischer und amerikanischer Komponisten verglichen. Dies ist hier in zweierlei Hinsicht von Belang. Während sich die eigenen quantitativen Erhebungen ausschließlich auf die proportionale Repräsentation von Hindemith-Aufführungen im Verhältnis zu ihrer Gesamtzahl beziehen, so gestattet die Studie von Mueller und Hevner erstens den Vergleich zwischen der Popularität der Hindemitschen Orchesterwerke mit derjenigen seiner Zeitgenossen. Zweitens gibt die Studie Aufschluß darüber, welche der großen amerikanischen Orchester von 1924 bis zur Saison 1969/70 Kompositionen von Paul Hindemith in ihr Repertoire aufgenommen haben. Leider geht aus den Auflistungen nicht hervor, wie oft diese Kompositionen in einer Saison jeweils zur Aufführung gelangten, so daß die Angaben nicht nahtlos in die eigenen Statistiken eingearbeitet werden konnten. Die Studie von Mueller und Hevner diente jedoch als aussagekräftige, flankierende Quelle zum eigenen Material. Sie ermöglicht einen erweiterten Blick auf die Rezeptionsentwicklung des Hindemithschen (Orchester-)Werkes in den USA bis zum Ende der sechziger Jahre.

Schließlich fanden einige amerikanische Popularitätsumfragen Berücksichtigung. Diese wurden seit Mitte der dreißiger Jahre u. a. von

---

[350] Barbara Mueser: The Criticism of New Music in New York: 1919-1929, a.a.O.

Konzertveranstalten und Musikjournalisten vermehrt durchgeführt. Einige sowohl regionale als auch landesweite Studien dieser Art erwiesen sich bei der Darstellung der Popularität des Hindemithschen Werkes als außerordentlich nützlich.

Nach der Auswertung aller zur Verfügung stehenden Quellen ergab sich für die eigene statistische Analyse eine Gesamtahl von 1539 Aufführungen Hindemithscher Werke in den USA. Den Zeitraum von 1923 bis 1953 betreffend, konnten davon 629 Aufführungen in New York und 353 Aufführungen außerhalb New Yorks nachgewiesen werden. Die verbleibende Differenz zur Gesamtaufführungszahl bezieht sich auf die Zeit nach 1953. Diejenigen Kompositionen Hindemiths, die von 1923 bis 1953 in New York in öffentlichen Konzerten erklangen, werden unter Angabe des Aufführungsdatums, der Uhrzeit, der genauen Werkbezeichnung und der Interpreten (sofern diese zu ermitteln waren) im Anhang mitgeteilt.

Fragen

Anhand der quantitativen Analyse gilt es zunächst zu untersuchen, wie häufig Kompositionen aus Paul Hindemiths amerikanischer Zeit im Vergleich zu seinen vor 1940 und nach 1953 entstandenen Werken in Konzerten berücksichtigt wurden. Die Aufführungsstatistiken sollen darüber hinaus die Fragen erhellen, ob es in der großen Vielfalt und Gattungsbreite des Hindemithschen Gesamtwerks einzelne Kompositionen oder gar Werkgattungen gibt, die zu einer bestimmten Zeit in den USA besonders häufig oder besonders selten aufgeführt wurden und ob sich diese zudem einer gewissen Schaffenszeit und damit auch einem gewissen Stil des Komponisten zuordnen lassen. Von besonderem Interesse könnte in diesem Zusammenhang etwa die amerikanische Reaktion auf die sich Anfang der dreißiger Jahre konsolidierende "neue" Musiksprache Hindemiths sein. Umgekehrt könnten aber auch Veränderungen im Rezeptionsverhalten auf einen Stilwandel im Hindemithschen Schaffen hindeuten.

Desweiteren sollen die Statistiken die Popularitätsentwicklung des Hindemithschen Gesamtwerks in den USA aufzeigen. Wirkten sich etwa Hindemiths Konzertreisen durch die USA, auf welchen er 1937, 1938 und 1939 quasi als musizierender "Promoter" seines eigenen Werks in Erscheinung trat, positiv auf die Aufführungszahlen der folgenden Jahre aus? Welche Kompositionen erfreuten sich auf lange Sicht größter Popularität? In diesem Zusammenhang gilt es ebenfalls zu fragen, welche und wieviele Orchester, bzw. Solisten sich für die Aufführung Hindemithscher Kompositionen besonders eingesetzt haben und in welchen Regionen der USA diese vornehmlich gespielt worden sind. Spiegelt sich das offenkundige Ost-West-Gefälle der zeitgenössischen Musikrezeption auch in der geringeren Quantität von Hindemith-Aufführungen in den Metropolen der amerikanischen Westküste wider? Unter besonderer Berücksichtigung der Orchesterstudie Muellers und Hevners soll schließlich die Frage erörtert werden, wie sich die Popularität Hindemiths im Vergleich zu seinen europäischen und amerikanischen Zeitgenossen darstellt.

3.2. Die Rezeption des amerikanischen Werkes (1940-1953)

Bis einschließlich 1939 erklangen in New York 153 Mal Kompositionen von Paul Hindemith. Ungleich häufiger wurden seine Werke dort im Zeitraum von 1940 bis 1953 gespielt: insgesamt 476 Mal. Unter den 476 Aufführungen befanden sich drei Ballettinszenierungen, bei denen nicht zu ermitteln war, zu welchen Kompositionen Hindemiths jeweils getanzt wurde.[351] Diese drei Ballette können deshalb bei der folgenden Betrachtung nicht miteinbezogen werden. 198 der verbleibenden 473 (genau verifizierten) Aufführungen (41,86%) beziehen sich auf Kompositionen der amerikanischen Jahre. Aus dem Fundus dieses amerikanischen Œuvres erklangen 31 verschiedene Kompositionen (39,24%). 55 verschiedene Werke waren dagegen aus Hindemiths früherer Schaffenszeit in New Yorker Konzerten zwischen 1940 und 1953 zu hören (24,01%).[352]

Außerhalb New Yorks stellt sich eine ähnliche, noch stärker zum amerikanischen Werk hin tendierende Verhältnismäßigkeit dar. Von den insgesamt 199 ermittelten Aufführungen stammten knapp die Hälfte der Werke (49,24%) aus Hindemiths amerikanischer Zeit. Nach 1953 sinkt ihr Anteil auf 33,93%. Dagegen beziehen sich 57,8% (von insgesamt 557 Aufführungen nach 1953) auf Kompositionen, die vor 1940 entstanden sind.

Das amerikanische Werk Hindemiths ist in den USA somit trotz eines weitaus geringeren Fundus an Kompositionen bis 1953 fast ebenso häufig repräsentiert wie Kompositionen aus den Jahren vor 1940. Ab 1953 verringert sich sein Anteil zugunsten älterer Kompositionen. Aufgrund der hohen

---

351 Am 15.2.53 tanzte Natanya Neumann in ihrem Ballett "Moods of an Afternoon" zu einer unbekannten Komposition von Paul Hindemith. Am 19.3.53 inszenierte Fred Berk "Playtime" und "Friendly Chat" und legte diesen ebenfalls Musik von Hindemith zugrunde.

352 Nach dem Werkverzeichnis von 1988 (Andres Briner et al.: Paul Hindemith. Leben und Werk in Bild und Text, Zürich, Mainz 1988, S. 284-286) komponierte Hindemith zwischen 1940 und 1953 insgesamt 79 Werke. Bis einschließlich 1939 waren es 229.

Aufführungsfrequenzen der amerikanischen Werke in den Jahren 1940-53 von landesweit über 40 Prozent und der vergleichsweise geringen Zahl neuer Kompositionen ist davon auszugehen, daß einige unter ihnen im betreffenden Zeitraum besonders häufig auf Konzertprogrammen erschienen und daß diese somit bereits kurz nach ihrer Entstehung ein bedeutendes Maß an Popularität erreichen konnten. Bei einer genaueren Betrachtung der New Yorker Aufführungen (vgl. Abb. 2) fällt insbesondere ein hoher prozentualer Anteil der Ballette auf (41,41%). Es folgen mit großem Abstand die Kategorien "Orchestermusik" (14,64%) und "Sololied" (12,62%). An den New Yorker Aufführungszahlen läßt sich die außerordentliche Beliebtheit der großen Ballette *Hérodiade* (mit Martha Graham und May O'Donnell), *The Four Temperaments* und *Symphonic Metamorphosis* (jeweils mit Georges Balanchine) deutlich erkennen. Die Anzahl ihrer Aufführungen in New York stellt sich wie folgt dar:

1.) *Hérodiade* von 1945 bis 1953: 22 Mal

2.) *The Four Temperaments* von 1946 bis 1953: 37 Mal

3.) *Symphonic Metamorphosis* von 1952 bis 1953: 23 Mal[353]

Die Ballettmusiken aus Hindemiths amerikanischer Schaffenszeit wurden überdies oftmals konzertant aufgeführt. So erklangen die *Symphonic Metamorphosis* bis 1953 sieben Mal in New York. Landesweit wurde dieses Werk, denselben Zeitraum betreffend, 27 Mal gespielt. Neben den drei genannten Balletten erfreuten sich die *Symphonie in Es* und die *Symphonia serena* in den USA relativer Popularität.[354]

Bei den amerikanischen Orchesterwerken ändert sich für die Zeit nach 1953 am Verhältnis ihrer Aufführungsfrequenzen untereinander nichts Wesentliches. Insbesondere scheint es, als hätten die *Symphonic Metamorphosis* von Beginn an nie an ihrer großen Attraktivität eingebüßt. Die Rezeption dieses Werkes steht dabei im deutlichen Gegensatz zu der 1951 vollendeten und 1953 in den USA erstmals aufgeführten Symphonie *Die Harmonie der Welt*, welche nach anfänglicher "Neugier" von 1954 bis 1970 landesweit nur noch drei Mal gespielt wurde.[355]

---

[353] Diese drei Ballette wurden auch in den Jahren nach 1953 weiterhin häufig aufgeführt. Das Ballett *The Four Temperaments* erschien z. B. in den Jahren 1959, 1967, 1975, 1978 und 1980 auf New Yorker Bühnen.

[354] Die *Symphonie in Es* wurde bis 1953 landesweit 11 Mal aufgeführt, acht Mal in New York. Die *Symphonia serena* kam bis 1953 landesweit zehn Mal zur Aufführung, sechs Mal in New York.

[355] Vgl. dazu Kate Hevner Mueller: Twenty-seven Major American Symphony Orchestras, a.a.O., S. 176.

Die Aufführungen von Kammermusikkompositionen der amerikanischen Jahre nahmen mit 7,07% einen sehr geringen Platz in New Yorker Konzerten ein. So wurde etwa das *6th String Quartet in E-flat* bis 1953 dort nur ein einziges Mal gespielt (landesweit acht Mal). Die vor 1940 entstandenen kammermusikalischen Werke Hindemiths waren dagegen in der Ostküstenmetropole mit Abstand am häufigsten zu hören (vgl. Abb. 2).

3.3. Besonderheiten der Hindemith-Rezeption

Zweifelsohne überraschend ist die Tatsache, daß von Anbeginn der Hindemith-Rezeption in New York bis einschließlich 1953 nur ein einziges Bühnenwerk zur Aufführung kam. *Hin und zurück, op. 45a*, das mit Abstand beliebteste Werk dieser Kategorie, wurde dort (in englischer Sprache mit dem Titel "There and Return") im Jahre 1939 durch die Alumni Association of the Juilliard Graduate School und 1943 durch die New Opera Company jeweils einmal aufgeführt. Damit haben die Bühnenwerke im Vergleich zu allen New Yorker Hindemith-Aufführungen einen Anteil von nur 0,46%! Unter besonderer Berücksichtigung der amerikanischen *Cardillac*-Rezeption soll in der folgenden Darstellung versucht werden, all den Gründen nachzuspüren, die die Aufführungen von Hindemith-Opern bis zu Beginn der sechziger Jahre weitgehend verhindert haben.

Am 4. März 1928 setzte sich Alfred Einstein in seinem ausführlichen Beitrag "Opera In Germany" in der *New York Times* auch für die Oper *Cardillac* ein. Auf ihre deutsche Rezeption Bezug nehmend, schreibt er:

> "In 1926 "Cardillac" was played on more than a dozen German stages, today it is forgotten. It will be interesting to analyze the composition, trying to find the causes for its failure."[356]

Trotz des sich in Deutschland schnell einstellenden Mißerfolgs der Oper, den Einstein beschreibt aber nicht zu erklären versucht, begann das Interesse an ihr in den USA scheinbar zu wachsen, denn 1929 referierte Aaron Copland - wie bereits erwähnt - im Rahmen seiner Vorlesungsreihe "The Forms of Modern Music" an der New School for Social Research in New York auch über den *Cardillac*. Dies blieb aber für eine mögliche Aufführung in den USA

---

[356] Alfred Einstein: Opera In Germany, in: NYT, 77. Jg., Nr. 25,607, 4.3.1928, Section 9, S. 8.

genauso ohne direkte Auswirkungen wie der Bericht Einsteins ein Jahr zuvor. Leopold Stokowsky, der 1928 *Hin und zurück* in Philadelphia herausgebracht hatte, wollte dort 1931 auch den *Cardillac* aufführen. Die geplante Produktion kam aber, Michael Kater zufolge, wegen Geldmangels nicht zustande.[357]

Auf seiner zweiten USA-Reise traf Paul Hindemith im Frühjahr 1938 mit Direktoren der Metropolitan Opera in New York zusammen, die zuvor ihr Interesse bekundet hatten, dort seine neue Oper *Mathis der Maler* aufzuführen. Hindemith riet jedoch ab, denn das Stück sei, so berichtet der Komponist an seine Frau, aufgrund "des ausgesprochenen Lokalkolorits und der Themenstellung"[358] noch nichts für New York. Der Vorschlag des Komponisten, für die bedeutende New Yorker Bühne als Alternative eine "amerikanische Oper" zu schreiben, sei allerdings auf "lebhaftes Mißtrauen" gestoßen.

In seiner frühen amerikanischen Zeit war Hindemith in der Tat weit mehr daran gelegen, eine neue Oper in englischer Sprache zu schreiben, als Produktionen seiner großen europäischen Opern wie *Mathis der Maler* oder *Cardillac* in den USA zu unterstützen. Eine mit ausgesprochen viel amerikanischem Lokalkolorit eingefärbte Thematik beschäftigte Hindemith kurzzeitig um 1940, nachdem er von Norman Holmes Pearson im Rahmen einer Veranstaltung des Jonathan Edwards College an der Yale University von einem misteriösen Mordfall in Durham, Connecticut, erfahren hatte. Der sogenannte "Stannard Murder" hatte dort im 19. Jahrhundert für großes Aufsehen gesorgt. Hindemith fragte Pearson offenbar, ob er ein Libretto zu diesem Stoff einrichten könne. In diesem Zusammenhang habe der Komponist, so Pearsons Darstellung, an eine Musik für kleine Orchester- und Sängerbesetzung gedacht. Zu einer engeren Kooperation kam es jedoch nicht mehr, da Pearson bald darauf zum Militärdienst einberufen wurde.[359] Auf seiner weiteren Suche nach einem geeigneten englischsprachigen Stoff beauftragte Hindemith, einer Notiz in der *New York Times* zufolge, Anfang der vierziger Jahre die Librettistin Miss Winthrop Bushnell mit der Einrichtung von Geoffrey Chaucers *Pardoner's Tale*. Zu erkennbaren Ergebnissen aus dieser Zusammenarbeit - sofern sie überhaupt stattgefunden hat - kam es jedoch ebenfalls nicht.[360]

---

357 Michael H. Kater: Composers of the Nazi Era, New York, Oxford 2000, S. 43.

358 Brief Paul Hindemiths an seine Frau Gertrud, New York, 7.3.38, in: Friederike Becker, Giselher Schubert (Hrsg.): Paul Hindemith. "Das private Logbuch", a.a.O., S. 246.

359 Vgl. das Interview Caitriona Bolsters mit Norman Holmes Pearson, Yale University, 6.12.73, in: OH, Typoskript, S. 1-5.

360 Vgl. dazu Concert and Opera [ohne Verf.], in: NYT, 90. Jg., Nr. 30,255, 24.11.40, Section 9, S. 7. Zu der Notiz in der *New York Times* sei angemerkt, daß sich darüber hinaus keine Hinweise zu Hindemiths Vorhaben, mit Bushnell ein Opernlibretto in englischer Sprache auszuarbeiten, finden ließen.

1952 setzte sich Stewart Manville in einem Leserbrief in der *New York Times* für die Aufführungen zeitgenössischer Opern ein und fügte eine Auflistung von den in den USA noch nicht berücksichtigten Werken dieser Gattung bei; darunter waren auch Hindemiths Opern *Cardillac*, *Neues vom Tage* und *Mathis der Maler*.[361] Einen Monat später berichtete Olin Downes in einem ausführlichen Beitrag in der *New York Times* über die Uraufführung der Neufassung *Cardillacs* in Zürich.[362] Die Kunde vom europäischen Erfolg dieser Oper hatte erkennbare Auswirkungen, denn im Herbst 1952 wurde mit Hindemith der Plan besprochen, *Cardillac* in New York herauszubringen. Ende November schien sich das Vorhaben so weit konkretisiert zu haben, daß Hindemith in seinem Brief an Willy Strecker vom 28. November 1952 *Cardillac*-Texte aus Deutschland anforderte. Die *New York Times* konnte am 7. Dezember vermelden, die New York City Opera Company unter der musikalischen Leitung von Joseph Rosenstock beabsichtige eine Aufführung der *Cardillac*-Neufassung in englischer Sprache im Herbst 1953.[363] Im Frühjahr 1953 wurden die Aufführungspläne jedoch verworfen. In einer Mitteilung Hindemiths an seinen Verleger in Mainz heißt es dazu:

"... die City Center Oper hat sich offenbar entschlossen das Stueck doch nicht zu machen - ob wegen Rosenstocks Vorliebe fuer die alte Fassung oder wegen der nicht gerade glaenzenden Lage des Theaters war nicht zu ersehen."[364]

Dimitri Mitropoulos, der sich danach noch für eine konzertante Aufführung mit den New Yorker Philharmonikern eingesetzt hatte, mußte sein Vorhaben anscheinend aus finanziellen Gründen ebenfalls ad acta legen.[365]

Mehr als zehn Jahre später interessierte sich die New Yorker Juilliard School dafür, die USA-Premiere des *Cardillac* für Dezember 1964 vorzubereiten. Ein Jahr zuvor, am 13. März 1963, war dort Hindemiths Oper *The Long Christmas Dinner* unter der Leitung des Komponisten erstmals in englischer Sprache und als amerikanische Erstaufführung erfolgreich in Szene gesetzt worden. Die Schulleitung wandte sich mit ihrem neuerlichen Anliegen an Gertrud Hindemith. Sie stimmte einer derartigen Produktion zu und legte den

---

361 Stewart Manville: Mail Pouch: Operas , in: NYT, 101. Jg., Nr. 34,448, 18.5.52, Section 2, S. 7.

362 Olin Downes: Hindemith Opera In Swiss Premiere, in: NYT, 101. Jg., Nr. 34,482, 21.6.52, S. 13.

363 Ross Parmenter: The World Of Music: 'Cardillac' At Center, in: NYT, 102. Jg., Nr. 34,651, 7.12.52, Section 2, S. 11.

364 Brief Paul Hindemiths an Willy Strecker, New Haven, 6.4.53.

365 Vgl. Ross Parmenter: World of Music: 'War and Peace' in Florence, in: NYT, 102. Jg., Nr. 34.770, 5.4.53, Section 2, S. 7.

160

Verantwortlichen gleichzeitig nahe, der *Cardillac*-Neufassung den Vorzug gegenüber ihrer Urfassung zu geben. Die für Dezember 1964 geplante Aufführung wurde zunächst um ein Jahr verschoben, um dann aus unerfindlichen Gründen ganz fallen gelassen zu werden.[366]

Zwei Jahre darauf, im Juli 1967, brachte schließlich ein ehemaliger Yale-Absolvent und Bekannter Hindemiths, John Crosby, den "neuen" *Cardillac* in Santa Fe heraus. Es kam jedoch nur zu einer einzigen Aufführung, denn wenige Stunden nach der amerikanischen Premiere brannte die Opernbühne mitsamt Kostümen und Bühnenausstattung nach einem Unwetter komplett nieder.[367] Crosby, der zuvor *Neues vom Tage* 1961 an gleichem Ort als amerikanische Erstaufführung inszeniert hatte,[368] dachte nach dem Wiederaufbau der Freilichtbühne nicht an eine Neuauflage des *Cardillac* in Santa Fe.

In den sechziger Jahren wurden neben den bereits genannten Produktionen in New York und Santa Fe zwei weitere Hindemith-Opern in den USA aufgeführt: *Sancta Susanna* 1961 am San Francisco Conservatory of Music sowie *Mathis der Maler* (erstmals in vollständiger und englischer Fassung) 1966 an der University of Southern California in Los Angeles. Ein Jahr darauf, am 23. Juni 1967, debütierte die Hamburger Staatsoper mit *Mathis der Maler* in New York. Trotzdem blieb das amerikanische Interesse an der Inszenierung Hindemithscher Bühnenwerke im Vergleich zum Gesamtwerk weiterhin gering. Die Beliebtheit des Sketches *Hin und zurück*, welcher vorzugsweise an Colleges und Universitäten aufgeführt wurde (bis 1953 landesweit insgesamt 14 Mal), läßt sich wohl mit dem verhältnismäßig geringen organisatorischen und finanziellen Aufwand seiner Produktionen, mit seiner Kürze und nicht zuletzt auch mit seiner dramaturgischen Wirkung und Prägnanz begründen. All dies macht *Hin und zurück* für Opernstudios in den USA bis heute attraktiv. Die Frage, ob und wie sich Hindemiths Opernrezeption verändert hätte, wenn er seinem amerikanischen Werk auch ein Bühnenwerk geschenkt hätte, wenn also etwa die Zusammenarbeit mit Norman Holmes Pearson oder mit Miss Winthrop Bushnell erfolgreich verlaufen wäre, muß freilich offen bleiben.

[366] Am 19.4.65 schreibt Peter Mennin als Präsident der Juilliard School aus New York an Gertrud Hindemith: "No, we were not discouraged regarding 'Cardillac.' We wanted to take more pains with it, and consequently are hoping to do it the following season. But more on this later." Die das *Cardillac*-Vorhaben betreffende Korrespondenz zwischen Peter Mennin und Gertrud Hindemith befindet sich in den Archiven der Juilliard School (Office of the President, Box 52, Folder 5). Der Abdruck des Briefzitats erfolgt mit Genehmigung der Juilliard School.
[367] Vgl. dazu Music - Festivals. The Phoenix of Santa Fe [ohne Verf.], in: Time, 90. Jg., Nr. 5, 4.8.1967, S. 64, sowie das Interview Caitriona Bolsters mit John Crosby, New York, 22.11.1976, in: OH, Typoskript, S. 12.
[368] Vgl. im folgenden zu den Hindemithschen Opern-Premieren in den USA Julius Mattfeld: A Handbook of American Operatic Premieres 1731-1962, Detroit Studies in Music Bibliography Number 5, Detroit 1963.

Sicher ist, daß Hindemith den Plan, eine amerikanische Oper zu komponieren, nie aufgegeben hat.[369] Sein Vorhaben nahm schließlich in den Jahren 1959-61 konkrete Formen an. Aus der Kooperation mit dem Schriftsteller Thornton Wilder ging der Operneinakter *The Long Christmas Dinner* hervor.

Was die bereits erwähnte Popularität der Hindemithschen Ballettmusiken betrifft, so wird bei einer erneuten genaueren Betrachtung deutlich, daß die New Yorker Aufführungszahlen der Originalkompositionen für dieses Genre ungleich höher sind als diejenigen, die sich auf die nicht primär als Ballettmusik konzipierten (Klavier-)Werke[370] (wie etwa die *Klaviermusik, op. 37*) beziehen. In New York wurde bis einschließlich 1939 insgesamt 17 Mal zur Musik von Paul Hindemith getanzt. Neben kleineren Graham- und Tamiris-Produktionen setzte Leonide Massine *Nobilissima Visione* gemeinsam mit dem Ballet Russe de Monte Carlo allein in den Jahren 1938 und 1939 dort zehn Mal in Szene.

Das Ballett *Nobilissima Visione*, das in den USA unter dem Titel "St. Francis" bekannt wurde, stellt in der gesamten amerikanischen Hindemith-Rezeption einen Sonderfall dar. Trotz seines anfangs außerordentlichen Erfolges in den Jahren 1938/39 war es 1940 nur noch ein einziges Mal im New Yorker Metropolitan Opera House zu sehen. Nach zwei weiteren Aufführungen im Jahre 1942 verschwand es dann endgültig aus dem Repertoire des Ballet Russe. So, wie die Zahl der Aufführungen der *Nobilissima Visione* zu Beginn der vierziger Jahre drastisch sanken, so fielen auch die Pressekritiken über diese Ballettinszenierung immer negativer aus. Nach der amerikanischen Premiere von 1938 hatte John Martin in der *New York Times* noch verkündet, daß das Ballett "one of the great dance works of our day"[371] sei. Zwei Jahre darauf prognostizierte dann derselbe Kritiker dem Ballett eine weitaus weniger erfolgreiche Zukunft, indem er feststellte "that it will never be one of the more popular works in the repertoire."[372] Insbesondere die Darstellung des Franziskus von Assisi durch Massine sei, so John Martin, weniger "moving" gewesen als noch in den Jahren zuvor.

---

369 Vgl. dazu den Brief Gertrud Hindemiths an Thornton Wilder, Vevey, 14.5.59. Darin heißt es: "If you let me, I would love to suggest to you an idea for THE contemporary American opera [...]." Das Original dieses Briefes befindet sich in der Beinecke Rare Book and Manuscript Library der Yale University, Thornton Wilder Papers, Box 40, Folder "Hindemith").

370 Am 4. Mai 1933 tanzte Martha Graham *Elegiac* zu "Music for Unaccompanied Clarinet" von Paul Hindemith (vgl. Marian Horosko: Martha Graham. The Evolution of Her Dance Theory and Training 1926-1991, Chicago 1991, S. 177). Eine solche Komposition Hindemiths für Solo-Klarinette ist jedoch nicht bekannt.

371 John Martin: 'St. Francis' Ballet Danced by Massine, in: NYT, 88. Jg., Nr. 29,484, 15.10.1938, S. 20.

372 John Martin: 'St. Francis' Given by Ballet Russe, in: NYT, 89. Jg., Nr. 30,020, 3.4.1940, S. 19.

In einer Radioübertragung aus dem Jahre 1980 fragte Ariana Schwartz nach dem Mißerfolg des *Nobilissima*-Balletts.[373] Sie kommt darin zu dem Schluß, daß sich sowohl die (im Bereich dieses Genres seinerzeit seltene) Wahl eines mystisch-religiösen Sujets als auch die Choreographie Massines selbst besonders negativ auf seine Rezeption ausgewirkt hätten. So habe Massine etwa auf die beim Publikum so beliebten "incidental entrechats or virtuoso showstoppers"[374] verzichtet. Er habe sich stattdessen auf "angular poses and terre a terre movement" beschränkt, mit welchen er, seine Choreographie unterstützend, ein Bild des Mittelalters gezeichnet habe, das dem (vom Publikum bevorzugten) traditionellen Ballettstil entgegengestanden habe. Monika Woitas resümiert nach ihrer Auswertung des in der New Yorker Public Library aufbewahrten Filmdokuments einer szenischen Aufführung der *Nobilissima Visione* allerdings, daß (obwohl Massines Bewegungsrepertoire zweifelsohne durch Architektur und Malerei der Gotik inspiriert worden sei) überdies auch Modern Dance-Elemente in seiner Choreographie durchaus zu erkennen seien (u. a. beim Hochzeits-Tanz).[375]

Die Ursache für die erstaunliche (und für das Hindemithsche Werk in den USA in dieser Form einzigartige) Wende in der *Nobilissima*-Ballettrezeption lag - wie auch John Martin und Ariana Schwartz erkannt hatten - vor allem in der Person des Hauptdarstellers begründet. Vermutlich tanzte Massine die Rolle des Franziskus seit 1940 auch deshalb nicht mehr mit voller Überzeugung, weil er genau wußte, daß die einst so erfolgreiche Zusammenarbeit mit Hindemith, die sich Massine weiterhin wünschte, im selben Jahr seitens des Komponisten ein für alle Mal beendet wurde. Daß weniger die Musik, sondern vielmehr Massines Choreographie und Tanz für den Rezeptionswandel verantwortlich waren, läßt sich anhand von Aufführungszahlen der *Nobilissima*-Suite belegen. Sie erklang, auch nachdem die Ballettaufführungen durch das Ballet Russe de Monte Carlo im Jahre 1942 eingestellt worden waren, weiterhin regelmäßig in amerikanischen Konzertsälen. Bis 1953 wurde sie in New York insgesamt neun Mal, außerhalb New Yorks 13 Mal gespielt. *Nobilissima Visione* zählt damit (sogar weit über das Jahr 1953 hinaus) zu Hindemiths populärsten Werken für großes Orchester in den USA.

Mit Blick auf die New Yorker Hindemith-Rezeption von 1923 bis 1953 fällt desweiteren auf, daß bei der vergleichenden Betrachtung von Werkgattungen, bzw. -Kategorien neben der bereits erwähnten Dominanz Hindemithscher Kammermusikaufführungen (hierbei erfreuten sich die frühe *Sonate in D für*

---

[373] Ariana Schwartz: Composer's Showcase: Hindemith and The Dance Part I, Radioübertragung aus Urbana, Illinois, 27.7.80. Das Typoskript zu dieser Radiosendung befindet sich in der PHC, Box 4, Folder 137. Der Verfasser dankt der Irving S. Gilmore Music Library, Yale University, für die Abdruckgenehmigung.

[374] Ebd., Typoskript, S. 4f.

[375] Vgl. Monika Woitas: Leonide Massine - Choreograph zwischen Tradition und Avantgarde, Tübingen 1996, S. 115.

Klavier und Violine, op. 11 Nr. 2 und die *Sonate in E für Geige und Klavier* größter Beliebtheit), vor allem die Klavier- und Orgelmusik mit einem relativ hohen Anteil vertreten war (15,38%). Es sind vor allem die Klaviersonaten Nr. 2 und Nr. 3, welche im Jahr 1943 quasi "entdeckt" wurden und von da an häufig zu hören waren. Die *Zweite Sonate für Klavier* wurde bis 1953 in New York insgesamt 19 Mal aufgeführt (vgl. Abb. 3). Dagegen erklang dort die *Erste Sonate für Klavier (Der Main)* im gleichen Zeitraum nur ein einziges Mal. Die *Sonate für Klavier vierhändig* und die *Sonata for Two Pianos, Four Hands* kamen in den vierziger Jahren wiederum mit großer Regelmäßigkeit zur Aufführung. Offensichtlich besaß *Ludus tonalis* gegenüber den Klaviersonaten sehr viel weniger Attraktivität für Pianisten und Publikum. Das Werk wurde zudem oftmals nur in Auszügen wiedergegeben. Vergleichsweise populär war die *Klaviermusik, op. 37 (zweiter Teil)*. Sie wurde nicht nur als Ballettmusik für Martha Graham, sondern auch als eigenständiges Werk in New Yorker Konzertsälen häufig gespielt. Der erste Teil dieser *Klaviermusik, op. 37* erklang dagegen nur vereinzelt. Ebenso selten waren die *Tanzstücke für Klavier, op. 19*, sowie die *Suite 1922, op. 26* in New York zu hören.

Abb. 2: Quantitative Auswertung der von 1923-53 aufgeführten Werke in den USA (New York und außerhalb New Yorks)

	komponiert vor 1940			komponiert von 1940 bis 1953	
	NY	außerh.		NY	außerh.
Bühnenwerke (Opern, Einakter, Sketche)	2 [1] (0,46)	15 [11] (5,88)		--	--
Sololieder (mit Kl./Instr.)	21 [7] (4,91)	7 [2] (2,72)		25 (12,62)	2 (2,04)
Chorlieder (mit/ohne Instr.)	21 [17] (4,91)	5 [4] (1,96)		14 (7,07)	8 (8,16)
Orchestermusik	46 [30] (10,74)	83 [45] (32,54)		29 (14,64)	36 (36,73)
Konzerte/Konzert-musiken	29 [23] (6,77)	37 [17] (14,5)		13 (6,56)	23 (23,46)
Kammermusik/Kam-mermusiken	188 [129] (43,92)	80 [18] (31,37)		14 (7,07)	14 (14,28)
Klavier/Orgelmusik	66 [47] (15,42)	19 [3] (7,45)		19 (9,59)	7 (7,14)
Sing-/Spielmusik	33 [16] (7,71)	9 [1] (3,52)		2 (1,01)	5 (5,1)
Ballette	22* [5] (5,14)	0		82 (41,41)	3 (3,06)
Summe:	428 [275]	255 [101]		198	98

1.) [aufgeführt im Zeitraum 1940-53]

2.) (%)

*) Es fehlen hier die bereits genannten drei Ballettaufführungen ("Moods of an Afternoon", "Playtime" und "Friendly Chat")

Als ausgesprochene "Modeerscheinungen" können in den zwanziger Jahren die Kammermusiken bezeichnet werden. Sie machten in New York bis einschließlich 1929 21,4% aller aufgeführten Werke aus (landesweit 29,54%). Ihr prozentualer Anteil sank im folgenden Dezennium jedoch stetig. Allein die *Kammermusik Nr. 1, op. 24a* und die *Kleine Kammermusik für fünf Bläser, op. 24 Nr. 2* behaupteten sich dauerhaft in amerikanischen Konzerten.

Eine ähnliche Entwicklung nahmen in den dreißiger Jahren die "Sing- und Spielmusiken", von denen die *Fünf Stücke für Streichorchester, op. 44/4*,[376] *Wir bauen eine Stadt* und Auszüge aus dem *Plöner Musiktag* am häufigsten aufgeführt wurden. Von 1930 bis einschließlich 1939 hatten Werke dieser Kategorie einen Anteil von immerhin 14,65% aller in New York aufgeführten Kompositionen Hindemiths. Dieser Prozentsatz nahm dann allerdings in den vierziger Jahren in Kongruenz mit dem landesweit zu beobachtenden Trend kontinuierlich ab. Einzig *Frau Musica* aus der Werkgruppe Opus 45 konnte sich in ihrer revidierten Fassung (mit dem neuen Titel *In Praise of Music*) als eigenständiges Chorstück auf amerikanischen Konzertprogrammen auf Dauer etablieren. Auch die *Symphonischen Tänze* und das von Hindemith selbst auf seinen Tourneen durch die Vereinigten Staaten oft gespielte Konzert für Bratsche und kleines Orchester *Der Schwanendreher* kamen in den dreißiger Jahren häufig, danach jedoch nur noch vereinzelt zur Aufführung.[377] Einige Werke seien hier schließlich erwähnt, die nach ihrer Uraufführung in den USA, bzw. ihrer amerikanischen Premiere, erst nach einer langen Pause wieder in öffentlichen Konzerten zu hören waren:

1.) *Konzertmusik für Blasorchester, op. 41,*

2.) *Konzertmusik für Klavier, Blechbläser und Harfen, op. 49*

3.) *Sonate für Bratsche solo* (1937)

4.) *Kanonische Sonatine für zwei Flöten, op. 31 Nr. 3*

5.) *Concerto for Piano and Orchestra* (1945)

6.) *Sonata for Violoncello and Piano* (1948)

---

[376] Vgl. dazu den Brief Hindemiths an Willy Strecker vom 5.8.52, in welchem er u. a. über die Rezeption der *Fünf Stücke für Streichorchester* berichtet: "Drüben [in den USA] sind sie, besonders nachdem sie als Platte herauskamen, überall bekannt, ..." (zit. nach Gerd Sannemüller (Hrsg.): PHA, Band VIII,1. Sing- und Spielmusik I, Mainz 2000, S. XIV-XV).

[377] Die Bratschenkonzerte betreffend, besaß neben Hindemith offenbar zunächst allein Marcel Dick die Aufführungsrechte (vgl. Activities Of Musicians Here And Afield [ohne Verf.], in: NYT, 84. Jg., Nr. 28,043, 4.11.34, Section 9, S. 6). Dieser brachte allerdings nur die *Kammermusik Nr. 5, op. 36 Nr. 4* am 11. Januar 1936 als "offizielle" amerikanische Premiere in New York zur Aufführung. Wenige Tage zuvor, am 3. Januar 1936, wurde dieselbe Kammermusik mit Solo-Violine in Philadelphia aufgeführt! (Vgl. dazu die Notiz im Musical Digest, 19.4.36).

Abb. 3: Die zehn am häufigsten aufgeführten Werke in New York bis 1953

1) *The Four Temperaments* (Konzert + Ballett) (1940):   41x

2) *Symphonic Metamorphosis* (+ Ballett) (1943):   30x

3) *Hérodiade* (Récitation Orchestrale + Ballett) (1944):   24x

4) *Nobilissima Visione* (Ballett, Suite, "Meditation") (1938):   23x

    Symphonie *Mathis der Maler* (1934):   23x

6) *Zweite Sonate für Klavier* (1936):   19x

7) *Sonate in D für Klavier und Violine, op. 11 Nr. 2* (1918):   17x

8) *Sonate in E für Geige und Klavier* (1935):   16x

9) *Dritte Sonate für Klavier* (1936):   14x

10) *Sonate in C für Geige und Klavier* (1939):   12x

    "Capriccio" aus op. 8 (1917):   12x

Abb. 4: Die zehn meist gespielten Werke aller ermittelten Aufführungen in den USA

1)   Symphonie *Mathis der Maler* (1934):   109x

2)   *Symphonic Metamorphosis* (Orch.):   69x
                                                                               92x
     Symphonic Metamorphosis (Ballett):   23x

3)   *The Four Temperaments* (Ballett) (1940):   37x
                                                                               58x
     The Four Temperaments (Konzert) (1940):   21x

4)   *Nobilissima Visione* (Suite) (1938):   43x
     "Meditation" aus *Nobilissima Visione*:   1x   57x
     Nobilissima Visione (Ballett) (1938):   13x

5)   *Konzertmusik, op. 50* (1930):   43x

6)   *Hérodiade* (Ballett) (1944):   29x
                                                                               37x
     Hérodiade (Récitation Orchestrale) (1944):   8x

7)   *Sonate für Bratsche und Klavier, op. 11/4* (1919):   30x

8)   *Konzert für Violine und Orchester* (1939):   29x

9)   *Kleine Kammermusik, op. 24 Nr. 2* (1922):   26x

10) *Sonate in E für Geige und Klavier* (1935):   25x

3.4. Zur Untersuchung von Stilpräferenzen

Mit der amerikanischen Erstaufführung der Symphonie *Mathis der Maler* am 4. Oktober 1934 in New York wurde das amerikanische Konzertpublikum auf eine musikalische Sprache aufmerksam, die es bis dahin kaum mit dem Komponisten Paul Hindemith in Verbindung gebracht hätte. Hindemiths "double aesthetic personality",[378] die Lawrence Gilman (*New York Herald Tribune*) nach der *Mathis*-Premiere erkannte, war seitdem für einige Zeit Gegenstand zahlreicher stilkritischer Werkbetrachtungen im US-Musikschrifttum. Diese werden im Kapitel 4.2.2. ausführlich dargestellt. Hier gilt es zunächst, die Aufführungsfrequenzen der Kompositionen im sogenannten "alten"[379] Stil mit jenem neuen der Mathis-Zeit zu vergleichen. Darüber hinaus soll die Frage erörtert werden, ob sich anhand der Aufführungszahlen, die Hindemiths amerikanisches Werk betreffen, Hinweise auf einen eventuell weiteren Stilwandel ergeben.

Bei der Analyse der New Yorker Hindemith-Aufführungen stellte sich zunächst heraus, daß sein alter Stil am häufigsten durch Kompositionen aus den Jahren 1917 bis 1923 repräsentiert wurde (vor allem das "Capriccio" aus *Drei Stücke für Violoncello und Klavier, op. 8)*, *4. Streichquartett, op. 22*, die Kammermusiken, op. 24a und op. 24 Nr. 2, sowie der Liederzyklus *Das Marienleben*). Kompositionen, die in dieser Zeit entstanden sind, werden hier unter der Rubrik Frühwerk zusammengefaßt (vgl. Abb. 5).[380] Hindemiths frühe Kompositionen waren von 1933 an regelmäßig in New Yorker Konzerten vertreten. Nach einem vorläufigen Höhepunkt der Aufführungszahlen im Jahr 1937 schwand das Interesse an ihnen vorübergehend. In den Jahren 1946 bis 1950 zeichnete sich dann eine deutliche "Renaissance" ab. Im Zuge dieser Wiederentdeckung des Frühwerks fanden insbesondere die gesamten Streichersonaten aus der Werkgruppe op. 11 große Beachtung. In der Zeit zwischen 1923 und 1953 wurden von den insgesamt 629 Aufführungen Hindemithscher Werke in New York 144 Mal Kompositionen aus dem Frühwerk gespielt (22,89%). Den Zeitraum von 1940 bis 1953 betreffend, waren es 77 Aufführungen (12,24%).

1936 begann in New York eine starke Rezeption von Werken in Hindemiths neuem Stil. Dabei setzten sich Kompositionen der Entstehungsjahre 1934 bis

---

[378] Lawrence Gilman: Music, in: NYHT, 94. Jg., Nr. 32,100, 5.10.34, S. 17.

[379] Im amerikanischen Presse-Schrifttum wurde seit den frühen dreißiger Jahren in der Regel nur zwischen dem "älteren" und dem "jüngeren" Hindemith unterschieden (vgl. hierzu Olin Downes: Klemperer Opens Orchestra Season, in: NYT, 84., Jg., Nr. 28,013, 5.10.34, S. 28).

[380] Bis einschließlich 1939 erklangen 67 Mal Kompositionen aus dem Frühwerk. Im gleichen Zeitraum wurden dagegen nur 49 Mal Werke aufgeführt, die Hindemith zwischen 1924 und 1933 komponiert hat.

1944 aufgrund von erheblich höheren Aufführungszahlen von all jenen deutlich ab, die zwischen 1924 und 1933 sowie zwischen 1945 und 1953 vollendet wurden. Sie erscheinen hier unter der Rubrik Mathis-Stil. Über die Hälfte aller 629 New Yorker Hindemith-Aufführungen beziehen sich auf Werke im Mathis-Stil (56,43%).[381] Die höchste Aufführungszahl von Kompositionen aus den Jahren 1934 bis 1944 wird (nach einer fast durchweg ansteigenden Aufführungskurve) 1952 erreicht (vgl. Abb. 5). Schließlich sei festgestellt, daß neun der zehn meist gespielten Werke in New York bis 1953 ebenfalls zwischen 1934 und 1944 komponiert worden sind (vgl. Abb. 3).

Bei einer genaueren Betrachtung der New Yorker Rezeption des Mathis-Stils fällt auf, daß im Zeitraum zwischen 1940 und 1953 151 Mal Werke aus den Entstehungsjahren 1934 bis 1939 und 172 Mal Werke aus den Entstehungsjahren 1940 bis 1944 aufgeführt wurden. Werke des Jahrgangs 1940 (u. a. *The Four Temperaments*, das *Konzert für Violoncello und Orchester* und die *Symphonie in Es*) waren dabei mit insgesamt 58 Aufführungen bis 1953 am häufigsten vertreten. An der deutlichen Präferenz des Mathis-Stils in New York (und dabei insbesondere auch der Werke aus Hindemiths früher amerikanischer Zeit!) ändert sich im Verlauf der vierziger Jahre auch nach der Wiederentdeckung des Frühwerks im Jahre 1946 nichts. Die Anzahl von nur 26 Aufführungen, die sich auf Kompositionen des späten amerikanischen Hindemith (1945-1953) beziehen, ist im Vergleich zu den Aufführungsfrequenzen des Frühwerks und des Mathis-Stils vernachlässigbar gering.

Während sich anhand der quantitativen Auswertung mit Blick auf Hindemiths Stilistik zwischen den Kompositionen der späten dreißiger und frühen vierziger Jahre keine Anzeichen auf gravierende Veränderungen erkennen lassen, so könnten dagegen die erstaunlich geringen Aufführungszahlen von Werken der Jahre 1945 bis 1953 eher auf einen erneuten Wandel in seiner Musiksprache hinweisen. Ob sich dieser Stilwandel nach 1944 tatsächlich einstellt, gilt es im Kapitel 5 dieser Arbeit genauer zu untersuchen.

Was die Aufführungsfrequenzen außerhalb New Yorks betrifft, so ist auch dort eine deutliche Bevorzugung des Mathis-Stils zu beobachten. Hindemiths frühe Kompositionen sind im Vergleich zu ihrer New Yorker Rezeption erheblich seltener in Konzerten repräsentiert, auch ist eine Wiederentdeckung des Frühwerks (wie in New York seit 1946) im gesamten Rest der USA bis 1953 nicht erkennbar. Dort sind die entsprechenden Aufführungszahlen in den vierziger Jahren rückläufig. Die Hindemith-Rezeption setzt also

---

381 In den Jahren 1940 bis 1953 wurden 323 Mal Werke des Mathis-Stils (1934-1944) in New York aufgeführt. Dagegen erklangen Kompositionen der Entstehungsjahre 1924 bis 1933 im selben Zeitraum nur 47 Mal. David Neumeyer bezeichnet aufgrund seiner Stiluntersuchungen des Hindemithschen Gesamtwerks die Jahre 1932 bis 1942 als "decade of *Mathis*" (David Neumeyer: The Music of Paul Hindemith, a.a.O., S. 5).

landesweit erst allmählich mit dem Bekanntwerden der Symphonie *Mathis der Maler* ein.

Diesen gesamtamerikanischen Trend, Hindemiths Frühwerk weitgehend auszusparen und stattdessen primär seine aktuellen Kompositionen zu rezipieren, belegen auch die Zahlen der in den USA bis 1946 nachgedruckten Kompositionen. So wurden 15 der insgesamt 22 von AMP neu aufgelegten Werke zwischen 1934 und 1944 komponiert.[382] Darunter befindet sich ein hoher Anteil an Bläsersonaten aus den Jahren 1938 und 1939. Diese wurden zwar in großen öffentlichen Konzerten (wie etwa in New York) nur selten aufgeführt, doch ist davon auszugehen, daß sie seit den frühen vierziger Jahren an vielen amerikanischen Colleges und Universitäten studiert und dort auch vorgetragen wurden.[383] Schließlich bestätigen die Ergebnisse der quantitativen Untersuchung von Stilpräferenzen auch Geoffrey S. Cahns Beobachtungen zur amerikanischen Hindemith-Rezeption, die er in seinem Beitrag "The American Reception of Weimar Culture 1918-1933" wie folgt zusammenfaßt:

> "Hindemith's earlier expressionist compositions, written during 1918-1923, were full of grotesque sounds and jerky rhythms and few of these were successfully performed in the United States. [...] Only when Hindemith wrote in a more diffuse and conservative style during the 1930s did his reception in the United States improve."[384]

---

[382] Vgl. dazu AMP (Hrsg.): Paul Hindemith. Chronological List of Works According to Dates of Publication - 1917 to 1946, New York [o. J.]. Ebenfalls in weitgehender Übereinstimmung mit eigenen statistischen Untersuchungen wurden folgende Werke, die vor 1934 entstanden sind und sich einiger Beliebtheit erfreuten, von AMP nachgedruckt: *Kleine Kammermusik, op. 24 Nr. 2*; *Sonate für Bratsche und Klavier, op. 11 Nr. 4*; *Schulwerk für Instrumentalzusammenspiel, op. 44* (3. und 4. Teil); "Kantate" aus *Plöner Musiktag*; sowie *Wir bauen eine Stadt*. Der Nachdruck der 1930 in Chicago uraufgeführten und danach selten gespielten *Konzertmusik, op. 49* läßt sich dagegen anhand der vorliegenden Aufführungsstatistiken nicht nachvollziehen.

[383] Die Tatsache, daß über ein Drittel der insgesamt 1539 ermittelten Hindemith-Aufführungen in den USA an Colleges und Universitäten stattfanden, legt diese Vermutung nahe.

[384] Geoffrey S. Cahn: The American Reception of Weimar Culture 1918-1933, in: Yearbook of German-American Studies, Volume 17, Lawrence (Kansas) 1982, S. 54f.

Abb. 5:   Proportionale Repräsentationen von Aufführungen in New York
            bis 1953 (Stilpräferenzen)

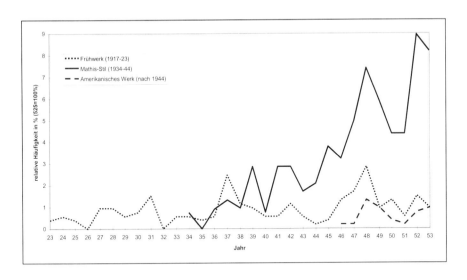

3.5. Studien zur Popularität des Hindemithschen Werkes

Angeregt durch die "Musical Americanism"-Bewegung und begünstigt durch
die großzügige New Deal-Kulturpolitik der Roosevelt-Administration wurden
seit Mitte der dreißiger Jahre vermehrt landesweite und regionale
Popularitätsstudien, bzw. -Umfragen durchgeführt, die insbesondere die
Beliebtheit von Werken genuin amerikanischer Provenienz dokumentieren
sollten. Im Zusammenhang mit der (unaufhörlichen und wohl primär erfolgs-
und gewinnorientierten) Suche nach dem stets so begehrten "public favorite"
wurde deshalb seinerzeit oftmals gefragt "how the American composer fares
as compared with his European contemporary".[385] Um die Stellung und das
Ansehen der zeitgenössischen amerikanischen Musik umfassend zu ergründen,
galt es etwa, das beste Werk einer jeweils vergangenen Konzertsaison zu

---

[385] Vgl. dazu The Nation's Principal Orchestras' Record of Modern Works [ohne Verf.],
in: NYT, 89. Jg., Nr. 30,052, 5.5.1940, Section 10, S. 6, sowie Olin Downes: How Fare
The Living, ebd., Section 10, S. 7.

ermitteln, die besten Schallplatteneinspielungen zu prämieren, und nicht zuletzt auch Musiker und Orchester hervorzuheben, die sich am intensivsten um die Verbreitung landeseigener Musik verdient gemacht hatten. Dieser in den USA offenkundige empirische Forschungsdrang, den es im übrigen in dieser Ausprägung seinerzeit nirgendwo sonst gab, leistete bei der Zusammenstellung von Konzertprogrammen (z. B. für internationale Musikfeste zeitgenössischer Musik) sowie bei der Auswahl von beliebten symphonischen Werken für Radioübertragungen ebenfalls gute Dienste. Im folgenden seien einige dieser Studien angeführt, die sich im Hinblick auf die Ermittlung der Popularität und der Popularitätsentwicklung des Hindemithschen Werkes als besonders nutzbar erwiesen haben.

Im Frühjahr 1942 vergab die Gemeinschaft aller in New York tätigen Musikkritiker erstmals den sogenannten "Music Critics Circle Award" für die besten zeitgenössischen (und zunächst ausschließlich amerikanischen) Kompositionen der vergangenen Konzertsaison. Sieben Jahre später wurde auch ein Werk Paul Hindemiths für diesen Preis nominiert: die *Sonata for Violoncello and Piano* (1948). Zu einer offiziellen Preisverleihung und damit zu einer weiteren Aufführung dieser Sonate in New York kam es am Ende der Saison 1948/49 jedoch nicht, denn (so die kurze Notiz in der *New York Times*) "only one or two on the jury heard each piece."[386] 1952 wurde das *Septett für Blasinstrumente* (1948) als bestes Kammermusikwerk von den New Yorker Musikkritikern ausgezeichnet. Ein Konzert mit allen "winning compositions" fand allerdings (wie schon 1949) nicht statt. Zwar wurde in einer Veranstaltung des New York Music Critics Circle am 18. April 1953 das preisgekrönte Klavierkonzert von Alexei Haieff aufgeführt, doch erschienen die beiden anderen siegreichen Kompositionen (Francis Poulencs *Stabat Mater* und Paul Hindemiths *Septett*) nicht auf dem Programm.[387] Der "Music Critics Circle Award", der von der Jury offenbar nicht immer mit voller Überzeugung und letzter Konsequenz verliehen wurde, hatte zumindest für die Hindemith-Rezeption in New York zeitweilig spürbare Auswirkungen.

Am 17. Januar 1953 berichten Gertrud und Paul Hindemith an die Brüder Willy und Hugo Strecker:

"Das gute kleine Settimino hat ploetzlich einen ungeahnten Ruhmeszweig erhalten, indem die New York Kritiker es auserwaehlt haben als das beste Kammermusikwork des Jahres. Was der Award

---

[386] Vgl. dazu Carter Harman: The World of Music, in: NYT, 98. Jg., Nr. 33,377, 12.6.49, Section 2, S. 7.

[387] In der Konzertankündigung der *New York Times* heißt es dazu: "The two other winning compositions ... will not be performed at this concert, since they are not orchestral works." (Vgl. dazu Conducts N.B.C. Ensemble For Music Critics Today [ohne Verf.], in: NYT, 102. Jg., Nr. 34,783, 18.4.53, S. 17).

eigentlich sonst bedeutet wissen wir nicht, es regnet aber Gratulationen von allen Seiten und 'The Septet' ist ploetzlich im Munde aller grocery und Fischlieferanten, die uns nun damit in den Kreis ihrer wichtigeren Customers einreihen."388

Während das *Septett* nach 1953 noch einige Male in New York und auch landesweit zu hören war, verschwand dagegen die *Cellosonate* nach ihrer Uraufführung in Lenox (Massachusetts) und nach ihrer New Yorker Erstaufführung für lange Zeit von den amerikanischen Konzertprogrammen. Im Jahr 1960 wurde Hindemith für seine *Fünfstimmigen Madrigale nach Texten von Josef Weinheber* erneut mit dem "Music Critics' Award" ausgezeichnet.

Eine weitaus höhere Anerkennung als jene der New Yorker Musikkritiker bedeuteten für Hindemiths Werk zweifelsohne die Resultate zweier Umfragen, die zu Beginn der fünfziger Jahre durchgeführt wurden. Sich auf die Urteile von "leading composers, musicians, music educators and music journalists from all parts of the United States" stützend, gab die amerikanische Musikzeitschrift *Etude* 1951 in ihrer Januar-Ausgabe die elf "most potent musical forces of the first half of the twentieth century" bekannt. Unter ihnen war auch (an sechster Stelle) Paul Hindemith.389 Im April 1952 wurde in Pittsburgh eine ähnliche, jedoch nicht ausschließlich auf die USA begrenzte Erhebung durchgeführt. Auf die Frage, welche zeitgenössischen Komponisten im Rahmen des ersten "Pittsburgh International Contemporary Music Festival" mit ihren Werken vertreten sein sollten, gaben hier von den 30 in den USA ansässigen sowie weiteren 32 internationalen Juroren (Orchesterleiter, Musikerzieher, Musikwissenschaftler und -Kritiker) insgesamt 44 den Namen Paul Hindemith an. Dieser erhielt damit vor dem amerikanischen Komponisten Roy Harris, der gleichzeitig musikalischer Leiter des Festivals war, und vor Arthur Honneger das höchste Votum.390 Über die

---

388 Brief Gertrud und Paul Hindemiths an Willy und Hugo Strecker, New Haven, 17.1.53. Auszüge dieses Briefes sind in englischer Übersetzung zit. in: Luther Noss: Paul Hindemith in the United States, a.a.O., S. 152.

389 The most potent musical forces of the first half of the twentieth century were ... Achille Claude Debussy; Igor Strawinsky; Arnold Schoenberg; Maurice Ravel; Richard Strauss; Paul Hindemith; Arturo Toscanini; George Gershwin; Bela Bartok; Serge Prokofieff; Jan Sibelius [ohne Verf.], in: Etude, 69. Jg., Nr. 1 (January 1951), S. 9-11 und S. 47-48.

390 Den ersten drei Komponisten auf der Pittsburgher Rangliste folgten Aaron Copland, Darius Milhaud, Igor Strawinsky, Béla Bartók, Arnold Schönberg, Hector Villa-Lobos und Benjamin Britten. Vgl. dazu die korrigierte Presseankündigung zu dieser Umfrage vom 11.6.1952, in: PHC, Box 18, Folder 313.

Hälfte der 44 auf Hindemith entfallenen Stimmen (52,27%) wurde dabei von den amerikanischen Befragten abgegeben.[391]

Die außerordentliche Popularität des Hindemithschen Werkes in den USA zu Beginn der fünfziger Jahre blieb auch bis zum Ende dieses Dezenniums erhalten. In einer BMI-Publikation von 1960 heißt es:

"Hindemith ranks as one of the most performed of contemporary composers during the current 1959-60 concert season. Eighty performances of twenty-one different works have been performed or are scheduled with various orchestras. This count does not include the innumerable performances of chamber works, solos, etc., that have taken place, nor performances of operatic works. Of Hindemith's symphonic compositions, his symphony, 'Mathis der Maler', and 'Symphonic Metamorphosis' head the list."[392]

Daß die Orchesterwerke *Mathis der Maler* und die *Symphonic Metamorphosis* weit über die Saison 1959/60 hinaus die Liste der am häufigsten gespielten Hindemith-Kompositionen in den USA anführt, belegen sowohl die eigenen statistischen Analysen (vgl. Abb. 4) als auch die Orchesterrepertoirestudien von John H. Mueller und Kate Hevner Mueller.[393]

Den Zeitraum von 1923/24 bis 1969/70 berücksichtigend, wertete letztgenannte Autorin das Repertoire von insgesamt 27 großen Orchestern aus.[394] Dabei wurden 35 Kompositionen von Paul Hindemith erfaßt. Unter ihnen befinden sich neben den großen Symphonien auch die Kammer- und Konzertmusiken sowie das Requiem. Leider sind einige Angaben von Hevner Mueller offenkundig falsch. Sie nennt z. B. drei US-Aufführungen der *Klaviermusik mit Orchester, op. 29.* Dieses Werk wurde jedoch weder

---

[391] Weitere Materialien zu dieser Umfrage befinden sich in der Carnegie Library in Pittsburgh. Vgl. dazu Irene Millen: "Noise and Fury" - 1952. Pittsburgh's First International Contemporary Music Festival, in: Carnegie Magazine, 26. Jg. Nr. 7 (September 1952), S. 230-231, sowie Hans Rosenwald: Hindemith - Honegger - Harris ... "Return to a Sense of Values" ..., in: International Music News, 1. Jg., Nr. 1 (November 1952), S. 9-10.

[392] Oliver Daniel: Hindemith Called The Leonardo Da Vinci Of Music (ohne bibliogr. Ang.). Eine Kopie des Beitrags befindet sich in der PHC, Box 19, Folder 324.

[393] Vgl. dazu insbesondere Kate Hevner Mueller: Twenty-Seven Major American Symphony Orchestras, a.a.O., S. 174-176.

[394] Die 27 Orchester in alphabetischer Reihenfolge: Atlanta, Baltimore, Boston, Buffalo, Chicago, Cincinnati, Cleveland, Dallas, Denver, Detroit, Houston, Indianapolis, Kansas City, Los Angeles, Milwaukee, Minneapolis, New Orleans, New York (NY Philharmonic und bis 1928 NY Symphony), Philadelphia, Pittsburgh, Rochester, St. Louis, San Francisco, Seattle, Utah, Washington.

veröffentlicht, noch wurde es von seinem Widmungsträger Paul Wittgenstein oder einem anderen Pianisten jemals aufgeführt.[395] Trotzdem können anhand dieser Studie aus dem Fundus der insgesamt 511 Hindemith-Aufführungen zunächst Aussagen über die Popularitätsentwicklung des Komponisten getroffen werden, die im Vergleich mit eigenen Ergebnissen große Übereinstimmungen aufweisen (vgl. Abb. 6).

Hindemiths Konzertreisen durch die USA in den Jahren 1937 bis 1939 haben sich demnach ebenso günstig auf seine Werkrezeption ausgewirkt wie sein permanenter Aufenthalt an der amerikanischen Ostküste von 1940 bis 1953. Die Rückkehr nach Europa hatte keine negativen Folgen für die Beliebtheit seiner Orchesterwerke. Auch nach Hindemiths Tod im Jahre 1963 blieben seine Kompositionen (trotz geringfügig sinkender Aufführungszahlen) weiterhin fester Repertoire-Bestandteil vieler großer US-Orchester.

Abb. 6:   Proportionale Repräsentation von Aufführungen Hindemithscher Kompositionen in den USA

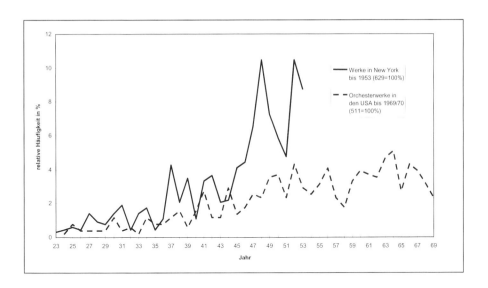

395 Vgl. dazu So Young Kim-Park: Paul Wittgenstein und die für ihn komponierten Klavierkonzerte für die linke Hand, Aachen 1999, S. 30. Die beiden Aufführungen (Philadelphia 1926 und 1932), die Hevner Mueller angibt, beziehen sich nachweislich nicht auf op. 29, sondern auf die *Kammermusik Nr. 2*. Mit der Aufführung in Cleveland 1946 dürfte wohl die Uraufführung des Klavierkonzertes (1945) gemeint sein (vgl. Kate Hevner Mueller: Twenty-Seven Major American Symphony Orchestras, a.a.O., S. 174).

Desweiteren läßt sich anhand der Repertoirestudie von Kate Hevner Mueller gut erkennen, welche Orchester der Hindemithschen Musik besonders wohl gesonnen waren. Das Boston Symphony Orchestra führte bis zur Saison 1969/70 insgesamt 49 Mal Werke von Paul Hindemith auf; Chicago 48, Indianapolis 38, Philadelphia 36, und New York 34 Mal. Auffallend ist hierbei (neben der vergleichsweise niedrigen Zahl an Aufführungen durch die New Yorker Philharmoniker) der hohe Hindemith-Anteil im Repertoire von Orchestern, die im Osten der USA beheimatet sind. In Konzerten der bedeutendsten Westküstenorchester wurde Hindemith vergleichsweise selten gespielt: Seattle 5 Mal, San Francisco 20 Mal, und Los Angeles 23 Mal.

John H. Mueller führt die stark divergierende Repertoire-Zusammenstellung der großen amerikanischen Orchester nicht nur auf die persönlichen Präferenzen ihrer jeweiligen Dirigenten, sondern vor allem auch auf zahlreiche sozio-ökonomische und politische Faktoren zurück.[396] Als Joseph Pulitzer, u. a. Eigentümer und Herausgeber der Zeitung *New York World*, im Jahre 1911 verstarb und den New Yorker Philharmonikern eine Summe von annähernd einer Million Dollar hinterließ, hatte dies zum einen positive Auswirkungen auf die zu diesem Zeitpunkt desolate finanzielle Situation des Orchesters. Zum anderen veränderte sich das Repertoire, denn Pulitzer hatte mit seiner großzügigen Finanzhilfe einige Forderungen verknüpft - u. a. "less esoteric programs and 'not too severely classical,' with preference for ... Wagner, Beethoven, and Liszt."[397] Damit waren die Programmschwerpunkte über Jahre hinaus festgelegt (und die New Yorker Konzerte des Orchesters von da an meist ausgebucht).

Um 1920 wurde zwei weiteren großen Orchestern in New York umfangreiche finanzielle Unterstützung durch dort ansässige Mäzene zuteil, dennoch bewegten sich beide Ensembles - sowohl die New York Symphony als auch die National Symphony - aufgrund schlechten Managements, aufgrund hoher Ausgaben für Gastdirigenten, und wohl nicht zuletzt auch aufgrund einer zu wenig konservativen Programmgestaltung unaufhörlich auf ihren finanziellen Ruin zu. Die Orchester wurden schließlich mit den New Yorker Philharmonikern vereinigt, welche unter Toscanini ihren zwar leicht modifizierten aber weiterhin konservativ ausgerichteten Repertoirekurs (vor allem mit Musik von Beethoven und Brahms) fortsetzten. Nach der Auffassung Toscaninis sollte die zeitgenössische Musikpflege in New York nicht ihm selbst, sondern vor allem jüngeren Orchesterleitern obliegen.[398] Erst zu Beginn der vierziger Jahre zeigte sich auch das New Yorker

---

[396] Vgl. dazu John H. Mueller: The American Symphony Orchestra. A Social History of Musical Taste, Bloomington 1951, S. 53ff.

[397] Ebd., S. 53.

[398] Ebd., S. 67.

Philharmonische Orchester zeitgenössischer Musik gegenüber aufgeschlossener.

Paul Hindemith, der in den USA der vierziger Jahre offenbar mehr Kompositionsaufträge erhalten hatte als jeder andere Komponist,[399] vergab Ur- und Erstaufführungen seiner großen Orchesterwerke oftmals wohl ganz bewußt nicht an die landesweit führenden Ostküstenorchester. New York erlebte bis 1953 nur eine einzige Hindemith-Uraufführung durch die Philharmoniker unter Rodzinski.[400] Auch das Boston Symphony Orchestra, welches der Komponist wiederholt als das "beste Orchester der Welt"[401] bezeichnet hatte, brachte in den vierziger Jahren nur das *Konzert für Violoncello und Orchester* (1940) und *The Four Temperaments* zur Uraufführung. Stattdessen bekamen weitaus weniger bekannte Orchester in Städten mit einer vergleichsweise jungen Musiktradition von Hindemith den Zuschlag. Diese Ensembles waren zeitgenössischer Musik in der Regel offener, und sie versuchten sich gerade durch eine innovativere Programmgestaltung von den bereits etablierten Orchestern abzuheben. So mag es nicht verwundern, daß die folgenden Weltpremieren gerade nicht in Boston, Philadelphia, New York oder Washington stattfanden: *Symphonie in Es* - Minneapolis (Minnesota), *Symphonia serena* - Dallas (Texas), *Sinfonietta in E* - Louisville (Kentucky),[402] *Pittsburgh Symphony* - Pittsburgh (Pennsylvania).

Die musikalischen Präferenzen der Orchesterleiter, das individuelle Interesse der Mäzene, sowie schließlich die existenzielle (und wie etwa im Falle Dimitri Schostakowitschs[403] bisweilen politisch beeinflußte) Orientierung am

---

[399] Vgl. dazu Kim H. Kowalke: For Those We Love: Hindemith, Whitman and "An American Requiem", in: JAMS, 50. Jg., Nr. 1 (Spring 1997), S. 166.

[400] Am 20. Januar 1944 fand in New York die Weltpremiere der *Symphonic Metamorphosis* statt.

[401] Vgl. den Brief Paul Hindemiths an seine Frau Gertrud, Boston, 24.2.38, zit. in: Friederike Becker und Giselher Schubert (Hrsg.): Paul Hindemith "Das private Logbuch", a.a.O., S. 230.

[402] Das Louisville Orchestra schickte sich in den fünfziger Jahren an, sich mit zahlreichen Aufführungen zeitgenössischer amerikanischer Musik einen Namen zu machen. Für sein Engagement erhielt das Orchester landesweite Unterstützung und Anerkennung.

[403] Nach John H. Mueller spiegelte die Popularität Schostakowitschs "a kind of left-wing taste" in den USA der dreißiger und frühen vierziger Jahre wider (vgl. John H. Mueller: The American Symphony Orchestra, a.a.O., S. 227). Das Werk Schostakowitschs wurde seinerzeit tatsächlich in der Tages- und in der musikalischen Fachpresse über alle Maßen hochstilisiert. So brach etwa nach der amerikanischen Erstaufführung seiner 7. Symphonie am 19. Juli 1942 geradezu eine Schostakowitsch-Hysterie über die gesamten Vereinigten Staaten herein. Paul Hindemith, der diese Entwicklung mit einiger Verwunderung zur Kenntnis nahm, äußert sich in einem Brief an AMP (New Haven, 24.11.42) despektierlich über den russischen Komponisten und seine amerikanische Rezeption: "[...] Andererseits halte ich dafür, daß gerade heute, wo jeder unmündige Hosenschisser seine Symphonie im Töpfchen hat; jeder Orchesterkonduktor den

Geschmack des zahlenden Publikums: all diese Faktoren bestimmten das (mehr oder weniger traditionalistische) Repertoire und damit letztlich auch den Erfolg und den Fortbestand aller großen amerikanischen Orchester, welche (im Gegensatz zu europäischen) zumeist ein eigenständiges, vom Opern- oder Radiobetrieb losgelöstes Dasein führten. Das Repertoire eines etablierten und landesweit anerkannten Orchesters in den USA konnte deshalb kaum primäre Triebkraft zur Förderung der musikalischen Avantgarde sein.

Die Studie von Kate Hevner Mueller gestattet schließlich den Vergleich zwischen der Popularitätsentwicklung Hindemiths und jener seiner europäischen und amerikanischen Zeitgenossen.[404] Grundsätzlich hatten moderne Komponisten jährlich einen Anteil von höchstens 3% im Repertoire amerikanischer Orchester. Während die Werke Strawinskys, Prokofieffs und Schostakowitschs generell stärker repräsentiert waren als jene von Paul Hindemith, so lagen die Aufführungszahlen seiner Kompositionen über denen von Bartók (bis Mitte der fünfziger Jahre), Vaughan Williams, Walton, Milhaud, Honegger und Schönberg. Auch die Kompositionen der populärsten Amerikaner (Aaron Copland, Samuel Barber und William Schuman) erschienen seltener auf Konzertprogrammen als Werke Paul Hindemiths. Von 1937 bis 1955 bewegte sich die proportionale Repräsentation der Hindemithschen Orchesterwerke zwischen 0,5% und 1% des gesamten Repertoires. Im Todesjahr 1963 wurde mit 1,2% der höchste prozentuale Anteil erreicht. Die Orchesterwerke anderer europäischer Emigranten wie etwa Krenek, Toch, Eisler und Weill fanden aufgrund von zu geringen Aufführungszahlen in den Statistiken Hevner Muellers keine Berücksichtigung.

Nicht nur die Orchestermusik Hindemiths wurde bis 1963 zunehmend in das Repertoire amerikanischer Ensembles aufgenommen. Auch im Bereich der Kammermusik nahmen sich Interpreten vermehrt seiner Kompositionen an. So spielten z. B. bis einschließlich 1929 in New York nur vier, bis 1939 immerhin schon 16 verschiedene Pianisten auf den zahlreichen Konzertpodien der Stadt Solo-Klavierwerke von Hindemith.[405] Ende 1953 wuchs die Zahl auf

---

unmöglichsten Mist aufführt, weil er entweder amerikanisch oder russisch ist und sonst keinerlei Vorzüge aufweist, außer daß er gerade für Orchester gesetzt ist; wo außerdem Musik anscheinend nur danach beurteilt wird, wieweit sie gerade auf die gemeinen Sinnesorgane zwischen Zirbeldrüse und Prostata wirkt, [...]." (Zit. nach Giselher Schubert, Vorwort zu Paul Hindemith: *Ludus tonalis*, Wiener Urtext-Edition 1989, S. III).

404 Vgl. die folgenden Abbildungen bei Kate Hevner Mueller: Twenty-Seven Major Symphony Orchestras, a.a.O., S. XXX ("Ascending Records, Chart II B") und S. XXXIX ("Life Cycles Nearing Completion, Chart IV B"), sowie jene bei John H. Mueller: The American Symphony Orchestra, a.a.O., S. 188 und S. 227.

405 Die vier Pianisten, die bis 1929 in New York Hindemith spielten, waren: Claudio Arrau, Walter Gieseking, Louis Horst (zum Tanz von Martha Graham) und Karin Dayas (siehe Anhang).

75 an.[406] Neun Pianisten waren darunter, die mehr als ein Hindemithsches Werk in ihr Repertoire aufgenommen hatten. Im Verlauf der dreißiger und vierziger Jahre ist bei der Violin-Kammermusik in New York ebenfalls eine deutliche Zunahme der Interpreten Hindemithscher Kompositionen zu beobachten. Dies legt den Schluß nahe, daß das Hindemithsche Werk - und hierbei freilich vor allem Kompositionen im "neuen" Mathis-Stil - spätestens seit Mitte der vierziger Jahre nicht nur in New York, sondern auch in vielen anderen Teilen der USA bekannt war.

3.6. Zusammenfassung

Das Hindemithsche Werk rückte erst im Verlauf der dreißiger Jahre allmählich in das Bewußtsein einer breiteren amerikanischen Öffentlichkeit. Zuvor hatte sich die Rezeption in der Hauptsache auf New York konzentriert. Dort stand seine Musik bereits seit den zwanziger Jahren desöfteren auf Konzertprogrammen. Die amerikanische Erstaufführung der Symphonie *Mathis der Maler* 1934 in New York und die Konzertreisen Hindemiths (1937-39) waren wichtige Stationen einer von da an weitgehend positiven quantitativen Rezeptionsentwicklung. Trotz steigender Aufführungszahlen machte sich das Ost-West-Gefälle der zeitgenössischen Musikrezeption in den USA, zumindest mit Blick auf die Hindemithschen Orchesterwerke, nachweislich noch bis zum Ende der sechziger Jahre deutlich bemerkbar.

Die Präferenz der "neuen" Musiksprache Hindemiths - hierzu zählen alle zwischen 1934 und 1944 komponierten Werke - wurde in der zweiten Hälfte der dreißiger Jahre in den USA zunehmend evident. Daran änderte sich auch in den späten vierziger Jahren nichts, als - wohl erneut von New York ausgehend - eine Wiederentdeckung des Frühwerks (1917-1923) einsetzte. Diese Entwicklung übertrug sich erst mit einiger Verspätung nach Hindemiths Rückkehr nach Europa auf die gesamten Vereinigten Staaten. Die Untersuchung von Stilpräferenzen förderte weiterhin zutage, daß sich der zunächst konstatierte hohe Repertoire-Anteil des gesamten amerikanischen Werks nach eingehender Untersuchung vorwiegend auf diejenigen Kompositionen bezieht, die zwischen 1940 und 1944 entstanden sind. Hierbei erfreuten sich die Ballettmusiken und die Orchesterwerke (vor allem die *Symphonic Metamorphosis*) besonderer Beliebtheit. Das amerikanische Werk nach 1944 wurde dagegen nur sehr selten aufgeführt.

---

[406] Werke von Paul Hindemith erklangen in New York bis 1953 auf insgesamt 67 verschiedenen Konzertpodien (siehe Anhang).

Hindemith versuchte, Einfluß auf die Rezeption seiner Werke auszuüben. Die Tatsache, daß er seine frühen Kompositionen als überholt und wenig repräsentativ abtat und ihre Aufführungen bisweilen verhinderte, wirkte sich nachhaltig rezeptionshemmend u. a. auf die amerikanischen Inszenierungsvorhaben seiner großen Bühnenwerke aus. Verantwortlich für die erstaunlich schwache Opern-Rezeption in den USA waren darüber hinaus sicher die in vielerlei Hinsicht ungünstigen Bedingungen während des Zweiten Weltkriegs und danach - wie im Fall des *Cardillac* - nicht zuletzt auch schicksalhafte Fügungen. Dennoch zählte Hindemith seit Ende der vierziger Jahre sowohl beim breiten Publikum als auch in Fachkreisen neben Strawinsky, Prokofieff und Schostakowitsch zu den populärsten zeitgenössischen Komponisten. Dies belegen zahlreiche amerikanische Umfragen und Aufführungsstatistiken. Die Pittsburgh-Umfrage aus dem Jahr 1952 legt gar den Schluß nahe, daß Hindemith seinerzeit nirgendwo angesehener war als in den USA.

4. Paul Hindemith im Spiegel der amerikanischen Musikkritik

> "Heil den biederen Männern, die großzügig und genial erfassen, worum
> es sich handelt. Deren Kritiken eine unerschöpfliche Fundgrube falscher
> Berichte, neckischer Vergleiche und unterhaltenden Geschwätzes sind.
> Manche schreiben in Form von Rennberichten über musikalische Dinge,
> andere huldigen dem verbreiteten und beliebten Vergnügen, über Stücke
> zu berichten, die man nicht aufgeführt hat oder sie merken es nicht, daß
> Stücke im Programm ausgewechselt werden. Besonders Hellhörige haben
> Uraufführungen schon ein Jahr vorher irgendwo gehört. Sind sie
> besonders heiter aufgelegt, schreiben sie über die Fräcke der Musiker,
> Statur der Sängerinnen, persönliche Beziehungen, nichtige
> Privatangelegenheiten."[407]

Paul Hindemiths Bemerkungen aus dem Jahr 1929 zielen nicht ausschließlich
auf Musikkritiker, die Konzertberichte zwar selbstbewußt, aber inhaltlich
fragwürdig, rückständig und obendrein stilistisch unangemessen verfassen und
ihre Leser nur selten davon in Kenntnis setzen, "was man heute in der Musik
anstrebt oder anstreben sollte."[408] Hindemith kritisiert vielmehr all diejenigen,
die auf die für ihn dringend notwendigen Veränderungen im Konzertleben
einwirken und dabei gleichzeitig neue Formen des Musizierens und des
Musikgenusses begründen können. Seiner Auffassung nach gilt es primär, das
Verhältnis zwischen den Musikern und Komponisten einerseits und den
Kritikern andererseits auf der Grundlage eines regelmäßigen Dialogs zu
verbessern. Wenn Hindemith die gegenseitige Verständigung über die
zeitgenössische Musikentwicklung anregt, und wenn er sich darüber hinaus
mittels eigener Kompositionen dezidiert um ein "größeres, anderes, neues"[409]
Publikum bemüht, dann will er seine Anstrengungen auch von der Kritik
unterstützt wissen. Er versteht somit den Rezensenten als Verbündeten des
Musikers und des Komponisten. Dieser sollte sich neben seiner Aufgabe,
Konzertaufführungen zu beurteilen, auch jederzeit seines sozio-kulturellen
Einflusses (bzw. Auftrags) bewußt werden.

Traf das von Hindemith beschriebene und für ihn offenbar höchst
unzureichende Selbstverständnis der meisten deutschen Kritiker in ähnlicher
Weise auf amerikanische Verhältnisse zu? Im folgenden wird im ersten Teil
dieses Kapitels zunächst der status quo der Musikkritik in den USA der
zwanziger Jahre zu beschreiben sein - zu dem Zeitpunkt also, als die

---

407 Paul Hindemith: Über Musikkritik, zit. nach Giselher Schubert (Hrsg.): Paul
Hindemith - Aufsätze. Vorträge. Reden, a.a.O., S. 39.
408 Ebd., S. 37.
409 Ebd.

Hindemith-Rezeption dort einsetzte. Unter besonderer Berücksichtigung des Verhältnisses zwischen Kritik und zeitgenössischer Musik soll sich danach eine chronologische Darstellung der wichtigsten Entwicklungen im amerikanischen Musik-Presseschrifttum anschließen. Hierbei wird die Position der Musikkritiker im Musikleben, deren Ästhetik, sowie deren jeweilige Rezensionsschwerpunkte und Stile behandelt. Werden zeitgenössische Kompositionen in der US-Tagespresse überhaupt jemals in extenso besprochen und bewertet? In diesem Zusammenhang stellt sich insbesondere auch die Frage nach den (sich eventuell verändernden) Kriterien zur Werkbeurteilung. Vor dem Hintergrund dieser entwicklungsgeschichtlichen Darstellung wird die Rezeption des Hindemithschen Werkes in der US-Tagespresse sowie (ergänzend) in der musikalischen Fachpresse im zweiten Abschnitt untersucht.

4.1. Zur Lage der Musikkritik

4.1.1. Die New Yorker "Old Guard"

Nach dem Ende des Ersten Weltkriegs sahen sich amerikanische Musikkritiker mit einem Mal ganz unbekannten musikalischen Idiomen aus Europa gegenüber. In das so tief mit der Musiktradition des 19. Jahrhunderts verwurzelte Konzertleben hielten nun "preposterous cacophonies"[410] vermehrt Einzug. Diese ungewohnten Mißklänge führten dazu, daß die meisten Rezensenten jede Art von zeitgenössischer Musik nach anfänglicher Neugier schon bald scharf ablehnten. Kompositionen Milhauds, Strawinskys, Schönbergs, Varèses, sowie jene der jüngeren Amerikaner wie etwa Copland, Thomson, Harris und Piston wirkten in diesem Zusammenhang auf die Kritiker und das Publikum in gleicher Weise befremdlich. Einige amerikanische Kritiker weigerten sich schlichtweg, Konzerte zu besuchen, in denen Werke der europäischen und amerikanischen Avantgarde aufgeführt wurden.[411] Richard Aldrich und Henry T. Finck kündigten gar ihren Dienst bei der *New York Times*, bzw. der *New York Evening Post* auf, weil sie die

---

410 Henry T. Finck: Why make music hideous?, in: Etude (January 1925), S. 11.

411 Im Jahr 1922 blieben die einflußreichsten New Yorker Kritiker allen Konzerten der Composers' Guild demonstrativ fern (vgl. dazu Barbara Mueser: The Criticism of New Music in New York: 1919-1929, a.a.O., S. 46).

musikalische Tortur der "sogenannten Futuristen und Modernisten"[412] nicht länger ertragen und über deren Kompositionen schreiben wollten.

Fünf Kritiker, die zu Beginn der zwanziger Jahre bei New Yorker Tageszeitungen angestellt waren, sind als "Old Guard"[413] (bzw. "The Great Five") in die amerikanische Musikgeschichte eingegangen. Sie hatten die Musikkritik in den gesamten USA spätestens seit der Jahrhundertwende maßgeblich geprägt. Obwohl sie die musikalische Avantgarde allesamt beharrlich ablehnten, nahmen sie als erste zumindest ihre Existenz zum Anlaß, die Praxis der Konzertberichterstattung neu zu überdenken. Konnte sich der Musikjournalismus in den USA bis 1920 noch meist auf die Aufführungskritik (insbesondere berühmter Sänger) spezialisieren, so mußte nun (sofern man modernen Komponisten gerecht werden wollte) zwangsläufig eine Auseinandersetzung mit dem Musikwerk selbst beginnen. Die Repräsentanten der "Old Guard" erkannten die Notwendigkeit, daß für die adäquate Beurteilung dieser neuen, alsbald als sachlich und emotionslos beschriebenen Musik (etwa eines Igor Strawinsky) auch eine neue Form der literarischen Darstellung gefunden werden mußte. Statt des bis dahin weit verbreiteten impressionistischen Prosastils[414] in den Rezensionen, in welchen Werturteile über die Qualität der jeweiligen Komposition im Allgemeinen nur von sehr untergeordneter Bedeutung waren, versuchten diese einflußreichen New Yorker Kritiker nunmehr, sich den Werken unter Berücksichtigung musikalischer Parameter analytisch zu nähern, um dadurch zu einer größeren Objektivität und letztlich auch zu einem fundierteren Urteil zu gelangen. So war etwa für Henry E. Krehbiel eine Komposition in der Regel bereits schlecht, wenn sie keine Melodie besaß.[415]

---

412 Henry T. Finck: Why make music hideous?, a.a.O., S. 11.

413 Mit dem Begriff der "Old Guard" verbindet die amerikanische Musikgeschichtsschreibung folgende Namen: James Huneker, Henry E. Krehbiel, Richard Aldrich, Henry T. Finck und William J. Henderson. Zum Einfluß der "Old Guard" auf die Entwicklung der Musikkritik in den USA vgl. Edward Downes: The Taste-Makers: Critics and Criticism, in: One Hundred Years of Music in America, Paul Henry Lang (Hrsg.), a.a.O., S. 240, sowie Edward O. D. Downes, John Rockwell: Criticism, in: The New Grove Dictionary of American Music, H. Wiley Hitchcock, Stanley Sadie (Hrsg.), Volume One, London, New York 1986, S. 540ff.

414 Als Musterbeispiel für diesen impressionistischen Prosastil kann Paul Rosenfelds Besprechung einer Violinsonate von Ernest Bloch aus dem Jahr 1923 gelten. Darin heißt es u. a.: "For in Bloch's music, too, we come to perceive with impersonal eye, the titanic, virulent and incommensurable forces upon whose breast man lies tiny and impotent. We are as though placed on a platform somewhere without the universe, and nevertheless permitted to see ourselves in the grasp of the natural powers, spurned about as a football." (zit. nach Robert D. Schick: Classical Music Criticism, New York, London 1996, S. 81).

415 Vgl. dazu Barbara Mueser: The Criticism of New Music in New York: 1919-1929, a.a.O., S. 19f.

Die Vertreter der "Old Guard" setzten sich nicht zuletzt auch mit der Frage auseinander, ob sich der Musikkritiker - die bestehenden Traditionen bewahrend - grundsätzlich auf die Seite des Publikums zu stellen habe, oder ob er sich im Schulterschluß mit den Komponisten stattdessen für die Verbreitung und das Verständnis der modernen Musik einsetzen sollte. Da sich die "Old Guard" beharrlich weigerte, sich auf die Höhe der zeitgenössischen Musikentwicklung zu begeben, konnte sie jedoch selbst weder einheimischen noch europäischen Komponisten zu einem festen Platz im US-Musikleben verhelfen.

Zur objektiveren Beurteilung der zeitgenössischen Musik im Presse-Schrifttum ist seinerzeit freilich kein konkreter, allgemeingültiger Kriterienkatalog aufgestellt worden. Trotzdem legten amerikanische Kritiker in ihren Besprechungen sowohl von moderner als auch von traditioneller Musik am Ende der zwanziger Jahre zunehmend Wert auf eine analytische, sachliche und wissenschaftsorientierte Darstellung. In einem Leserbrief an die *New York Times* wurde 1929 gefragt: "What good does it do me to read a technical and unfavorable comparison of the present revival [of Don Giovanni] with a performance in nineteen-something in Salzburg, however it may gratify the reviewer to write it?"[416] Anhand dieser Bemerkung wird deutlich, daß sich die Pressekritik in den USA in großer Distanz zu ihren Lesern befand, daß sich Musikkritiker primär als Autoren eigenständiger literarischer Kunstwerke verstanden, und daß sie Konzertbeurteilungen ausschließlich um ihrer selbst willen verfaßten. Paul Hindemiths Ideal der Annäherung zwischen Publikum, Kritikern und Komponisten wurde somit auch in den USA nicht einmal ansatzweise verwirklicht.

4.1.2. Das neue Selbstverständnis des Kritikers

Die Distanz zwischen Kritiker, zeitgenössischer Musik und Publikum verringerte sich seit den dreißiger Jahren einmal durch die Hinwendung vieler Komponisten zu einer traditionelleren und einfacheren Tonprache. Zum anderen verstanden amerikanische Kritiker der jüngeren Generation ihre Beiträge immer häufiger als wichtige Informationsquelle für einen schnell wachsenden, kulturell interessierten Leserkreis. Auch sie bedienten sich nunmehr einer allgemein verständlicheren Sprache und beschränkten ihre Verwendung von musikalischen Fachbegriffen auf ein Mindestmaß.

Die Konzertberichterstattung in der US-Tagespresse kam allerdings nicht nur einer breiteren Öffentlichkeit, sondern auch der amerikanischen

---

416 W. M. Strong: Opinions of Musical Readers, in: NYT, 79. Jg., Nr. 26,258, 15.12.29, Section 10, S. 10.

Musikindustrie vermehrt zugute; u. a. immer dann, wenn sich Kritiker auf Drängen der Musiker und ihrer Manager betont wohlwollend zu Aufführungen äußerten. Die Gefahr, daß die Musikkritik gar in direkte Abhängigkeit zur Musikindustrie geraten könnte, war zumindest in den großen Metropolen der USA gegeben. Auf die "Old Guard" in New York Bezug nehmend, verglich Olin Downes 1936 den status quo der Musikkritik der zwanziger mit jenem der frühen dreißiger Jahre:

"Time was when a certain distinguished group of music critics ... wrote about music in ways that were often considered exacting and cruel, and sometimes partisan. But they said things, those men. [...] If there was intolerance and partisanship in a day gone by, there is now an amazing degree of complacence and acceptance of exhibitions of the second and third class. This has produced an indifferent public and nursed mediocrity."[417]

Waren die Aussagen der "Old Guard" über die zeitgenössische Musik in den zwanziger Jahren zwar ablehnend, so nahmen diese New Yorker Kritiker doch wenigstens deutlich und ehrlich Stellung, und sie zogen daraus zum Teil einschneidende persönliche Konsequenzen. Die USA, so Olin Downes' Einschätzung, bräuchten nun zwar dringend neue musikalische Talente, insbesondere einheimische Künstler - und diese sollten auch durch Rezensionen in der Tagespresse angemessen unterstützt werden -, doch dürfe deren Förderung keinesfalls mit einem allgemeinen Standardverlust in der Musik einhergehen. Dieser drohenden Mittelmäßigkeit müsse unbedingt mit einer kompromißlosen und stets realistischen Kritik begegnet werden.[418]

Anläßlich des ersten Yaddo-Musikfestivals kamen im Frühjahr 1932 amerikanische Komponisten und Musikkritiker zu einem Meinungsaustausch über die Lage der zeitgenössischen Musik und deren Würdigung in der Tagespresse zusammen. Aaron Copland bezeichnete in diesem Zusammenhang die Umstände, unter denen Musikkritik in den Zeitungen verfaßt wurde, als Bedrohung für die aufkeimende amerikanische Musik. Mit der "casual attitude"[419] der Rezensenten, Konzerte mit landeseigener Neuer

---

417 Olin Downes: The Task Of Honest Criticism, in: NYT, 86. Jg., Nr. 28,827, 27.12.36, Section 10, S. 7.

418 Olin Downes' Auffassung teilte ein weiterer einflußreicher Kritiker (und letzter aktiver Repräsentant der New Yorker "Old Guard") William J. Henderson (vgl. dazu Oscar Thompson: Practical Musical Criticism, New York 1934, S. 144f).

419 Leserbrief Aaron Coplands, zit. nach Olin Downes: American Composers And Critics, in: NYT, 81. Jg., Nr. 27,133, 8.5.32, Section 8, S. 6. Vgl. dazu auch Aaron Copland: The Composer And His Critic, in: MM, 9. Jg., Nr. 4 (May-June 1932), S. 143-147.

Musik zu meiden, könne man eine Förderung junger kreativer Talente nicht erreichen. Dies stehe, so Copland, im klaren Widerspruch zum wachsenden Potential an lebendiger Musik in den USA. Ein weiterer Teilnehmer des Yaddo-Festivals vertrat die Auffassung, daß die einflußreiche amerikanische Musikkritik mit ihrer oberflächlichen Art der Werkbesprechungen ("hasty judgements of new works"[420]) jungen Komponisten mehr schade als diene. Tatsächlich war es zu Beginn der dreißiger Jahre üblich, daß die renommierten Chef-Rezensenten der großen amerikanischen Tageszeitungen die vergleichsweise unbequeme Beurteilung von Konzerten mit Neuer Musik ihren (meist unerfahrenen) Stellvertretern, den sogenannten "second-string critics", überließen, und daß diesen dafür nur wenig Platz in den jeweiligen Musikkolumnen zugestanden wurde.

Während sich die Aufmerksamkeit der amerikanischen Presse gegenüber einheimischen Komponisten im Verlauf der dreißiger Jahre spürbar erhöhte,[421] änderte sich am Gehalt und am geringen Umfang der Werkbetrachtungen wenig, denn die (USA-typische) Tradition, Kritiken bereits am Tag nach dem jeweiligen Konzert in den Zeitungen erscheinen zu lassen, konnte bei der Beurteilung von Ur- oder Erstaufführungen weiterhin nicht mehr als die Vermittlung eines ersten voreiligen Eindrucks bedeuten. Nicht selten verließen die Kritiker schon vor Ende des Konzerts den Saal, um ihre Berichte rechtzeitig zum Redaktionsschluß vorlegen zu können. Ausführlichere Werkbesprechungen (etwa nach bedeutenden Premieren) fanden gelegentlich in den Feuilletons der Sonntagsausgaben ihren Platz. Ein weiteres charakteristisches Merkmal amerikanischer Pressekritik war seinerzeit das Verständnis des Kritikers als Reporter, der sich lediglich auf die Musikberichterstattung spezialisiert hatte. Dementsprechend berief er sich auf folgende Prinzipien: 1.) klare Auskunft auf die Fragen: Wer?, Wo?, Wann?, 2.) Kürze und Direktheit der Aussage, 3.) leserorientierter Stil (leichte Verständlichkeit), und 4.) Unabhängigkeit - insbesondere bei der Beurteilung von Neuer Musik.[422] Schließlich wollten sich einige Musikkritiker in den dreißiger Jahren, wie etwa Olin Downes, nicht mehr als "divinely appointed judge, assigned by destiny to the momentous task of separating wheat from chaff"[423] verstanden wissen (obwohl sie allenthalben noch als solche betrachtet wurden). Stattdessen sahen sie sich nur als eine Instanz unter vielen,

---

[420] Brief eines anonymen Lesers an die NYT, zit. in: Olin Downes: American Composers and Critics, in: NYT, 8.5.32, Section 8, S. 6.

[421] Vgl. dazu Roger Sessions: Reflections on the Music Life in the United States, New York 1956, S. 136ff.

[422] Vgl. dazu Oscar Thompson: An American School Of Criticism, in: MQ, 23. Jg., Nr. 4 (October 1937), S. 428-439.

[423] Olin Downes: Native Composers And Critics, in: NYT, 83. Jg., Nr. 27,798, 4.3.34, Section 9, S. 6.

die aufgrund ihrer Tätigkeit in der Lage waren, die Entwicklungsrichtung der zeitgenössischen Musik maßgeblich zu beeinflussen.[424]

Mit Oscar Thompsons Buch *Practical Musical Criticism* erschien 1934 das erste (und für lange Zeit einzige) grundlegende Lehrwerk, in welchem der modus operandi speziell der amerikanischen Musikkritik ausführlich beschrieben wurde. Schon bald nach der Veröffentlichung avancierte das Buch zum Standardwerk,[425] das der gesamten jungen Kritikergeneration in den USA nachhaltig zu einem neuen Selbstverständnis ihrer verantwortungsvollen Arbeit verhalf. Thompson, der seit 1928 am Curtis Institute in Philadelphia das Fach "Musikkritik" lehrte und für die Zeitungen *New York Evening Post* und *New York Sun* rezensierte, vertrat in seinem Buch erstmals explizit die Auffassung, daß Aspekte der Werkkritik ("The Appraisal of Music") gegenüber jenen der Aufführungskritik ("Appraisal of Performances") stets einen höheren Rang in Konzertbesprechungen einnehmen müßten. Er kam in diesem Zusammenhang zu dem Schluß, daß insbesondere die Beurteilung neuer Kompositionen - entgegen der üblichen Praxis - unbedingt einem erfahrenen Kritiker obliegen sollte, denn:

> "... much keener powers of perception are required to form a first judgment of music never before experienced, particularly if it be in an advanced idiom, than to confirm or dispute what others have thought out in coping with music already rated as good, bad or mediocre."[426]

Sich der naturgemäß divergierenden ästhetischen Auffassungen unter den Kritikern bewußt, führte Thompson drei davon unabhängige, allgemeingültige "standards" an, auf denen eine Werkbeurteilung immer basieren sollte. Seine Hauptkriterien ("principal contributory factors") waren: 1.) das musikalische Material (Melodik, Rhythmus, Harmonik), 2.) die Form und 3.) die Faktur ("workmanship").[427]

Schließlich forderte Thompson nachdrücklich eine bessere Qualifikation des Kritikers, indem er auf all diejenigen Fachbereiche hinwies, welche jeder

---

424 "Criticism is one of the processes which go to the shaping of the musical tendencies of a period." (Olin Downes: Native Composers And Critics, ebd.) Vgl. dazu auch Olin Downes: A Book On Music Criticism, in: NYT, 83. Jg., Nr. 27,847, 22.4.34, Section 9, S. 5.

425 Robert D. Schick bezeichnete Thompsons Buch noch 1996 als das bis dahin einzige grundlegende Werk zur Musikkritik in englischer Sprache (Robert D. Schick: Classical Music Criticism, a.a.O., S. vii-viii).

426 Oscar Thompson: Practical Musical Criticism, a.a.O., S. 44.

427 Ebd., S. 45 sowie S. 56ff.

Musikkritiker mit möglichst hohem Sachverstand in Betracht zu ziehen und bei Bedarf in seinen Besprechungen zu behandeln habe:

> "... he must spread his capacities over a veritable infinity of related, but more and more specialized, manifestations - from the acoustics of an auditorium to the costume of a ballet dancer; from the diction of a singer to the esthetics of an age of machines; from the scoring of a Rimsky-Korsakoff to the mystery of the immortal beloved of a Beethoven; from the riddle of a prima donna to that of Elgar's "Enigma" Variations. And find always, even regarding the prima donna, that he stands only on the frontiers of what he ought to know!"[428]

Was die (von Thompson ausgesparten) ästhetischen Maßstäbe für die Beurteilung der Neuen Musik in den dreißiger Jahren betrifft, so lehnten die meisten Kritiker den weithin geläufigen Neo-Klassizismus - insbesondere Strawinskyscher Provenienz - nach wie vor genauso ab wie die (nun selten gewordenen) Klangexperimente der Futuristen und Modernisten.[429] Kompositionen mußten "more genuinely emotional bent" besitzen und "more emotionally subjective than cooly rational"[430] sein, wenn sie für ein breites Publikum verständlich sein sollten. Daß die amerikanischen Kritiker eine "gefühlsbetonte" neue Musiksprache gegenüber jener kühlen, sachlich-rationalen bevorzugten, wurde in ihren Beurteilungen zeitgenössischer Werke immer wieder evident.

In den dreißiger Jahren kam der amerikanischen Musikkritik nicht zuletzt auch eine historisch bedingte Entwicklung zugute, die ihnen das bessere Verständnis der zeitgenössischen Musik zweifelsohne erleichterte. Im Zuge der Massenauswanderung der europäischen Intelligenz erreichten namhafte Persönlichkeiten der Musikkritik die Vereinigten Staaten. Unter ihnen waren Alfred Einstein, Paul Bekker, Hugo Leichtentritt und Max Graf. Sie alle ließen sich an der Ostküste nieder und wurden dort (vor allem in den Metropolen Boston und New York) bald zum integralen Bestandteil des Musiklebens.

---

[428] Ebd., S. 174.

[429] Paul Rosenfeld und Lawrence Gilman hatten die zumeist negative Rezeption Igor Strawinskys bereits Mitte der zwanziger Jahre wiederholt zum Anlaß genommen, sich an die guten (aber für immer vergangenen) Zeiten des "romanticism" zu erinnern. Rosenfeld vertrat etwa die Auffassung, daß ein Werk, welches sich des Stils des 18. Jahrhunderts bemächtige, notwendigerweise an Originalität einbüßen müsse. Ein Komponist, der solche Ausdrucksformen sein Eigen nenne, könne weder sich selbst noch seiner Zeit gegenüber aufrichtig sein (vgl. dazu Paul Rosenfeld: By Way of Art, New York 1928, S. 80f).

[430] Alan Howard Levy: Radical Aesthetics And Music Criticism In America 1930 - 1950, Lewiston (New York), etc. 1991, S. 21-22.

4.1.3. Vom Glanz zum Elend in der amerikanischen Musikkritik

Vom 1. bis zum 3. Mai 1947 fand an der Harvard University ein Symposium über aktuelle Fragen der Musikkritik statt. Unter den zahlreichen prominenten Vertretern aus dem amerikanischen und englischen Musikleben waren es E. M. Forster, Roger Sessions, Edgar Wind, Olga Samaroff, Virgil Thomson, Paul Henry Lang, Otto Kinkeldey und Huntington Cairns, die dort mit ihren Vorträgen zu verschiedenen Aspekten der Musikkritik Stellung bezogen.[431] Das primäre Ziel dieses Symposiums war es:

> "... to initiate a fundamental re-examination of the principles of music criticism and a discussion of critical problems which have been brought into prominence by conditions in modern society."[432]

Viele Kritiker verbanden mit dem Symposium darüber hinaus die große Hoffnung, sich nun endlich mehr Aufmerksamkeit bei den Zeitungsherausgebern verschaffen zu können. Das allgemein wachsende Interesse an ernster Musik, so Olin Downes und Olga Samaroff, verlange nun dringend auch nach einer ausführlicheren Konzertberichterstattung in der Tagespresse, denn "it is the man in the street, and no longer the special student or intellectual snob, who seeks information about and provocative comment upon the most widely appealing of the arts."[433]

Unter den Referenten herrschte nun weitgehende Einigkeit darüber, daß jeder Musikkritiker über eine umfangreiche Werkkenntnis und langjährige Erfahrung verfügen müsse, um den Anforderungen des amerikanischen Zeitungswesens und den Bedürfnissen des Publikums zu entsprechen und letztlich schnell und trefflich urteilen zu können. Wenn der Kritiker seine Aufgaben, den Publikumsgeschmack "zu steuern und zu reinigen"[434] und zudem das eingefahrene "standard repertory"[435] (etwa der großen amerikanischen Orchester) anzumahnen, jederzeit verantwortungsvoll

---

[431] Die Beiträge des Symposiums wurden veröffentlicht in: Richard F. French (Hrsg.): Music and Criticism. A Symposium, Cambridge 1948.

[432] Zit. nach dem Third Annual Report to the Friends of Art and Music, Harvard University Department of Music (Hrsg.), Cambridge (June 1947), S. 11.

[433] Olin Downes: Critics' Symposium. Three-Day Meeting at Harvard Next Week-End to Tackle Many Problems, in: NYT, 96. Jg., Nr. 32,600, 27.4.47, Section 2, S. 7. Vgl. dazu auch Olga Samaroff: Performer as Critic, in: Richard F. French (Hrsg.): Music and Criticism, a.a.O., S. 93 und S. 98.

[434] Olga Samaroff: Performer as Critic, zit. ebd., S. 87.

[435] Vgl. dazu im folgenden Paul Henry Lang: The Equipment of the Musical Journalist, zit. ebd., S. 146f.

wahrnehmen wolle, dann habe er seinerseits, so Paul Henry Lang, die eigene Werkkenntnis über die von Virgil Thomson geforderten 50 Kompositionen um ein Vielfaches zu erweitern. Lang faßte seine Vorstellungen vom Idealtypus des Kritikers wie folgt zusammen:

> "The critic should concentrate on one or two significant works and deal with them in detail. But in order to do justice to both the composer and himself he must find a way to look at the score in advance of the performance and preferably attend a rehearsal or two so that he will be really acquainted with the work by the time he commits his judgment to paper. He should not be afraid to allocate his column to a new overture by Hindemith or Piston, or to a little-known one by an earlier composer even if the rest of the concert is devoted to the First of Rachmaninoff and the Second of Sibelius. And he should never forget that a good song or a good string quartet can be as great as the mightiest symphony."[436]

Lang mußte sich jedoch selbst eingestehen, daß seine Forderungen in ihrer Gesamtheit kaum zu realisieren waren, denn "in our day the concert industry in our great cities makes such demands on the critic that it is impossible to do justice to its sheer bulk."[437]

Roger Sessions und Virgil Thomson befaßten sich in ihren Vorträgen eingehend mit der Methodik des Kritisierens und dem Heranreifen des kritischen Werturteils. Sessions stimmte mit der zu Beginn des vierten Kapitels beschriebenen Auffassung Paul Hindemiths insofern überein als er den Musikkritiker, der sich stets verantwortungsvoll in den Dienst seiner "musical community"[438] zu stellen habe, grundsätzlich als Verbündeten des Komponisten betrachtete. Dabei müsse, so Sessions, die (unvoreingenommene) Werkbeurteilung freilich nicht immer zu dessen Gunsten ausfallen. Die Güte eines Musikwerks war für ihn in diesem Zusammenhang nicht an objektiven Kriterien festzumachen. Sie war desweiteren auch nicht von einer bestimmten Ästhetik oder einem kompositorischen Prinzip, einem Nationalstil oder gar von einer politischen Ideologie abhängig, sondern in der Hauptsache vom kommunikativen Gehalt. Diesen Gehalt konnte der Rezensent nach Sessions' Überzeugung umso besser ermitteln, je ausgeprägter seine musikalische Erfahrung und sein Instinkt war. Wenn ein Werk trotz offenkundiger Perfektion und Komplexität keine Gefühle im Hörer evoziere, dann habe es, so Sessions, keinerlei

---

436 Ebd., S. 160.

437 Ebd.

438 Vgl. im folgenden Roger Sessions: The Scope of Music Criticism, zit. ebd., S. 40-46.

Existenzberechtigung. Es wäre in diesem Fall einzig identitätsloser, generalisierter Stil.[439]

So, wie sich Roger Sessions in seinem Symposiumsbeitrag auf Distanz zu einer von Objektivität geprägten Werkkritik begab, so gründete auch Virgil Thomson seine Werturteile primär auf die gefühlsmäßige Wirkung, die das Gehörte auf ihn ausübte.[440] Nur wenn das unbekannte Werk selbst (und nicht etwa allein dessen Interpretation) das Interesse am Weiterhören wecke, und wenn es den Rezipienten darüber hinaus "shaken or beatified" zurücklasse, dann besitze es, so Thomson, eine gewisse Qualität.[441] Thomsons vier subjektive Merkmale einer guten Komposition ("clinical signs of quality") stehen im deutlichen Gegensatz zu jenen drei objektiven "standards" von Oscar Thompson aus dem Jahr 1934:

> "(1) a certain strangeness in musical texture; (2) the ability of a work to hold one's attention; (3) one's ability to remember it vividly; (4) the presence of technical invention, such as novelty of rhythm, of contrapuntal, harmonic, melodic, or instrumental device."[442]

Bei der schriftlichen Fixierung der kritischen Werkbeurteilung sollten, so Thomson weiter, vier Techniken der musikalischen Beschreibung[443] angewandt werden. Diese hätten allerdings nur die untergeordnete Aufgabe,

---

439 "The value of Bach's *Die Kunst der Fuge* or such a contemporary work as Hindemith's *Ludus tonalis* is neither enhanced nor diminished by the technical complexities which these works embody." (Roger Sessions: The Scope of Music Criticism, zit. ebd., S. 45). In ähnlicher Weise hatte sich der Musikkritiker Lawrence Gilman bereits einige Jahre zuvor geäußert: "The point is not, ..., whether Herr Hindemith writes atonally or tonally or polytonally; the point is whether, given the structural frame in which his music moves, it can speak to us with power and salience and expressiveness." (Lawrence Gilman: Music - The Boston Symphony Plays a New Work by Herr Hindemith, in: NYHT, 98. Jg., Nr. 33,654, 6.1.39, S. 13).

440 Vgl. dazu im folgenden den Symposiumsbeitrag von Virgil Thomson: The Art of Judging Music, zit. in: Richard F. French: Music and Criticism, a.a.O., S. 103-113.

441 "Heftige Ablehnung, wie man sie in sich selbst oder an einem Nachbarn beobachtet, ist ... ein ... Zeichen dafür, daß in dem Werk wahrscheinlich etwas Gutes steckt. Eine Zustimmung kann auch Ausdruck einer Begeisterung sein, die man sich nur selbst eingeredet hat. Dagegen ist ein Skandal nahezu immer ein Beweis für Qualität." (Virgil Thomson: Über die Besprechung moderner Musik, in: ders.: Musikgeschehen in Amerika, a.a.O., S. 311).

442 Virgil Thomson: The Art of Judging Music, zit. in: Richard F. French: Music and Criticism, a.a.O., S. 108.

443 Die vier Techniken der musikalischen Beschreibung sind nach Thomson: 1.) stylistic identification, 2.) expressive identification, 3.) methods of melodic, harmonic, orchestral, and formal analysis, 4.) verbal formulation.

den ersten Höreindruck mittels einer überzeugenden Sprache analytisch zu bestätigen oder gegebenenfalls zu korrigieren. Nach Thomsons Meinung sollte schließlich weniger die Formulierung des definitiven Urteils im Mittelpunkt einer jeden Zeitungskritik stehen. Vielmehr gelte es, den Prozeß der Urteilsfindung ausführlich darzustellen, denn gerade dieser sei für den Leser von größtem Nutzen.

Die Hoffnung aller Teilnehmer des Harvard-Symposiums, daß die Zeitungsherausgeber auf den allgemein steigenden Bedarf an Konzert- und Werkbesprechungen aufmerksam gemacht werden könnten, wurde alsbald enttäuscht. Anstatt den Musikberichterstattungen mehr Raum in den Tageszeitungen zuzugestehen, wurde die Wortzahl sowohl der Sonntagsfeuilletons als auch der täglichen Musikkolumnen von den Editoren in den folgenden Jahren kontinuierlich reduziert.[444] Dennoch verdeutlichten die Symposiumsbeiträge, daß die Kritiker ernsthaft willens waren, der Besprechung von zeitgenössischer Musik zukünftig besondere Aufmerksamkeit zu schenken, daß man sich überdies vom Primat der objektiven Werkbeurteilung bereits weitgehend losgesagt hatte, und daß nicht zuletzt auch die positive Bewertung einer zeitgenössischen Komposition u. a. nicht zwingend an die (noch in den dreißiger Jahren vorherrschende) Ästhetik des "romanticism" zu koppeln sei.

Die größtenteils sachverständigen amerikanischen Rezensenten, welche nun nicht mehr nur auf der Höhe ihrer Zeit standen, sondern "in der Fortschrittlichkeit der ästhetischen Gesinnung" sogar "vornean marschiert[en]",[445] und auch der für europäische Maßstäbe unvorstellbare, in der Vielzahl von Tageszeitungen einer einzigen Großstadt[446] manifest werdende Meinungspluralismus verhalfen der amerikanischen Musikkritik in den vierziger und fünfziger Jahren zu ihrer Blütezeit. Hans Heinz Stuckenschmidt bescheinigte den amerikanischen Kritikern deshalb wohl zurecht "innerhalb ihrer Blätter und innerhalb der öffentlichen Meinung eine Unabhängigkeit und geistige Integrität ..., vor der man den Hut ziehen"[447] müsse.

In den sechziger und siebziger Jahren hatte der geringe Raum, der den amerikanischen Rezensenten für ihre Beiträge zugestanden wurde, ebenso deutliche Auswirkungen auf das gesamte Musik-Presseschrifttum wie die Tatsache, daß viele Tageszeitungen ihre Publikation ganz einstellten. Solche

---

444 Vgl. dazu Lloyd Weldy: Music Criticism of Olin Downes and Howard Taubman in The New York Times, Sunday Edition: 1924-1929 and 1955-1960, D.M.A. Diss., University of Southern California (June) 1965, S. 26.

445 Hans Heinz Stuckenschmidt: Glanz und Elend der Musikkritik, Berlin 1957, S. 29.

446 In New York City existierten z. B. bereits im Jahr 1934 sieben Tageszeitungen (vgl. Oscar Thompson: Practical Musical Criticism, a.a.O., S. 9).

447 Hans Heinz Stuckenschmidt: Glanz und Elend der Musikkritik, a.a.O., S. 33-34.

Musikkritiken, die einst in den Kulturmetropolen der Vereinigten Staaten kontroverse Diskussionen u. a. über die zeitgenössische Musikästhetik ausgelöst hatten, begegnete man in der Tagespresse immer seltener. Deshalb mußte Virgil Thomson im Jahr 1974 von einer "Dürre" in der amerikanischen Musikkritik berichten. Enttäuscht stellte er fest:

"Time was when the dailies of New York, Chicago and Boston glowed with happy hatreds and partisan preachments. Today there are too few newspapers in any city to sustain a controversy or even to reflect a consensus. Consequently, the tone of newspaper criticism is blander and less urgent. Occasionally one finds a Sunday article animated by perspicacity, a columnful of red-hot controversy among correspondents, or a brilliant review of some novel item, though rarely, it must be admitted, very rarely in the daily papers."[448]

4.2. Pressestimmen

Zur Untersuchung der Hindemith-Rezeption im amerikanischen Presse-Schrifttum wurden zahlreiche Konzert- und Schallplattenbesprechungen in Tageszeitungen und in musikalischen Fachzeitschriften zusammengetragen. Dabei sollte ein möglichst breites Meinungsspektrum über das Gesamtwerk Paul Hindemiths entstehen. Nach einer genaueren Sichtung des Materials stellte sich zum einen alsbald heraus, daß die Auswertung der Beiträge in Tageszeitungen für diese Studie von größtem Nutzen sein würde. Sie gewährleisteten gegenüber jenen Berichten in Fachzeitschriften nicht nur eine weitaus höhere Vielfalt an Meinungen, es wurde darin im Allgemeinen auch ausführlicher zu einzelnen Kompositionen Stellung bezogen. Zum anderen wurde deutlich, daß sich zwischen den jeweiligen Berichten in Tageszeitungen und in Musikzeitschriften keine wesentlichen inhaltlichen Divergenzen ergaben.

Der folgenden Darstellung liegt ein Korpus an Pressestimmen zugrunde, in welchem sich insgesamt 125 Musikkritiker zum Schaffen Paul Hindemiths äußern. 35 verschiedene Tageszeitungen aus 13 Städten der Vereinigten Staaten fanden Eingang in dieses Korpus, das über 700 Werkbesprechungen umfaßt. 137 Kompositionen werden darin behandelt; vom frühen "Capriccio" aus den *Drei Stücken für Violoncello mit Klavier, op. 8* bis zum *Concerto for Organ*

---

448 Virgil Thomson, A Drenching of Music, but a Drought of Critics, in : NYT, 124. Jg., Nr. 42,645, 27.10.74, Section 2, S. 2 und 19.

and Orchestra aus dem Jahr 1963. Die Gesamtheit aller berücksichtigten Musikkritiken deckt den Zeitraum zwischen 1923 und 1995 ab. Der größte Teil der Pressestimmen entstammt jedoch den Jahren zwischen 1940 und 1953 und betrifft in der Hauptsache die für die zeitgenössische Musik-Rezeption seinerzeit zweifelsohne bedeutendsten Kulturmetropolen New York und Boston.

Anhand des Presse-Korpus', das dieser Arbeit in Form einer CD-ROM-Datei beigegeben ist, soll die allmähliche Entstehung eines umfassenden Hindemith-Bildes in den USA vor dem Hintergrund der im ersten Teil dieses Kapitels beschriebenen Entwicklungen in der amerikanischen Musikkritik aufgezeigt werden. Im Mittelpunkt der chronologischen Darstellung stehen die Besprechungen der Hindemithschen Kompositionen. Hierbei gilt es zu untersuchen, welche Aussagen Zeitungskritiker zu einem bestimmten Werk machen. Sind diese analytisch-beschreibend oder beziehen sie sich primär auf die gefühlsmäßige Wirkung, die die jeweilige Komposition auf sie ausübt? Gelangen die Verfasser darüber hinaus zu definitiven Urteilen, und - wenn ja - wie begründen sie diese?[449] Nimmt die europäische Hindemith-Rezeption, von der zumindest das US-Fachpublikum bereits seit Mitte der zwanziger Jahre Kenntnis hatte, Einfluß auf ihre Werkbeurteilungen? Fügen die Kritiker ihren Besprechungen aufgrund von Kenntnissen des Hindemithschen Idioms gar eine stilistische Einordnung in dessen Gesamtschaffen bei?

Das Presse-Korpus soll desweiteren Auskunft darüber geben, welche Werke besonders positiv oder negativ rezipiert wurden, ob hierbei stilistische oder gattungsspezifische Präferenzen erkennbar werden, und ob nicht zuletzt auch die in Kapitel 3 gewonnenen Erkenntnisse über die quantitiative Rezeptionsentwicklung bei Hindemith mit seiner qualitativen Rezeptionsentwicklung übereinstimmen. In diesem Zusammenhang gilt es zu ergründen, weshalb all diejenigen amerikanischen Kompositionen, die zwischen 1945 und 1953 entstanden sind, so ungleich seltener aufgeführt wurden als jene aus den Jahren 1940 bis 1944. Hat Hindemith etwa mit Blick auf sein amerikanisches Werk eventuell auch ein spezifisch amerikanisches Idiom ausgeprägt?

Schließlich werden neben der Werkkritik auch all diejenigen Aussagen in Konzertberichten berücksichtigt, die sich einerseits auf die Resonanz des Publikums und andererseits auf die musikalische Interpretation der Hindemithschen Kompositionen beziehen. Die aufführungskritischen Bemerkungen der Rezensenten werden in einem kurzen Exkurs gesondert dargestellt.

---

449 Vgl. zur qualitativen Untersuchung von Musikkritiken den Aufsatz von Carlton T. Russell: The Analysis and Evaluation of Music: A Philosophical Inquiry, in: MQ, 58. Jg., Nr. 2 (April 1972), S. 161-184.

4.2.1. Die frühe Hindemith-Rezeption in der US-Tagespresse

Amerikanische Rezensenten berichteten im Allgemeinen zunächst sehr zurückhaltend über die Werke Paul Hindemiths. Sie beschrieben bestenfalls ihre musikalischen Eindrücke und gelangten nur gelegentlich zu einer expliziten Bewertung. Wie aus Pressekritiken der zwanziger Jahre hervorgeht,[450] bezogen die Kritiker der großen Tageszeitungen in New York im Vergleich zu jenen in anderen Metropolen von Beginn an sehr viel deutlicher Stellung. Trotz des schwachen Interesses an zeitgenössischer Musik und des unter den Chefkritikern weit verbreiteten Usus', all diejenigen Konzerte an ihre Mitarbeiter zu delegieren, in deren Rahmen moderne Kompositionen erklangen, waren die hauptverantwortlichen Musikrezensenten der *New York Times* und der *New York Herald Tribune*, Olin Downes und Lawrence Gilman, bis einschließlich 1929 immerhin bei mehr als der Hälfte aller Hindemith-Aufführungen in New York persönlich anwesend. Von den 17 Hindemith-Premieren, die Olin Downes seit seiner Anstellung bei der *Times* im Januar 1924 hätte rezensieren können, besprach er insgesamt zehn. Er besuchte vornehmlich Orchesterkonzerte und solche mit größeren Ensembles. Die Kammermusik hatte für ihn wie auch für die meisten seiner Kollegen nur eine vergleichsweise geringe Attraktivität. So überließ er alle Berichterstattungen über Aufführungen von Hindemiths Streichquartetten seinen Stellvertretern.

Umso erstaunlicher ist deshalb die Tatsache, daß sich die erste nachweisbare Kritik einer Hindemith-Aufführung in den USA auf ein Streichquartett bezieht, und daß ihr Autor Henry Taylor Parker (*Boston Evening Transcript*) hierbei zu verschiedenen stilistischen Aspekten dieser Komposition, deren Wirkung auf ihn und das Publikum und schließlich auch zu deren Interpretation in einer Ausführlichkeit Stellung nahm, wie es danach einem Werk dieser Gattung in der US-Presse nicht wieder zuteil werden sollte. Die am 1. Oktober 1923 erschienene Rezension zur amerikanischen Erstaufführung des *2. Streichquartetts, op. 10* sei hier im folgenden zitiert:

"[...] the most warmly and longest applauded was Hindemith's Quartet for Strings, [...]

[...]'Modernist' he certainly is; but tractable, presentable, even amiable, 'modernist,' akin to the younger Britons - no rude-handed, fierce-toned 'come-outer' like a Strawinsky, a Honegger, a Bloch or, ..., a Malipiero.

---

[450] Bis einschließlich 1929 wurden insgesamt 34 Pressekritiken zu 20 verschiedenen Hindemith-Aufführungen in den USA ermittelt. Am häufigsten und ausführlichsten gingen die amerikanischen Rezensenten auf das *Konzert für Orchester, op. 38* und auf Kompositionen aus der Reihe der Kammermusiken ein.

He is the rising hope of the youngest German generation. He carried all before him at the first Salzburg Festival. [...] By common consent the Quartet in F minor for Strings - the piece that won the day at Salzburg - best discloses him. Good report of it long since crossed the sea. It deserved the hearing that Mrs. Coolidge gave it; the pains that her Festival Quartet spent fruitfully upon it. In New York and, may be as near as Cambridge, the season is likely to bring repetitions.

The virtue of Hindemith is the virtue of the wise, the tempered 'modernist.' That is to say, he adventures the new procedures, the new speech; while he does not altogether break with the old methods and the old idiom. There are passages in his Quartet of Saturday chromatic enough to be of a Wagnerian, Straussian day. It contains a counterpoint to which for sinewy, even acrid intricacy, Reger might have given his blessing. Hindemith, originally player in chamber music, has the instinct, the intuition that ply his voices expertly, sympathetically, with sophistication rather than with the blunt or jagged strokes of Stravinsky's Concertino or Malipiero's 'Stornelli.' He seems to take pleasure in such 'old hat' (according to the youngest of our angels) as fugati. He scorns not even a theme and variations - the middle and the lengthiest division of this very Quartet.

On the other hand, Hindemith professes and practices the whole-hearted 'modernist' faith in rhythm as the creative, pervading, conquering element in music. He is all for directness, captor, even abruptness. Logic, progress, cumulation characterize his music; in it he neither chops nor juggles. No more has he room for the furbelows of ornament, the paddings, the second thought and the third, of development. He shuns veneers of symmetry. He can germinate melody; while at will the harmonic vesture, the characterizing timbres are warm and sumptuous or thin, sharp, spare. He can be acidulous and piercing with the best of his brethren; but his dissonances give tang and force to concords.

This two-fold quality in Hindemith seems no calculated compromise. Rather, by every token of the Quartet of Saturday, it is frank and honest self-expression. At the outset, the rhythmic elan, the darting impulse, the sheer vigor and fullness of the onrushing music swept hearers forward into it, forward with it. There was noresisting such flood of young energy. The motivs outflung themselves; leapt into amplitude and progress. Rhythm sped the measures; modulations flashed past; harmonies ran sharp or suave; the four voices cut or caressed. The impetus, the glow of the music rarely flagged. Like to this first movement was the Finale; but with audibly diminished vitality and variety. Matter and means were both cooling. The easiest way, the careless choice, sometimes came uppermost. Between stood the Theme with Variations. Not one was musical mathematics. Imagination touched them all; twice rose to a full and unmistakable beauty of sustained, up-swelling song - the ancient curve, the modern plangency and incisiveness, the poetizing temper that is birth to both. Therewith was Hindemith's victory won. This newly associated Festival Quartet played this music of Hindemith ... . [...] The Festival Quartet did feats of prowess with Hindemith ...; but there is no making Haydn and Brahms sound that way. Theirs, happily, is another voice and virtue."[451]

Für Henry Taylor Parker fiel diese distanziert evaluative und mit Blick auf die umfangreiche Beschreibung des Hindemithschen Idioms im übrigen äußerst zutreffende Rezension sicher nur deshalb so wohlwollend aus, weil er die positive Reaktion des Publikums zu ergründen suchte und dabei die europäische Rezeption des Komponisten als verläßlichen "Grad- und Trendmesser" heranzog. Obwohl er der von Modernismus (Rhythmik) und Traditionalismus (Form, Satztechnik) gleichermaßen geprägten Musik Hindemiths bereits einige bemerkens- und anerkennenswerte, individuelle Eigenarten zusprach, bekannte er sich in seiner Schlußbemerkung selbst noch ganz zu den Klangidealen und den "Tugenden" der klassischen und romantischen Tradition.

Während Parker das *Streichquartett, op. 10* für die frühen zwanziger Jahre ungewohnt sachlich und ausführlich beschrieb, so schilderte er seine persönlichen Eindrücke dagegen durchaus mit zeittypischen Mitteln, indem er die Rezension an geeigneten Stellen mit luzider Metaphorik anreicherte. Die Wucht der stets vorwärtsdrängenden und mit "junger Energie" ausgestatteten, "glutheißen Hochgeschwindigkeitsmusik" des ersten Satzes, welche ihn und alle anderen Zuhörer gegen jeden Widerstand vor allem wegen ihres nie ermattenden rhythmischen Elans und ihrer blitzartig vorbeirauschenden Modulationen von Beginn an mitreißen mußte, hatte auf Parker anscheinend eine genauso unmittelbare Wirkung wie die "unverkennbare Schönheit" des lyrischen Variationensatzes.

Das allgemeine Bestreben der amerikanischen Kritiker, ihre musikalischen Werturteile gegen Ende der zwanziger Jahre vermehrt auf analytische Erkenntnisse zu gründen, wurde auch anhand vieler Rezensionen manifest, die Kompositionen Paul Hindemiths betrafen.[452] Während Olin Downes etwa das *Konzert für Orchester, op. 38* anläßlich der New Yorker Erstaufführung noch

---

[451] H.T.P. [Henry Taylor Parker]: Day for Youth, "Modernists," and Victories, in: Boston Evening Transcript, 94. Jg., Nr. 228, 1.10.23, S. 10.

[452] Vgl. in diesem Zusammenhang (neben den im Haupttext angeführten Beispielen) auch die beiden Werkbesprechungen zum *Streichquartett, op. 22* aus den Jahren 1924 und 1928: 1) New York String Quartet [ohne Verf.], in: NYT, 74. Jg., Nr. 24,427, 10.12.24, S.20, sowie 2.) Pro Ante [sic.] Quartet Gives 3 Novelties [ohne Verf.], in: NYT, 77. Jg., Nr. 25,556, 13.1.28, S. 26.

ganz nach dessen gefühlsmäßiger Wirkung beurteilte und der frühen amerikanischen Hindemith-Rezeption damit einen empfindlichen Verriß zufügte, betrachtete er dasselbe Werk zwei Jahre später primär aus dem Blickwinkel der harmonischen Analyse. Sich einer Vielzahl von musikalischen Fachbegriffen bedienend, gelangte er daraufhin zu einem ganz neuen Urteil. Am 14. März 1926 schrieb der Chefkritiker der *New York Times* zunächst noch lapidar:

"The concerto of Hindemith is ugly and dull music. It is astonishing that a composer could have spent the time that the mere writing down of the notes requires - notes without significance of a musical or emotional kind, here and there employed with a fluency deserving of better things. There are four movements. But one pause separates the beginning of the score from the end. All kinds of dissonant effects are there. Where is music?"453

Am 8. Februar 1928 teilte Downes den *Times*-Lesern gleich zu Beginn seiner Rezension mit, daß das *Konzert für Orchester, op. 38* für ihn nunmehr zu den "wittiest and most incisive pieces of music of the contemporaneous German repertory" gehöre. In der sich anschließenden Werkbesprechung nahm er ausführlich zu seiner gewandelten Auffassung Stellung:

"This is the case, in spite of - or perhaps because of - the apparent freedom and absence of tonality! Hindemith has long been an adept in the practices of polytonality and he writes this concerto in a counterpoint of keys as well as themes. What is amazing is the feeling of logic and exhilarating dexterity back of his audacious play. The effect of a basic tonality is absent. Key being set against key, a strange kind of equilibrium results. If the music were not contrapuntal it would be indefinite impressionism, but theme is always walking sturdily against theme in Hindemith's orchestra; lines converging and offsetting each other replace chords; harmony as such is non-existent. We must confess to an unhallowed joy in the result, which is mischievous, but not irresponsible. The sense of a fixed, inescapable key - a key with leaded soles, to which, willy nilly, the composer and the ear of the listener must return, has been wafted away - and not be a floundering tyro. This music of Hindemith - which may or may not be worth while - a thing for the future to show - has, for all its impertinence, a certain self-possession and security. [...]

---

453 Olin Downes: Music - Boston Symphony Orchestra, in: NYT, 75. Jg., Nr. 24,886, 14.3.26, S. 29.

[...] musical speech ... appears remarkably simple and native to the composer.

[...] music inhabited by dissonance and a certain swift energy which causes it to revolve until the part of the tonal machine are red hot with their own friction."[454]

Olin Downes stützte sein neu gewonnenes Urteil maßgeblich auf die Erkenntnis, daß Hindemith in seinem *Konzert für Orchester, op. 38* zu einem individuellen Stil gefunden habe. Dieser basiere trotz aller harmonischer Impertinenz und Kühnheit nur deshalb auf einer sicheren und zudem bemerkenswert einfachen Musiksprache, weil Hindemith sein Orchesterwerk auf eine geschickte und logische polyphone Satzfaktur gegründet habe. Seine polytonale[455] Harmonik resultiere, Downes' Auffassung zufolge, nicht aus vertikalen Akkordkombinationen, sondern vielmehr aus der Linearität der melodischen Bewegung ("lines converging and offsetting each other replace chords").

Das *Konzert für Orchester, op. 38* muß als Schlüsselwerk der frühen Hindemith-Rezeption in den USA gelten, denn all das, was die Kritiker mit Blick auf diese Komposition als typische Merkmale einer nunmehr individuellen Musiksprache erkannten, war zuvor im Rahmen zahlreicher Rezensionen, die andere Kompositionen betrafen, nur gelegentlich und nur unter Berücksichtigung einzelner stilistischer Aspekte thematisiert worden. Das Hindemith-Bild der amerikanischen Pressekritik war - neben der von Downes beschriebenen dissonanzreichen harmonischen Sprache - in den zwanziger Jahren vor allem von einer unversöhnlichen, bisweilen "rowdyhaften" Rhythmik und nicht zuletzt auch von einer unverkennbaren (oftmals mit "skill", "dexterity", "craft" beschriebenen) handwerklichen Kunstfertigkeit geprägt, die im genialen und zeitgemäßen Umgang mit alten Formen und Satztechniken[456] sowie gleichermaßen auf dem Gebiet der Instrumentation[457] immer wieder deutlich zutage trat.

---

454 Olin Downes: Music - The Return of Monteux, in: NYT, 75. Jg., Nr. 25,582, 8.2.28, S. 28.

455 Hindemiths harmonische Sprache wurde in der US-Presse zunächst noch nicht mit "polytonality", sondern oftmals mit der (freilich wenig erhellenden, aber zu Anfang der zwanziger Jahre äußerst beliebten) Bezeichnung "cacophony" umschrieben. Vgl. dazu die Rezensionen zu folgenden Werken: 1.) *Streichquartett, op. 22* (New York String Quartet [ohne Verf.], in: NYT, 74. Jg., Nr. 24,427, 10.12.24, S. 20), 2.) *Kammermusik Nr. 3, op. 36 Nr. 2* (Olin Downes: Music - International Composers' Guild, in: NYT, 75. Jg., Nr. 24,810, 28.12.25, S. 12), sowie 3.) *Klaviermusik, op. 37 (2. Teil)* (An Ultra-Modern Recital [ohne Verf.], in: NYT, 77. Jg., Nr. 25,511, 29.11.27, S. 30).

456 Vgl. dazu Henry Tailor Parkers Rezension zur amerikanischen Erstaufführung des *Konzerts für Orchester, op. 38* (H.T.P.: All Sorts and Conditions of Music-Making, in: Boston Evening Transcript, 97. Jg., Nr. 54, 6.3.26, Part 2, S. 14).

Für die meisten amerikanischen Rezensenten waren sowohl die Existenz eines Individualstils als auch die kompositionstechnische Gewandtheit noch kaum ausreichende Kriterien für generell positive Werkbeurteilungen. Was vielmehr zählte, war der klangliche Eindruck und die unmittelbare Verständlichkeit einer jeden neuen Komposition. Die scharfe Ablehnung, mit welcher man der Hindemithschen Musik in der US-Presse - von wenigen Ausnahmen abgesehen[458] - in den zwanziger Jahren gegenübertrat, hatte ihre Ursache in der ungewohnt dissonanten Harmonik, in der Präsenz zahlreicher scheinbar charakter-, ideen- und emotionsloser Motive und nicht zuletzt auch im vermeintlichen Fehlen einer überzeugenden Melodik. Nicht selten waren Bewertungen zu lesen, wie sie etwa Lawrence Gilman mit Blick auf die *Konzertmusik für Blasorchester, op. 41* am 11. Februar 1927 in der *New York Herald Tribune* herausbrachte. Hindemith befinde sich mit diesem Werk, so Gilman, zwar auf der Höhe einer von Objektivität geprägten Zeit, und er habe darin auch erneut seine hohe Kompositionskunst unter Beweis gestellt. Trotz allem wirke diese Konzertmusik auf ihn jedoch nur saftlos und banal.[459]

Eine Musiksprache, die keinerlei emotionalen Gehalt aufzuweisen hatte, hinterließ bei all denjenigen Kritikern, die einer unzeitgemäßen spätromantischen Ästhetik verpflichtet waren, zwangsläufig den Eindruck des Banalen, Häßlichen und Hohlen. Olin Downes' erste Rezension über das *Konzert für Orchester, op. 38* mußte vor diesem Hintergrund in der zitierten Frage kulminieren: "Where is music?" Bei einem Liederzyklus wie etwa dem *Marienleben, op. 27* wurde in der Hauptsache eine überzeugende und sangbare Melodik erwartet. Stattdessen stellte Olin Downes wiederum fest, daß die Gesangsstimme auch in weiten Teilen dieser Komposition so ganz unmelodisch daherkam. Sie bestand nach seiner Auffassung aus "far-fetched intervals"[460] und wirkte deshalb auf ihn "palpably artificial" und "ugly". Die

457 Vgl. in diesem Zusammenhang Francis D. Perkins' Besprechung der *Nusch-Nuschi-Tänze, op. 20* (F. D. Perkins: Stokowski Offers All-German Program In Third Concert, in: NYHT, 84. Jg., Nr. 28,493, 19.11.24, S. 17), sowie Olin Downes' Kritik zur *Konzertmusik für Blasorchester, op. 41* (Olin Downes: Music - Wilhelm Furtwaengler Returns, in: NYT, 76. Jg., Nr. 25,220, 11.2.27, S. 20).

458 Vgl. dazu neben der (im Haupttext zitierten) positiven Kritik von Olin Downes zum *Konzert für Orchester, op. 38* auch seine Besprechung der *Lieder nach alten Texten, op. 33*, insbesondere des *Landsknechtstrinkliedes* (Olin Downes: Music - Sixteenth Century and Today, in: NYT, 77. Jg. Nr. 25,543, 31.12.27, S.12, sowie eine Rezension der *Kammermusik Nr. 7* (Music Fete Ends in Special Treat [ohne Verf.], in: Washington Post, Nr. 19,474, 10.10.29, S. 5).

459 "For, alas, Mr. Hindemith's variations for military band are only mildly engaging. This is dexterous writing, craftsmanlike and effective. But it is not music that one cares to hear again for it is vacuous of ideas, sapless and banal and trite." (Lawrence Gilman: Hindemith and Richard Strauss, in a Demonstration by Two Orchestras, in: NYHT, 86. Jg., Nr. 29,307, 11.2.27, S. 15).

460 Olin Downes: Music - Sixteenth Century and Today, in: NYT, 77. Jg., Nr. 25,543, 31.12.27, S. 12.

satztechnische Kunstfertigkeit erkannte er einzig in der Klavierbegleitung, so daß Downes' erste Bewertung einzelner Lieder aus dem *Marienleben, op. 27* nach einer Aufführung am 30. Dezember 1927 in New York ebenfalls deutlich negativ ausfiel.

Schließlich geht aus den Rezensionen der zwanziger Jahre hervor, daß das Hindemithsche Werk in den USA (im Gegensatz zu den häufigen Verrissen der Musikkritiker) beim Konzertpublikum von Beginn an zumindest ein geteiltes Echo fand, welches von uneingeschränkter Zustimmung bis hin zu deutlicher Ablehnung reichte. Während das fachkundige Publikum beim Berkshire Festival dem *Streichquartett, op. 10* im Jahre 1923 - wie erwähnt - warmen und langen Applaus spendete, und während die *Nusch-Nuschi-Tänze, op. 20* 1924 in New York geradezu herzlich aufgenommen wurden, muß die *Kammermusik Nr. 2,* nach ihrer Erstaufführung in Chicago am 26. Februar 1926 eine derartige "icy reception"[461] erfahren haben wie sie dort seit einigen Jahren nicht mehr dokumentiert worden war. Auch das *Konzert für Orchester, op. 38* fand in Boston 1926 eine wenig wohlwollende Aufnahme. Die *Konzertmusik für Blasorchester, op. 41* wurde im Rahmen ihrer amerikanischen Erstaufführung am 10. Februar 1927 in New York gar ausgepfiffen.

4.2.2. Zwischen Klischee, Sachlichkeit und neuer Subjektivität

Die ersten beiden Kompositionen Paul Hindemiths, die in den USA uraufgeführt wurden, fanden sowohl beim Bostoner als auch beim Chicagoer Publikum nicht mehr als eine kühle Resonanz. Sie wurden allerdings in der Tagespresse höchst unterschiedlich besprochen. Die Bostoner Kritiker setzten sich nach der Premiere der *Konzertmusik für Streichorchester und Blechbläser, op. 50* am 3. April 1931 in ihren Beiträgen ausführlich mit diesem Werk auseinander. Die Uraufführung der *Konzertmusik für Klavier, Blechbläser und zwei Harfen, op. 49* am 12. Oktober 1930 blieb vergleichsweise unbeachtet. Hazel Moore (*Chicago Daily Tribune*) beließ es bei der schlichten Bemerkung: "a first performance of Hindemith's Konzertmusick fur Klavier, Blechblaser under Harfen [sic.], written in 1930, closed the program."[462] Sie bestätigte damit nur allzu deutlich den seinerzeit schlechten Ruf der Musikkritik in Chicago. Anfang der dreißiger Jahre konnten sich auch die Rezensenten dieser amerikanischen

---

461 Symphony Concert [ohne Verf.], in: MC, 4.3.26. Vgl. dazu auch Edward Moore: Dislike Almost Registered at Stock Concert - Hindemith Concerto is Hard on Nerves, in: Chicago Daily Tribune, 85. Jg., Nr. 50, 27.2.26, S. 21.
462 Hazel Moore: Chamber Music, Kreisler, Sousa Start The Season, in: Chicago Daily Tribune, 89. Jg., Nr. 246, 13.10.30, S. 25.

Kulturmetropole anhand mehrerer öffentlicher Hindemith-Aufführungen allmählich enger mit den Werken des deutschen Komponisten vertraut machen.[463] So beurteilten sie etwa die Symphonie *Mathis der Maler* nach ihrer Erstaufführung in Chicago am 2. April 1936 nun bereits viel selbstbewußter und kritischer.[464]

Diese im Verlauf der dreißiger Jahre landesweit wachsende Vertrautheit der amerikanischen Pressekritik mit der Musiksprache Paul Hindemiths und die zunehmende Bereitschaft, dessen Werke ausführlich zu untersuchen, belegt ein Vergleich all derjeniger Konzertbesprechungen aus den Jahren 1937 bis 1939, die sich auf Aufführungen des Bratschenkonzertes *Der Schwanendreher* in Washington, New York, Boston, Chicago und Los Angeles (jeweils unter solistischer Mitwirkung des Komponisten) beziehen.[465] Hierbei wird zunächst evident, daß die Rezensenten in Paul Hindemith bereits ausnahmslos einen bedeutenden deutschen Vertreter der zeitgenössischen Musik erkannt hatten. Überdies war es ihrer aller Anliegen, die Merkmale seiner neuen musikalischen Sprache vor dem Hintergrund des Gesamtschaffens vorwiegend unter Berücksichtigung melodischer Aspekte zu ergründen.

Die Rezensionen zum *Schwanendreher* unterscheiden sich nicht mehr grundsätzlich in der Existenz eines kritischen Urteilswillens ihrer Verfasser, sondern in der Hauptsache im Umfang ihres jeweiligen Urteilsvermögens. Während Ray C. B. Brown (*Washington Post*) das Hindemithsche Idiom mit sicherem Gespür in einen historischen Kontext einzuordnen vermochte, gab Redfern Mason (*Boston Evening Transcript*) dagegen geradeheraus zu, daß er die Gesetzmäßigkeiten in der Musik zwar erkannt, aber noch nicht verstanden

---

[463] Folgende Werke wurden zu Beginn der dreißiger Jahre in Chicago aufgeführt: *Neues vom Tage-Ouvertüre* (20. und 21.3.31), *Die junge Magd, op. 23 Nr. 2* (10.4.32) und *Nusch-Nuschi-Tänze, op. 20* (21. und 22.12.33).

[464] Vgl. hierzu Edward Barry: Stock Concert Adds Converts to Hindemith, in: Chicago Daily Tribune, 4.4.36.

[465] Vgl. hierzu die folgenden Rezensionen: 1.) Olin Downes: Hindemith Works Heard In Capital, in: NYT, 86. Jg., Nr. 28,933, 11.4.37, Section 2, S. 10, 2.) Olin Downes: Festival of Music Closes in Capital, in: NYT, 86. Jg., Nr. 28,934, 12.4.37, S. 14, 3.) L.A.S.: Paul Hindemith; Humphrey-Weidman, in: Christian Science Monitor, 29. Jg., Nr. 117, 14.4.37, S. 13, 4.) Redfern Mason: In the World of Music - Paul Hindemith Plays His Own Compositions for Invited Guests, in: Boston Evening Transcript, 108. Jg., Nr. 87, 14.4.37, S. 7, 5.) Olin Downes: Hindemith Soloist At Philharmonic, in: NYT, 86. Jg., Nr. 28,937, 16.4.37, S. 26, 6.) Francis D. Perkins: Paul Hindemith Has Debut With Philharmonic, in: NYHT, 97. Jg., Nr. 33,024, 16.4.37, S. 19, 7.) Ray C. B. Brown: Chamber Music Festival Regarded in Retrospect, in: Washington Post, Nr. 22,221, 18.4.37, Section 7, S. 6, 8.) Edward Barry: Just Finished Sonata Played by Hindemith, in: Chicago Daily Tribune, 96. Jg., Nr. 96, 22.4.37, S. 17, 9.) Edward Barry: Chicago First to Hear Work by Hindemith, in: Chicago Daily Tribune, 97. Jg., Nr. 54, 4.3.38, S. 17, sowie 10.) Isabel Morse Jones: Hindemith Highlight of Concert, in: Los Angeles Times, 58. Jg., 24.3.39, Part 1, S. 17.

habe. Desweiteren verdeutlicht der Vergleich der *Schwanendreher*-Rezensionen, daß die Kritiker in New York und Boston ungleich ausführlicher auf das Werk und dessen Interpretation durch Hindemith eingingen als ihre Kollegen in Chicago, Washington und Los Angeles. Hindemiths "informelles" Auftreten als Bratscher hinterließ bei den New Yorker und Bostoner Rezensenten den Eindruck, daß er seine offenkundige Virtuosität und Musikalität als Solist nicht um des "showmanship" und der "effects" willen einsetzte, sondern daß er sein hervorragendes Können stattdessen ganz in den Dienst der eigenen Musik stellte.

Was die von Oscar Thompson im Jahre 1934 in seinem Buch *Practical Musical Criticism* aufgestellten allgemeinen Kriterien der Werkbeurteilung betrifft - 1.) musikalisches Material, 2.) Form und 3.) Faktur -, so wurden diese in den meisten *Schwanendreher*-Rezensionen berücksichtigt. Die Kritiker in Chicago, New York und Los Angeles äußerten sich zu allen drei Kategorien. Anhand dieser gelangten sie auch zu ihrem Urteil. Die Bostoner Rezensenten schenkten den Kriterien Thompsons dagegen weitaus weniger Beachtung. Vor allem der Kritiker des *Christian Science Monitor* (L.A.S.) ging einzig und bestenfalls marginal auf formale Aspekte der Komposition ein.

Im folgenden sei in diesem Zusammenhang eine Rezension von Oscar Thompson (*New York Sun*) zitiert, in welcher er - über die amerikanische Erstaufführung des Balletts *Nobilissima Visione* am 14. Oktober 1938 in New York berichtend - seine sogenannten "standards" der Werkbeurteilung der Reihe nach auf geradezu paradigmatische Weise abhandelte. Nach dem eingangs angeführten Gesamturteil über das Ballett und der sich daran anschließenden Beschreibung des Szenariums und der Choreographie nahm Thompson etwa in der Mitte seiner Besprechung Bezug auf die Hindemithsche Musik:

"As presented last night, "St. Francis" is a work of a curious and appealing medievalism which undoubtedly begins with Hindemith's score. Taking as its thematic basis what is said to be a troubadour song, "Ce fut en Mai", it builds upon a naive melody with many variations, these being interwoven with other material of kindred feeling and suggestion. There is nothing of the consciously archaic. But, in spite of twentieth century harmonization, the music has an aura of old times. For the most part it is spare in outline and rather primitive in color, avoiding the lush and the sensuous in its sonorities. The woodwinds have important roles to play in etching the lines of unadorned counterpoint. The music is not curt of satiric; to the contrary it has its considerable exfoliations and is always earnest. Whether, in some condensed form, it has before it a separate existence in the concert halls is not an issue of the moment, but conceivably segments of it would have a measure of independent appeal."466

Die in zahlreichen Variationen verarbeitete "naive" Melodik, die moderne, aber doch zugleich an "alte Zeiten" erinnernde und zudem bisweilen spärliche und primitive harmonische Sprache, der von Holzbläsern dominierte Orchesterklang und nicht zuletzt auch die schmucklose Kontrapunktik: all diese Merkmale evozierten nach Thompsons Auffassung eine dem Sujet angemessene mittelalterliche Stimmung. Hindemiths Partitur war deshalb für ihn "the most interesting and vital music he has given us in recent years - perhaps in his entire career."

Der Komponist Virgil Thomson repräsentierte als Musikkritiker bei der *New York Herald Tribune* (von 1940 bis 1954) einen neuen, von hoher Subjektivität geprägten Rezensionsstil in den USA.467 Seine durchweg amüsante, gewiß geistreiche, aber bisweilen auch in belanglose Plauderei abgleitende Alltagssprache bediente sich im Vergleich zu Oscar Thompsons analytisch beschreibendem Stil nur selten musikalischen Fachvokabulars. Thomson rezensierte wie nur wenige seiner Kollegen vor ihm in der 1. Person Singular. Er beschrieb die Werke Paul Hindemiths so unsachlich468 und befand darüber so provokativ wie kein zweiter amerikanischer Kritiker. Seinen Beiträgen war stets ein mit Prägnanz formuliertes Urteil zueigen. Desweiteren vermittelte Thomson darin auch einige Male explizit den seiner Auffassung nach für den Leser so essentiellen Prozeß der Urteilsfindung. In einer Rezension über das *Konzert für Violine und Orchester* schreibt er:

"A more monotonous and arid three movements it has rarely been my lot to sit through. I got to wondering if maybe Hindemith wasn't just another Max Reger, a faucet of counterpoint plain and fancy. By the end I had practically convinced myself that he was, though one knows that no two composers of that degree of mastery are, ever really duplicates.

---

466 Oscar Thompson: New Hindemith Ballet Given - 'St. Francis' Has American Premiere With Massine in Title Role, in: New York Sun, 15.10.38, S. 12.

467 Zum Rezensionsstil Virgil Thomsons vgl. Walter Piston: Recent Books: The Music Criticism Racket, in: MM, 22. Jg., Nr. 4 (May-June 1945), S. 282-283.

468 Vgl. in diesem Zusammenhang Virgil Thomsons Rezension zum *Konzert für Violoncello und Orchester*. Darin nahm der Verfasser zum Hindemithschen Bläsersatz und zur Interpretation Koussewitzkys Stellung: "I could not tell whether the heaviness of the brass entries, which were certainly a shade on the *blitzkrieg* side, was due to the composer's scoring or to Mr. Koussevitzky's overenthusiastic hand." (Virgil Thomson: Music, in: NYHT, 100. Jg., Nr. 34,426, 16.2.41, S. 28).

So I compromised with myself by calling him a composer of blackboard music."[469]

Spätestens seit den frühen vierziger Jahren waren in den meisten kulturellen Metropolen der USA immer auch Rezensenten tätig, die willens und zudem erkennbar in der Lage waren, sich vielschichtig zu Hindemith zu äußern und über seine Werke zu urteilen; sei es mittels eines neuen subjektiven oder weiterhin mittels eines vorwiegend sachlich beschreibenden Rezensionsstils. Zu den prominentesten und einflußreichsten Vertretern der amerikanischen Musikkritik, die in den dreißiger und vierziger Jahren über Paul Hindemith schrieben, gehörten neben Virgil Thomson, Oscar Thompson, William J. Henderson und Olin Downes (New York) u. a. die Kritiker Philip Hale (Boston) und Alfred Frankenstein[470] (San Francisco).

Die einhellig positive Resonanz, die das Ballett *Nobilissima Visione* nach der New Yorker Premiere im Jahre 1938 in der US-Tagespresse als erstes und einziges Werk Paul Hindemiths überhaupt erhielt[471] (und die im übrigen von dessen Mainzer Verleger Willy Strecker einerseits mit großer Freude aufgenommen, aber andererseits auch mit einiger Verwunderung ironisch kommentiert wurde[472]), stand im klaren Gegensatz zur ablehnenden Haltung

---

[469] Virgil Thomson: Music, in: NYHT, 100. Jg., Nr. 34,389, 10.1.41, S. 13.

[470] Paul Hindemith hat sich nur sehr selten über einzelne amerikanische Musikkritiker geäußert. Alfred Frankenstein war in diesem Zusammenhang der einzige, dessen Arbeit er lobend hervorhob. "Mr. Alfred Frankenstein vom San Francisco Chronicle", so schrieb Hindemith an seine New Yorker Verleger (AMP), "fragte nach Notizen für "Metamorphosis", und da er im allgemeinen verständig über Sachen schreibt, dachte ich, man könnte vielleicht seine Vorbesprechung für spätere Zwecke brauchen." (Brief Paul Hindemiths an KFB [Karl Bauer], o.O. und Datum [vermutlich New Haven, Januar 1944]). Den Kritiker Olin Downes nahm Hindemith ungleich weniger ernst. Eine *Mathis der Maler*-Aufführung in New York (16.3.40) kommentierend, berichtete er seiner Frau Gertrud: "Erfolg war groß. Du siehst das ungefähr aus der beiliegenden Kritik des New Yorker Oberbonzen [Olin Downes: Hindemith Work Concert Feature, in: NYT, 89. Jg., Nr. 30,003, 17.3.40, S. 44], der noch vor 2 Jahren nur scheußliche Dinge gegen mich herausgefunden hatte -- allerdings hat er dem Voigt [AMP] einmal gesagt, es sei ihm ganz plötzlich ein Licht aufgegangen." (Brief Paul Hindemiths an seine Frau Gertrud, Buffalo, 21.3.40, zit. nach Friederike Becker, Giselher Schubert (Hrsg.): Paul Hindemith "Das private Logbuch", a.a.O., S. 430).

[471] Vgl. hierzu neben der im Haupttext zitierten Rezension über das *Nobilissima*-Ballett von Oscar Thompson die folgenden Besprechungen: 1.) John Martin: 'St. Francis' Ballet Danced by Massine, in: NYT, 88. Jg., Nr. 29,484, 15.10.38, S. 20, sowie 2.) Pitts Sanborn: Ballet Presents "St. Francis" for Its American Debut, in: New York World Telegram, 15.10.38.

[472] "Hocherfreulich ist der Bericht, der heute von Voigt über 'Nobilissima' in New York eintraf. Es scheint ein wirklich ganz grosser Erfolg gewesen zu sein und die Zeitungsberichte sind übereinstimmend vorzüglich. Zum ersten Mal, dass ich eine einstimmig anständige Beurteilung eines Kunstwerkes in Amerika gefunden habe. Es ist

der Rezensenten in den zwanziger Jahren. Selbst die Symphonie *Mathis der Maler* - seit den frühen vierziger Jahren in den USA ein vielgelobtes Meisterwerk - wurde nach ihrer amerikanischen Erstaufführung im Jahre 1934 nicht annähernd mit solchem Überschwang besprochen wie das *Nobilissima*-Ballett. Was war seither geschehen?

Die Wende hin zum Positiven, die die amerikanische Hindemith-Rezeption im Verlauf der dreißiger Jahre nahm, zeichnete sich seit den bereits erwähnten Uraufführungsberichten zu den Opera 49 und 50 ab. Nie zuvor waren sich die Kritiker über die neuesten Kompositionen des Deutschen so uneinig gewesen. Henry Prunieres, der für die *New York Times* aus Chicago berichtete, erkannte in der *Konzertmusik, op. 49* einen "neuen", von der Romantik inspirierten Hindemith; "much less a slave of rhythm, of the machine, more human and more sentimental."[473] So wie Prunieres das Klavierkonzert nur deshalb zu einem Meisterwerk erhob, weil daraus ein "menschlicherer" Hindemith sprach, so gelangten auch einige Bostoner Kritiker mit Blick auf die *Konzertmusik, op. 50* zu ähnlich positiven Bewertungen. Warren Storey Smith (*Boston Post*) begründete dies damit, daß Hindemith nicht der Versuchung widerstanden habe, sich selbst in einer "long-breathed melody"[474] auszudrücken. Smith und Henry Taylor Parker (*Boston Evening Transcript*) erkannten überdies in Hindemiths Musiksprache die Fortsetzung einer langen deutschen Tradition, die sogar bis Johann Sebastian Bach zurückreichte. Wie kein anderer Kritiker vor ihm stellte Parker in der US-Tagespresse erstmals ausführlich eine ideelle und biographische Verbindung zwischen dem deutschen Barock-Meister und Paul Hindemith her. In seiner Rezension hieß es dazu:

> "It is music, moreover, in what the wise men call the direct line of progress. It is interesting technically; well-shaped formally; is wholly self-contained; upsprings, advances and rounds alive and inevitable. Last week we were all praising these qualities in Bach (1685-1750). They are as laudable and continuing in Hindemith born in 1895 and 'still living.' He enriches his technique with the harmonic devices and contrapuntal procedures of his own time, which - the records say - was Bach's custom. He is free in form and disposed to experiment. The town-council

---

beinahe schon beängstigend, und ich fange an Zweifel zu bekommen, ob dies mir bestens unbekannte Werk wirklich gut ist, wenn es die Amerikaner so loben!" (Brief Willy Streckers an Paul Hindemith, Mainz, 5.11.38).

[473] Henry Prunieres: The Coolidge Festival in Chicago, in: NYT, 80. Jg., Nr. 26,566, 19.10.30, Section 9, S. 8.

[474] Warren Storey Smith: Symphony in Music for Easter - Hindemith's "Concert Music" Creates Good Impression, in: Boston Post, 4.4.31.

reproached Bach for like inclinations, even as our elect ladies now reproach Hindemith."[475]

Die Romantisierung und Emotionalisierung des Hindemithschen Idioms - vor allem von Prunieres, Parker und Smith erkannt und begrüßt - blieb dem Kritiker des *Boston Herald*, Philip Hale, ganz verborgen. Er sprach Hindemith weiterhin jedwede melodische Inspiration ab und bezeichnete die *Konzertmusik, op. 50* aus diesem Grund als "not even laboriously ugly."[476] Philip Hale ließ seinen Beitrag am Ende mit einem etwas versöhnlicheren Ton ausklingen, indem er eine Stimme aus dem Premieren-Publikum zitierte. Diese hatte resümierend festgestellt: "Not so bad as I expected."

Einige Rezensenten nahmen die Bostoner Uraufführung auch zum Anlaß, die Komponistenpersönlichkeit Hindemith unter Berücksichtigung aller bereits verfestigter Klischees in ihren Berichten eingehend zu charakterisieren. Diese Klischees, welche zum großen Teil auf Überlieferungen der frühen europäischen Hindemith-Rezeption rekurrieren, sollten auch in den folgenden Dezennien einen nicht unerheblichen Teil des amerikanischen Hindemith-Gesamtbildes ausmachen und die Beurteilungen seiner Kompositionen beeinflussen. So wurde etwa im Begleitheft zur Uraufführung ein Brief Adolf Weissmanns an den *Christian Science Monitor* zitiert, in dem er mitteilte, daß Hindemith als Bratscher des Amar-Quartetts durch halb Europa gereist sei und deshalb nur selten Zeit gefunden habe, seine Kompositionen, die überwiegend in Eisenbahnwagen entstanden seien, gewissenhaft auszuarbeiten. Es verwundere daher ebenfalls nicht, so Weissmann weiter, daß das primäre Merkmal seiner Werke in ihrer Rhythmik liege, denn "the rhythm of the rolling car is apparently blended with the rhythm springing from within."[477] Der Verfasser des Programmheftes, der bereits genannte Kritiker des *Boston Herald*, Philip Hale, paraphrasierte die Charakterisierung Weissmanns in seiner Konzertbesprechung und fügte dort hinzu:

"[Hindemith] has the fertility of a rabbit: one work breathlessly follows another. But he is a composer not to be put carelessly aside."[478]

---

475 H.T.P. [Henry Taylor Parker]: Symphony - One Modern, One Russian, Two Classics, in: Boston Evening Transcript, 102. Jg., Nr. 79, 4.4.31, Part 2, S. 14.

476 Philip Hale: Symphony Concert, in: Boston Herald, 4.4.31.

477 Zit. nach Philip Hale: Notes on "Konzertmusik" for String and Brass Instruments, in: Boston Symphony Orchestra, Fiftieth Season (1930-1931), Twenty-first Programme, 3. und 4. April 1931, S. 1427ff. Dieses Weissmann-Zitat wurde bereits im Jahre 1928 in einem Programmheft anläßlich der Aufführung des *Konzerts für Orchester, op. 38* in Boston zum ersten Mal abgedruckt (Boston Symphony Orchestra, Forty-eighth Season (1928-1929), 5. und 6. Oktober 1928, S. 22ff).

478 Philip Hale: Symphony Concert, in: Boston Herald, 4.4.31.

Diese ungewöhnliche kompositorische "Fruchtbarkeit", von der bereits César Searchinger, Alfred Einstein und Hermann Lissman 1923, bzw. 1926 in ihren Berichten aus Europa gesprochen hatten,[479] wurde (wie auch im Fall der *Konzertmusik, op. 50*) von den amerikanischen Rezensenten wiederholt als Hindemith-typische Schwäche ausgelegt.[480] Neben den Klischees der monotonen Eisenbahn-Rhythmik, die im übrigen auch Henry Prunieres in seiner Uraufführungsrezension zur *Konzertmusik, op. 49* nicht unerwähnt ließ, und der maschinengleichen Massenproduktion bei Hindemith ging der Kritiker des *Boston Globe* (P. R.) auf die schwer zu fassende, "bedeutungslose" Harmonik ein und fragte: "Did he [Hindemith] not end one of his compositions in no less than 10 keys at once?"[481]

Dreieinhalb Jahre später, anläßlich der amerikanischen Erstaufführung der Symphonie *Mathis der Maler* in New York, hatte sich das Hindemith-Bild so weit differenziert, daß viele Kritiker - wie bereits im Kapitel 3.4. angedeutet - zwischen dem "alten" und dem "neuen" Hindemith unterschieden. Je nach Tagesform, so berichtete Lawrence Gilman nach der *Mathis*-Premiere, repräsentiere Hindemith entweder den aufsässigen "Playboy", der sich als Kind seiner Zeit entschlossen habe, Schreibmaschinen und stromlinienförmige Eisenbahnen musikalisch abzubilden, oder aber den musikalischen Poeten, der tief und leidenschaftlich fühle.[482] In der *Mathis*-Symphonie habe Hindemith sein Image als "enfant terrible" nun endlich ganz abgestreift und seine Inspiration stattdessen in "ancient and exalted images of tragic sublimity and immortal pain" gesucht. Im Grunde, so vertraute Gilman seinen Lesern an, habe sich Hindemith in der Rolle des "Playboy" noch nie so recht wohlgefühlt.

Olin Downes erkannte in der Symphonie *Mathis der Maler* dagegen "a curious compound of the younger and the older Hindemith"[483] und bezog sich dabei in der Hauptsache auf dessen harmonische Sprache. Downes, der Hindemith wegen seiner "frischen Dissonanzen" und deren "unkonventionellen

---

[479] Vgl. in diesem Zusammenhang die folgenden Berichte: 1.) César Searchinger: Berlin, On Brink of Civil War, Still Crowd The Opera - Salzburg Aftermath, in: MC, 29.11.23, S. 18, 2.) H. L. [Hermann Lissman]: Boris Godounov Reaches Staatsoper At Last - Wholesale Concertos by Hindemith, in: MC, 92. Jg., Nr. 11, 18.3.26, S. 5, sowie 3.) Alfred Einsteins Bemerkung über Hindemith: "He is simply a musician who produces music as a tree bears fruit, [...]." (Alfred Einstein: Paul Hindemith, a.a.O., S. 22).

[480] Vgl. hierzu etwa die Rezension zur Uraufführung der *Konzertmusik, op. 50* im Christian Science Monitor. Darin heißt es: "Herr Hindemith's weakness has been his facility. [...] His Concerto for orchestra suffers from this proficiency." (L.A.S.: Boston Symphony, in: Christian Science Monitor, 4.4.31).

[481] P. R.: Hindemith Piece at Symphony Concert. First Performance of New "Konzertmusik", in: Boston Globe, 4.4.31. Der Bostoner Kritiker nimmt mit dieser Frage Bezug auf den Schlußsatz der *Kammermusik Nr. 1*.

[482] Lawrence Gilman: Music, in: NYHT, 94. Jg., Nr. 32,100, 5.10.34, S. 17.

[483] Olin Downes: Klemperer Opens Orchestra Season, in: NYT, 84. Jg., Nr. 28,013, 5.10.34, S. 28.

Fortschreitungen" für einen der "brilliantesten und meisterhaftesten"[484] Atonalisten hielt, mußte von der neuen Symphonie zwangsläufig enttäuscht sein, denn:

> "The extreme atonalism of the later Hindemith is only intermittently present in this recent score. Sometimes there is a note of the sensuous and almost the banal, in the midst of more severe traits of style, and there are innocent, all too virtuos endings of sections on plain triad harmonies which seem incongruous with what has gone before. An overhanging doubt is whether it has the convincing and authentic flavor of the Hindemith of earlier instrumental works."[485]

Olin Downes' Zweifel, daß die *Mathis*-Symphonie im Vergleich zu früheren Instrumentalwerken aufgrund ihrer gemäßigten - nicht mehr extremen "atonalen"! - Sprache weniger überzeugen könnte, erwies sich in den folgenden Jahren, was deren Rezeption und darüber hinaus die Rezeption der meisten im neuen (Mathis-)Stil komponierten Werke betraf, als unbegründet. Kompositionen, die Hindemiths neuen Stil repräsentierten, fanden bis zum Ende des Zweiten Weltkriegs in den USA eine weitaus wohlwollendere

---

[484] Olin Downes' Auffassung von Atonalität basierte nicht auf einer "negation of harmony in any form, either of chords and keys" sondern lediglich auf einer "bold and further-reaching application of contrapuntal principles and newly creative extensions of fundamental harmonic laws." (Olin Downes: Hindemith's Rising Star, in: NYT, 84. Jg., Nr. 28,015, 7.10.34, Section 9, S. 7). Die Verknüpfung zwischen Hindemith und Atonalität war in den USA ausschließlich ein Phänomen der dreißiger und frühen vierziger Jahre. Als typische atonale Werke galten die *Kammermusik Nr. 1* und die *Kammermusik Nr. 2*. Wenn Norman C. Houk gar in der *Symphonie in Es* und Elizabeth Emerson Stine in der Ouvertüre *Cupid and Psyche* atonale Werke erkannten, dann folgten sie entweder dem oben beschriebenen und seinerzeit in der amerikanischen Tagespresse weit verbreiteten Atonalitäts-Verständnis oder sie dokumentierten dadurch ihre lückenhafte Kenntnisse der zeitgenössischen Harmonik (vgl. hierzu Norman C. Houk: Composer Hindemith Calls Mitropoulos' Reading of Symphony 'Splendidly Done' at Debut of Work, in: Minneapolis Morning Tribune, Nr. 83, 22.11.41, S. 3, sowie Elizabeth Emerson Stine: Dvorak Takes the Honors Again; New Hindemith Overture Heard, in: Evening Bulletin (Philadelphia), 30.10.43).

[485] Olin Downes: Klemperer Opens Orchestra Season, a.a.O., S. 28. Roger Sessions ging, was die neue Harmonik bei Hindemith betrifft, noch weiter, indem er feststellte, daß der deutsche Komponist in der *Mathis*-Symphonie eine Einfachheit erreicht habe, die ausschließlich auf Tonalität und Konsonanz basiere. Anhand der klar strukturierten und durchweg tonalen Anlage, die wegen der Verwendung von einfachen Melodiezitaten ("extremely simple lines") zwingend erforderlich gewesen sei, könne sich der Hörer in dieser Symphonie zu jeder Zeit am Tonika-Dreiklang als harmonischen Ausgangspunkt orientieren (Roger Sessions: Hindemith's Mathis der Maler, in: MM., 12. Jg., Nr. 1 (November-December 1934), S. 14f).

Aufnahme als jene aus dessen früher Schaffenszeit.[486] Besonders hervorgehoben wurden oftmals die Klarheit, Proportionalität und Logik der formalen Gestaltung. Diese Merkmale erkannten die Rezensenten dagegen bei Werken im alten Stil nur sehr selten. Olin Downes äußerte sich zu den *Symphonischen Tänzen* am 12. Februar 1939 in der *New York Times* wie folgt:

> "[...] as the development of the ideas by the composer becomes clearer its logic, mastery and imagination become the more inescapable. Those who consider that so-called 'classic' composition means music primarily of design and secondarily of feeling, while music coming under the head of 'romantic' is music of free and subjective impulse, would be inclined to class this late work of Hindemith in the 'romantic' category. And it is music of intense emotion, free in form, so far as the classic symphonic model is concerned. At the same time, if by 'classic' we mean clarity, proportion and logic of structure, we must accord the Hindemith score a very high percentage of these qualities."[487]

Abgesehen von der klaren Gestaltung der Form, war es die (ebenfalls von Olin Downes beschriebene) vergleichsweise subjektive und emotionsgeladene Musiksprache, die sich für die Rezeption der im neuen Stil komponierten Werke insgesamt als günstig herausstellte. Hindemiths Expressivität wurde für viele amerikanische Rezensenten vor allem in langsamen Sätzen manifest. Auf den starken Ausdrucksgehalt des Mittelsatzes im Violinkonzert Bezug nehmend, stellte z. B. Edward Downes (der Sohn von Olin Downes) fest, daß Paul Hindemith überhaupt nur zu den ganz wenigen modernen Komponisten gehöre "who can meet the supreme test of writing a slow movement."[488]

Schließlich wurden all diejenigen Werke desöfteren positiv beurteilt, deren musikalische Idiomatik (wie etwa im Fall der *Nobilissima Visione*) in stimmiger Kongruenz zu ihrem Sujet, zu ihrem programmatischen Hintergrund oder zu

---

486 Als Kompositionen, die nach Meinung der US-Kritiker den alten Stil bei Paul Hindemith am besten repräsentierten, wurden genannt: *Sonate für Bratsche allein, op. 25 Nr. 1, Streichquartett, op. 22, Klaviermusik, op. 37 (2. Teil), Kammermusik Nr. 1,* sowie die *Kammermusik Nr. 2.* Als Repräsentanten des neuen Stils führten die Rezensenten neben der Symphonie *Mathis der Maler* und dem Ballett *Nobilissima Visione* oftmals folgende Werke an: *Symphonische Tänze* (1937), *Konzert für Violine und Orchester* (1939), *Konzert für Violoncello und Orchester* (1940), *Der Schwanendreher* (1935), *Sonate in C für Geige und Klavier* (1939), sowie die *Erste Sonate für Orgel* (1937) und die *Dritte Sonate für Klavier* (1936).

487 Olin Downes: Varied Bill Given By Koussevitzky, in: NYT, 88. Jg., Nr. 29,604, 12.2.39, S. 44.

488 E. D. [Edward Downes]: 20th-Century Music. Koussevitzky, Burgin Applauded in Premiere Of Hindemith Violin Concerto - New Hill Work, in: Boston Evening Transcript, 111. Jg., Nr. 94, 20.4.40, 3. Teil, S. 6.

ihrem Text stand. In diesem Zusammenhang sei erwähnt, daß auch die selten aufgeführte Chormusik - vor allem die *Six chansons* - stets auf große Zustimmung bei den amerikanischen Rezensenten stieß.[489]

Nach den Uraufführungen der Opera 49 und 50 in den USA zu Beginn der dreißiger Jahre und insbesondere nach der Erstaufführung der Symphonie *Mathis der Maler* im Jahre 1934 begannen viele amerikanische Rezensenten, die Gemeinsamkeiten und Divergenzen der beiden Hindemith-Idiome genauer zu ergründen und in ihren Beiträgen zu beschreiben. Dieser Vergleich zwischen altem und neuem Stil, manchmal verbunden mit einer Charakterisierung der Stilentwicklung bei Hindemith, wurde allerdings nur bis zu Beginn der vierziger Jahre in der US-Tagespresse intensiv betrieben. Anläßlich der Uraufführung des Cellokonzerts faßte Edward Downes (*Boston Evening Transcript*) als einer der letzten Kritiker diese Stilentwicklung zusammen:

"We have heard Hindemith in many guises. [...] For, reversing the process of so many other composers, Hindemith's development has been from the abstruse (sometimes calculated bedevilment of the musical school-masters) to the simple, from intellectualism to emotion. Today he is almost something of a romantic."[490]

Die Besonderheiten der beiden Stile, die in der US-Presse jeweils am häufigsten angeführt wurden, seien hier im folgenden gegenübergestellt:

---

489 Vgl. hierzu z. B. die beiden folgenden Besprechungen der *Six chansons*: 1.) Howard Taubman: New Music Heard in 4th 'Serenade', in: NYT, 92. Jg., Nr. 31,126, 14.4.43, S. 27, 2.) Jerome D. Bohm: Thomson Work For Flute and Violin is Played. Compositions by Hindemith and Milhaud Also Heard at Serenade Concert, in: NYHT, 103. Jg., Nr. 35,214, 15.4.43, S. 19. Die *Six chansons* gelangten durch den Collegiate Chorale unter der Leitung von Robert Shaw am 13.4.43 zur New Yorker Erstaufführung. Das Ensemble war nach Hindemiths Einschätzung seinerzeit "bei weitem der beste Chor der Welt" (Brief Paul Hindemiths an Willy Strecker, [Mexico], 15.7.46).

490 Edward Downes: Hindemith's New Cello Concerto, in: Boston Evening Transcript, 112. Jg., Nr. 33, 8.2.41, Part 3, S. 6.

Abb. 7: Alter und neuer Stil bei Paul Hindemith

	Alter Stil	Neuer Stil
Harmonik:	- dissonant, atonal	- harmonisch konservativ und tonal, einfach
Melodik:	- emotions- und charakterlos, asymmetrische Konturen	- lyrisch, "longer-breathed musical ideas", asymmetrische Konturen
Rhythmik:	- rowdyhaft, maschinengleich, lebendig	- weniger ruppig, dennoch vital
Satztechnik:	- Polyphonie dominiert	- Polyphonie dominiert
	(Feststehender und stilunabhängiger Begriff: "dissonant counterpoint")	
Form:	(keine einheitliche oder ausführliche Formcharakterisierung)	- klare, proportionale und logische formale Gestaltung
Instrumentation:	- originell, unkonventionell	- originell, unkonventionell
Ausdrucksgehalt:	- objektiv, aggressiv, bitterer Humor (Ironie)	- subjektiv, expressiv, kontemplativ
Stil:	- "Neo-Classic"	- Hinwendung zum "Romanticism"

Ungeachtet aller Unterschiede zwischen altem und neuem Stil durchzog Hindemiths Signum des idealtypischen deutschen "craftsman" weiterhin den größten Teil der Werkbesprechungen in der US-Tagespresse. Seine handwerkliche Kunstfertigkeit rief (wie noch in den zwanziger Jahren) dabei nicht mehr ausschließlich große Bewunderung hervor, sondern sie konnte nun auch Grund für vernichtende Urteile sein - und zwar immer dann, wenn sich die Rezensenten des Eindrucks nicht erwehren konnten, daß aus kompositionstechnischer Meisterschaft nichtssagende Routine wurde. So, wie Virgil Thomson in seiner (oben bereits erwähnten) Besprechung des Violinkonzerts zu Protokoll gab, daß der kunstvolle Kontrapunkt aus Hindemiths Feder zwar offenbar wie aus einem Wasserhahn unablässig herausgesprudelt sei, daß Hindemith aber letztlich trotzdem nur Trockenheit und Monotonie komponiert habe, so äußerte sich Oscar Thompson in ähnlicher Weise zur Ballettouvertüre *Cupid and Psyche (1943)*:

"This newest illustration of Hindemithian industry was put on paper last summer in New Haven. It is short, but not too short for a spell of counterpoint. [...] This listener found a certain charm in its instrumentation, particularly in the woodwinds. But he was also very conscious of the mathematical technician putting two and two together with the surprising result that the sum was four."[491]

Die Wiederentdeckung des Hindemithschen Frühwerks nach dem Zweiten Weltkrieg in New York, die anhand der quantitativen Analyse belegt werden konnte, spiegelt sich in den Presse-Kritiken ebenfalls wider. Als einer der lautstärksten Fürsprecher setzte sich Arthur Berger für die Kompositionen des jungen Hindemith ein, indem er etwa die Liederzyklen *Die junge Magd* und *Die Serenaden* zu wiederholten Aufführungen anregte. Er legte zudem der Pianistin Jane Carlson nahe, neben *Ludus tonalis* auch die *Klaviermusik, op. 37* in ihr Repertoire aufzunehmen. Berger fand vor allem in den *Serenaden* eine musikalische In-Sich-Gekehrtheit realisiert, wie sie für ihn in den "kühleren"[492] Werken der Jahre 1940 bis 1943 ungleich weniger erkennbar war.

Während einige Kritiker - wie Arthur Berger - vor allem die Intimität schätzten, die aus den frühen Kompositionen Paul Hindemiths sprach,[493] hoben andere z. B. die Lebendigkeit, Frische und Spontaneität der nach 25 Jahren immer noch so überaus modernen *Kammermusiken* lobend hervor. Die *Kammermusik Nr. 1*, die 1925 als banal und wenig überzeugend verworfen

---

[491] Oscar Thompson: Cupid And Psyche Overture Played, in: New York Sun, 26.1.44.

[492] Vgl. Arthur V. Berger: Hindemith Feted by the Juilliard, in: New York Sun, 24.11.45, sowie Arthur Berger: Concert and Recital - Jane Carlson, Pianist, in: NYHT, 110. Jg., Nr. 38,095, 5.3.51, S. 11.

[493] Vgl. in diesem Zusammenhang etwa die folgenden Rezensionen zu den bis 1945 vielerorts unbekannten Streichersonaten aus der Werkgruppe op. 11: 1.) Olin Downes: Albert Spalding Heard in Recital, in: NYT, 90. Jg., Nr. 30,250, 19.11.40, S. 28, 2.) Howard Taubman: Geminiani Played by Joseph Fuchs, in: NYT, 97. Jg., Nr. 32,793, 6.11.47, S. 34, sowie 3.) R. P. [Ross Parmenter]: 'Cellist, Pianist in Joint Concert, in: NYT, 97. Jg., Nr. 32,569, 27.3.47, S. 40.

3214

worden war, galt zu Beginn der fünfziger Jahre nunmehr als "utterly fascinating" und als "superb piece."494 Das einst "erbärmliche Produkt" *Kammermusik Nr. 3* war in der Gunst vieler Kritiker ebenfalls gestiegen. Jay S. Harrison hielt sie 1952 für ein "großartiges" Werk.495 Die 1925 komponierte *Kammermusik Nr. 4* war nach ihrer amerikanischen Erstaufführung am 3. März 1947 in New York für den Dirigenten und Kritiker des *New York World Telegram* Louis Biancolli sogar "several lengths ahead of most of today's writing."496

Ob intimes kammermusikalisches Werk oder größeres Ensemblestück, viele Kompositionen aus Hindemiths früher Schaffenszeit wurden aus historischer Distanz nicht zuletzt auch als sogenannte "period-pieces" (Zeitstücke) rezipiert, in denen die von Galgenhumor, Bitterkeit und Depression geprägte Stimmung im geschlagenen Deutschland nach dem Ersten Weltkrieg bestens musikalisch eingefangen worden war.497

4.2.3. Das amerikanische Werk: "A new departure"

Die Modernität, die von 1945 an u. a. im Zusammenhang mit einigen *Kammermusiken* Paul Hindemiths beschrieben wurde, konnten die amerikanischen Rezensenten in den Werken des Mathis-Stils dagegen nicht mehr feststellen. Die Zeiten, in denen sie die Symphonie *Mathis der Maler* (wie etwa Olin Downes) sogar als "ultra-modern"498 bezeichneten, waren nach dem Zweiten Weltkrieg endgültig vorbei.

---

494 Vgl. die folgenden Kritiken: 1.) Lawrence Gilman: Music, in: NYHT, 84. Jg., Nr. 28,624, 30.3.25,

S. 12, 2.) Olin Downes: Music, in: NYT, 74. Jg., Nr. 24,537, 30.3.25, S. 21, 3.) Jerome D. Bohm: Concert and Recital, in: NYHT, 109. Jg., Nr. 37,737, 14.3.50, S. 15, sowie 4.) H.C.S. [Harold C. Schonberg]: Hindemith Directs New Friends Here, in: NYT, 102. Jg., Nr. 34,652, 8.12.52, S. 33.

495 Vgl. hierzu z. B. Olin Downes: Music - International Composers' Guild, in: NYT, 75. Jg., Nr. 24,810, 28.12.25, S. 12, sowie Jay S. Harrison: Concert and Recital - Hindemith Conducts, in: NYHT, 112. Jg., Nr. 38,739, 8.12.52, S. 13.

496 Louis Biancolli: Music - Paul Hindemith Concerto Given Brilliant Premiere, in: New York World Telegram, 4.3.47.

497 Vgl. hierzu Ross Parmenters Besprechung der *Sonate für Violoncello allein, op. 25 Nr. 3*

(R. P.: Neikrug is Heard in 'Cello Recital, in: NYT, 98. Jg., Nr. 33,213, 30.12.48, S. 23), sowie die bereits erwähnten Kritiken zur *Kammermusik Nr. 1.*

498 Vgl. die folgenden Rezensionen von Olin Downes: 1.) Hindemith Work Concert Feature, in: NYT, 89. Jg., Nr. 30,003, 17.3.40, S. 44, und 2.) Rodzinski Directs Kern

Obwohl das Interesse der amerikanischen Kritik, sich mit Paul Hindemiths Musiksprache auseinanderzusetzen, im Verlauf der vierziger Jahre allmählich geringer wurde, fiel zahlreichen Rezensenten dennoch auf, daß in einem Teil der neuesten Kompositionen eine unbeschwerte Leichtigkeit, Ausgelassenheit und Vitalität zum Ausdruck kam, wie man sie bis dahin bei Hindemith noch selten kennengelernt hatte. Die Frage, ob der Komponist damit versucht haben könnte, in besonderer Weise auf das Musikleben in den USA einzugehen, wurde seinerzeit jedoch weder in der US-Tagespresse noch in der musikalischen Fachpresse[499] gestellt. Einzig der Kritiker Edward Downes bemerkte in diesem Zusammenhang mit Blick auf das (von Hindemith selbst als erste amerikanische Komposition bezeichnete[500]) Cellokonzert nach dessen Uraufführung am 7. Februar 1941 in Boston:

"Always adaptable, always prolific, Hindemith appears to have to taken to American musical life like a fish to water. His new concerto will probably prove extremely popular."[501]

Tatsächlich fanden nicht nur das 1940 entstandene Cellokonzert, sondern auch zwei weitere Kompositionen des ersten amerikanischen Jahres - die *Symphonie in Es* und *The Four Temperaments* - in den vierziger und frühen fünfziger Jahren eine beachtliche Resonanz beim Publikum. Alle drei Kompositionen wurden in der US-Tagespresse wiederholt als erfrischend, unterhaltsam und gefällig beschrieben. Edward Downes versuchte in seiner Uraufführungskritik zum Cellokonzert allerdings noch nicht, die besonderen Merkmale, die diesen neuen musikalischen Ausdruck bei Hindemith bewirkten, genauer zu erfassen. Hindemiths "Anpassung" an das

---

Composition, in: NYT, 91. Jg., Nr. 30,616, 20.11.41, S. 40, sowie Francis D. Perkins: Music - Symphonic Festival Closes, in: NYHT, 100. Jg., Nr. 34,245, 19.8.40, S. 6.

[499] Eine (wie auch immer geartete) neue Qualität des musikalischen Ausdrucks in einigen amerikanischen Kompositionen Paul Hindemiths wurde in den Musikzeitschriften *Modern Music*, *Musical America*, *Musical Courier* und *Musical Quarterly* nicht erörtert. Frani B. Muser kam z. B. in ihrem 1944 erschienenen Aufsatz "The Recent Work of Paul Hindemith" über eine rudimentäre Beschreibung der Musik zum *Nobilissima Visione*-Ballett nicht hinaus (Frani B. Muser: The Recent Work of Paul Hindemith, in: MQ, 30. Jg., Nr. 1 (January 1944), S. 29-36).

[500] "So schicke ich heute, als Widmung an den Senat der Stadt Hamburg, die Partitur eines Cellokonzerts an Sie, eine Partitur, die mir besonders lieb ist, da sie das erste Stück ist, das ich hier drüben [in den USA] schrieb." (Postkarte Paul Hindemiths an Heinrich Landahl, New Haven, Weihnachten 1952, zit. nach Magda Marx-Weber und Hans Joachim Marx (Hrsg.): PHA, Band III, 6. Konzert für Violoncello und Orchester (1940), Mainz 1984, Anmerkung 21, S. XI.

[501] E. D. [Edward Downes]: Hindemith's New Cello Concerto, in: Boston Evening Transcript, 112. Jg., Nr. 33, 8.2.41, Part 3, S. 6.

amerikanische Musikleben, welche er zu erkennen glaubte, sah er allein in des Komponisten Hinwendung zum Traditionalismus begründet.

Als am 20. Januar 1944, drei Jahre nach der Bostoner Premiere des Cellokonzerts, eine weitere Orchesterkomposition von Hindemith mit überwältigendem Publikumserfolg in New York uraufgeführt wurde, nahm dies Olin Downes zum Anlaß, in eine zu diesem Zeitpunkt bereits ungewohnt ausführliche Werkcharakterisierung einzutreten. Downes resümierte über die *Symphonic Metamorphosis* folgendes in der *New York Times*:

> "[...] it was one of the most entertaining scores that he [Hindemith] has thus far given us, a real jeu d'esprit by a great master of his medium in a singularly happy mood.
>
> [...] we must ... confess to finding the music diverting and delightful. Its wit and its mastery alike intrigue us, and suggest a fresh if not a new departure by this composer."[502]

Keine Aufgeblasenheit, kein unnötiger Ballast, keine Hinweise auf eine bei Hindemith manches Mal bedeutungslose, dicke und überladene Kontrapunktik (stattdessen nur gelegentliche Polyphonie zur "vergnügten" Fortspinnung der Themen), ein hohes Maß an Transparenz und nicht zuletzt auch große Kontraste zwischen den einzelnen Sätzen; all dies waren Merkmale, die nach Meinung von Olin Downes in den *Symphonic Metamorphosis* deutlich hervortraten. Deshalb konnte er von einem neuen Ansatz, ja sogar von einem Aufbruch im Schaffen Paul Hindemiths sprechen. Da der Komponist offenkundig auch in diesem Orchesterwerk nicht von seiner gewohnten Gelehrsamkeit abgewichen war, rief Downes den *Times*-Lesern am Ende seiner Besprechung mit voller Überzeugung und Begeisterung zu: "How delightfully is learning carried in these pages!"

Arthur Berger waren einige Eigenschaften, die Downes in seiner *Metamorphosis*-Kritik anführte, auch in *The Four Temperaments* aufgefallen. Als er die *Symphonia serena* am 12. Februar 1948 in New York erstmals hörte, fühlte er sich nun seinerseits in der Auffassung bestätigt, daß Hindemith bereits um 1940 tatsächlich in eine "neue Phase" eingetreten war:

> "The first New York performance of Paul Hindemith's 'Symphonia Serena' ... confirmed suspicions that Hindemith is entering into a phase in which elements of charm, of luminousness in texture, of the broader contrasts in mood are allowed, freer reign than this master craftsman of

---

[502] Olin Downes: Rodzinski Offers Hindemith Music, in: NYT, 93. Jg., Nr. 31,408, 21.1.44, S. 20.

our time was inclined to grant them for a while. I was first aware of this new phase in 'The Four Temperaments,' written a few years back ... , but the circumstances of this commission left doubt that the manner may have been adopted as a passing concession to the traditional graces of ballet style. The new symphony ... is, however, still another work that does not regard it a sin against the intellectual and spiritual virtues to be gracious and pleasing. [...]

Yet 'Symphonia Serena' does not forsake the composer's phenomenal contrapuntal dexterity, solidified in the intermediary years. [...] Through thinking more of orchestral sound all this now comes to life. There were sensuous high sounds for muted strings, places where full orchestra inspirationally subsided while chamber groups of winds held forth, playful accompaniments of wood-blocks, etc.

Like all Hindemith the symphony suffers after a while from too much square phraseology. But it is a distinguished, modest piece, by one of our towering musical figures - if not necessarily one of his towering masterpieces.[503]

Die Verknüpfung von "intellectual and spiritual virtues", kompositorischer Gelehrsamkeit und einem gefälligen, unterhaltsamen Ton wurde in den USA nicht nur von Olin Downes und Arthur Berger beschrieben. Sie waren jedoch die einzigen, die in der Kombination dieser Merkmale einen Neubeginn in Hindemiths Schaffen erkannten. Von einigen Rezensenten wegen ihrer Leichtigkeit und ihres Entertainment-Charakters gelobt, von anderen wegen ihrer scheinbaren Oberflächlichkeit heftig kritisiert und abgelehnt, stießen all diejenigen Kompositionen, aus denen dieser neue musikalische Charakterzug bei Hindemith sprach, von Beginn an auf eine geteilte Resonanz. So waren etwa die *Symphonic Metamorphosis* für Virgil Thomson nichts weiter als ein "Dessert"-Stück,[504] das sich nach wenigen erfolgreichen Jahren vermutlich schon bald wieder ganz aus dem Orchesterrepertoire verabschieden würde. In der Ouvertüre *Cupid and Psyche*, die Paul Hindemith selbst als "serene and light"[505] bezeichnet hatte, fand Linton Martin nach deren Uraufführung in Philadelphia (am 29. Oktober 1943) zwar die vom Komponisten intendierte Stimmung realisiert, die musikalisch-inhaltliche Verbindung zur Legende von Cupid (Amor) und Psyche vermochte er dabei jedoch ebensowenig

---

503 Arthur V. Berger: The Philharmonic, in: NYHT, 107. Jg., Nr. 36,979, 13.2.48, S. 17.

504 Virgil Thomson: Music - German Program, in: NYHT, 103. Jg., Nr. 35,495, 21.1.44, S. 10.

505 Vgl. hierzu L. B. [Louise Beck]: Ballet Ouverture, "Cupid and Psyche" - Paul Hindemith, in: Philadelphia Orchestra (Fourty-Fourth Season, 1943-1944), S. 65ff.

nachzuvollziehen wie eine wie auch immer geartete Zielgerichtetheit in der Anordnung der verschiedenen Tonalitäten ("assorted tonalities").[506]

Folgende Kompositionen können aufgrund ihrer sehr ähnlichen Gesamtcharakterisierungen in der US-Presse diesem neuen "amerikanischen" Ton zugeordnet werden: *Konzert für Violoncello und Orchester*, *Symphonie in Es*, *The Four Temperaments* (jeweils 1940), *Variationen über "A frog he went a-couting"* (1941), *Ouvertüre Cupid and Psyche* (1943), *Symphonic Metamorphosis* (1943), *Symphonia serena* (1946), *Septett für Blasinstrumente*, *Sonata for Violoncello and Piano* (jeweils 1948), *Sinfonietta in E*, *Concerto for Horn and Orchestra*, *Concerto for Woodwinds, Harp and Orchestra* (jeweils 1949), sowie die *Symphony in B-flat for Concert Band* (1951). Zur genaueren Beschreibung dieser Werke wurden häufig folgende Attribute angeführt: jolly, gay, rollicking, playful, cheerful, bracing, gracious, pleasing, amusing, diverting, delightful, not deeply moving; simple, not contrapuntally complex, direct, easy to follow, comprehensible, clear in structure.

Keine der genannten Kompositionen galt seinerzeit uneingeschränkt als Meisterwerk; weder die *Symphonia serena* noch die überaus populären *Symphonic Metamorphosis*, weder das Cellokonzert, die *Symphonie in Es*, das im Jahre 1952 mit dem New Yorker "Music Critics Circle Award" ausgezeichnete *Septett* noch die nach dem Zweiten Weltkrieg oft als Ballett aufgeführten *Four Temperaments*.

Einer anderen Ballettmusik, der für Martha Graham komponierten *Hérodiade* (1944) nach Mallarmé, wurde indes schon bald nach der Uraufführung (am 30. Oktober 1944 in Washington) als einziger Komposition, die in Hindemiths amerikanischer Zeit entstanden ist, der Status eines Meisterwerkes zugesprochen. *Hérodiade* erreichte in der Hauptsache wegen der engen inhaltlichen Verbindung zwischen dem gleichermaßen beeindruckenden Ausdruckstanz Martha Grahams und der Musik Paul Hindemiths einen überaus großen Erfolg. Einzig die vom Komponisten durchgesetzte nachträgliche Änderung des Titels (zunächst *Mirror before me*, dann *Hérodiade*) löste einige Verwirrung aus, denn ein Zusammenhang zwischen der Gedichtvorlage Mallarmés und der choreographischen Realisierung war u. a. für die Kritiker John Martin (*New York Times*) und Edwin Denby (*New York Herald Tribune*) kaum zu erkennen.[507]

---

506 Vgl. hierzu die Besprechung Linton Martins ("Hindemith Work Played by Orchestra") in einer nicht genauer zu ermittelnden Zeitung aus Philadelphia vom 30.10.43. Eine Kopie dieser Kritik befindet sich in der PHC, Box 5, Folder 176.

507 Vgl. hierzu 1.) John Martin: Graham Dancers Offer 'Herodiade' - Piece, to Music of Hindemith, is Described as Tremendous Theatrical Experience, in: NYT, 94. Jg., Nr. 31,889, 16.5.45, S. 16, sowie 2.) Edwin Denby: The Dance - The Classic Victim, in: NYHT, 105. Jg., Nr. 35,977, 17.5.45, S. 15.

In der *Hérodiade* wurde ebensowenig wie etwa im Requiem *When lilacs last in the door-yard bloom'd* ein unterhaltsamer und eingängiger, sondern stattdessen ein ernster, dunkler und expressiver Ton[508] angeschlagen. Das *Lilacs*-Requiem konnte jedoch im Gegensatz zur *Hérodiade* in den USA nie vollends überzeugen. Obwohl man sich der "somewhat global dimensions"[509] dieses Werkes bereits nach dessen Uraufführung am 14. Mai 1946 in New York bewußt war, blieben dennoch viele Erwartungen unerfüllt. Hindemith, als meisterhafter Chorkomponist bekannt, hatte gerade diese Fähigkeit nach Auffassung des Kritikers Jerome D. Bohm in seinem Requiem nur äußerst selten (im Marsch "Over the breast of the spring" und im Hymnus für den Tod "Come, lovely and soothing Death") zur Geltung bringen können. Darüber hinaus wurden, seiner Auffassung nach, Gehalt und Atmosphäre der Whitmanschen Dichtung musikalisch nicht eingefangen. Schließlich galt die Komposition insgesamt als langatmig und monoton.

Hatte man die polyphone Schreibweise im Requiem nicht als störend empfunden, sondern vielmehr - wie etwa Edward O'Gorman - sogar als "a constant delight" hervorgehoben, so gab es schließlich eine Reihe anderer, zumeist kammermusikalischer Kompositionen des amerikanischen Hindemith, in denen die Rezensenten der komplexen Satztechnik nichts abgewinnen konnten und deswegen in der Regel zu negativen Urteilen gelangten. Der Fugenzyklus *Ludus tonalis* galt als Übung "in musical cerebration",[510] die ausschließlich für den in Musiktheorie weit fortgeschrittenen Hörer geeignet schien, das *7th String Quartet in E-flat* mit seiner überaus differenzierten kanonischen Ausarbeitung im Schlußsatz gehörte zu den "most mannered and least rewarding of Hindemith's products",[511] das überarbeitete *Marienleben* wurde von Olin Downes weiterhin als "artificial"[512] bezeichnet, die mächtige

---

508 *Hérodiade* und das *Lilacs*-Requiem wurden von der amerikanischen Musikkritik desöfteren wie folgt charakterisiert: grave, dark, somber, mysterious, moving, expressive, serious in tone, complex, profound, intimate.

509 Edward O'Gorman: Words and Music - Robert Shaw Chorus Sings New Requiem of Hindemith, in: New York Post, 145. Jg., Nr. 149, 15.5.46, S. 47. Vgl. hierzu auch die folgenden Berichte zur Uraufführung des Requiems: 1.) Robert Shaw: Director of Collegiate Group Discusses Paul Hindemith's New Work, in: NYT, 95. Jg., Nr. 32,243, 5.5.46, Section 2, S. 5, 2.) Howard Taubman: Work By Hindemith in World Premiere, in: NYT, 95. Jg., Nr. 32,253, 15.5.46, S. 24, sowie 3.) Jerome D. Bohm: Collegiate Chorale - Hindemith's Work on Poem by Whitman Has Premiere, in: NYHT, 106. Jg., Nr. 36,341, 16.5.46, S. 21.

510 Albert Goldberg: U. of C. Crowd Hears Modern Musical Study, in: Chicago Daily Tribune, 103. Jg., Nr. 40, 16.2.44, S. 16. Vgl. auch F. D. P. [Francis D. Perkins]: Hindemith Festival, in: NYHT, 105. Jg., Nr. 36,170, 26.11.45, S. 12.

511 J. D. B. [Jerome D. Bohm]: Budapest Quartet Program, in: NYHT, 107. Jg., Nr. 36,954, 19.1.48, S. 15.

512 Olin Downes: Miss Tourel Sings For New Friends, in: NYT, 98. Jg., Nr. 33,238, 24.1.49, S.16.

Sonata for Two Pianos, Four Hands hinterließ den Eindruck von "pure brain-work",[513] und nicht zuletzt wirkte auch *Apparebit repentina dies* wegen des "constant use of contrapuntal, repeating patterns"[514] z. B. auf Virgil Thomson nur harmlos.

4.2.4. Exkurs: Aufführungskritik

"Hindemith calls for little or no feeling or fineness: he calls above all for vitality and the architecture of sound"[515] schrieb Robert Lawrence nach einer Aufführung der *Sonata for Two Pianos, Four Hands* am 29. Dezember 1943 in der *New York Times*. Er brachte damit eine in den USA der vierziger Jahre weit verbreitete Auffassung über die Interpretation von zeitgenössischer Musik im Allgemeinen und über jene von Paul Hindemith im Besonderen[516] deutlich zum Ausdruck. Hatten amerikanische Rezensenten bis 1940 wenn überhaupt, dann nur sehr selten und knapp aufführungskritisch zu einzelnen Werken Paul Hindemiths Stellung bezogen, so rückte danach auch dieser Teilbereich der Konzertberichterstattung allmählich stärker in ihr Blickfeld.[517]

Daß sich Lawrence - wie im übrigen auch viele seiner Kollegen - so selbstverständlich darüber äußern konnte, wie Hindemith generell aufzuführen sei, hatte zumindest zwei Gründe. Zum einen war seine Musiksprache Ende 1943 in den USA bereits in aller Ausführlichkeit charakterisiert, überdies karikiert und seine Kompositionen nicht zuletzt auch mit stetig wachsender Häufigkeit gespielt worden, so daß sich eine genaue Interpretationsauffassung vor diesem Hintergrund nunmehr leicht heranbilden und etablieren konnte.

---

513 J. B.: Duo-Pianists Offer Town Hall Recital, in: NYT, 103. Jg., Nr. 34.963, 15.10.53, S. 42.

514 Virgil Thomson: Music - Choral Commissions, in: NYHT, 107. Jg., Nr. 36.693, 3.5.47, S. 8.

515 R. L. [Robert Lawrence]: Music - Piano Duo at Town Hall, in: NYT, 93. Jg., Nr. 31.385, 29.12.43, S. 14.

516 Vgl. in diesem Zusammenhang auch Edward Ballantines Interpretationshinweise zu seiner Anfang der vierziger Jahre entstandenen Hindemith-Stilkarikatur: "Ganz gleichgültige Viertel", bzw. "Trotz seiner Melancholik wie einen reinobjektiven Walzer zu spielen" (Unterkapitel 2.2.5.).

517 Von den insgesamt 117 Konzertbesprechungen aus dem Presse-Korpus, die eine aussagekräftige und kritische Interpretationsbeschreibung über eine Komposition Paul Hindemiths enthalten, stammen 17 aus den Jahren zwischen 1923 und 1939; nur drei davon wurden vor 1930 verfaßt. Aufführungskritische Bemerkungen der US-Rezensenten fielen nach Kammermusikkonzerten in der Regel ausführlicher aus als nach Orchesterkonzerten.

Zum anderen war Paul Hindemith als Instrumentalsolist und Dirigent seit 1937 einige Male auf amerikanischen Konzertpodien erschienen und hatte dort zumeist eigene Werke zur Aufführung gebracht. Seine musikalische Darstellung galt seither sowohl für viele Kritiker als auch für viele Musiker als verläßlichster Maßstab. So mag es kaum verwundern, daß etwa Olin Downes im Bratschenspiel des deutschen Komponisten bestimmte Klangqualitäten erkannte, die danach auch für Robert Lawrence zur unabdingbaren Voraussetzung einer adäquaten Hindemith-Interpretation wurden:

"[Hindemith] performed with the careless ease and security which betokened his long knowledge of his instrument. His style, generally speaking, is that of the German school, which means a tone a little rough and coarse, though vibrant and full of vitality, and a technique which, if not distinguished by finesse or very much sensitiveness, is equal to everything. It was playing by a master who can forget all about technical problems, [...].

[...] [Hindemith] can present his works on the concert platform with the most complete authority and effectiveness."[518]

Wie aus der Mehrzahl an Konzertkritiken der vierziger Jahre hervorgeht, wollte Hindemith, was Dynamik, Klang und die Projektion des jeweiligen Stimmungsgehaltes in seinen Werken betraf, stets kontrastreich gespielt sein, um nicht von Beginn an langweilig zu wirken. Obwohl alle Kompositionen - ungeachtet ihrer verschiedenen Stilausprägungen - vom Interpreten immer ein hohes Maß an spieltechnischer Prägnanz und Klarheit sowie stets ein festes, beherztes Tempo verlangten, galten jedoch selbst die Solokonzerte nie als virtuose Bravourstücke. Lebendigkeit und Wagemut zeichneten eine angemessene Hindemith-Interpretation vielfach aus. Diese sollte nach Auffassung der meisten US-Kritiker mehr aggressiv denn expressiv sein. Dementsprechend erwarteten sie eine Klangqualität, welche nicht unbedingt Schönheit, aber immer Kraft, "Biß"[519] und Intensität besitzen mußte. Der jeweilige Ton konnte dabei - dem Hindemithschen Vorbild folgend - durchaus auch rauh und schrill ausfallen.

Paul Hindemith nahm diese in den USA weit verbreitete Interpretationspraxis, welche zwar von Intensität und Vitalität, oftmals aber auch von

---

518 Olin Downes: Hindemith Works Heard In Capital, in: NYT, 86. Jg., Nr. 28,933, 11.4.37, Section 2, S. 10. Vgl. in diesem Zusammenhang auch Gama Gilbert: Hindemith Offers Own Compositions, in: NYT, 88. Jg., Nr. 29,675, 24.4.39, S.12.
519 Vgl. zur verbreiteten Auffassung unter amerikanischen Musikkritikern, wie Hindemith zu klingen habe, etwa eine das *Konzert für Violine und Orchester* betreffende Aufführungskritik von N. S. [Noel Straus]: Town Hall Recital By Dorothy Minty, in: NYT, 97. Jg., Nr. 32,863, 15.1.48, S. 26.

metronomischer Starrheit des Tempos, Trockenheit und Akademismus geprägt war, von Beginn an mit großer Verärgerung zur Kenntnis. Deshalb versuchte er, den status quo, den er durchaus auch selbst mitzuverantworten hatte, mittels eigenen Dirigierens,[520] durch den ständigen Kontakt mit Musikern[521] und nicht zuletzt auch durch nachträgliche Ergänzungen und Korrekturen von Vortragsangaben in seinen Partituren allmählich zu verändern. Damit wollte Hindemith erreichen, daß selbst solche abstrakte Werke wie der Klavierzyklus *Ludus tonalis* insgesamt mit größerer gestalterischer Freiheit, Einfühlungsvermögen und Wärme vorgetragen wurden.[522] Er meinte in diesem Zusammenhang vor allem eine höhere Flexibilität des Tempos, das Nachspüren des jedem Werk innewohnenden Gefühlsgehaltes, und darüber hinaus auch eine der natürlichen Sprache nachempfundene Gestaltung der musikalischen Phrasen.[523] Hindemith, der sich stets auf eine gesunde Auffassungsgabe der Musiker, auf deren "common musical sense",[524] verlassen hatte, mußte indes immer wieder feststellen, daß sowohl das Fehlen von detaillierten Aufführungshinweisen (wie etwa in der ursprünglichen Partitur der *Symphonic Metamorphosis*[525]) als auch

---

[520] "99 Prozent der Dirigenten [sind] so von allen guten Geistern verlassen, dass mans ihnen besser erst mal zeigt wies gemacht werden soll" (Brief Paul Hindemiths an Willy Strecker, o.O., 19.5.49).

[521] Paul Hindemith kommentierte eine interne Aufführung seiner frühen *Sonate für Violoncello und Klavier, op. 11 Nr. 3* an der Yale University mit den Worten: "It's too scholastic." (Interview Caitriona Bolsters mit Ward Davenny, Yale University, 3.6.75, in: OH, Typoskript, S. 18). Im Jahre 1960 riet Paul Hindemith dem Cellisten Aldo Parisot, nachdem dieser für ihn das Cellokonzert gespielt hatte: "... come back five days later and play it the way you really want to play my piece." (Interview Caitriona Bolsters mit Aldo Parisot, Yale University, 16.4.76, in: OH, Typoskript, S. 8f).

[522] Vgl. hierzu Käbi Laretei: Hindemith's Ludus tonalis: Play with Animation, in: Music Journal, 29. Jg., Nr. 10 (December 1971), S. 32, 61, sowie S. 67-68. Hindemith glaubte, der Pianistin Jane Carlson zufolge, daß selbst *Ludus tonalis* "a direct appeal to audiences" habe (vgl. Jane Carlson: Hindemith's Ludus tonalis. A Personal Experience, in: The Piano Quarterly, 17. Jg., Nr. 65 (Fall 1968), S. 17-21, hier S. 18).

[523] Vgl. hierzu die in der OH dokumentierten Gespräche jeweils zwischen Caitriona Bolster und 1.) Beekman Cannon, Yale University, 22.4.76, Typoskript, S. 22; 2.) Joseph Iadone, Bridgeport (Connecticut), 13.4.75, Typoskript, S. 43ff; 3.) David Kraehenbuehl, Princeton Junction, New Jersey, 9.4.76, Typoskript, S. 93f; 4.) Jean Mainous, Denton (Texas), 11.1.76, Typoskript, S. 28; 5.) Yehudi Wyner, New Haven (Connecticut), 18.6.75, Typoskript, S. 31.

[524] Vgl. das Interview Caitriona Bolsters mit Donald Currier, Yale University, 22.6.73, in: OH, Typoskript, S. 12. Hindemiths diesbezgl. Einstellung wurde von seinen ehemaligen Schülern und Kollegen an der Yale University mehrfach mitgeteilt. Eckhart Richter zitierte seinen Musiktheorie-Professor wie folgt: "... you ought to be musician enough to know what to do." (Interview Caitriona Bolsters mit Eckhart Richter, Atlanta, GA, 29.12.75, in: OH, Typoskript, S. 44).

[525] In diesem Zusammenhang bemerkte der amerikanische Klarinettist und ehemalige Yale-Professor Keith Wilson: "Well, so then, since I am conducting the thing [*Symphonic*

unangemessene Metronomangaben[526] mehrfach zu großem Unverständnis unter Musikern und letztlich zu Interpretationen geführt hatte, die seinen eigenen Vorstellungen kaum entsprachen.

Die insgesamt freiere und beseeltere musikalische Gestaltungsweise, die Hindemith für seine Kompositionen nachdrücklich einforderte, trat anscheinend erst in den frühen sechziger Jahren in das Bewußtsein der amerikanischen Musikkritik; jedoch in der Regel immer nur dann, wenn Hindemith seine eigenen Werke dirigierte. Anläßlich einer Aufführung der *Konzertmusik, op. 50* mit dem Chicago Symphony Orchestra unter der Leitung des Komponisten am 28. März 1963 wies Robert C. Marsh in der *Chicago Sun-Times* erstmals in ungewohnter Deutlichkeit darauf hin, daß Hindemith mehr verdient habe als nur eine "bleierne und metronomische" Wiedergabe seiner Musik:

"Hindemith played by Hindemith has an open texture, a clarity and vitality of line, and a rhythmic animation that few conductors can duplicate in these scores.

Any music worth playing must be played in something better than a leaden and metronomic fashion, yet anyone who goes to concerts has heard his share of heavy-handed Hindemith. Obviously it is a betrayal of the composer, and a lesson is to be taken to heart by all serious listeners, critics included."[527]

Metamorphosis] I asked to see Hindemith. [...] Here is this great big, huge manuscript. We'd turn the pages, we'd sing, ..., especially when we got to the second movement, he said: 'See, he [George Szell] completely ignores this retard.' And so I looked up and down this thing, and I could not see any retard there and I said: 'Well, Mr. Hindemith, I don't see a retard.' Hindemith replied: 'Any fool should feel that.' And I looked at the miniature score, and every single one of these things was in the score. Next time I saw Hindemith, I said: 'Mr. Hindemith, all these markings that you wanted that were not in the score, they appeared in the miniature score. He said: 'Oh, when I heard how these fools were doing it,' he said, 'before we publish the miniature score, we put this in.'" (Interview des Verfassers mit Keith Wilson, Yale University Music Library, 25.8.99).

526 Vgl. hierzu Käbi Laretei: Hindemith's Ludus tonalis: Play with Animation, a.a.O., S. 67, sowie die folgenden Interviews in der OH: 1.) Caitriona Bolster mit Kurt Stone, New York City, 4.6.75, Typoskript, S. 18; 2.) Caitriona Bolster mit Keith Wilson, Yale University, 20.3.75, Typoskript, S. 9-10.

527 Robert C. Marsh: Hindemith Tops In Conducting His Own Work, in: Chicago Sun-Times [vermutl. 29.3.63]. Claudia Cassidy bemerkte mit Blick auf die jüngste Interpretation der *Konzertmusik, op. 50* durch Hindemith: "... I think this freedom of expression is something fairly new." (Claudia Cassidy: On the Aisle. Hindemith Returns to the Orchestra in Concert. All Power, Beauty and Light, in: Chicago Daily Tribune, 116. Jg., Nr. 88, 29.3.63, Section 2, S. 9. Hindemith dirigierte die *Konzertmusik, op. 50* zusammen mit der *Akademischen Festouvertüre, op. 80* von Brahms und der *7. Symphonie* von Bruckner in Chicago insgesamt dreimal: am 28., 29. und 30. März 1963. Von letzterer

Diese "Lektion", die Hindemith allen Rezipienten seiner Musik immer wieder beharrlich zu erteilen beabsichtigte, hatte in den folgenden Jahren und Jahrzehnten keine entscheidenden Auswirkungen. Was sich vielmehr fest eingeprägt hatte, war das Bild des "viola-scraping Hindemith".[528] Seine ausschließlich in Kompositionen der frühen zwanziger Jahre befindlichen Spielanweisungen - etwa "Tonschönheit ist Nebensache" - wurden zu allgegenwärtigen (und offenbar auf das Hindemithsche Gesamtwerk zu projizierende) "Slogans".[529] Anstatt sich solcher, vom Komponisten geleiteten Aufführungen wie der *Konzertmusik, op. 50* aus dem Jahre 1963 in Chicago zu erinnern, berief man sich vielerorts auf die Tatsache, daß Hindemith ja schließlich selbst den "wretched romantic way of rubato playing and 'expression'"[530] desöfteren mit Vehemenz verurteilt habe.

4.2.5. Ausblick

Als Paul Hindemith die USA im Jahre 1953 in Richtung Schweiz verließ, war vielen Kritikern der große Verlust, den dies für das amerikanische Musikleben zweifelsohne bedeutete, sehr deutlich bewußt beworden. Olin Downes hatte die Hindemith-Rezeption in den USA wie kaum ein anderer Kritiker von Beginn an entscheidend mitgeprägt. In einem im Mai 1953 entworfenen Schreiben an den Komponisten hob er vor allem den kompromißlosen Idealismus, die Ernsthaftigkeit seines vielfältigen musikalischen Tuns und schließlich auch seinen Einfluß auf die musikalische Entwicklung lobend hervor:

"I am sorry that so great a musician is leaving us, and I am certain that the effects of the work that you have done here in teaching as well as composition will be a permanent asset in musical development in America. [...]

Aufführung existiert eine (mit 7. April 1963 falsch datierte) 53-minütige Fernsehaufzeichnung (Video Artists International (Hrsg.): Chicago Symphony Orchestra. Historic Telecasts, Vol. 6: Paul Hindemith, Pleasantville, New York 1999).
[528] Richard Taruskin: In Search of the 'Good' Hindemith Legacy, in: NYT, 144. Jg., Nr. 49,935, 8.1.95, Section H, S. 25 und 30f.
[529] Ebd.
[530] Will Crutchfield: Music: 'Hindemith: the Viola Legacy', in: NYT, 134. Jg., Nr. 46,289, 14.1.85, Section C, S. 16.

May I say, that although our personal acquaintance was slight, we have touched hands at a few points in the past in the way of musical communication, and I have had occasion to appreciate repeatedly the qualities that I always sensed you possessed, by the very effect which your music had upon me. Quite regardless of what is a matter of personal opinion whether I happened to like everything you composed or did not, which is entirely unimportant, I had the opportunity of discovering another one of those rare beings, namely, a man of incontrovertible honor and sincerity in all his work and his human relation, and an artist of the purest purpose and uncompromising idealism in service to his art.

[...] I am moved to write you these few words, because the things that you represent are so valuable to me, and also because they are living realities, whether you are in Yale, or in Zurich, or anywhere else on this planet -- or not on this planet!"[531]

Desweiteren hinterließ Hindemith in den USA den Eindruck eines Komponisten, aus dessen Gesamtwerk - abgesehen von einigen im Einfluß Brahms' und Regers stehenden "transitional works"[532] - immer ein unverwechselbarer Stil sprach. Eine genauere Benennung von Entwicklungsphasen in der Hindemithschen Musiksprache ging jedoch, abgesehen von der grobmaschigen Unterscheidung zwischen altem und neuem (Mathis-) Stil, aus den amerikanischen Werkbesprechungen nicht hervor. Nur gelegentlich waren u. a. die *Kammermusik Nr. 1* und die *Sonate für Violoncello allein, op. 25 Nr. 3* einer sogenannten "zweiten Phase",[533] in der sich Hindemith der Atonalität am meisten anzunähern schien, zugeordnet und war darüber hinaus ein Teil des amerikanischen Werks gar als Neubeginn in dessen Schaffen avisiert worden. Schließlich hatte Carter Harman im Jahre 1951 wie

---

531 Briefentwurf Olin Downes' an Paul Hindemith, o.O., 22.5.53. Dieser Entwurf befindet sich in der Hargrett Rare Book and Manuscript Library, University of Georgia (Athens), Olin Downes Papers (Mss. 688, Box 30, Folder 32). Er wurde unter der Bezeichnung "Brief" in Auszügen erstmals abgedruckt in: Eckhart Richter: Paul Hindemith as Director of the Yale Collegium Musicum, in: College Music Symposium, 18. Jg., Nr. 1 (Spring 1978), S. 24-25. Ein "Brief" von Downes unter diesem Datum befindet sich allerdings weder im Nachlaß Paul Hindemiths noch in der PHC, so daß es fraglich bleibt, ob er von Downes jemals abgesandt wurde.

532 Gemeint sind in diesem Zusammenhang u. a. das *Streichquartett op. 10* und die *Sonate in D für Klavier und Violine, op. 11 Nr. 2* (vgl. N. S. [Noel Straus]: Erica Morini Gives A Violin Program, in: NYT, 97. Jg., Nr. 32,816, 29.11.47, S. 9, sowie Howard Taubman: Records: Contemporary Music, in: NYT, 100. Jg., Nr. 33,923, 10.12.50, Section 2, S. 19).

533 Vgl. hierzu R. L. [Robert Lawrence]: Raya Garbousova in 'Cello Recital, in: NYT, 95. Jg., Nr. 32,137, 19.1.46, S. 19.

selbstverständlich konstatiert, daß das *Philharmonische Konzert* aufgrund des Entstehungsdatums der "gebrauchsmusik-period"[534] angehöre.

In den nach 1953 komponierten Werken bot Hindemith nach Meinung der Rezensenten nur Altbekanntes. Hatte die amerikanische Musikkritik in den zwanziger Jahren noch auf breiter Front gegen den "ultra-moderen" Hindemith mobil gemacht, so verstand sie sich knapp 40 Jahre danach nicht selten als Apologet seiner mittlerweile als anachronistisch bezeichneten Werke. Von der Mannheimer Uraufführung der Oper *The Long Christmas Dinner* (17. Dezember 1961) berichtend, tat Peter Heyworth in der *New York Times* seine Überzeugung kund, daß dem Komponisten Respekt und nicht Verachtung gebühre, wenn er jedwede Abweichung von seinem stilistischen Weg stur ablehne.[535] Paul Henry Lang nahm die überaus erfolgreiche New Yorker Erstaufführung dieser Hindemith-Oper (13. April 1963) zum Anlaß, in einem ausführlichen Verteidigungsartikel mit den Serialisten, jener "vociferous clique of ultra snobs",[536] abzurechnen:

> "[...] today's piece is not so much about Mr. Hindemith as about those who sneer at and deprecate the opera as if it were composed in a horse-drawn idiom, whereas it is informed by a comprehension of the spirit of the present that is deep as well as broad.
>
> [...] It is a relief to come across, as one fortunately still does, a contemporary composer such as Mr. Hindemith who really knows how to use tones as pliable instruments having a kind of life of their own instead of a mere collection of isolated dead pitches. Someone who can compose like this, who can with assurance convey a definite impression instead of a contorted document decipherable only with the aid of concordances, is a joy."[537]

The Long Christmas Dinner erhielt 1963 nicht nur in New York sondern auch in Washington viel Anerkennung. Eine derartig positive Rezeption wurde anderen Kompositionen aus dem nach 1953 entstandenen Werk nicht immer

---

[534] Carter Harman: Records: Caruso, in: NYT, 100. Jg., Nr. 34,063, 29.4.51, Section 2, S. 4.

[535] Peter Heyworth: Hindemith Sets Wilder, in: NYT, 111. Jg., Nr. 37,962, 31.12.61, Section 2 und 10, S. 9.

[536] Paul Henry Lang: The Snobbish Few And the Public, in: NYHT, 14.4.63.

[537] Ebd. Vgl. dazu auch die folgenden Berichte über die Erstaufführungen der Oper *The Long Christmas Dinner* in New York und Washington: 1.) Harold C. Schonberg: Music: Julliard's [sic.] Paul Hindemith Festival, in: NYT, 112. Jg., Nr. 38,401, 15.3.63, S. 8, 2.) Daniel Selznick: Music Review - Hindemuth [sic.] Premiere, 14.3.63, sowie 3.) Paul Hume: Music of Hindemith Given New Life In Major Ballet by Limon, 'The Demon', in: Washington Post, 18.3.63.

zuteil. Während etwa die *Fünfstimmigen Madrigale nach Texten von Josef Weinheber* sowohl vom breiten Publikum als auch von der Musikkritik insbesondere wegen des überaus gelungenen Versuchs, einer alten, in Vergessenheit geratenen Gattung moderne Frische zu verleihen, große Zustimmung erhielten,[538] so kam dagegen das *Concerto for Organ and Orchestra* über eine "polite response"[539] nicht hinaus. Der dritte Teil der Claudel-Kantate, *Ite, angeli veloces*, beeindruckte Edward Downes mehr durch die musikalische Beteiligung des Publikums als durch die Musik selbst.[540] Die *Pittsburgh Symphony* ließ amerikanische Kritiker aufgrund der darin zitierten Melodien ("Hab lumbedruwwel mit me lumbeschatz" und "Pittsburgh is a great old town") desöfteren verdutzt zurück. Das *Oktett* wurde wiederholt als "brilliant" und "delightful"[541] beschrieben.

Zwei Orchesterwerke des späten amerikanischen Hindemith, das *Concerto for Clarinet in A and Orchestra* (1947) und das *Concerto for Trumpet, Bassoon and String Orchestra* (1949/52), rückten erst in den fünfziger Jahren (und nur für kurze Zeit) in das Bewußtsein einer breiteren Öffentlichkeit. Sie galten als Musterexemplare eines Komponisten, der mit viel Routine und wenig Inspiration zu Werke gegangen war. Hindemith gelangte auf diese Weise, so die einhellige Meinung in den Konzertbesprechungen,[542] zu seiner gewohnt trockenen, strengen und kühlen Sprache. Beide Konzerte fielen deshalb sowohl beim Publikum als auch bei den Kritikern ausnahmslos durch.

Die weithin bekannten *Kammermusiken, op. 24a* und *op. 24 Nr. 2* waren - wie im übrigen auch die Bühnenwerke *Neues vom Tage* und *Lehrstück* - endgültig zu musikalischen Dokumenten der deutschen Zeitgeschichte geworden. Als solche wurden sie vornehmlich rezipiert. Werkkritische Bewertungen erfuhren all diese Kompositionen aus den zwanziger Jahren nicht mehr. Schließlich bleibt festzuhalten, daß die zwischen 1934 und 1944 entstandenen Werke Paul Hindemiths weit über das Jahr 1953 hinaus stets die mit Abstand größte Gewähr für eine positive Presse- und Publikumsresonanz in den USA boten.

---

[538] Vgl. hierzu z. B. 1.) Howard Taubman: Music: Hindemith Back, in: NYT, 108. Jg, Nr. 36,913, 16.2.59, S. 25, sowie 2.) Paul Henry Lang: Hindemith Concert, in: NYHT, 118. Jg., Nr. 40,983, 16.2.59, S. 15.

[539] Ross Parmenter: Hindemith Leads A New Concerto, in: NYT, 112. Jg., Nr. 38,443, 26.4.63, S. 26.

[540] Edward Downes: Brahms and Hindemith Choral Works Performed by Smith and Yale Students, in: NYT, 107. Jg., Nr. 36,612, 21.4.58, S. 21.

[541] Vgl. Louis Biancolli: Paul Hindemith At Town Hall, in: New York World-Telegram and Sun, 16.2.59, sowie Harriett Johnson: Hindemith Returns After Five Years, in: New York Post, 16.2.59.

[542] Vgl. zum Klarinettenkonzert z. B. Howard Taubman: Music: Bernstein Conducts, in: NYT, 104. Jg., Nr. 35,425, 20.1.55, S. 35, sowie zum Fagott-Trompeten-Konzert J. S. H.: Little Orchestra Society Gives Concert at Town Hall, in: NYHT, 115. Jg., Nr. 39,874, 17.1.56, S. 16.

Nach dem überraschenden Tod Paul Hindemiths am 28. Dezember 1963 erschienen in allen großen amerikanischen Tageszeitungen ausführliche Nachrufe.[543] Anhand dieser entstand für lange Zeit das letzte umfangreiche, landesweite Meinungsbild über die Bedeutung des Komponisten. "There never was disagreement in musical circles about Hindemith's technique, craftsmanship, executive ability and unsurpassed knowledge of the materials of music" bemerkte Harold C. Schonberg zu Beginn seines Beitrags in der *New York Times* und ließ damit keinen Zweifel an den so oft bewunderten handwerklichen Fähigkeiten dieses "musical logician."

Darüber hinaus galt Hindemith in den USA als Hauptvertreter der Gebrauchsmusik-"Idee", denn er habe sich, so Alfred Frankenstein in seinem Nachruf, wie kaum ein zweiter zeitgenössischer Komponist der Ausarbeitung von "highly simplified works for teaching purposes" gewidmet. Hindemith sah es (wie Stephen S. Rosenfeld glaubte) als seine Mission an, "[to carry] music's gospel from the ... heights of early-century innovation to the hearts and homes of a broad public." Sein Gebrauchsmusik-Ideal einer zwar modernen, aber dennoch "vereinfachten" und somit auch einem breiteren Publikum zugänglichen Sprache übte nach Auffassung von Alfred Frankenstein u. a. langfristigen Einfluß auf das Gedankengut der amerikanischen Nationalismus-Bewegung in den dreißiger Jahren aus. Hindemith sei deshalb für Werke wie Aaron Coplands *Rodeo* und *Billy the Kid* zumindest teilweise "verantwortlich".

Daß sich im Hindemithschen Werk die deutsche Musiktradition von Bach bis in die Gegenwart in einzigartiger Weise widerspiegelte, stand in den USA ebenfalls außer Frage. Die Faktur seiner Kompositionen, in denen er immer wieder auf alte Formen zurückgriff, seine bis zuletzt ungebrochene Schaffenskraft und schließlich auch seine Universalität als Musiker ließen ihn nach Auffassung vieler Kritiker in die Nähe seines größten Vorbildes, Johann Sebastian Bach, rücken.

Der Versuch, Hindemiths Musik hinsichtlich ihres klanglichen Gesamteindrucks und ihrer Wirkung auf das Publikum zu charakterisieren, führte in den Nachrufen zu ganz unterschiedlichen Erkenntnissen. Während etwa John Molleson glaubte, daß die Zuhörer durchaus in der Lage waren, nach dem Besuch eines Hindemith-Konzertes dessen Melodien zu pfeifen, war dagegen Harold C. Schonberg zur festen Überzeugung gelangt, daß nicht nur

---

[543] Vgl. hierzu die folgenden Beiträge: 1). Harold C. Schonberg: Musical Logician - Hindemith, an Anti-Romantic, Carried Baroque Tradition Into 20th Century, in: NYT, 113. Jg., Nr. 38,691, 30.12.63, S. 17, 2.) Alfred Frankenstein: In Bach's Tradition, in: San Francisco Chronicle, 99. Jg., Nr. 364, 30.12.63, S. 24, 3.) Stephen S. Rosenfeld: Paul Hindemith, 68, Composer, Teacher, in: Washington Post, 87. Jg., Nr. 25, 30.12.63, Section B, S. 2, 4.) Alan Rich: His Place Secure, in: NYHT, 123. Jg., Nr. 42,648, 30.12.63, S. 16, 5.) John Molleson: Paul Hindemith - a Musical Giant, ebd., sowie 6.) 13 Years At Yale. Rites Set In Switzerland For Composer Hindemith [ohne Verf.], in: The New Haven Register, 151. Jg., Nr. 358, 30.12.63, S. 13.

Hindemiths Melodik, sondern auch seine Harmonik nach einmaligem Hören zumeist nur abstoßend wirkten. Erst nach eingehender Beschäftigung würde die Musik den Rezipienten allmählich ihre Qualität und Faszination offenbaren.[544] Hindemith "at his best", so Schonberg weiter, halte immer etwas Positives bereit. "Wirkliche Kunstfertigkeit" habe noch immer jede Modeerscheinung überdauert. Die Symphonie *Mathis der Maler*, so die einhellige Meinung in den USA, gehörte u. a. aus diesem Grund zu denjenigen Kompositionen, die als Meisterwerke des 20. Jahrhunderts bereits in die Musikgeschichte eingegangen waren.

Nach Hindemiths Tod wurden sowohl die Rezeption seiner Werke als auch dessen Reputation und Einfluß in den USA nach Einschätzung der dortigen Kritik zusehends schwächer.[545] Hindemith sei von einer geradezu "modischen Finsternis"[546] umgeben. Bemerkungen zum "Fall" Hindemith, wie sie etwa Peter G. Davis in der *New York Times* niederschrieb, waren in den siebziger Jahren in der US-Tagespresse keine Seltenheit:

> "Paul Hindemith, we are forever being told, is the classic case of the influencial, respected and frequently performed composer who suffers an eclipse after his death, and now patiently awaits another generation to right the perspective and assign him his true position in the compositional hierarchy."[547]

Davis wies in seinem Beitrag gleichzeitig darauf hin, daß sich die nun schwächere Hindemith-Rezeption in den USA durchaus nicht so dramatisch darstellte wie allenthalben behauptet. Seine besten Werke seien genügend etabliert, um ihm eine Position unter den "major figures" des 20. Jahrhunderts zu sichern. Sein Sonatenwerk werde vielfach aufgeführt. Einige Orchesterwerke seien als "contemporary classics" bereits angenommen

---

[544] "But, somehow, exposure to Hindemith's music always brings its own reward. What at first seems forbidding eventually turns out to be strong, subtle, curiously fascinating, and highly stimulating in its logic, organization and integrity." (Harold C Schonberg: Paul Hindemith. A Musician Rooted in the Great German Past and a Strong Creative Figure, in: NYT, 113. Jg., Nr. 38,697, 5.1.64, Section 2, S. 9).

[545] Vgl. hierzu Raymond Ericson: Song Cycle and Viola Sonata Show Hindemith as Craftsman, in: NYT, 120. Jg., Nr. 41,327, 19.3.71, S. 35.

[546] John Rockwell: Music in Review. Audubon Quartet Offers Hindemith, in: NYT, 125. Jg., Nr. 43,114, 8.2.76, S. 45. Vgl. in diesem Zusammenhang auch die folgenden Interviews in der OH: 1.) Interview Caitriona Bolsters mit David Kraehenbuehl, Princeton Junction, New Jersey, 9.4.76, Typoskript, S. 149f, 2.) Interview Caitriona Bolsters mit Ralph Kirkpatrick, New Haven, 11.3.75, Typoskript, S. 1-5.

[547] Peter G. Davis: Hindemith on Disks - New Light On a Prolific Composer, in: NYT, 126. Jg., Nr. 43,667, 14.8.77, Section 2, S. 13 und 16.

worden. Von einem "on-going project" berichtend, in welchem die unabhängige Schallplattenfirma GSC (Los Angeles) das gesamte Kammermusikwerk Paul Hindemiths herauszubringen beabsichtigte, konnte Davis schließlich auch mit Blick auf diesen Bereich der Hindemith-Rezeption nur ein "gesundes Bild" diagnostizieren.[548]

Obwohl Paul Hindemith in den USA nie ganz in Vergessenheit geraten ist und sein umfangreiches Schaffen (etwa anläßlich seines 100. Geburtstages im Jahre 1995) durch zahlreiche Aufführungen und ausführliche Konzertbesprechungen in der amerikanischen Presse immer wieder gewürdigt wurde, konnte seine Musik das große Maß an Popularität, Anerkennung und Einfluß, welches sie in den vierziger und fünfziger Jahren erfahren hatte, dort bis zum Ende des 20. Jahrhunderts nicht wiedererlangen.

4.3. Zusammenfassung

Daß die amerikanische Kritik, die der musikalischen Avantgarde in den frühen zwanziger Jahren noch mit großer Ignoranz und Ablehnung gegenübergetreten war, in den folgenden drei Jahrzehnten allmählich zum unüberhörbaren und sogar zum progressiven "ästhetischen Gewissen" der zeitgenössischen Musikkultur heranreifen konnte, verdankte sie verschiedenen inneren und äußeren Faktoren: erstens der eigenen Kontemplation über stilistisch und inhaltlich notwendige Veränderungen in der Konzertberichterstattung (verständlicher, publikumsnaher Stil statt Musikkritik um ihrer selbst willen, Synthese von Subjektivität und werkanalytischer Fundierung, Primat der Werkkritik und nicht der Aufführungskritik, Loslösung von einer weitgehend vom "romanticism" geprägten Ästhetik - der "kommunikative Gehalt" eines Musikwerkes wurde in den vierziger Jahren zum Hauptkriterium), zweitens dem verbesserten Ausbildungsstand der Rezensenten (umfangreichere Werkkenntnis, gründlichere musikalische Vorbildung), drittens der Forderung amerikanischer Komponisten nach ausführlicher Würdigung ihrer Werke (die Chefkritiker der Tageszeitungen nahmen sich dieser Musik daraufhin vermehrt an), und schließlich viertens auch der Einwanderung namhafter europäischer Musikkritiker in die USA.

Diese Faktoren bedeuteten für die Hindemith-Rezeption im US-Presse-Schrifttum ein Glücksfall. Kompositionen Paul Hindemiths wurden in den frühen dreißiger Jahren im Allgemeinen bereits ungleich ausführlicher und

---

[548] Vgl. zum Schallplatten-Projekt der GSC auch Daniel Webster: The Rediscovery of Paul Hindemith, in: Philadelphia Inquirer, 22.6.73.

differenzierter beschrieben als noch zu dem Zeitpunkt, als sie erstmals in das Blickfeld der amerikanischen Kritik gerückt waren. Dem Bestreben der amerikanischen Rezensenten, nunmehr mittels Werkanalyse zu fundierteren Beurteilungen zu gelangen, mußte eine intensivere Auseinandersetzung mit der jeweiligen Komposition zwangsläufig vorausgehen. Begünstigt durch steigende Aufführungszahlen und (ab 1937) zusätzlich durch mehrmalige Konzert- und Vortragsreisen des Komponisten, führte dies zu einem allgemein besseren Verständnis der Hindemithschen Werke in den gesamten USA und letztlich - vor allem seit dem Bekanntwerden der Symphonie *Mathis der Maler* - auch zur Unterscheidung zwischen altem und neuem (Mathis-)Stil.

Insbesondere aufgrund der Tatsache, daß die meisten amerikanischen Kritiker die kühle Rationalität des weithin geläufigen Neo-Klassizismus' ablehnten und stattdessen noch eine der Ästhetik des "romanticism" näherstehende Sprache in der zeitgenössischen Musik bevorzugten, war die Rezeption des neuen (vergleichsweise expressiven) Hindemith-Stils noch bis etwa zum Ende des Zweiten Weltkriegs deutlich positiver ausgefallen als jene des (sachlichen und aggressiven) alten Stils. Auf Kompositionen im alten Stil wurde die Kritik seit etwa Mitte der vierziger Jahre zunehmend aufmerksam. Wegen ihrer Spontaneität, wegen ihrer nach 25 Jahren noch immer hohen Modernität, und nicht zuletzt auch wegen ihrer gelungenen musikalischen Projektion eines gedemütigten Deutschlands nach dem Ersten Weltkrieg, wurden vor allem einige Kammermusiken Paul Hindemiths als sogenannte "period pieces" (Zeitstücke) besonders wohlwollend aufgenommen.

Aus dem Fundus der in den Jahren 1940 bis 1953 entstandenen Kompositionen galt in den USA einzig das Ballett *Hérodiade* uneingeschränkt als Meisterwerk. Diejenigen Kompositionen, die im ungewohnt unterhaltsamen "amerikanischen" Ton verfaßt worden waren, erhielten zumindest ein geteiltes Echo. Unter ihnen befanden sich zum großen Teil Orchesterwerke, die oftmals aus Kompositionsaufträgen hervorgegangen waren. Weil Hindemith darin die Verknüpfung von intellektuellen und geistigen Tugenden, kompositorischer Gelehrsamkeit und einem gefälligen Ton in bislang einzigartiger Weise gelungen war, glaubten zwei amerikanische Rezensenten, Olin Downes und Arthur Berger, von einem etwa mit dem Jahr 1940 anzusetzenden Neubeginn in dessen Schaffen sprechen zu können. In Hindemiths Kammermusik aus der amerikanischen Zeit sah die US-Kritik dagegen in der Regel nichts weiter als die Demonstration kompositorischer Gelehrsamkeit. Aufgrund der wiederholt zur Schau gestellten satztechnischen Komplexität stieß der überwiegende Teil des kammermusikalischen Werkes auf großes Unverständnis und häufig auf Ablehnung.

In den nach 1953 entstandenen Kompositionen fand die amerikanische Kritik nur Altbekanntes vor. Hindemiths Schaffen galt in den USA spätestens seit den frühen sechziger Jahren in seiner Gesamtheit als anachronistisch. Als Hindemith in den Vereinigten Staaten letztmalig Uraufführungen seiner Werke dirigierte, wurden einige einflußreiche Rezensenten, indem sie sich in ihren Besprechungen dezidiert für die Bewahrung traditioneller Werte einsetzten und gleichzeitig vor dem weit verbreiteten Serialismus warnten, zu großen Apologeten der Hindemithschen Musiksprache.

Über seinen Tod im Jahre 1963 hinaus blieb Hindemith erstens als "craftsman", dessen stets kunstvoll gearbeitetes Werk jede Modeerscheinung überdauern würde, zweitens als Vertreter der Gebrauchsmusik-"Idee", der auf die jungen einheimischen Komponisten besonders in den dreißiger Jahren großen Einfluß ausgeübt hatte, und schließlich drittens auch als letzter Repräsentant einer genuin deutschen Musiktradition in den USA weiterhin im Gedächtnis. Trotzdem ließ die Rezeption seiner Kompositionen in den folgenden Jahren und Jahrzehnten merklich nach, ohne jedoch jemals ganz aus dem Bewußtsein des amerikanischen Musiklebens zu verschwinden. Die zwischen 1934 und 1944 entstandenen Werke Paul Hindemiths boten (und bieten noch immer) mit Abstand die größte Gewähr für eine positve Presse- und Publikumsresonanz in den USA.

5. Stil und Stilwandel im amerikanischen Werk Paul Hindemiths

Ziel der stilkritischen Untersuchungen ist es zunächst, Beständiges und Sich-Wandelndes in den zwischen 1940 und 1953 entstandenen Kompositionen Hindemiths aufzuzeigen, um im Anschluß daran erörtern zu können, inwieweit sich etwa die bereits gefestigten (und von Edward Ballantine zu Beginn der vierziger Jahre karikierten) musikalischen Eigenschaften in dessen Werk weiterhin als prägend erweisen, oder ob der deutliche quantitative und qualitative Rezeptionswandel in den USA nach dem Zweiten Weltkrieg[549] gleichzeitig mit erkennbaren stilistischen Veränderungen einhergeht.

Desweiteren soll in diesem Kapitel eruiert werden, ob Hindemith in seinem amerikanischen Werk auch einen "amerikanischen Stil" ausprägt und ob es diesbezüglich angebracht ist, von einer "neuen Phase" (Arthur Berger), bzw. von einem "Neubeginn" (Olin Downes) in seinem Werk zu sprechen. Wenn grundsätzlich von einem spezifisch "amerikanischen Stil" bei Hindemith die Rede sein kann, dann müßte es erstens bestimmte, die Melodik, die Harmonik, die Rhythmik, die Ausdrucksformen und auch die Formbildungen betreffende "Stilmomente"[550] (Stilmerkmale) geben, die sich in charakteristischer (und idealer) Weise nur mit Blick auf all diejenigen Werke offenbaren, die in der Zeit seiner amerikanischen Emigration komponiert worden sind. Diese einzelnen Stilmerkmale müßten zudem zu einem Gesamtstil verschmelzen, der sich klar von jenem der zuvor und danach entstandenen Kompositionen absetzt. Zweitens müßten - mit besonderem Augenmerk auf das Adjektiv "amerikanisch" - aus den Werken gleichzeitig Eigenschaften hervortreten, die zweifelsfrei der Musikkultur der USA zuzuordnen sind.

Paul Hindemith hat sich zum Stil oder gar zum Stilwandel in seinem Werk nur sehr selten öffentlich geäußert. In der Zeitschrift *Time* wurde anläßlich der Chicagoer Feierlichkeiten zu Hindemiths 50. Geburtstag folgende Bemerkung des Komponisten überliefert: "I am heading toward more simple treatment of harmonies and melodies."[551] Was macht diese Entwicklung hin zur "Einfachheit" aus, von der Hindemith spricht? Ist sie typisch für alle Werke der amerikanischen Zeit?

Der Schwerpunkt der stilkritischen Untersuchungen liegt auf der Melodik und der Harmonik. Ebenfalls werden Besonderheiten der Satztechnik dargelegt. Rhythmik und Form finden in Verbindung mit den Parametern Melodik und

---

549 Im folgenden wird, wie bereits im Kapitel 3.4., zwischen dem frühen und dem späten amerikanischen Hindemith unterschieden.

550 Vgl. hierzu Ernst Bücken, Paul Mies: Grundlagen, Methoden und Aufgaben der musikalischen Stilkunde. Ein Versuch, in: Zeitschrift für Musikwissenschaft, 5. Jg., Heft 4 und 5 (Januar-Februar 1923), S. 220.

551 Music - Chicago Cuts a Cake [ohne Verf.], in: Time, 46. Jg., Nr. 26, 24.12.45, S. 62.

Harmonik Berücksichtigung. Mit den Überlegungen zum "Amerikanischen" bei Hindemith wird das Kapitel beschlossen.

5.1. Melodik

In der *Unterweisung im Tonsatz* schreibt Paul Hindemith:

> "Die Melodik ist das Element, in welchem sich die persönliche Eigenart eines Komponisten am ehesten und sinnfälligsten kundtut. Seine Phantasie mag ihm die eigenwilligsten Harmonieschritte eingeben, in kühnsten rhythmischen Formen, schönsten dynamischen Effekten, trefflichsten Instrumentationskünsten mag er sich ergehen; alles das wiegt wenig, wenn er überzeugende Melodien zu erfinden vermag, [...]. [...] das melodische Geschehen läßt sich ... auf ein paar spärliche Grundtatsachen zurückführen, die sich allerdings unendlich abwandeln lassen."[552]

Für Hindemith bleibt das Element der Melodik auch dann der deutlichste und zugleich am leichtesten faßliche Indikator eines unverwechselbaren Kompositionsstils, wenn das Phänomen der "unendlichen" Wandlungsfähigkeit des melodischen Materials die vollständige intellektuelle Durchdringung der linearen Tonabläufe zu verhindern scheint. Hindemiths Ausführungen legen darüber hinaus nahe, daß sich die Melodik wie kein anderer musikalischer Parameter trotz des "niemals ganz zu fassenden"[553] Wesens der Melodik dennoch in hohem Maße dazu eignet, sowohl Merkmale stilistischer Beständigkeit als auch stilistischen Wandels im Werk eines Komponisten aufzuzeigen. Deshalb richtet sich die Aufmerksamkeit der Stiluntersuchungen zunächst auf die Hindemithsche Linie wie sie im amerikanischen Werk in Erscheinung tritt. Die melodische Analyse bezieht sich hierbei in der Hauptsache auf die Form, auf lineare Spannungsverläufe, auf die Intervallstruktur innerhalb der Linienführung, und nicht zuletzt auch auf die Tonalität der Linie.

---

[552] Paul Hindemith: UiT, Bd. 1, a.a.O., S. 211.
[553] Ebd.

5.1.1. Melodiebildung

Die Melodik, die Paul Hindemith in seinem amerikanischen Werk ausprägt, zeichnet sich durch die große Vielfalt ihrer formalen Gestaltung aus. Diese Vielfalt reicht von mono-motivischen und einteiligen melodischen Gebilden über zweiteilige Fugen- und Fortspinnungsanlagen bis hin zu weit ausgreifenden Reihungsformen, die aus drei und mehr Abschnitten bestehen.

Jede melodische Gestalt wird durch Motive geprägt, die sich aufgrund ihrer charakteristischen rhythmischen Form, ihrer Bewegungsrichtung und ihrer Intervallstruktur jeweils klar voneinander unterscheiden. Wiederholung und Variation motivischer Sinneinheiten sowie die Präsenz von Zäsuren und Pausen sind weitere formbildende Kräfte. Neben den Parametern der Phrasierung und Artikulation können auch die Wahl der Instrumentation den Bau einer Melodie verdeutlichen. In Paul Hindemiths Variationen über ein alt-englisches Kinderlied für Violoncello und Klavier *A frog he went a-courting* (1941) wechseln sich beispielsweise die beiden Instrumente bei der Darstellung des Themas und im folgenden auch oftmals innerhalb der Variationen jeweils gemäß den Formteilen ab.

Schließlich dienen tonale Zusammenschlüsse innerhalb der Linie grundsätzlich zur Erfassung von melodischen Strukturen. Der von Hindemith als "Wechsel der harmonisch gebundenen melodischen Tongruppen"[554] bezeichnete Sachverhalt kann jedoch immer nur dann formkonstitutiv sein, wenn sich diese melodischen Tongruppen zweifelsfrei voneinander abgrenzen lassen. Es wird noch genauer zu zeigen sein, daß dies mit Blick auf die Melodik Paul Hindemiths, wie sie sich in dessen amerikanischem Werk darstellt, nicht immer möglich ist. Zudem sind Strukturen, die sich einerseits durch die formale und andererseits durch die tonale Gliederung ergeben, dort nur selten vollständig kongruent. Da in diesem Zusammenhang nicht zuletzt auch die "Haupttöne"[555] einer Melodie für die Bestimmung von linearen Strukturen im allgemeinen und von Strukturen thematischer Anlagen im besonderen in der Regel wenig dienlich sind und allenfalls Hinweise auf kleinere melodische Einheiten geben können, wird die tonale Gliederung bei der Formanalyse der Hindemithschen Melodiebildung nicht in Betracht gezogen.

---

[554] Ebd., S. 216.
[555] Paul Hindemith meint damit 1.) die Grundtöne der melodischen Tongruppen, 2.) Höhe- und Tiefpunkte der Melodie und 3.) "durch den Taktrhythmus oder auf eine andere Weise besonders" hervorstechende Töne (vgl. dazu ebd., S. 228).

Dreiteilige Formen

Bei den meisten aller Themen im amerikanischen Werk Paul Hindemiths, die nicht im Kontext solcher kontrapunktisch-imitatorischer Satzanlagen wie Fuge und Fugato stehen, ist eine Dreiteiligkeit ihres formalen Aufbaus zu beobachten. Diese dreiteiligen Anlagen erscheinen in der Reihungsform, der Barform und der Liedform.

1) Die dreiteilige Reihungsform

Für die Gestaltung seiner großen, weit ausgreifenden instrumentalen Hauptthemen wählt Hindemith am häufigsten die dreiteilige Reihungsform. Vokalmusik, die diesem syntaktischen Formmodell unterliegt (Lieder, Motetten, Chorwerke), ist dagegen vergleichsweise selten. Daß bei Hindemith diese Struktur auf geradezu schematische Weise zur Anwendung gelangt, wird beispielsweise durch die Unabhängigkeit des jeweiligen Themenaufbaus von dessen musikalischem Gehalt und Charakter nur allzu evident. Lyrische Themen im langsamen Zeitmaß werden genauso nach diesem Prinzip gebaut wie lebhafte. Aufgrund der klaren Bevorzugung dieses Formtyps liegt die Vermutung nahe, daß damit eine in dieser Ordnung manifest werdende Melodieästhetik Paul Hindemiths einhergeht. Die dreiteilige Reihungsform tritt im gesamten Zeitraum der amerikanischen Jahre mit gleichbleibender Häufigkeit auf.

Notenbsp. 6: *Symphonie in Es* (1940), 4. Satz, 1. Thema, Takt 1-8

Der erste Abschnitt (a) ist (wie im Notenbsp. 6 aus der *Symphonie in Es*) selten eingliedrig, häufig jedoch zweigliedrig aufgebaut. Oftmals setzen derartig gebaute Hindemith-Themen mit einem prägnanten Themenkopf ein und münden anschließend entweder direkt in den Mittelteil (b) oder aber in ein (oft in entgegengesetzter Bewegungsrichtung zum Themenkopf stehendes und weiteres motivisches Material exponierendes) zweites Glied des ersten Teils. Daß bereits das Kopfmotiv innerhalb des a-Teils - wie etwa im 1. Thema des 1. Satzes aus der *Symphonie in Es* und in der *Sonate für Althorn und Klavier* (Notenbsp. 7) - sogleich aufgegriffen und fortgesponnen[556] wird, ist bei Hindemith die große Ausnahme.

Notenbsp. 7:   *Sonate für Althorn und Klavier* (1943), 2. Satz, 1. Thema, Abschnitt (a), Takt 1-4

Der oftmals zweigliedrige zweite Teil (b) wird geprägt durch

    1.) Wiederholung (Notenbsp. 8),

    2.) Sequenzierung (Notenbsp. 9),

    3.) Modifikation (Notenbsp. 6)

eines Motivs oder Melodieabschnittes. Im Thema aus der *Symphonie in Es* (Notenbsp. 6) erfolgt diese Modifikation - wie oft bei Hindemith - durch intervallische Dehnung zum Zwecke des melodischen Spannungsaufbaus.

---

556 Der Begriff der (melodischen) Fortspinnung sei - ausgehend von der Kurthschen Definition der Technik des "stetigen" bzw. "fließenden Übergangs" (Ernst Kurth: Grundlagen des linearen Kontrapunkts. Bachs melodische Polyphonie, Bern 1956, S. 205 und S. 225) - im folgenden so verstanden, wie ihn Günther Metz beschrieben hat: "Fortspinnung ist die in der Zeit geschehende kontinuierliche "varietas" des Gleichen; [...] Die Fortspinnungstechnik selbst schließlich wird auf der Verknüpfung der melodischen Komponenten (der Intervalldistanzen einer Tonfolge, ihres Rhythmus und ihrer Bewegung) beruhen." (Günther Metz: Melodische Polyphonie in der Zwölftonordnung, a.a.O., S. 78).

Hierbei kommt es, ausgehend von einem fixierten (d. h. von einem innerhalb des Linienverlaufs mehrmals wiederkehrenden) Hoch- oder Tiefton, zu einer schrittweisen Vergrößerung des jeweils darauffolgenden (und gelegentlich auch des vorausgehenden) Intervalls (vgl. hierzu auch die Notenbsp. 13 und 15).

Hindemith greift im zweiten Teil (b) entweder bereits bekanntes motivisches Material auf oder stellt neues vor. Dabei wird der Ambitus der melodischen Linie erweitert. Diese bewegt sich nicht selten gar in einer bis dahin noch wenig erschlossenen Lage im Tonraum (Notenbsp. 9).

Notenbsp. 8: *Sonate für vier Hörner* (1952), 2. Satz, 1. Thema, Takt 1-11

Notenbsp. 9: *Konzert für Violoncello und Orchester* (1940), 1. Satz, 2. Thema, Takt 11-17

Das den b-Teil bestimmende Motiv nochmals aufgreifend, schwingt sich die Melodie im dritten Teil (c) zu ihrem Höhepunkt empor, um dort auf einem hinsichtlich des gesamten Melodieverlaufs vergleichsweise langen und nicht selten synkopierten, bzw. übergebundenen Notenwert zu verweilen.

Anschließend wird (in einem zweiten Glied des c-Teils) in entgegengesetzter Bewegungsrichtung der Schlußpunkt der Melodie erreicht. Meist ist es deren Ausgangs-, bzw. Zentralton. Daß hierbei (wie im Notenbsp. 6 aus der *Symphonie in Es*) auf ein Motiv des a-Teils zurückgegriffen wird, ist die Ausnahme. Häufiger geschieht dagegen die Wendung zum Schluß hin mittels einer rhythmisch und/oder intervallisch gleichförmigen Bewegung, die bisweilen durch Iso-Intervallketten[557] gekennzeichnet sein kann.[558]

Die charakteristische Dramaturgie des melodischen Spannungsverlaufs - Exposition eines prägnanten Kopfmotivs im a-Teil, durch Formen der Wiederholung und der Variation hervorgerufenes Steigerungsmoment im zweiten Teil (b), Aufschwung zum melodischen Höhepunkt nach etwa 2/3 der gesamten melodischen Wegstrecke und anschließendes Ausschwingen der Linie (Teil (c)) - ist den meisten aller Hindemith-Themen, die nach dem Modell der dreiteiligen Reihungsform gebaut sind, gemein. Was die Proportion der Abschnitte zueinander betrifft, so sind diese meist in etwa gleich lang. Seltener stehen sie (wie im Beispiel aus der *Symphonie in Es*) im Verhältnis 1:1:2.

Dieses dreiteilige syntaktische Modell, das Hindemith bevorzugt, entspricht mit Blick auf den Spannungsverlauf der Linienführung weitgehend dem u. a. von Clemens Kühn beschriebenen und oftmals als "Fortspinnungstypus" bezeichneten formalen "Grundmuster"[559] des Spätbarock wie es vor allem von Antonio Vivaldi und J. S. Bach ausgeprägt wurde. Auch dort liegen Funktion und Charakter der jeweiligen Formglieder genau fest: ein "gefertigter Anfang" (Vordersatz), ein in "lockerer motivischer Weiterführung voranziehende(r)" - meist sequenzierender - Mittelteil (Fortspinnung) und schließlich ein "stabilisierender Schluß" (Epilog).

---

557 Günther Metz erkennt in den Iso-Intervallketten, d. h. in den "Tonfolgen, die sich aus der Aneinanderreihung gleicher Intervalle ergeben", aufgrund ihres häufigen Auftretens im Hindemithschen Gesamtwerk ein für den Komponisten typisches melodisches Baumittel (vgl. Günther Metz: Melodische Polyphonie in der Zwölftonordnung, a.a.O., S. 68-69).

558 Vgl. in diesem Zusammenhang das 1. Thema aus dem 1. Satz des *7th String Quartet in E-flat* (1945), Takt 13, sowie das Thema des dritten Abschnitts aus der Motette *Ascendente Jesu in naviculam* (1943), Takt 38. Beide Themen erreichen ihren Schlußton nach einer fallenden, im Wechsel aus kleinen und großen Terzen bestehenden Intervallfolge.

559 Vgl. hierzu Clemens Kühn: Form. VI. Zentrale Modelle, 1. Syntaktische Bauweisen, in: MGG, Sachteil 3, Ludwig Finscher (Hrsg.), Kassel, etc. 1995, Sp. 625-627, sowie ders.: Formenlehre der Musik, Kassel, etc. 1987, S. 41-45.

2) Die Barform

Die Hindemithsche Barform hat, was die Dramaturgie der Linienführung betrifft, große Ähnlichkeit mit der dreiteiligen Reihungsform. Nach der Ausformulierung der beiden a-Teile, denen - ebenso wie dem b-Teil der Reihungsform unter Zuhilfenahme derselben Steigerungsmittel (Motivwiederholung, -Sequenzierung und -Modifikation) - der Aufbau von melodischer Spannung obliegt, folgt ein meist gegenüber den ersten beiden Abschnitten längerer Abgesang (b), in welchem die Linie zu ihrem Höhepunkt geführt wird und anschließend in entgegengesetzter Bewegungsrichtung ausschwingt.

Gegenüber der dreiteiligen Reihungsform ist die Barform im amerikanischen Werk Paul Hindemiths vergleichsweise selten. Sie erscheint primär in der Instrumentalmusik (Sonaten, Konzerte) und ist dort ein typisches Phänomen des Seitensatzes.

Notenbsp. 10:   *Sonata for Violoncello and Piano* (1948), 2. Satz, 2. Thema, Takt 39-46

3) Die dreiteilige Liedform

Die Liedform ist die seltenste aller dreiteiligen Anlagen. Sie ist in der Vokalmusik Paul Hindemiths - etwa im Motettenwerk der frühen vierziger Jahre - häufig anzutreffen. Instrumentale Themen treten in der Liedform hingegen nur gelegentlich auf; erstmals im ersten Teil ("Prélude") der *Hérodiade* (Notenbsp. 11), danach z. B. als Variationenthema in der *Sonate für Kontrabaß und Klavier* (1949).

Notenbsp. 11: *Hérodiade* (1944), "Prélude", Takt 8-22

Dem zweigliedrigen, oftmals bereits mit kleinen Veränderungen (z. B. Alterationen) wiederholten a-Teil, folgt ein in der Regel zwei- oder mehrgliedriger Fortspinnungsteil (b), in welchem der Höhepunkt der Linie erreicht wird. Die melodische Spannung löst sich am Ende des b-Teils allerdings nie vollständig. In der Weihnachtsmotette *Pastores loquebantur* (Notenbsp. 12) bricht die Melodie gar abrupt ab, bevor sie sich im Schlußabschnitt (a) vollends entspannt. Was die Proportion der Formteile in der Liedform betrifft, so können diese - wie in der Weihnachtsmotette - in etwa gleich lang sein. Häufiger zu beobachten ist jedoch ein gegenüber den Rahmenteilen längerer Fortspinnungsabschnitt.

Notenbsp. 12: *Pastores loquebantur* (1944), Takt 43-52

Erweiterungen der dreiteiligen Anlage

Formen, die über die Dreiteiligkeit hinausgehen, sind im amerikanischen Werk Hindemiths selten. Da diese thematischen Gebilde u. a. hinsichtlich ihres Aufbaus und ihres melodischen Spannungsverlaufs große Ähnlichkeit entweder mit der dreiteiligen Reihungsform oder mit der Liedform haben, können sie deshalb jeweils als deren Erweiterungen aufgefaßt werden.

In der vierteiligen Reihungsform, die vornehmlich in instrumentalen Hauptthemen zu finden ist, erfolgt die Erweiterung 1.) durch das Hinzufügen eines zweiten Mittelteils oder 2.) durch die längere Ausformulierung des Schlußabschnitts. So erscheinen etwa im 3. Thema ("Allegretto grazioso") aus der *Sonata for Trombone and Piano* zwei Mittelteile (Notenbsp. 13); das charakteristische Motiv des ersten wird wiederholt, das Motiv des zweiten (mittels intervallischer Dehnung) variiert. Im 1. Thema des Kopfsatzes aus der *Symphony in B-flat for Concert Band* (Notenbsp. 14) erklingt nach Erreichen des melodischen Höhepunktes ein neues Motiv, das sogleich zweimal wiederholt wird und daraufhin unvermittelt in eine kurze melodische Schlußwendung mündet, die zum Ausgangston zurückführt.

Notenbsp. 13: *Sonata for Trombone and Piano* (1941), 3. Thema, Takt 89-103

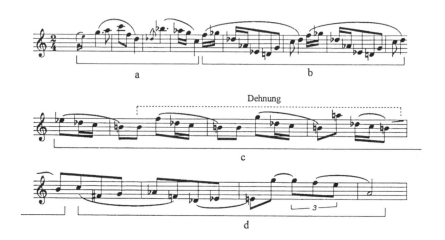

Notenbsp. 14: *Symphony in B-flat for Concert Band* (1951), 1. Satz, 1. Thema, Takt 1-11

Die in sich geschlossene Form (a,b,c,a') kommt wie die dreiteilige Liedform beim amerikanischen Hindemith ebenfalls vorwiegend in der Vokalmusik vor. Die Erweiterung besteht hier in einem umfangreicheren Fortspinnungsteil, welcher sich nun aus mehreren mehrgliedrigen Abschnitten zusammensetzt. Im Frauenchor *Old Irish Air* (Notenbsp. 15) werden die beiden Teile (b) und (c) durch entgegensetzte Bewegungsrichtungen klar voneinander abgegrenzt. Der Teil (c) endet nach Erreichen des melodischen Höhepunktes - wie auch zahlreiche Mittelteile der dreiteiligen Liedform - tonal offen.

Notenbsp. 15: *Old Irish Air* ("The harp that once thro' Tara's halls") (1940), Takt 26-39

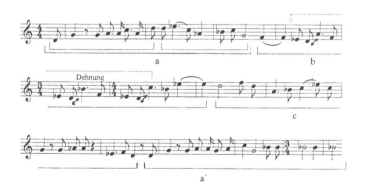

An dieser Stelle sei schließlich ein Sonderfall des Hindemithschen Melodiebaus erwähnt, welcher der Liedform, bzw. deren Erweiterung insofern gleicht, als ein mittlerer Abschnitt durch zwei gleiche Formteile eingerahmt wird. Die Rahmung vollzieht sich jedoch nicht durch die Rekapitulation des gesamten ersten Teils, sondern lediglich durch dessen prägnantestes Motiv. Eine derartige - nur in der Instrumentalmusik auftretende - melodische Syntax ist beim amerikanischen Hindemith im 1. Thema des Kopfsatzes aus dem *Concerto for Woodwinds, Harp and Orchestra* (Notenbsp. 16) und darüber hinaus nur noch zweimal zu beobachten.[560]

Notenbsp. 16:   *Concerto for Woodwinds, Harp and Orchestra* (1949), 1. Satz, 1. Thema, Takt 1-8

Ein- und zweiteilige Anlagen

Während melodische Bauformen mit drei und mehr Abschnitten nur sehr selten in kontrapunktischen[561] Sätzen zu finden sind - etwa als Passacaglia- oder Kanon-Thema -, so erscheinen dagegen kleinere ein- und zweiteilige Gebilde im amerikanischen Werk Paul Hindemiths zu etwa gleichen Teilen in kontrapunktischen und nicht-kontrapunktischen Kontexten. Ostinato-, Fugen- und Fugatothemen, sowie zweiteilige Fortspinnungsformen sind die wichtigsten Repräsentanten dieser kleineren syntaktischen Anlagen.

---

560 Vgl. das *Concerto for Trumpet, Bassoon and String Orchestra* (2. Satz, 3. Thema, Takt 32-39), sowie *Hérodiade* (Nr. 8, Takt 214-223).

561 "Kontrapunkt" wird im folgenden in seiner erweiterten begrifflichen Form nicht als "punctus contra punctum" verstanden, sondern als "cantus contra cantum" (vgl. hierzu Günther Metz: Melodische Polyphonie in der Zwölftonordnung, a.a.O., S. 11ff).

1) Fugen- und Fugatothemen

Paul Hindemiths fugierte Themen weisen - wenn sie nicht aus einer einzigen (meist zweigliedrigen) kompakten Zelle bestehen - zwei Abschnitte auf: einen prägnanten Themenkopf, der gelegentlich sogleich auch wiederholt werden kann (*Ludus tonalis*, Fuga VI), und einen längeren Fortführungsteil, in welchem mit unterschiedlicher Deutlichkeit Bezug auf den Themenkopf genommen wird. Der Grad der Bezugnahme reicht darin von der Sequenzierung (z. B. im 2. Thema aus dem Schlußsatz des *Septetts*, Takt 38-42) über alleinige rhythmische Entsprechungen (*Symphony in B-flat*, 3. Satz, 1. Fugenthema) bis hin zu Formen, in denen zwischen Themenkopf und Fortführung keinerlei Zusammenhang erkennbar wird. In letzterem Fall besteht der Fortführungsteil - wie etwa im Fugato-Thema des 1. Satzes aus der *Sonata for Violoncello and Piano* (Notenbsp. 17) - häufig nur aus einer gleichförmigen rhythmischen Bewegung.

Notenbsp. 17: *Sonata for Violoncello and Piano* (1948), 1. Satz, Takt 77-82

Kopf   Fortführung

Unabhängig vom strukturellen (ein-, bzw. zweiteiligen) Aufbau befinden sich Hindemithsche Fugenthemen stets im Fluß. Übergänge zu nachfolgenden Themeneinsätzen sind - etwa durch Sekundbeziehungen - oftmals "vorbereitet"[562] und organisch. Darüber hinaus sind Initial- und Finaltöne des jeweiligen Dux[563] beim amerikanischen Hindemith - mit einer Ausnahme, dem einteiligen Fugato-Thema aus dem 1. Satz der *Sonate für vier Hörner* - stets verschieden. Am weitaus häufigsten entspricht der Anfangston dem Grundton des Themas. Ist dies nicht der Fall, so erscheint dieser (von wenigen

---

[562] Die "Vorbereitung" von Themeneinsätzen durch Sekundbeziehungen hat Günther Metz am Beispiel der "Fuga I" aus dem *Ludus tonalis* beschrieben (vgl. Günther Metz: Melodische Polyphonie in der Zwölftonordnung, a.a.O., S. 274-275).

[563] Der Begriff "Dux" kann im Zusammenhang mit dem Fugenwerk des amerikanischen Hindemith deshalb bedenkenlos gebraucht werden, weil die Beantwortungen der Themen dort in der Regel im Abstand einer Quinte, bzw. Quarte, oder von deren Oktavversetzungen erfolgen.

Ausnahmen abgesehen[564]) als Finalton. Die Themen bleiben somit in der Regel offen. In sich sowohl formal als auch tonal geschlossene Gebilde wie etwa das hierfür charakteristische fis-Moll-Thema aus dem *Wohltemperierten Klavier I* von J. S. Bach finden sich im Hindemithschen Fugenwerk der amerikanischen Jahre nicht.

Mit Blick auf all diejenigen (im amerikanischen Werk Hindemiths vergleichsweise seltenen) Fugen-, bzw. Fugatothemen, die nur aus einem Abschnitt bestehen, fällt als deren einzige Gemeinsamkeit der Mangel eines Themenkopfes auf. Bei einigen Repräsentanten dieser einteiligen Form wird - wie im Thema der "Fuga prima" aus dem *Ludus minor für Cello und Klarinette* (Notenbsp. 18) -, der Finalton nach einer synkopierten, bzw. übergebundenen Note in gleichförmiger Bewegung stufenweise von oben erreicht.[565]

Notenbsp. 18:   *Ludus minor für Cello und Klarinette* (1944), Thema der "Fuga prima"

2) Ostinato-Themen

Als Ostinato-Themen gelten all diejenigen Gebilde, die den jeweiligen Satzablauf als konstruktives Mittel im Sinne der Reihung ganz oder zumindest teilweise formal gliedern. Auf diese formbildende Funktion des Ostinatos weist Hindemith gelegentlich explizit hin, indem er beispielsweise dem 3. Satz der *Sinfonietta in E* die Bezeichnung "Intermezzo ostinato" beigibt und den 2. Satz des *Concerto for Clarinet in A and Orchestra* mit "Ostinato" überschreibt. Ostinati, die für den Hindemithschen Satz mit Blick auf die Form dagegen keine konstruktive Relevanz haben, die stattdessen nur Begleitfunktionen übernehmen, und die ihre Struktur darüber hinaus einem übergeordneten

---

[564] Diese Ausnahmen sind: 2. Thema der Tripelfuge aus dem Schlußsatz der *Sonata for Two Pianos* (1942), Thema der Einleitungsfuge aus dem *6th String Quartett* (1943), 1. Thema der Doppelfuge aus dem *Lilacs*-Requiem (1946), sowie das Thema aus dem 1. Teil von *Apparebit repentina dies* (1947).

[565] Vgl. hierzu auch das Fugenthema des zweiten der insgesamt vier *Stücke für Fagott und Violoncello* sowie das Fugatothema im Schlußsatz des *Concerto for Clarinet in A and Orchestra*, Takt 79-83.

Thema schulden, werden bei der folgenden Formcharakterisierung ausgespart.566

Paul Hindemiths ostinate Themen sind kurze ein-, bzw. zweiteilige syntaktische Formen mit einer stets auf Fortführung hin angelegten Tonfolge. Gegenüber den weiter ausgreifenden Passacaglia-Themen sind sie weniger deutlich gegliedert. Bestehen die Ostinati aus zwei Abschnitten, dann haben diese in etwa die gleiche Länge. Ihre Melodik weist unterschiedliche, oftmals jedoch fallende und stets mit vielen Intervallsprüngen durchsetzte Linien auf. Dementsprechend werden diese stetig wiederkehrenden thematischen Folgen auch nur in einem Fall - im Ostinato des "Death Carol" aus dem Requiem *When lilacs last in the door-yard bloom'd* - durch Sekundanschluß miteinander verknüpft (Notenbsp. 19). Ihre Anfangs- und Schlußtöne stehen häufiger im Abstand einer Quarte, Quinte oder - wie im Klarinettenkonzert (Notenbsp. 20) - gar einer verminderten Quint zueinander.

Ostinato-Themen sind aufgrund der genannten Merkmale mehr instrumental als vokal empfundene melodische Gebilde. Dies wird auch anhand der Tatsache deutlich, daß sie selbst in Vokalwerken fast ausschließlich instrumental erklingen. Im "Death Carol" des Requiems werden z. B. von den insgesamt 27 Wiederholungen des ostinaten Themas nur zwei von den Singstimmen vorgetragen.

Notenbsp. 19: *When lilacs last in the door-yard bloom'd* (1946), Nr. 9: "Death Carol", Takt 32-36

Notenbsp. 20: *Concerto for Clarinet in A and Orchestra* (1947), 2. Satz, Takt 1-5

---

566 In diesem Zusammenhang sei z. B auf die Ostinato-Figur aus dem 2. Satz des *Concerto for Trumpet, Bassoon and String Orchestra*, Takt 101, hingewiesen. Diese wird aus dem Mittelteil des 4. Themas entwickelt (Takt 62/63) und fungiert u. a. als Kontrapunkt zum kanonisch durchgeführten 3. Thema (Takt 146ff).

Ein weiteres charakteristisches Merkmal dieser kurzen thematischen Gebilde im amerikanischen Werk Paul Hindemiths ist die Diskrepanz zwischen den Schwerpunkten der Melodie und deren Metrum, welches durch Überbindungen, Synkopen, Duolen, Triolen, und - wie im Klarinettenkonzert (Notenbsp. 20) - durch lange Pausen zwischen den Themeneinsätzen verschleiert wird. Im Kopfsatz der Symphonie *Die Harmonie der Welt* (Notenbsp. 21) wird der metrische Schwebezustand des Ostinatos zusätzlich durch eine fixierte Taktwechselfolge hervorgerufen.

Notenbsp. 21: Symphonie *Die Harmonie der Welt* (1951), 1. Satz, Takt 2-4

Ausgehend vom 1946 entstandenen "Death Carol" treten in den folgenden Jahren Ostinato-Themen, aber gleichzeitig auch nicht-thematische ostinate Formen, mit zunehmender Häufigkeit im Werk Paul Hindemiths in Erscheinung, so daß in diesem Zusammenhang von einem typischen Merkmal des späten amerikanischen Hindemith gesprochen werden kann.

3) Fortspinnungsthemen in nicht-kontrapunktischen Satzanlagen

Zweiteilige melodische Gebilde, die keiner kontrapunktischen Verarbeitung unterliegen, erscheinen beim amerikanischen Hindemith hauptsächlich in der Instrumentalmusik, und dort überwiegend als Themen von Seitensätzen. Sie bestehen in der Regel aus gleich langen Abschnitten. Trotz des Ebenmaßes ihrer großformalen Anlage kann von einer symmetrischen Durchformung im Sinne der klassischen Periodenbildung nicht die Rede sein, denn bereits der binnenstrukturelle Aufbau der Abschnitte weist nur selten die gleiche Anzahl von Gliedern auf. Weitere charakteristische Merkmale der klassischen Periode, wie etwa die Symmetrie der rhythmischen Betonungen und das Erreichen des Halbschlusses zu Ende des ersten Teils sind bei Hindemith ebenfalls selten zu beobachten.

Im Gegensatz zu den dreiteiligen, sich aus mehreren Motiven konstituierenden Formtypen werden zweiteilige Fortspinnungsthemen oftmals nur von einem einzigen Motiv geprägt, das im zweiten Abschnitt verschiedenartig fortgesponnen wird. Darüber hinaus ist eine vergleichsweise geringe räumliche Längen- und Höhenausdehnung zu konstatieren; die melodischen Verläufe überschreiten selten den Ambitus einer Dezime. Was schließlich die Dramaturgie der Linienführung betrifft, so ist ein weit ausgreifender Spannungsbogen, in welchem die Linie kontinuierlich einem einzigen melodischen Hochpunkt zustrebt und danach ausschwingt, nur gelegentlich anzutreffen. Ungleich häufiger bewegt sich die Linie wellenförmig. Sie wirkt dadurch im Vergleich zu den dreiteiligen thematischen Bauformen in der Regel spannungsärmer.

Notenbsp. 22:   *Concerto for Clarinet in A and Orchestra* (1947), 4. Satz, 2. Thema, Takt 43-47

Zweiteilige Fortspinnungthemen wirken sowohl bei Gleichheit als auch bei Verschiedenheit ihres jeweiligen Initial- und Finaltons größtenteils in sich schlüssig, denn den Endpunkten der melodischen Linie gehen häufig entweder eine Bewegungsverlangsamung (Notenbsp. 23) oder aber eine gleichförmige rhythmische Bewegung (Notenbsp. 22) voraus. Nur zweimal wird diese Schlüssigkeit zugunsten der ostinaten Verarbeitung im Satz aufgegeben. In der Passacaglia aus dem Chorwerk *Apparebit repentina dies* erfährt das 8-taktige Thema 14 Wiederholungen. Das Seitenthema aus der *Sonate für Kontrabaß und Klavier* (Notenbsp. 24) erklingt dagegen lediglich viermal ostinatohaft hintereinander und erweckt dadurch den Anschein als trete es quasi auf der Stelle und laufe allmählich thematisch leer.

Den jeweiligen Beginn der Fortspinnungsthemen betreffend, so setzen diese immer nur dann mit einem prägnanten Themenkopf ein, wenn sie (wie etwa in der Ouvertüre *Cupid and Psyche*) als Hauptthema fungieren.

Notenbsp. 23:   *Concerto for Horn and Orchestra* (1949), 3. Satz, 2. Thema, Takt
21-26

Notenbsp. 24:   *Sonate für Kontrabaß und Klavier* (1949), 1. Satz, 2. Thema, Takt
20ff

Über die Hälfte aller Themen im amerikanischen Werk Paul Hindemiths
weisen einen gemeinsamen Anfangs- und Schlußton auf. Hindemith erzielt
dadurch insbesondere bei all denjenigen Formen der Melodiebildung "das
Gefühl formaler und tonaler Rundung und Geschlossenheit",[567] die keiner
kontrapunktischen Verarbeitung und damit nicht dem Primat des fließenden
Übergangs und dem Primat des sich permanenten Entwickelns unterliegen.
Hindemiths Bestreben nach Rundung und Geschlossenheit wird darüber
hinaus auch anhand zahlreicher Themen evident, in deren Schlußabschnitt
jeweils Formteile oder Formglieder des Anfangs wiederaufgegriffen werden.
Eine deutliche Schlußwirkung wird - wie erwähnt - nicht zuletzt auch immer
dort erreicht, wo 1.) fallende melodische Linien - anzutreffen bei den meisten
dreiteiligen Themen -, und wo 2.) Bewegungsverlangsamung und
gleichförmige rhythmische Bewegungen das Ende des Themas anzeigen.

Weniger im Sinne des klassischen Symmetrieprinzips der Periodenbildung als
vielmehr in Anlehnung an die barocke Ästhetik der Linienführung[568] sind
Proportion   und   Ausgewogenheit   charakteristische   Merkmale   der

---

[567] Vgl. hierzu die "Regel 3" aus der *Unterweisung im Tonsatz*: "Der Anfangs- und Endton
sind gleich. Indem wir zum Schlusse an den Ausgangspunkt zurückkehren, erzielen wir
beim Hörer das Gefühl formaler und tonaler Rundung und Geschlossenheit" (Paul
Hindemith: UiT, Bd. 2, a.a.O., S. 18).

[568] Vgl. in diesem Zusammenhang Ernst Kurth: Grundlagen des linearen Kontrapunkts,
a.a.O., S. 222ff.

Hindemithschen Melodik, wie sie sich im amerikanischen Werk darstellt. Dies schlägt sich sowohl im Ausgleich von Bewegungsräumen (hohe und tiefe Lage im Tonraum) als auch im Ausgleich von Bewegungsrichtungen (Aufwärts- und Abwärtsbewegungen der Linie) stets deutlich nieder. Die oftmals gleiche Längenausdehnung von Formteilen ist in diesem Zusammenhang ebenfalls als Signum des Hindemithschen Verständnisses von Einheit und Form zu erwähnen. Schließlich bleibt festzuhalten, daß die Melodik im amerikanischen Schaffen Paul Hindemiths - was den Gebrauch bestimmter syntaktischer Modelle in bestimmten Satzanlagen, aber auch was die jeweils themen- und formspezifische Charakteristik der Linie betrifft - keinem grundsätzlichen Wandel unterworfen ist.

5.1.2. Intervallverknüpfung

Markante Motive, die zu Beginn einer melodischen Entwicklung - etwa in Gestalt von Themenköpfen - auftreten, werden bei Hindemith selten aus Terzen und Sexten, dagegen mit großer Häufigkeit aus (steigenden) Quarten und (fallenden) Quinten, sowie kleinen und großen Sekunden als deren Bindeglieder gebaut. Insbesondere durch die Verknüpfung dieser Intervalle "ließe sich wohl", wie Hindemith in der *Unterweisung im Tonsatz* darlegt, "eine etwas größere Strecke ohne zunächst deutlich hörbaren harmonischen Zusammenhalt herstellen."[569] Somit können derart konstruierte Motive die "harmonische Bindung" der Linie wirkungsvoll verschleiern. Quinten und Quarten haben zwar nach Hindemiths Auffassung große Grundtonkraft, aber deren rasche Aufeinanderfolge mache das "Ohr unsicher".

Diese Wirkung harmonischer Ungebundenheit wird nicht selten rhythmisch und metrisch unterstützt, indem die jeweiligen Intervallgrundtöne (Quarte = oberer Ton, Quinte = unterer Ton[570]) melodische Schwerpunkte bilden und zudem auf schwerer Taktzeit stehen. Ein typisches Beispiel hierfür ist das "Motto"[571] aus der *Symphonie in Es*, das zu Beginn des Orchesterwerks erklingt (Notenbsp. 25). Es besteht aus einem auskomponierten quartschrittigen Auftakt, der zunächst unisono erklingt und anschließend in ausharmonisierter Form wiederholt wird. Die Zieltöne "as" und "des" erhalten durch Fermaten

---

[569] Vgl. dazu im folgenden Paul Hindemith: UiT, Bd. 1, a.a.O., S. 216-217.

[570] Ebd., S. 90-91.

[571] Die Einleitungstakte der *Symphonie in Es* wurden mehrfach mit dem Begriff "Motto" beschrieben. Vgl. hierzu u. a. Wulf Konold: Hindemiths Symphonie in Es, in: HJB, 1986/XV, S. 75-76, sowie Giselher Schubert: >>Amerikanismus<< und >>Americanism<<. Hindemith und die Neue Welt, in: HJB, 1998/XXVII, S. 100.

zusätzliche Betonung, so daß die Einleitungstakte insgesamt zum einen aufgrund der Quartspannungen zwischen den jeweiligen Anfangs- und Zieltönen des "Mottos" harmonisch vage und zum anderen aufgrund der Fermaten auch metrisch unverbindlich bleiben. Die Intervallstruktur der Einleitungstakte prägt die Thematik aller vier Sätze der Symphonie.

Notenbsp. 25: *Symphonie in Es* (1940), 1. Satz, Takt 1-4

Themenköpfe, die das von Hindemith bevorzugte intervallische Material aufweisen, können innerhalb einer kurzen melodischen Wegstrecke weit in den Tonraum ausgreifen. Oftmals erscheinen an Themenanfängen zwei Quarten unmittelbar hintereinander (z. B. *Ludus tonalis*, "Fuga II", *Symphony in B-flat*, 3. Satz, 1. Thema). Zu Beginn der *Symphonia serena* (Notenbsp. 26) ist dagegen die fallende Quinte Hauptbestandteil des Kopfmotivs. Sie durchmißt - dreimal fallend - innerhalb von eineinhalb Takten den Raum von mehr als eineinhalb Oktaven. Das Phänomen des Quintfalls erweist sich überdies für den gesamten Themenverlauf als prägend, denn dem Kopfmotiv folgen abermals Quintfälle. Erst mit dem Erreichen des Tons "es" im sechsten Takt kommt die Quintfallbewegung zum Stehen. An diesem Punkt wird die formale Mitte des Themas erreicht. Gleichzeitig stehen hier der Initial- und Finalton "a" einerseits und der Ton "es" andererseits im Abstand einer verminderten Quinte, d. h. nach Hindemiths Spirale der "Reihe I"[572] im geringstmöglichen Verwandtschaftsverhältnis zueinander.

Notenbsp. 26: *Symphonia serena* (1946), 1. Satz, 1. Thema, Takt 2-10

---

[572] Vgl. hierzu Paul Hindemith: UiT, Bd. 1, a.a.O., S. 75ff, sowie ders.: UiT, Bd. 2, a.a.O., S. 113.

Eine ähnliche Beständigkeit, mit der bestimmte Intervalle und Intervallfolgen in markanten Kopfmotiven auftreten, ist - was den gesamten linearen Verlauf der Themen angeht - beim Gebrauch der Quarte zu beobachten. Sie bleibt (auch) im amerikanischen Werk Paul Hindemiths das stilprägendste aller Intervalle. Für Günther Metz wird die Quarte wegen der Vielfalt ihrer melodischen Verwendbarkeit neben der Sekunde "zum wichtigsten Intervall der Hindemithschen Melodik."[573] Darüber hinaus erlangt die häufig auftretende steigende Quarte - wenn sich die Grundtönigkeit ihres oberen Tons durchsetzt - 1.) durch die auftaktige Verwendung und die damit verbundene Festigung eines Zieltons, 2.) durch die Schaffung neuer Bezugstöne innerhalb der Linie und 3.) durch den Gebrauch an Themenschlüssen - insbesondere bei modulierenden Themen - funktionale und kadenzielle Bedeutung. In fallender Bewegung überwiegt bei der Quarte meist deren melodischer Charakter.

Weitaus häufiger als die Quarte tritt an Themenschlüssen die fallende kleine Sekunde in Erscheinung. Die melodische Energie kommt für Hindemith am Schluß eines melodischen Spannungsverlaufs durch den oberen Leitton - im Wechsel von unbetontem zu betontem Taktteil - wohl am spürbarsten zur Ruhe, denn bei etwa einem Viertel aller Themen wird deren Ende so erreicht. Bei Satz- und Werkschlüssen ist eine derartige Präferenz des Kleinsekundintervalls in der jeweils melodietragenden Stimme ebenfalls deutlich zu beobachten, so daß in diesem Zusammenhang von einer zumindest für den amerikanischen Hindemith charakteristischen Schlußwendung gesprochen werden kann.[574] Die Antizipation des Schlußtons durch den unteren Leitton ist vergleichsweise selten. Wird die Finalis von unten erreicht, so geschieht dies am häufigsten mittels der großen Sekunde. Generell werden Themenschlüsse öfter schrittweise als durch Sprünge erreicht.

Peter Cahn hat darauf hingewiesen, daß die fallende kleine Terz nicht nur als kadenzierender Schritt des Basses, sondern auch "als Melodieklausel immer wieder auftritt."[575] Das trifft auf die Melodik des amerikanischen Hindemith in gleicher Weise zu wie seine Beobachtung, daß dieser Melodieklausel "zumeist die kleine (phrygische) Obersekunde des Zieltons vorangeht (z. B. es-f-d)." In dieser nicht seltenen Form des Themenschlusses steht somit die Antepaenultima zur Ultima ebenfalls im Kleinsekundverhältnis, welches

573 Günther Metz hat die Vielfalt melodischer Verwendbarkeit der Quarte im Gesamtwerk Paul Hindemiths ausführlich beschrieben. Vgl. dazu im folgenden Günther Metz: Melodische Polyphonie in der Zwölftonordnung, a.a.O., S. 22-28, hier S. 28.
574 Die Ausführungen von Günther Metz zum Gebrauch der fallenden kleinen Sekunde legen überdies die Vermutung nahe, daß eine derartige Schlußbildung bei Hindemith nicht nur ein Phänomen des amerikanischen Werks, sondern des gesamten Œuvres ist (vgl. hierzu ebd., S. 19-20).
575 Peter Cahn: Hindemiths Kadenzen, in: HJB 1971/I, S. 126.

immer dann besonders deutlich wahrzunehmen ist, wenn die Antepaenultima gegenüber ihrem abspringenden Folgeton einen längeren Notenwert besitzt.

Neben dem charakteristischen Bau von Themenköpfen, der häufigen und vielfältigen Verwendung der Quarte und dem typischen Erreichen des Finaltons mittels des kleinen Sekundschritts von oben, seien einige weitere Merkmale der Melodie- und Themenbildung im amerikanischen Werk Paul Hindemiths genannt:

1.) Kleinsekundversetzung von Intervallen (Notenbsp. 14 und 26) und Intervallfolgen (Notenbsp. 13 und 28),

2.) die Vermeidung von mehr als zwei aufwärtsgerichteten Halbtonschritten,

3.) der Gebrauch von Iso-Intervallketten, die sich aus Terzen oder Quarten konstituieren (vorwiegend an Themenschlüssen),

4.) kaum gänztönige Skalenbewegungen innerhalb von Themen,[576]

5.) das ausgewogene Verhältnis zwischen Intervallsprüngen und stufenweiser Fortschreitung.[577]

Neben den zahlreichen Paradigmen stilistischer Beständigkeit zeichnen sich im Verlauf der vierziger Jahre gleichzeitig auch einige deutliche Stilveränderungen ab. Dies betrifft zunächst den harmonischen Gebrauch der Terz. Anfang des vierten Dezenniums steht dieses Intervall als integraler Bestandteil in Hindemiths Melodien noch vielfach gleichberechtigt neben der Quarte. Dur-moll-tonale Dreiklangsbrechungen, die sich in der Hauptsache aus Verknüpfungen sowohl von großer und kleiner Terz, sowie von Terz und Quarte in jeweils gleicher Bewegungsrichtung, als auch aus Kombinationen von Terz mit nachfolgender Quinte in Gegenbewegung ergeben, sind ungefähr bis zum Jahr 1944 häufig zu beobachten (Notenbsp. 27). In der zweiten Hälfte der vierziger Jahre verliert die Terz jedoch allmählich an Bedeutung. Sie erscheint in einmaliger Verbindung mit sich selbst und in Verbindung mit der Quarte nur noch vergleichsweise selten. Verwendet Hindemith dieses Intervall dennoch harmonisch, so tut er dies - wie etwa im Kopfsatz des Klarinettenkonzerts (Notenbsp. 28) - zum Zweck der Kontrastierung. Dort steht der Mittelteil des 4. Themas, in welchem die

---

[576] Als einzige Ausnahme sei hier das 1. Thema des Kopfsatzes aus dem *Concerto for Woodwinds, Harp and Orchestra* erwähnt (Notenbsp. 16).

[577] Vgl. hierzu Hindemiths eigene Bemerkung, daß "zu den beglückendsten Gestalten melodischer Willensäußerungen" all diejenigen Melodiestrecken gehörten, in denen "Schritte und Sprünge abwechselnd ihre spannungsreiche Eigenart geltend machen und sich zur formalen, klanglichen und inhaltlichen Gesamtwirkung vereinigen." (Paul Hindemith: UiT, Bd. 2, a.a.O., S. 16-17).

Tonalitäten F und E jeweils durch die Intervallschritte steigende Terz und fallende Quint deutlich linear ausformuliert werden, im Gegensatz zu den beiden von der Quarte dominierten Rahmenabschnitten. Mehrfache Terzverknüpfungen sind - wie erwähnt - an Themenschlüssen weiterhin desöfteren anzutreffen.

Notenbsp. 27:   *On hearing "The Last Rose of Summer"* (1942), Klavier-oberstimme, Takt 1-5

Notenbsp. 28:   *Concerto for Clarinet in A and Orchestra* (1947), 1. Satz, 4. Thema, Takt 61-66

Ebenfalls etwa seit dem Jahr 1944 ist in Hindemiths Melodik der vermehrte Gebrauch von kleinen Sekunden zu beobachten. Dies wird erstens anhand der Zunahme von auf- und abwärtsgerichteten Halbtonschritten in Verbindung mit größeren Intervallsprüngen und zweitens anhand des häufigeren Auftretens von fallenden kleinsekundschrittigen Linien evident. Während die Hindemithsche Linie zunächst sehr selten überhaupt mehr als zwei Halbtöne hintereinander aufweist, sind in den 1944 und danach entstandenen Werken gelegentlich bis zu fünf aufeinanderfolgende kleine Sekunden in fallender Bewegung zu beobachten (Notenbsp 29).

Notenbsp. 29: *When lilacs last in the dooryard bloom'd* (1946), Nr. 3: March, 2.
Thema, 3. Abschnitt, Takt 64-67

Weitere Merkmale der Liniengestaltung im amerikanischen Werk Paul
Hindemiths nach 1944 sind:

1.) das Aufbrechen der schrittweisen Bewegung durch Oktavierungen der
jeweiligen Anschlußtöne (Notenbsp. 30),

2.) generell häufigeres Auftreten von großen Intervallsprüngen (Notenbsp.
31),

3.) der vergleichsweise häufige Gebrauch von verminderten und
übermäßigen Intervallen (vgl. hierzu neben den Notenbsp. 30 und 31
auch den fanfarenartigen Beginn und den Schluß des Chorwerks
Apparebit repentina dies).

Notenbsp. 30: *Sonate für Kontrabaß und Klavier* (1949), 2. Satz, 2. Thema,
Takt 29-38

Notenbsp. 31: *Septett* (1948), 2. Satz, Takt 1-8

Unter Berücksichtigung aller genannten Merkmale stilistischen Wandels, die die Intervallstruktur und den Intervallgebrauch betreffen, ist in der zweiten Hälfte der vierziger Jahre von der Tendenz hin zu einer stärker instrumental denn vokal empfundenen Linie im Werk Paul Hindemiths zu sprechen. Dies betrifft sowohl die Instrumentalmelodik, als auch (in etwas geringerem Maße) die Vokalmelodik. Der für Hindemith stets gültige (und auf alle Melodiezüge zu beziehende) Maßstab der guten Sangbarkeit[578] tritt offenbar immer mehr in den Hintergrund. Daß sich Hindemith, wie er im Vorwort zum (1955 veröffentlichten) Klavierauszug der *Hérodiade* zu Protokoll gab, über dieses Werk hinaus grundsätzlich "von den einengenden Arbeitsbedingungen, die ihm eine menschliche Stimme diktiert" zu "befreien" gedachte, ist wahrscheinlich. In der orchestralen Rezitation der *Hérodiade* erlangt Hindemith diese Freiheit, indem er die "Unmittelbarkeit des vokalen Ausdrucks" mit Blick auf die Mallarmésche Gedichtvorlage zugunsten einer rein instrumentalen und folglich "vielseitig ausgeweitete[n] musikalischen Deklamationslinie" bewußt preisgibt.[579]

Vielleicht nicht zufällig ist in diesem Zusammenhang die Tatsache, daß Paul Hindemiths umfangreiches Liedschaffen, das 1941 eingesetzt hatte, im Jahr 1944, dem Entstehungsjahr der *Hérodiade*, zu einem abrupten Ende kam. Die Komposition von geistlichen Motetten für hohe Singstimme und Klavier wurde danach bis 1958 ausgesetzt. Sololieder weltlichen Inhalts entstanden nach elfjähriger Pause erst wieder im Jahr 1955 mit den Oscar Cox gewidmeten *Two Songs*. Aus den verbleibenden und ausnahmslos mehrstimmigen Vokalwerken, die nach 1944 komponiert wurden - *Lilacs*-Requiem, *Apparebit repentina dies*, *The Demon of the Gibbet*, *Ite, angeli veloces*, sowie zahlreiche Kanons - scheinen dann, wie erwähnt, bisweilen ebenfalls Merkmale einer zunehmend instrumental gedachten Linie durch.

---

[578] Vgl. in diesem Zusammenhang z. B. Paul Hindemiths Bemerkung in der UiT, Bd. 2, a.a.O., S. 16: "Im Durchsingen jeder Aufgabe ist stets die letzte Prüfung auf den Wert des Geschriebenen vorzunehmen."

[579] Hindemith befaßte sich mit dem Kompositionsprinzip der instrumentalen Rezitation erstmals in der *Sonata for Two Pianos, Four Hands* (1942), deren 4. Satz er mit "Recitative" überschreibt. Auch dort erscheint die musikalische Deklamationslinie bereits als "vielseitig ausgeweitet". Diese wäre von einer Singstimme ihres großen Ambitus' wegen nicht auszuführen.

5.1.3. Tonalität der Linie

Tonale Ordnung stellt sich nach Hindemiths Auffassung in der Linearität grundsätzlich umso deutlicher ein, je öfter aus der Kombination von Quinten, Quarten und Terzen "harmonische Felder" (d. h. "gebrochene Dreiklänge oder andere leichtverständliche gebrochene Akkorde"[580]) resultieren und je häufiger diese Intervalle darüber hinaus an rhythmisch-metrischen Schwerpunkten hervortreten. Da u. a. dur-moll-tonale Dreiklangsbrechungen im amerikanischen Werk, wie erwähnt, nach 1944 immer seltener auftreten, ist davon auszugehen, daß harmonische Zusammenschlüsse innerhalb des Linienverlaufs auch zunehmend schwerer wahrzunehmen und voneinander abzugrenzen sind. Anhand der Analyse von Melodiestufengängen,[581] die (Hindemith zufolge) aus der linearen Verknüpfung von Grundtönen aller Harmoniebezirke erstellt werden, lassen sich die (durch den veränderten Intervallgebrauch bedingten und sich auf die Tonalität der Linie[582] auswirkenden) Entwicklungszüge deutlich herauslesen. Zum Vergleich seien deshalb die Melodiestufengänge - und ergänzend die Gesamtstufengänge[583] - zweier Vokalkompositionen aus den frühen vierziger und den frühen fünfziger Jahren - exemplarisch gegenübergestellt.

Der Beginn des 1943 entstandenen Liedes *Sing on there in the Swamp* aus den *Nine English Songs* (Notenbsp. 32) weist einen Melodiestufengang auf, dessen drei Töne in Quart-, Quint- und Sekundverhältnissen zueinander stehen. Melodie- und Gesamtstufengang ruhen in den ersten drei Takten auf dem Ton "h", wodurch die zentrale Tonalität gefestigt wird. In beiden Stufengängen des Liedes aus dem dritten Teil der Kantate *Ite, angeli veloces, Cantique de l'espérance,* (Notenbsp. 33) überwiegen dagegen die Sekundschritte. Desweiteren sind die Abstände zwischen den einzelnen Harmoniebezirken hier ungleich geringer. Bereits kurz nach Einsatz der Singstimme im vierten Takt wird die zentrale Tonalität Gis verlassen und in den folgenden fünf Takten nicht wieder erreicht. Melodie- und Gesamtstufengang bewegen sich mit unterschiedlicher Geschwindigkeit fort und vereinigen sich nur dreimal für kurze Zeit auf einem gemeinsamen Ton.

---

[580] Vgl. dazu im folgenden Paul Hindemith: Grundzüge des Melodienbaues, in: UiT, Bd. 2, a.a.O., S. 80-98, hier S. 87.

[581] Zur Bildung des Melodiestufengangs vgl. Paul Hindemith: UiT, Bd. 1, a.a.O., S. 217ff.

[582] "Tonalität der Linie" wird im folgenden als Inbegriff melodischer Darstellung tonaler Beziehungen, d. h. als eine sich stets wandelnde Ausgerichtetheit der tonlichen und intervallischen Struktur der Linie auf wechselnde (im Hindemithschen Melodiestufengang anhand der Grundtöne der Harmoniebezirke deutlich angezeigten) Bezugszentren verstanden.

[583] Der Gesamtstufengang wird aus der Folge von Akkordgrundtönen gebildet (vgl. ebd., S. 173ff).

Notenbsp. 32: *Sing on there in the Swamp* (1943), Takt 1-4

Notenbsp. 33: *Cantique de l'espérance* (1953), Nr. 4: "Lied", Takt 4-8

Wird die Stufengang-Analyse, welche Paul Hindemith u. a. als Hilfsmittel für die Beurteilung von Harmonieverläufen in einer Melodie dient,[584] zu diesem Zweck auf die beiden Liedmelodien angewandt, so ist festzustellen, daß der Melodiestufengang von *Sing on there in the Swamp* den ästhetischen Maßstäben der *Unterweisung im Tonsatz*[585] auch in seinem weiteren Verlauf in großem Umfang gerecht wird, während jener des jüngeren Liedes bereits deshalb als "unvorteilhaft"[586] und dessen Melodiebau als harmonisch nicht "folgerichtig" gelten muß, weil darin auf längere Strecken starke Verwandtschaftsintervalle (Quarte, Quinte) vermieden und stattdessen sekundschrittige und überdies nicht selten kleinsekundschrittige Führungen bevorzugt werden.

Trotz der unterschiedlichen Stimmungsgehalte der Textvorlagen, die in den beiden Liedern freilich ebenso unterschiedlich musikalisch vermittelt werden, können die Ergebnisse des analytischen Vergleichs der Stufengänge für den grundsätzlichen Wandel in der Hindemithschen Melodiebildung, wie er sich im Verlauf der vierziger Jahre mit Blick auf die Tonalität der Linie vollzieht, dennoch als repräsentativ gelten. Die Ergebnisse stellen sich wie folgt dar:

1.) harmonische Tongruppen folgen in immer geringeren Abständen aufeinander und lassen sich zunehmend schwerer voneinander abgrenzen,

2.) weniger harmonische Felder,

3.) der Melodiestufengang weist vermehrt das Intervall der kleinen Sekunde auf,

4.) Melodiestufengang und Gesamtstufengang emanzipieren sich.

Paul Hindemiths Linien haben - wie bereits mehrfach festgestellt worden ist - ausnahmslos diatonische Prägung, und zwar "in einer Weise", wie z. B. Rudolf Stephan mit Blick auf Hindemiths Schaffen der vierziger Jahre erkannt hat, "die meist nur kürzere Melodiestücke einem bestimmten Modus zuzuordnen gestattet."[587] Stephan folgert daraus, daß sich die "Melodiebildung sowohl als aus Modusmischung entstanden deuten als auch als in den Einzelheiten diatonisch geprägte Ausfaltung aus dem zwölftönigen Vorrat verstehen" lasse.

---

584 Die Analyse anhand des Melodiestufengangs will, so Hindemith, "ausschließlich die harmonische Folgerichtigkeit in einer Melodie nachweisen." (Vgl. ebd., S. 221).

585 "Für die weitere Ausgestaltung des Stufenganges ist ein ausgewogener Wechsel von Tönen naher und ferner Verwandtschaft von Vorteil, die unter sich dann wieder möglichst gute Intervalle - Quint- und Quartschritte - enthalten" (ebd., S. 174).

586 Ebd., S. 176.

587 Rudolf Stephan: Die Musik der vierziger Jahre unter besonderer Berücksichtigung des Schaffens von Paul Hindemith, in: HJB 1998/XXVII, S. 59. Vgl. in diesem Zusammenhang auch ders.: Über Hindemiths "Klang", in: HJB 1996/XXV, S. 51f.

Für den "dauernden Wechsel diatonischer Beziehungen"[588] innerhalb eines Linienverlaufs gebraucht Günther Metz den Begriff der "variablen Diatonie" und konstatiert darüber hinaus, daß die Bildung der Linie in Hindemiths Gesamtwerk "von strenger Modalität ... über die Verknüpfung von Diatoniken ... bis zu ... freidiatonischen Bildung[en]" reiche. Deshalb erweist sich "Melodische Tonalität"[589] nach der Auffassung von Günther Metz bei Hindemith "in der spezifischen Erscheinung einer variablen Diatonie als Skalen-verwendende, jedoch nicht Skalen-bedingte, durch Wechsel der Tonbeziehungen gleichsam polymodale Systemisierung des 12-Töne-Potentials, als diatonicised chromaticism."

Die Beobachtungen von Rudolf Stephan und Günther Metz lassen sich mit Blick auf die tonale Gestaltung der Linie in den vierziger und frühen fünfziger Jahren dahingehend präzisieren, daß das Hindemith-typische Phänomen der "variablen Diatonie" zwar zu jedem Zeitpunkt grundsätzlich in allen von Metz genannten Ausprägungen anzutreffen ist, daß aber dennoch ein Wandel hinsichtlich der Präferenz bestimmter tonaler Bildungen klar zu erkennen ist. So fällt auf, daß längere Melodieverläufe und Themen etwa bis 1945 oft nur von vergleichsweise wenigen Diatoniken bestimmt werden. In der Motette *Cum natus esset* schöpft die Singstimme zu Beginn des zweiten Abschnitts ausschließlich aus dem Tonvorrat von fis-mixolydisch (Notenbsp. 34). Dem 2. Thema des 1. Satzes aus dem 7. Streichquartett liegen allein die Tonalitäten e-mixolydisch und e-dorisch zugrunde (Notensbsp. 35).[590]

Notenbsp. 34: *Cum natus esset* (1941), Singstimme, Takt 33-37

588 Günther Metz: Melodische Polyphonie in der Zwölftonordnung, a.a.O., S. 52.

589 Ebd., S. 53-54. Hindemith erkennt zwar, daß Melodieintervalle "harmonischen Inhalt" haben, trotzdem gelangt er in seinen theoretischen Schriften nie zu den Bezeichnungen "Tonalität der Linie", "Melodische" oder "Lineare" Tonalität - vermutlich deshalb, weil er Tonalität grundsätzlich nur als "Progression von Akkorden" und nicht als "Aufeinanderfolge melodischer Intervalle" (Paul Hindemith: Komponist in seiner Welt, a.a.O., S. 106) begreift. Zum Begriff der Tonalität bei Hindemith vgl. Giselher Schubert: Paul Hindemith: Theorie und Praxis, in: Rudolf Stephan (Hrsg.): Musik und Theorie. Fünf Kongreßbeiträge (Veröffentlichung des Instituts für Neue Musik und Musikerziehung, Darmstadt, Band 28), Mainz, etc. 1987, S. 71-73.

590 Vgl. hierzu auch David Neumeyers Feststellung zum Tonmaterial des Mittelteils (Arioso, tranquillo) aus dem Praeludium und dem Postludium des *Ludus tonalis*: "This calm central section ... is constructed exclusively with the complete major-scale sets C, A-flat, and A (not subsets), as the first nine measures demonstrate." (David Neumeyer: The Music of Paul Hindemith, a.a.O., S. 231).

Notenbsp. 35: *7th String Quartet in E-flat* (1945), 1. Satz, 2. Thema, Takt 21-29

In der zweiten Hälfte der vierziger Jahre nimmt der Gebrauch von "freidiatonischen Bildungen", d. h. von kurzen Tonfolgen, die nur sehr bedingt einzelnen Diatoniken zuzuordnen sind, bei Hindemith erkennbar zu. Vergleichsweise oft wird nun auch der Vorrat aller zwölf Töne in den Themen nahezu oder - wie etwa im 1. Thema des 2. Satzes aus der *Sinfonietta in E* (Notenbsp. 36) - ganz ausgeschöpft. In diesem Thema treten zwei Töne hervor: "e" als rahmender Anfangs- und Schlußton, sowie "h" als höchster und zugleich längster Ton innerhalb des Linienverlaufs. Während "e" nie als Bezugston einer wie auch immer gearteten diatonischen Skala zur Geltung kommt, so ist dagegen im Mittelteil des Themas "h" eindeutig Grundton von h-Moll. Die Tonfolge des mittleren Abschnitts, beginnend mit dem Auftakt "cis-e", weist bis zum Ton "fis" zunächst den Bestand von h-harmonisch-Moll[591] auf. Dieser erfährt bis zum Erreichen des melodischen Spitzentons mit "gis" eine einzige - evtl. als melodische Variante selbiger h-Moll-Tonalität zu deutende - Erweiterung. Im Verlauf des Schlußteils kehrt die Linie, ohne daß eine bestimmte Diatonik ausgeprägt wird, in der Hauptsache durch Kleinsekundschritte vermittelte Quartbewegungen zum Rahmenton "e" zurück.

Die Schwierigkeit - ja bisweilen sogar die Unmöglichkeit - Tonfolgen eindeutig bestimmten diatonischen Skalen zuzuordnen, erweist sich mehr als ein typisches Merkmal des späten denn des frühen amerikanischen Hindemith.

---

[591] Wenn Hindemith im 5. Takt des Themas "b" statt "ais" notiert, so tut er dies vermutlich zum Zwecke der bequemeren Lesbarkeit (vgl. hierzu Rudolf Stephan: Über Hindemiths "Klang", a.a.O., S. 51-52). In analogen thematischen Abschnitten des 2. Satzes (Takt 58: Horn, Trompete, sowie Takt 72: Klarinette, Violine) erscheint der betreffende Ton nicht in alterierter Form.

Notenbsp. 36: *Sinfonietta in E* (1949/50), 2. Satz, 1. Thema, Takt 1-12

5.2. Harmonik

5.2.1. Struktur und Dissonanzgehalt der Klänge

Hindemiths Kritik an der traditionellen Harmonielehre, die das Übereinandersetzen von Terzen zum Bauprinzip der Akkorde[592] erhebt, die darüber hinaus von deren Umkehrbarkeit und Mehrdeutigkeit ausgeht, und die nicht zuletzt eine Erweiterung des Akkordvorrats allein durch Alteration leitereigener Töne diatonischer Skalen gestattet, veranlaßte ihn, ein neues Modell zur Akkordbestimmung zu begründen.[593] Um die klangliche Individualität jedes Akkords, dessen Tonmaterial nicht dem diatonischen, sondern dem 12-tönigen System entnommen ist, am angemessensten darstellen zu können, ersetzt Hindemith das Prinzip des Terzenaufbaus durch ein auf den Intervallwerten der "Reihe 2"[594] basierendes und die Stellung des Akkord-Grundtons berücksichtigendes System. Über die hierarchische

---

[592] Die begriffliche Trennung zwischen "Klang" und "Akkord" wird von Paul Hindemith übernommen: "Mit >>Klang<< und >> Harmonie<< ... wird alles bezeichnet, was sich überhaupt für harmonische Zwecke eignet: drei- und mehrstimmige Akkorde *und* A-Intervalle [Oktaven, Quinten, Quarten, Terzen, Sexten] mit oder ohne Verdopplung. >>Akkorde<< bestehen alle mindestens aus drei verschiedenen Tönen ..., während Klänge und Harmonien auch aus weniger Tönen bestehen können." (Paul Hindemith: UiT, Bd. 3, a.a.O., S. 10).

[593] Vgl. hierzu im folgenden Paul Hindemith: UiT, Bd. 1, a.a.O., S. 110-133.

[594] Ebd., S. 111.

Ordnung der "Reihe 2", derzufolge die Quinte und die Quarte die größte und der Tritonus[595] die geringste harmonische Kraft besitzen, gelangt Hindemith zu einer Kategorisierung der Akkorde, die zunächst zwischen zwei Hauptgruppen, den Klängen mit und ohne Tritonus, unterscheidet. Die weiterführende Einteilung in insgesamt sechs Untergruppen[596] ergibt sich aus dem Klangwert der Akkorde. So besitzen z. B. Dur- und Moll-Dreiklänge in Grundstellung sowie reine Quinten- und Oktavklänge den höchsten Klangwert, die größte harmonische Kraft, aber freilich gleichzeitig auch den niedrigsten Spannungs-, bzw. Dissonanzgehalt. Dieser erhöht sich maßgeblich durch das Hinzufügen von Sekunden und Tritoni. Trotz einiger offenkundiger Schwächen - etwa bei der Grundtonbestimmung von Intervallen[597] und Akkorden[598] - erscheint es dennoch am zweckmäßigsten, sich bei der Erfassung von Klangstrukturen in der Hauptsache auf das Hindemithsche System zu beziehen.

Der (synchrone) Vergleich von Kompositionen, die zu Beginn der vierziger Jahre in zeitlich kurzer Abfolge entstanden sind, verdeutlicht, daß hinsichtlich des Gebrauchs dissonanter Intervalle bei Hindemith zum Teil erhebliche Unterschiede bestehen. Mittels des (diachronen) Vergleichs von Werken des frühen und des späten amerikanischen Hindemith werden allerdings trotz der großen Breite des Hindemithschen Klangspektrums dennoch einige Merkmale offengelegt, die bei ihm auf einen Wandel in der Präferenz bestimmter Klänge hinweisen. Zunächst seien zwei Abschnitte aus Kompositionen des Jahres 1940 (*Old Irish Air* und *Theme with four Variations (according to the four Temperaments)*) gegenübergestellt, anhand derer die beiden Extreme zwischen dissonanzarmer und dissonanzreicher harmonischer Setzweise zu Beginn der

---

[595] Unter dem Begriff Tritonus faßt Hindemith sowohl die übermäßige Quart als auch die verminderte Quint zusammen (vgl. dazu ebd., S. 104).

[596] Hindemith unterscheidet in der "Tabelle zur Akkordbestimmung", die dem ersten Band der *Unterweisung im Tonsatz* beigegeben ist, folgende Untergruppen: **I** = Klänge ohne Sekunden und Septimen, **II** = Klänge ohne kleine Sekunden und große Septimen. Tritonus untergeordnet, **IIa** = Nur mit kleiner Septime (ohne große Sekunde). Grundton und Baßton sind derselbe, **IIb** = Mit großer Sekunde und kleiner Septime, **IIb3** = Mit großer Sekunde und kleiner Septime. Mehrere Tritoni, **III** = Klänge mit Sekunden und Septimen, **IV** = Klänge mit kleinen Sekunden und großen Septimen. Ein Tritonus oder mehrere untergeordnet, **V** = unbestimmbare Klänge ohne Tritonus (übermäßige und Quartenklänge), **VI** = unbestimmbare Klänge mit Tritonus. Die Ordnungszahlen 1 und 2 bezeichnen die Stellung des Grundtons im Akkord: **1** = Grundton und Baßton ist derselbe, **2** = Grundton liegt höher im Akkord.

[597] In diesem Zusammenhang sei z. B. auf die Grundtonbestimmung der Sekunde hingewiesen, die sich nicht - wie sonst bei Hindemith üblich - nach akustischen Tatsachen, sondern nach "praktischen Erwägungen" richtet (vgl. ebd., S. 103-104).

[598] "Wir finden ihn [den Akkord-Grundton], wenn wir das beste Intervall des Akkords heraussuchen, wobei der Intervallwert nach der Reihe 2 gemessen wird: Die Quinte ist das wertvollste, die große Septime das schwächste Zusammenklangsintervall außer dem Tritonus" (ebd., S. 120, vgl. dazu auch Paul Hindemith: UiT, Bd. 3, a.a.O., S. 223-225).

vierziger Jahre wohl am besten aufgezeigt werden können. Anschließend werden klangliche Merkmale des frühen mit jenen des späten amerikanischen Hindemith anhand eines 1949 entstandenen Werks, der *Sonate für Kontrabaß und Klavier* verglichen.

Die Unterschiede zwischen der *Old Irish Air* (Notenbsp. 38) und der ersten Variation aus *Theme with four Variations* (Notenbsp. 37) treten sowohl mit Blick auf die Strukturen der Klänge und Akkorde, insbesondere deren Intervallbeschaffenheit und deren Grundtonanordnung, als auch mit Blick auf die jeweiligen Klangfortschreitungen deutlich zutage (vgl. Abb. 8). In den ersten vier Takten der *Old Irish Air* fallen insbesondere das Fehlen von Akkorden mit Tritonus und der seltene Gebrauch von Akkorden mit großer Sept auf. Letztgenannte Akkorde bilden nicht nur zu Beginn, sondern auch im gesamten Verlauf dieser Komposition die Ausnahme. Es sind stattdessssen in der Hauptsache die Quarte und die Quinte, die die Struktur der Klänge in diesem Chorstück prägen.

Sind in den ersten Takten der *Old Irish Air* lediglich zwei von sechs Untergruppen der Hindemithschen "Tabelle zur Akkordbestimmung" repräsentiert, so weist dagegen der Beginn der ersten Variation aus *Theme with four Variations* bereits Akkorde aus fünf Untergruppen und damit insgesamt eine ungleich größere Klangvielfalt und Dissonanzdichte auf. Die Akkorde sind darüber hinaus oftmals so angeordnet, daß zwischen ihnen jeweils große Spannungsunterschiede bestehen. Bereits vom dritten Takt an geht mit jeder Klangfortschreitung immer auch ein Wechsel der Akkord-Untergruppe (in der Terminologie Hindemiths ein steiles "harmonisches Gefälle"[599]) einher. Abgesehen von der auffällig starken Präsenz von Tritoni, die innerhalb der Klänge in der Regel unausgefüllt, d. h. ohne den Einschluß kleinerer Intervalle, auftreten, sind es Terzen und Sexten, die die Klangstruktur bestimmen. Während nicht nur zu Beginn, sondern im gesamten Verlauf der *Old Irish Air* Grundtonfortschreitungen im Baß vorherrschen, so sind dagegen in der "Melancholy"-Variation Grundton und Baßton nur selten identisch.

An Gemeinsamkeiten der beiden 1940 komponierten Werke ist mit Blick auf den Intervallbestand der Akkorde insbesondere das Fehlen von kleinen Sekunden zu konstatieren. Darüber hinaus sind verminderte und übermäßige Klänge selten. Schließlich überwiegen sowohl in der *Old Irish Air* als auch in *Theme with four Variations* Akkorde aus der Untergruppe III.

---

[599] "Das im Spielen mit den Wert- und Spannungsunterschieden sich ergebende Auf und Ab der Klänge verstehe ich unter dem Namen harmonisches Gefälle. Je nach dem Wert der zur Verbindung nötigen Akkorde kann das harmonische Gefälle steil oder flach sein. Verbindungen von I_1 nach III_2, von IIb_1 nach IV_2 können als steil angesehen werden, [...]. Hingegen gelten Verbindungen innerhalb einer Untergruppe, ..., als flach" (Paul Hindemith: UiT, Bd. 1, a.a.O., S. 145).

Notenbsp. 37: *Theme with four Variations* (1940), "Melancholy", Takt 1-6

Notenbsp. 38:   *Old Irish Air* ("The harp that once thro' Tara's halls") (1940),
                 Takt 1-4

Abb. 8:   Klangstrukturen im Werk Paul Hindemiths zu Beginn der vierziger Jahre

	Theme with four Variations ("Melancholy", Takt 1-6)	Old Irish Air (Takt 1-4)
Häufigste Intervalle:	- Terzen und Sexten	- Quarten und Quinten
Häufigstes Intervall über dem Baßton:	- Quarte und Terz in etwa gleich häufig	- Quinte
Grundton:	- nur zweimal sind Grundton und Baßton identisch	- Grundtöne sind meist im Baß
Bestand dissonanter Intervalle:	- sechs Akkorde weisen einen Tritonus oder mehrere Tritoni auf. Nur ein Tritonus wird von einem kleineren Intervall ausgefüllt	- keine Akkorde mit Tritonus
	- in vier Akkorden erscheinen große Septen (drei davon ausgefüllt)	- ein Akkord mit großer Septe (ausgefüllt)
	- zwei Akkorde mit kleiner None (ausgefüllt)	- keine Akkorde mit kleiner None
	- keine Akkorde mit kleiner Sekunde	- keine Akkorde mit kleiner Sekunde
Schichtung gleicher Intervalle:	- zwei Terzen übereinander: 1x	- zwei Terzen übereinander: 2x
	- drei Terzen übereinander: 1x	- zwei Quarten übereinander: 1x
	- zwei Quinten übereinander: 1x	- drei Quarten übereinander: 1x
Akkordtypen nach Hindemiths "Tabelle zur Akkordbestimmung":	- Akkorde aus den Untergruppen I bis V sind vertreten, Akkorde aus III überwiegen	- Akkorde aus den Untergruppen I und III sind vertreten. Akkorde aus III überwiegen
Harmonisches Gefälle:	- häufig große Spannungsunterschiede zwischen den Klängen (steiles Gefälle). Nur zu Beginn und am Ende verweilen die Klänge auf ähnlichem Spannungsniveau	- nur dreimal innerhalb des harmonischen Verlaufs treten große Spannungsunterschiede auf. Die Klänge verweilen stattdessen länger auf ähnlichem Spannungsniveau (überwiegend flaches Gefälle)

Die klanglichen Merkmale der *Old Irish Air* sind für das frühe amerikanische Werk Paul Hindemiths weitaus repräsentativer als jene der "Melancholy"-Variation aus *Theme with four Variations*. Im diachronen Vergleich der beiden 1940 entstandenen Kompositionen mit der Kontrabaß-Sonate von 1949 (Notenbsp. 39) stehen sich dagegen die "Melancholy"-Variation und die Kontrabaß-Sonate klanglich näher. Die Hinweise auf einen diesbezüglichen Wandel im Hindemithschen Werk der vierziger Jahre, die sich anhand des diachronen Vergleichs ergeben haben, ließen sich anhand weiterer Analysen von Kompositionen der späten mit jenen der frühen amerikanischen Jahre erhärten, so daß sich die klanglichen Veränderungen bei Hindemith insgesamt wie folgt darstellen:

1.) Der Dissonanzgehalt der Klänge nimmt zu; insbesondere durch den vermehrten Gebrauch von großen Septen und Tritoni. Kleinsekundreibungen - wie etwa zu Beginn des dritten Teils von *Apparebit repentina dies* - bleiben im späten amerikanischen Werk weiterhin die Ausnahme,

2.) Ausgewogenheit zwischen Klängen mit und ohne Tritonus (die Akkord-Gruppen III und IV sind in der Kontrabaß-Sonate fast gleich häufig vertreten),

3.) größere Ausgewogenheit zwischen Akkorden, bei denen Grundton und Baßton identisch, bzw. nicht identisch sind,

4.) generell abnehmende Quinten- und Quartendominanz (z. B. weniger Quint-Oktav- und Quart-Oktav-Überlagerungen). Die Quarte bleibt allerdings (auch) in der Vertikalen weiterhin das prägendste Intervall im Hindemithschen Werk.

Notenbsp. 39: *Sonate für Kontrabaß und Klavier* (1949), 1. Satz, Takt 63-67

Die Entwicklung von einer zu Beginn der vierziger Jahre noch vergleichsweise dissonanzarmen harmonischen Sprache hin zu einer insgesamt größeren Dissonanzdichte im späten amerikanischen Werk Paul Hindemiths belegt desweiteren auch die zunehmende Präsenz komplexer Akkordstrukturen. Dies betrifft zum einen Akkorde, die in sich mehrere, klar voneinander abgrenzbare Klangschichten aufweisen, und zum anderen all solche Klanggebilde, deren Tonvorrat verschiedenen Skalentypen entspricht. Beide Phänomene größerer klanglicher Verdichtung - Akkordschichtungen und Skalenklänge - treten bei Hindemith häufig am Ende von Formteilen auf.

Im 2. Satz der *Symphonie in Es* wird im Verlauf des mit "Breit" überschriebenen Schlußabschnitts (Takt 119ff) nach der Imitation und der Engführung des Hauptthemen-Kopfmotivs in Takt 126 der klanglich dichteste Punkt erreicht. Dort erklingt ein Akkord, der aus einem von den hohen Bläsern intonierten G-Dur- und zugleich aus einem von den tiefen Bläsern intonierten Cis-Dur-Dreiklang besteht. Diese Kombination ist für das frühe amerikanische Werk insofern charakteristisch, als solche Doppelklänge dort am häufigsten aus dur-moll-tonalen Dreiklangsverknüpfungen gebildet werden. Zudem stehen die Grundtöne der jeweiligen Klangkomponenten oftmals in Tritonus- oder Kleinsekund-, seltener dagegen in Terz-, Quart- oder Quintverhältnissen zueinander. Im späten amerikanischen Werk Paul Hindemiths sind hingegen in der Hauptsache Akkordstrukturen zu beobachten, die nicht ausschließlich bitonaler Provenienz sind, sondern die sich, wie etwa in der Kontrabaß-Sonate (Notenbsp. 40), vielmehr durch Überlagerung mehrerer und nicht selten bereits in sich dissonanter Klanggebilde zusammensetzen.

Notenbsp. 40:   *Sonate für Kontrabaß und Klavier* (1949), 3. Satz, "Recitativo", Takt 91-92

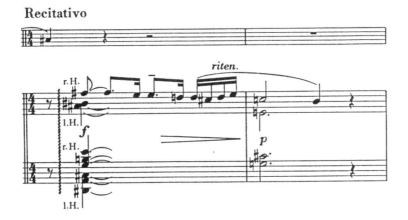

Zu Beginn des Rezitativs aus der Kontrabaß-Sonate vereinen sich die drei jeweils im Tritonusabstand übereinandergeschichteten Akkorde zu einem Gesamtklang, der einen Vorrat von insgesamt neun verschiedenen Tönen aufweist. Ähnliche Tondichten sind im amerikanischen Werk seit 1947 durchaus häufig, davor jedoch einzig im Kopfsatz der *Symphonie in Es* zu finden. Dort erklingen am Ende des ersten Themenkomplexes in den Takten 36 und 39 zwei Akkorde der Untergruppe IV2. Die jeweiligen Tonvorräte ergeben, in einen gemeinsamen Oktavraum gebracht, eine sieben- und eine achttönige Skala. Ausgehend vom 1947 entstandenen Chorwerk *Apparebit repentina dies* (Nr. 3, Takt 9ff) treten in den späten amerikanischen Werken am häufigsten verschiedene siebentönige Skalenklänge[600] auf. Ungleich seltener deckt sich deren Tonmaterial - wie etwa in der Kontrabaß-Sonate - mit Skalen, die mehr als sieben Töne[601] aufweisen. Im 2. Satz des *Concerto for Trumpet, Bassoon and String Orchestra* erklingt im Takt 26 (3. Achtel) sogar kurzweilig der Vorrat der gesamten 12-tönigen Skala simultan (Notenbsp. 41).

Notenbsp. 41:   *Concerto for Trumpet, Bassoon and String Orchestra* (1949), 2. Satz, Takt 25-27

---

[600] Vgl. in diesem Zusammenhang neben den genannten Kompositionen: 1.) *Concerto for Clarinet in A and Orchestra* (1947), 4. Satz, Takt 74 (vor dem Fugato-Abschnitt), 2.) *Concerto for Woodwinds, Harp and Orchestra* (1949), 1. Satz, Takt 72 (Ende des Orchester-Tuttis), und in der Kadenz desselben Satzes, Takt 124, 3.) *Sinfonietta in E* (1949/50), 4. Satz, T. 94 (Ende der Exposition), sowie 4.) *Symphony in B-flat* (1951), 1. Satz, Takt 25 (Ende des 1. Themen-Komplexes).

[601] Vgl. hierzu u. a. 1.) *Concerto for Trumpet, Bassoon and String Orchestra*, 2. Satz, Takt 12 (vor der Überleitung zum 2. Thema, sowie 2.) *Sinfonietta in E*, 4. Satz, Takt 164.

Die zunehmende Komplexität der Akkordstrukturen, die sich etwa seit 1947 in den Kompositionen Paul Hindemiths einstellt, hat Dorothy Katherine Payne anhand der Bläsersonaten beschrieben. Obwohl sich diese Werkgruppe nicht dazu eignet, diese Entwicklung chronologisch lückenlos darzustellen - zwischen der 1943 komponierten Althorn-Sonate und der späten Baßtuba-Sonate liegen zwölf Jahre -, stimmen ihre Beobachtungen mit den oben dargestellten Ergebnissen dennoch grundsätzlich überein. Neben den für Hindemith zu jeder Zeit charakteristischen "quartal and quintal sonorities"[602] erkennt Payne mit Blick auf den strukturellen Bau der Akkorde folgende Entwicklungstendenz:

"In this regard, a chronological trend may be noted in the sonatas. It shows an evolution away from relatively simple tertian structures, through predominantly quartal and complex quartal/tertian chords, to simultaneities featuring a preponderance of secundal dissonance, the culmination of which may be observed in the ... tuba sonata."[603]

"Quintal sonorities", d. h. reine Quinten und Quint-Oktav-Klänge, bleiben im amerikanischen Werk auch deshalb ein Signum des Hindemithschen Stils, weil sie neben reinen Oktav- und Dur-Dreiklängen an formalen Einschnittstellen mit gleichbleibender Häufigkeit auftreten, und weil es überdies fast ausschließlich diese drei Klanggebilde sind, mit denen Kompositionen beschlossen werden. Treten Akkorde, die einen geringeren harmonischen Wert als die drei genannten Klänge besitzen (und somit nicht der Untergruppe I angehören), dennoch an exponierten Stellen auf, dann erweisen sie sich desöfteren für den gesamten Satzverlauf als prägend. Bisweilen kommen ihnen gar satzübergreifende, gliedernde und Zusammenhang stiftende Funktionen zu. Der erste Teil des *Lilacs*-Requiems (Nr. 1-3) wird z. B. von einem Cis-Moll[7]-Akkord geprägt. Dieser (aus zwei übereinandergelagerten Quint-Oktav-Klängen gebildete) Akkord besitzt darüber hinaus, da er stets im Zusammenhang mit dem Flieder-Motiv (fallende kleine Terz) auftritt, deutlich Signalcharakter. Im Scherzo der Kontrabaß-Sonate dominiert ein Doppelterz-Sept-Klang über dem Ton "a". Mit diesem wird der Satz in der Klavierstimme zudem begonnen und beendet.

---

[602] Dorothy Katherine Payne: The Accompanied Wind Sonatas of Hindemith: Studies in Tonal Counterpoint, Ph.D. Diss. (Eastman School of Music), Rochester 1974, S. 173.
[603] Ebd., S. IV.

5.2.2. Tonale Ordnung

> "If we can generalize about Hindemith's planning of a large-scale tonal
> design, we might say that in the thirties he sometimes used a tight
> structure and sometimes allowed development in the course of
> composition. In the forties he gradually controlled the design more and
> more closely, so that by 1950 a tonal design which does not exhibit ...
> symmetry is unusual."[604]

Die Feststellung David Neumeyers, daß Hindemith die Tonalitäten[605] in
seinen mehrsätzigen Kompositionen im Verlauf der vierziger und frühen
fünfziger Jahre immer häufiger nach dem Prinzip der Symmetriebildung
anordnet, trifft in vollem Umfang zu. Seine Beobachtung ist darüber hinaus
nicht nur hinsichtlich tonaler Anlagen in mehrsätzigen Werken, sondern in
gleicher Weise mit Blick auf tonale Progressionen innerhalb einzelner Sätze
gültig.[606] Im *Septett*, das Neumeyer in diesem Zusammenhang als Beispiel
einer tonal symmetrischen Gesamtanlage anführt, stehen die Rahmensätze in
Es. Der vierte Satz, in E beginnend und in Es endend, führt als Krebs des
zweiten zur Ausgangstonalität zurück.

Abb. 9: Satzübergreifende Tonalitätenanordnung im *Septett* (1948)

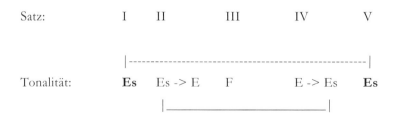

Die Einfassung des Mittelsatzes - oder mehrerer Mittelsätze - in einen
gemeinsamen tonalen Rahmen, wie sie von Hindemith z. B. im *Septett*
vorgenommen wird, ist ein Phänomen, das seit 1945 ausnahmslos in allen
amerikanischen Kompositionen zu beobachten ist. Bis einschließlich 1944
bleiben noch etwa die Hälfte aller mehrteiligen Kompositionen des

---

[604] David Neumeyer: The Music of Paul Hindemith, a.a.O., S. 215.

[605] Tonalität wird im folgenden als eine sich stets wandelnde Ausgerichtetheit von
Klängen auf wechselnde Bezugszentren verstanden.

[606] Vgl. dazu auch David Neumeyer: The Music of Paul Hindemith, a.a.O., S. 212.

amerikanischen Werks tonal offen; u. a. die in H beginnende und in F schließende *Hérodiade*.

Wie sehr die tonale Ordnung auch innerhalb der Sätze, sei es in kontrapunktischen oder in nicht-kontrapunktischen Anlagen, bei Hindemith häufig auf den Prinzipien der Rundung und der Symmetriebildung beruht, soll anhand des Schlußsatzes aus dem 7. Streichquartett und anhand der Tripelfuge am Schluß der *Sonata for Two Pianos, Four Hands* verdeutlicht werden.

Das in der Sonatenhauptsatzform ausgearbeitete Finale des Streichquartetts gliedert sich in fünf tonale Abschnitte. Die zentrale Tonalität Es ist sowohl in der Exposition als auch in der Reprise jeweils nur dem Hauptthema (HT), die Tonalität Des nur dem Nebenthema (NT) vorbehalten. Nach der (in C stehenden) Durchführung erklingt der gesamte Nebenthemenkomplex samt Überleitung im Krebs und mündet anschließend in die Rekapitulation des Hauptthemas.

Abb. 10: Tonalitätenanordnung im Finale des *7th String Quartet in E-flat* (1945)

	Exposition			Durchführung	Reprise		
Takt:	1-21	22-23	24-38	39-71	72-86	87-88	89-123
Themen:	HT	Überl.	NT	HT	NT	Überl.	HT
		--					
Tonalität:	**Es**	(E, C)	Des	C	Des	(C, E)	**Es**
			_____				

In der Tripelfuge der *Sonata for Two Pianos, Four Hands* bildet C die tonale Symmetrieachse, von welcher aus in die Ober- und Unterquinttonalitäten ausgegriffen wird. Das erste Thema erklingt in C, das zweite wird in G durchgeführt. Unter Beibehaltung der Oberquint-Tonalität tritt zum zweiten Thema etwa zur Mitte der Fuge das dritte als Ostinato hinzu. Die erste Verknüpfung aller drei Themen erfolgt in der Unterquint-Tonalität F; etwa an dem Punkt, an welchem die Fuge im goldenen Schnitt geteilt wird. Mit der zweiten Verknüpfung aller Themen wird die Ausgangstonalität C erstmals wieder erreicht und im anschließenden Schlußabschnitt gefestigt.

Abb. 11:   Symmetrie und Proportion in der Tripelfuge der *Sonata for Two Pianos, Four Hands* (1942)

Takt:	1-57	58-87	88-104	105ff	143-162	163-186
			(Mitte)	(goldener Schnitt)		

Themen:	1. Th. 2. Th. 2.+3. Th.		1. Kombination aller Themen	2. Kombination aller Themen	Schluß

```
                    G     G
Tonalität:   C ------------------------------------------------- C ------------      C
                              F  ~~~~~~~
             |_____|
```

Sowohl was die Tonalitätenanordnungen einzelner satzimmanenter Formteile als auch was die Tonalitätenanordnungen ganzer Sätze zueinander betrifft, so sind im amerikanischen Werk Paul Hindemiths - entgegen den diesbezüglichen Beobachtungen Neumeyers[607] - zu jeder Zeit weiterhin am häufigsten Mediant- und Quintverhältnisse zu beobachten. Daß die Tonalitäten der Sätze - wie etwa im *Septett* - im Abstand von kleinen und großen Sekunden angeordnet werden, ist vergleichsweise selten.

---

[607] Vgl. dazu David Neumeyer: The Music of Paul Hindemith, a.a.O., S. 212: "Hindemith routinely used a hierarchic network of degrees within a movement or across a multimovement composition. This procedure remained characteristic throughout his career, but the kind and degree of patterning varied. In the thirties, he employed all degrees fairly freely but gave emphasis in structural positions to the dominants and mediants. After 1940, Hindemith rarely used VII and II, [...]. In the forties and fifties, he gradually came to prefer the six principal tonal functions in structural positions." Mit den "six principal tonal functions" meint Neumeyer, sich auf Hindemiths *Unterweisung im Tonsatz* beziehend, neben der "tonal inaktiven Tonika" all die Tonalitäten, die zu dieser 1.) in Leitton- und in Dominant-Verhältnissen ("aktive Hauptfunktionen") und 2.) im Tritonus-Verhältnis stehen (vgl. dazu Paul Hindemith: UiT, Bd. 3, a.a.O., S. 84-98, sowie S. 218ff).

Das Finale des 7. Streichquartetts ist insofern charakteristisch für das amerikanische Werk, als das Hauptthema in Sonatenhauptsatzformen in der Exposition und der Reprise meist in der zentralen Tonalität des Satzes steht. Ist das jedoch nicht der Fall, dann stellen sich desöfteren Mediant- und Quintverhältnisse zwischen den Hauptthemen-Komplexen der jeweiligen Rahmenteile ein. Daß dort darüber hinaus auch das Nebenthema dieselbe Tonalität aufweist, ist dagegen selten. Die Tonalitäten der Nebenthemen-Komplexe stehen stattdessen sowohl zueinander als auch zu den jeweiligen Hauptthemen-Komplexen oftmals in Sekundverhältnissen. Somit ist die typische Kontrastbildung zwischen Haupt- und Nebenthemen in der Sonatenhauptsatzform nicht nur durch deren ganz unterschiedliche Art der Melodiebildung, sondern auch durch große verwandtschaftliche Distanz ihrer Tonalitäten zueinander bei Hindemith stets gewahrt.

5.3. Besonderheiten der Satztechnik

Der (bereits erwähnte) auffällig häufige Gebrauch von ostinaten Themen und Motiven in den zu Ende der vierziger Jahre entstandenen Werken Paul Hindemiths wird in der *Sinfonietta in E* besonders evident. Dort kommt (neben dem mit "Intermezzo ostinato" überschriebenen dritten Satz) vor allem im Kopfsatz eine Technik zur Geltung, die im gesamten Schaffen in dieser Ausprägung bis dahin einmalig ist. Als Begleitung zum vierten Thema erklingt dort in den Holzbläsern über 20 Takte eine Klangfläche, die sich aus der Überlagerung von insgesamt sieben, aus zwei oder drei Tönen bestehenden ostinaten Figuren bildet (Notenbsp. 42).[608] Aufgrund der unterschiedlichen Länge und Rhythmik dieser Ostinati entstehen immer wieder neue, harmonisch-bewegte Varianten desselben, aus dem Tonvorrat einer achttönigen Skala schöpfenden Klangs über dem Grund- und Baßton "e".

---

608 Vgl. in der *Sinfonietta in E* die folgenden, ähnlich gearbeiteten Abschnitte: 1. Satz, Takt 109ff, 2. Satz, Takt 111ff, 4. Satz, Takt 110ff. Auf dieses Neuartige in der Satztechnik Paul Hindemiths hat Giselher Schubert hingewiesen: "[...] doch fallen eher gänzlich neuartige, primär klanglich-instrumentatorisch geprägte Teile des Werkes auf, wie etwa die sieben ineinander geführten Ostinati in den Holzbläsern im Kopfsatz ..., die zu einer dichten Textur verschmelzen, ..." (Giselher Schubert: Hindemiths Orchesterwerk, in: Paul Hindemith - Komponist zwischen Tradition und Avantgarde, Norbert Bolín (Hrsg.), Mainz, etc. 1999, S. 51).

Notenbsp. 42: *Sinfonietta in E* (1949/50), 1. Satz, Takt 143-147

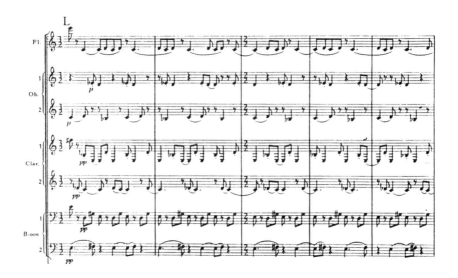

Das Kompositionsprinzip der instrumentalen Rezitation, erscheint (von der 1939 komponierten Harfen-Sonate abgesehen) nur im amerikanischen Werk Paul Hindemiths. Diese Technik geht sowohl über die einfache Bezugnahme auf einen vorgegebenen Text, durch welchen sich der Komponist hat musikalisch anregen lassen, als auch über das bloße Zitieren oder Paraphrasieren einer ursprünglich mit Text unterlegten Melodie weit hinaus, denn dort wird ein Text dergestalt neu vertont, daß die rein instrumental vorgetragene melodische Linie diesem jederzeit wörtlich folgt, und daß überdies "selbst der Tonfall ... [der] Versdeklamation sich in den jeweiligen Kadenzen der Melodiezüge ausprägt."[609] Diese Art der verborgenen Textdeklamation kommt nicht nur in der *Hérodiade*, sondern auch im "Recitative" der *Sonata for Two Pianos, Four Hands* und im dritten Satz des *Concerto for Horn and Orchestra* ("Declamation") zur Anwendung.

Hindemith hat die Technik der instrumentalen Rezitation auf Nachfrage von Ernst Laaff, der sich beim Komponisten nach der Bedeutung der Satzbezeichnung "Recitative" in der *Sonata for Two Pianos, Four Hands* erkundigte,[610] erst im Jahre 1948 offengelegt. Obgleich Hindemith - mit Ausnahme dieser Klaviersonate - die jeweilige Textgrundlage von Beginn an nannte, hätte die Bedeutung der Texte für die Kompositionen, wie Luitgard

---

[609] Paul Hindemith: Vorwort zum Klavierauszug der *Hérodiade*, Mainz 1955.
[610] Vgl. dazu: Ernst Laaff: Das Rezitativ in Hindemiths "Sonate für 2 Klaviere", in: Melos, 15. Jg., Nr. 1 (Januar 1948), S. 103-105.

Schader vermutet, ohne die speziellen Hinweise Hindemiths "kaum richtig erkannt werden können, denn auch Hindemiths autographe Partituren und selbst die Skizzen der Werke erlauben keinerlei Rückschlüsse"[611] auf diese besondere Art der Textvertonung. Schader sieht (wie u. a. auch David Neumeyer[612]) in der Tatsache, daß Hindemith einerseits den textlichen Ursprung des Rezitativs aus der Klaviersonate verschwiegen, und daß er andererseits mit dem im *Oxford Book of English Verse* überlieferten Gedicht "This World's Joy" einen von Resignation geprägten Text ausgewählt hat, in der Hauptsache persönliche und biographische Gründe, denn der Freude Hindemiths über die neu gewonnene Existenz in New Haven folgte nach dem Eintritt der USA in den Zweiten Weltkrieg vorübergehend abermals große Ungewißheit. Hindemith mußte als "enemy alien" anfangs um seine Aufenthaltsgenehmigung fürchten. In einer Zeit größter Sorge um seine Existenz, aber vor allem auch um seine musikalische Zukunft, hat Hindemith in der instrumentalen Rezitation - mehr als in jeder anderen Technik der Verknüpfung von Instrumentalkompositionen mit Texten - wohl die geeignetste Möglichkeit gesehen, seine persönliche Lebenssituation verarbeiten zu können, ohne dabei die Aussagen seiner Kompositionen publik machen zu müssen. Die Instrumental-Rezitation des Gedichts "This World's Joy" in der *Sonata for Two Pianos, Four Hands* hat Ernst Laaff sichtbar gemacht, indem er den Text der melodischen Linie unterlegte. Die Vertonung der ersten Strophe sei im folgenden nach Ernst Laaff[613] wiedergegeben.

Notenbsp. 43:   *Sonata for Two Pianos, Four Hands*, 4. Satz, "Rezitativ", Oberstimme des 1. Klaviers, Takt 1-5

611 Luitgard Schader: Absolute Musik und Biographie. Paul Hindemiths textbezogene Instrumentalkompositionen, in: Mf, 45. Jg. (1992), S. 41.
612 David Neumeyer (Hrsg.): PHA, Band III,7. Bläserkonzerte I, Mainz 1983, S. XII.
613 Ernst Laaff: Das Rezitativ in Hindemiths "Sonate für 2 Klaviere", a.a.O., S. 104.

Die Kompositionsidee der instrumentalen Rezitation und die damit verbundene Ungewißheit über den jeweiligen textlichen Bezug verlor für Hindemith spätestens dann an Bedeutung, als er sich mit der Rückkehr in die Schweiz 1953 einer für ihn musikalisch befriedigenden Zukunft sicher sein konnte. Die Frage, ob Hindemith in anderen instrumentalen Rezitativen seines amerikanischen Werks - in der *Sonate für Kontrabaß und Klavier*, der *Sinfonietta in E*, und in der *Sonate für vier Hörner* - ebenfalls gemäß dieser Technik verfuhr, wird aufgrund fehlender Hinweise auf eventuelle textliche Grundlagen kaum zu beantworten sein.

Was weitere Besonderheiten der Satztechnik im amerikanischen Werk betrifft, sei schließlich auf den Schlußsatz des *Concerto for Woodwinds, Harp and Orchestra* hingewiesen. Dort tritt gegen Ende des Satzes (Takt 138ff) zur imitatorisch verarbeiteten Motivvariante des fanfarenartigen Orchesterritornells und zum cantus firmus des von der Klarinette intonierten Mendelssohnschen Hochzeitsmarsches die Harfe hinzu. Dieser Harfenstimme ist folgende Spielanweisung beigegeben: "Play without any regularity, disregard the meter." Die fehlende Fixierung von Tondauern ist mit Blick auf das Hindemithsche Gesamtwerk bis dahin einmalig und kommt danach nur noch im Schlußsatz des 1962 komponierten Orgelkonzertes vor.

5.4. Zum "Amerikanischen" bei Hindemith

In der musikwissenschaftlichen Literatur über das Werk Paul Hindemiths werden am häufigsten folgende fünf Merkmale angeführt, die auf eine von Amerika beeinflußte Musiksprache hindeuten könnten: 1.) die Präsenz motivischer und thematischer Topoi von Blues- und Jazzmusik, 2.) die Berücksichtigung bestimmter Charakteristika und Qualitäten amerikanischer Orchester - z. B. ein höchsten technischen Anforderungen genügender Blechbläserapparat, wie ihn Hindemith u. a. im Boston Symphony Orchestra vorfand -, 3.) die Wahl von Texten amerikanischer Autoren, 4.) eine u. a. der flächenmäßigen Ausdehnung des Landes nachempfundene (wie auch immer geartete) musikalische Monumentalität, sowie schließlich 5.) die Klarheit und die leichte Faßlichkeit des Tonsatzes.

Aufgrund der Tatsache, daß sich z. B. Merkmale des Jazz oder des Blues, aber auch die besondere Affinität Hindemiths zu Texten des amerikanischen Dichters Walt Whitman bereits in einigen vor 1940 komponierten Werken niederschlagen, können diese nicht als Kriterien einer spezifisch amerikanischen Musiksprache gelten, die sich allein auf den Zeitraum des in der amerikanischen Emigration entstandenen Œuvres begrenzen ließe. In der

Hindemith-Forschung wird u. a. auch aus diesem Grund überwiegend die Meinung vertreten, daß Hindemiths Musik zwar schon sehr früh einen Individualstil ausprägt und bisweilen durchaus auch amerikanische Züge aufweist, daß den zwischen 1940 und 1953 entstandenen Werken jedoch kein besonderer "amerikanischer Stil"[614] zuzeigen ist, und daß folglich die USA auf diese zumindest keinen unmittelbaren kompositorischen Einfluß ausgeübt hat. Allerdings seien, wie Howard Boatwright bemerkt, "bestimmte Werke zu identifizieren, die aus der amerikanischen Umgebung gewachsen sind und die vielleicht nie geschrieben worden wären, wenn Hindemith in einem ruhigen, von Hitler und dem Krieg ungestörten Europa gelebt hätte."[615]

Giselher Schubert nennt die *Symphonie in Es* beispielhaft für das grundsätzliche Fehlen eines direkten kompositorischen Einflusses Amerikas:

> "Die Musik besitzt keine besonderen amerikanischen Züge, es sei denn sie bringt eine orchestrale Virtuosität ins Spiel, die Hindemith mit amerikanischen Orchestern identifizierte; "amerikanisch" wirkte also der direkte, unverkrampfte, plakative und impulsive Zug des Musikmachens, der allerdings immer auch grundsätzlich als eine Eigenschaft der Hindemithschen Musik aufgefaßt wurde. Es mag sein, daß die Symphonie in Es nur in den USA hat geschrieben werden können; doch hat nur Hindemith solche Musik schreiben können."[616]

Die wohl zu allererst mit amerikanischer Musik in Verbindung zu bringenden Merkmale des Blues oder des Jazz sind als "besondere amerikanische Züge" in der *Symphonie in Es* tatsächlich nicht auszumachen. Sie bilden mit Blick auf Hindemiths gesamtes Schaffen der amerikanischen Jahre ebenfalls die seltene Ausnahme. Neben dem Hauptthema des Kopfsatzes aus der *Sinfonietta in E* tritt einzig in den *Symphonic Metamorphosis of Themes by C. M. von Weber* ein thematischer Gedanke in Erscheinung, der deutlich dem Jazz verpflichtet ist.

---

614 Günther Metz ist der einzige namhafte Hindemith-Forscher, der explizit von einem "amerikanischen Stil" Paul Hindemiths spricht. Dessen Merkmale sind seiner Auffassung nach - mit Blick auf die *Symphonie in Es* - ein virtuoser Bläsersatz und eine "knapp und konzis" formulierte Sprache. Darüber hinaus zeigten die *Symphonia serena*, die *Sinfonietta in E*, die Ouvertüre *Cupid and Psyche* und die *Symphony in B-flat for concert band* "eine ungemeine Leichtigkeit und Eleganz der Schreibweise, die erlangt zu haben Hindemith sicher zu einem guten Teil dem Land 'verdankt', in dem er sie schrieb" (Günther Metz: Über Paul Hindemith und die Schwierigkeit, seine Musik zu rezipieren, Saarbrücken 1998, S. 26-27).

615 Howard Boatwright: Hindemith in Amerika, a.a.O., S. 13. Die "bestimmten Werke", auf die sich Boatwright bezieht, sind das *Lilacs*-Requiem, die *Symphonic Metamorphosis* und die *Symphonia serena*.

616 Giselher Schubert: >>Amerikanismus<< und >>Americanism<<, a.a.O., S. 101.

Dieser Gedanke wird im Mittelteil des zweiten Satzes ("Turandot. Scherzo") als Fugato in den Blech- und Holzbläsern durchgeführt. Das Fugato-Thema stellt insofern eine Besonderheit in den gesamten *Symphonic Metamorphosis* dar, als Hindemith dort mit Abstand die gravierendsten Veränderungen gegenüber der Weberschen Vorlage (aus der *Musik zu Turandot, op. 37*) vornimmt. In den übrigen drei Sätzen des Orchesterwerkes wird dagegen das jeweilige thematische Material Webers weitgehend in seiner originalen Form belassen.

Hindemith überführt das Turandot-Thema zunächst in eine zeitgemäße und für ihn charakteristische Gestalt, indem er die Intervallstruktur der Linie bereits vom dritten Takt an verändert (Notenbsp. 44) und im weiteren Verlauf zudem komplette Melodieabschnitte transponiert. Dadurch weist die metamorphe Form des Themas - gemäß dem Hindemith-typischen Phänomen der variablen Diatonie - im Vergleich zur Fassung Webers eine weitaus größere Zahl an tonalen Zentren auf. Obwohl die Melodie ihr ursprüngliches chinesisches Ambiente durch die Eingriffe Hindemiths verliert, bleibt sie trotzdem aufgrund der größtenteils unveränderten rhythmischen Gestalt eng mit dem Original verbunden und als Derivat desselben deutlich identifizierbar. Eine zweite Metamorphose erfährt das Turandot-Thema im bereits erwähnten Mittelteil des Scherzos. Dort werden die ersten beiden Takte unter Beibehaltung der Intervallstruktur verjazzt, d. h. rhythmisch so modifiziert, daß sich ein steter Wechsel zwischen binären und ternären Gruppen über einer gleichbleibenden Viertelbewegung einstellt.[617] Aufgrund dieser markanten rhythmischen Veränderung, aufgrund der Tatsache, daß der erste Ton der Urfassung wegfällt und durch eine Viertelpause ersetzt wird, und schließlich auch aufgrund der individuellen Fortspinnung zu Ende des zweiten Taktes hat sich das Jazz-Thema vom Original Webers ungleich stärker emanzipiert als die erste thematische Form zu Beginn des Scherzos.

Notenbsp. 44:   Der Beginn des Turandot-Themas in den Fassungen Webers und Hindemiths

---

[617] Vgl. dazu Curt Sachs: Rhythm and Tempo. A Study in Music History, New York 1953, S. 365-370.

Das *Lilacs*-Requiem könne, so meint Howard Boatwright, wegen des zugrunde gelegten Textes von Walt Whitman und der "feinfühlige[n] örtliche[n] Bezugnahme (z. B. die große Fuge 'Lo, Mighty Manhattan')"[618] mit größerer Berechtigung als die *Symphonic Metamorphosis* als "amerikanisch" bezeichnet werden. Sicher bildet Hindemith die USA in keinem anderen seiner Werke so explizit und ausführlich musikalisch ab wie in dieser Doppelfuge aus dem Requiem (Nr. 7). Der Whitmansche Text sei im folgenden sowohl im englischen Original als auch in der von Hindemith nachträglich besorgten deutschen Fassung wiedergegeben:[619]

Lo! body and soul! this land!

Mighty Manhattan, with spires, and the sparkling and

hurrying tides, and the ships;

The varied and ample land - the South and the North

in the light - Ohio's shores, and flashing Missouri,

And ever the far-spreading prairies, cover'd with grass

and corn.

Lo! the most excellent sun, so calm and haughty;

The violet and purple morn, with just-felt breezes;

The gentle, soft-born, measureless light;

The miracle, spreading, bathing all - the fulfill'd noon;

The coming eve, delicious - the welcome night, and the

stars,

Over my cities shining all, enveloping man and land.

---

618 Howard Boatwright: Hindemith in Amerika, a.a.O., S. 14.

619 Die beiden Fassungen sind dem Textbuch zum *Lilacs*-Requiem entnommen (Walt Whitman, Paul Hindemith: Als Flieder jüngst mir im Garten blüht. Ein Requiem "Denen, die wir lieben", Textbuch (deutsch-englisch), Mainz 1948, S. 12-13).

Schau, Sinn und Verstand, dies Land!

Weites Manhattan, getürmt; Wasser, glänzend und

eilig, mit Schiffen gefüllt;

Das vielfältig üppge Land, der Süden, der Norden

im Licht - Ohios Strand. Dann siehst du Missouri,

dann weiterhin endlose Ebnen, trächtig mit Mais

und Gras.

Schau! der vortrefflichen Sonne Ruh und Hoheit;

Als Morgenrot und Veilchenfarb im Dunsthauch scheint sie,

ein maßlos sanftes, zart geborn Licht,

und wundervoll, badend, breiter Glanz vollen Mittags;

und dann das Abendzwielicht - willkommne Nacht -

das Gestirn,

meine Städte in ihrem Schein, der Menschen und Land umfaßt.

Die Exclamatio der ersten Gedichtzeile "Schau, Sinn und Verstand, dies Land!" - in der englischen Fassung erscheint sie dreifach! - unterlegt Hindemith mit dem zentralen Motiv der Doppelfuge. Dadurch, daß der erste Schlag des Dreiermetrums in vier Achtel (Blechbläser), der zweite in drei Viertel (Sopran) und der dritte in zwei Duolen-Halbe (Sopran) unterteilt wird, kommt es in diesem Kopfmotiv des ersten Themas zu einer schrittweisen Bewegungsverlangsamung. Gleichzeitig erhält das Schlußwort "Land" auf diese Weise besonderes musikalisches Gewicht (Notenbsp. 45). Die markanten Akkordrepetitionen in den Bläsern, die im folgenden jeden von den Singstimmen vorgetragenen Einsatz des Kopfmotivs begleiten, verstärken - nicht zuletzt auch durch die oftmalige Unterstützung der Pauke - die insgesamt sowohl signalhafte als auch in der Tat "mächtige" Wirkung des ersten Themas. Die Bläserakkorde sind ihrerseits insofern thematisch, als sie in der Vertikalen (gemäß dem Text quasi in "getürmter" Form!) dasselbe Tonmaterial aufweisen wie das Kopfmotiv in linearer Ausfaltung. Somit findet der Inhalt der ersten Strophe, in welcher Whitman gleichermaßen die Weite des Landes und die Mächtigkeit der Türme Manhattans beschreibt, bei

Hindemith bereits in der Anlage des ersten Fugenthemas seine sinnfällige Entsprechung.620

Notenbsp. 45:   *When lilacs last in the door-yard bloom'd*, Nr. 7: "Introduction and Fugue, Chorus", 1. Thema, Takt 31-33

Im weiteren Verlauf sind es neben den Singstimmen vor allem die Blechbläser, die thematisches Material ausformulieren und somit den Klangcharakter der Fuge maßgeblich prägen. In diesem Zusammenhang sei besonders auf die reine Blechbläserdurchführung beider Themen hingewiesen (T. 151-163), in welcher die polyphone Satzstruktur ihre größte Komplexität erreicht. Den Streichern kommen dagegen in der gesamten Fuge in der Regel nur Begleitfunktionen zu.

Hindemith leitet das zweite Fugenthema aus dem ersten ab und führt es mit dem Text der ersten vier Zeilen der zweiten Strophe zweimal durch. Beiden Themen sind sowohl die lange Note zu Beginn, die sich anschließende Viertelbewegung, als auch die gleiches Tonmaterial verwendende, aufwärtsgerichtete Skalenbewegung gemein (Notenbsp. 46). Das mit dem ersten Thema eng verknüpfte Bläsermotiv erklingt innerhalb der Exposition des zweiten Themas nicht. Es erscheint daraufhin in verkürzter und klanglich modifizierter Form (Quint-Oktavklang) erstmals wieder in Kombination mit dem Substantiv "light" in Takt 94.

---

620 Vielleicht erkennt Alec Robertson wegen dieser besonderen Analogie zwischen Text und Musik im ersten Fugenthema einen "marked American flavour" (Alec Robertson: Requiem. Music of Mourning and Consolation, London 1967, S. 257).

Notenbsp. 46   Das erste und zweite Thema der Doppelfuge aus dem *Lilacs*-Requiem

So, wie Walt Whitman die inhaltliche Verbindung zwischen der ersten und der zweiten Strophe über das Motiv des Lichtes herstellt - in letzterer wird die stolze Sonne beschrieben, die über das Land "maßloses"[621] Licht verströmt -, so tut dies Hindemith musikalisch erstens über das Bläsermotiv, zweitens über die enge Verwandtschaft der Themen und schließlich drittens auch über die enge tonale Verwandtschaft der Themenkomplexe (1. Thema: E, 2. Thema: A). Auf diese Weise treten sowohl bei Whitman als auch bei Hindemith das "vielfältig üppge" Land Amerikas einerseits (1. Strophe/1. Thema) und die seit jeher als Urquell des Lichtes und der Wärme geltende "most excellent sun" andererseits (2. Strophe/2. Thema) in eine bedeutungsvolle symbolische Beziehung zueinander. Zum Schluß der Chorfuge wird diese zentrale Analogie emphatisch zusammengefaßt. Dort erklingt im homophonen Satz im fortissimo: "in the light, the varied, ample land. Lo! this land."

Die sich aus dem Inhalt der Gedichtvorlage ergebende satztechnische Konzeption der Doppelfuge, die durch das Blechbläserkolorit vermittelte klangliche Strahlkraft, und schließlich auch die repräsentative Thematik sollte Hindemith wohl keinesfalls allein als Mittel zur sinngemäßen Abbildung oder, wie es die Symbolik in der Komposition unter Berücksichtigung historischer Prämissen nahelegt, lediglich zur patriotischen Glorifizierung eines siegreich aus dem Zweiten Weltkrieg hervorgegangenen Landes dienen. Vielmehr kann dieses monumentale Werk, das im Zentrum des gesamten *Lilacs*-Requiems steht, wie kein zweites als eine aus tiefer persönlicher Dankbarkeit heraus empfundene Hommage an die Vereinigten Staaten aufgefaßt werden. Deren Staatsbürger war Hindemith am 11. Januar 1946 geworden. Kurz danach

---

621 An dieser Stelle sei auf die desöfteren ungenaue deutsche Übersetzung Paul Hindemiths hingewiesen. In der dritten Zeile der zweiten Strophe bezieht sich das Adjektiv "measureless" im englischen Original auf das Substantiv "light". In der deutschen Fassung ist es dagegen Attribut zum Adjektiv "sanft".

begann er mit der intensiven Arbeit am Requiem. In den USA hatte Hindemith zu diesem Zeitpunkt seit nunmehr knapp sechs Jahren unter vergleichsweise idealen Bedingungen leben und arbeiten können, dort hatte er den Eindruck gewonnen, daß ihm stets ein hohes Maß an gastfreundschaftlicher Wärme entgegengebracht wurde,[622] und dort stand er von Beginn seines permanenten Aufenthaltes an auch als vielbeachteter Komponist immer im Licht des Musiklebens.

Während anhand des Jazz-Themas im zweiten Satz der *Symphonic Metamorphosis* und anhand der Textvertonung in der Doppelfuge des Requiems direkte amerikanische Züge, bzw. Bezüge nachzuweisen sind, so ist dies etwa mit Blick auf die sehr weit gefaßte Eigenschaft der leichten Faßlichkeit des Tonsatzes dagegen kaum möglich. Die in diesem Zusammenhang zu nennende Klarheit der instrumentalen Zeichnung, wie sie z. B. in den 1949 komponierten Instrumentalkonzerten und in der *Sinfonietta in E* anhand des konzertanten Prinzips evident wird, zudem der klare innertonale Aufbau, desweiteren die stete Wiederkehr bestimmter Modelle der Melodie- und Themenbildung (dreiteilige Reihungsform), und schließlich auch der selbstverständliche Rückgriff auf traditionelle großformale Anlagen (Sonatenhauptsatzform, ABA-Form, Rondo); all diese Merkmale sind Konsequenz einer längerfristigen und freilich nicht ausschließlich von den USA beeinflußten kompositorischen Entwicklung, die zu Beginn der vierziger Jahre bei Hindemith bis zur höchsten stilistischen Reife und Perfektion gediehenen war. In seiner Dissertation sieht Günther Metz die Musiksprache Hindemiths, wie sie sich in dessen Werk seit Mitte der dreißiger Jahre darstellt, als eine in der Hauptsache mit der deutschen Tradition eng verbundene:

"In den amerikanischen Jahren vor allem gelang Hindemith eine 'mühelose' Verbindung tonaler, harmonischer und melodischer Komponenten (vgl. etwa die Ouvertüre 'Amor und Psyche', das Klarinettenkonzert und die Sinfonietta) zu formalen Gestaltungen, die folgerichtig als 'klassizistisch' bezeichnet worden sind: Die Einschmelzung der Hindemithschen Linie in ein 'tonal-harmonisch erweitertes' Beziehungssystem, wobei kontrapunktische Mittel eine dennoch polyphone Struktur garantierten, war bis zur Perfektion gelungen. Zugleich war der Anschluß an die deutsche Spätromantik - in den Klaviersonaten an Brahms, in den Symphonischen Tänzen und der Symphonie in Es an Bruckner (wie auch an Reger und Pfitzner) - vollzogen: Die Entwicklung des Hindemithschen Stiles schien abgeschlossen."[623]

---

622 Vgl. dazu das Unterkapitel 2.2.5. dieser Arbeit ("Europäische Emigranten").

623 Günther Metz: Melodische Polyphonie in der Zwölftonordnung, a.a.O., S. 475.

Wenn Hindemith in einigen seiner amerikanischen Werke z. B. auf größere Aufführungsräume und auf ein mehr an Unterhaltung denn an spiritueller und geistiger Erhebung interessiertes Publikum[624] reagiert, dann zeigt sich in dieser Handlungsweise eine künstlerische Pragmatik, die "ohnehin zu den konstitutiven Bedingungen seines Komponierens zählt."[625] Die ursprünglich für die Aufführung in einem großen Stadion konzipierte Besetzung im Chorwerk *Apparebit repentina dies* - Blechbläser und gemischter Chor[626] - ist deshalb lediglich situationsspezifisch, nicht jedoch in besonderer Weise stilspezifisch. Aus gleichem Grund stellt die Wirkung von unbeschwerter Leichtigkeit, Ausgelassenheit und Vitalität, die Hindemith nur in einem bestimmten, "öffentlich motivierten"[627] Teil seiner Kompositionen zweifelsohne mit Blick auf die besonderen Bedürfnisse des amerikanischen Publikums (z. B. durch die vergleichsweise große Enthaltsamkeit bei der Verwendung polyphoner Satztechniken[628]) erzielt, ebenfalls kein besonderes amerikanisches Stilmerkmal dar, so daß in diesem Zusammenhang auch von einer "neuen Phase", wie sie der amerikanische Musikkritiker Arthur Berger Anfang der vierziger Jahre zu erkennen glaubte, oder von einem "amerikanischen Stil" im Hindemithschen Schaffen grundsätzlich nicht gesprochen werden kann.

Stattdessen zeichnet sich im Verlauf der zweiten Hälfte der vierziger Jahre bei Hindemith eine stilistisch ungleich bedeutsamere "neue Phase" ab, die sein Spätwerk antizipiert, und die gleichzeitig eine allmähliche Abkehr von der in der *Unterweisung im Tonsatz* postulierten musikästhetischen Ordnung darstellt. Die Merkmale dieses Stilwandels sind erstens die Entwicklung hin zu einer insgesamt harmonisch dichteren und dissonanzreicheren musikalischen Sprache, zweitens die Tendenz hin zu einer stärker instrumental denn vokal empfundenen Ausgestaltung der Linie, und schließlich drittens die Präsenz einiger weniger satztechnischer Neuerungen (die Verschmelzung ostinater Figuren zu klanglich dichten Texturen sowie die fehlende Fixierung von Tondauern). Wenn Hindemith, wie zu Beginn dieses Kapitels erwähnt, von einer "einfacheren Behandlung" der Melodik und Harmonik gesprochen hat,

---

[624] Vgl. dazu die von Paul Hindemith dargestellten Unterschiede zwischen den musikalischen Erwartungen des europäischen und des amerikanischen Konzertpublikums, in: Everett Helm: Hindemith's Successful Visit to Germany, in: MA, 69. Jg. (July 1949), S. 20.

[625] Giselher Schubert: >>Amerikanismus<< und >>Americanism<<. Hindemith und die Neue Welt, a.a.O., S. 95.

[626] Vgl. hierzu das Unterkapitel 2.2.3. dieser Arbeit ("Musik für die Masse").

[627] Giselher Schubert: Hindemith, in: MGG, Personenteil 9, Ludwig Finscher (Hrsg.), Kassel, etc. 2003, Sp. 40.

[628] In den *Symphonic Metamorphosis* bildet beispielsweise das erwähnte Fugato des zweiten Satzes den einzigen kontrapunktisch durchgestalteten Teil des gesamten Werkes. Dieser wird durch das Jazz-Kolorit des Themas quasi "entschärft" und auf diese Weise dem amerikanischen Publikum besonders "schmackhaft" gemacht.

dann liegt es nahe, seine Äußerung mehr auf das (mit Ballantines Stilkarikatur weiterhin größtenteils übereinstimmende) frühe als auf das späte amerikanische Werk zu beziehen.

6. Conclusio

In der vorliegenden Studie sollte die quantitative und qualitative Rezeptionsentwicklung des Hindemithschen Werkes in den USA unter besonderer Berücksichtigung der Jahre 1940 bis 1953 vor dem Hintergrund des dortigen Musiklebens dargestellt werden. In Ergänzung dazu wurde der Versuch unternommen, Hindemiths Werkrezeption - sofern dies anhand von bereits vorhandenen Studien möglich war - mit jener europäischer und amerikanischer Zeitgenossen zu vergleichen. Über das kompositorische Schaffen hinaus, galt es ebenfalls zu eruieren, inwieweit und in welchem Umfang Paul Hindemith auch durch seine pädagogische Tätigkeit an der Yale University und vor allem durch die daraus zum Teil hervorgegangenen musiktheoretischen Lehrwerke Einfluß auf die junge amerikanische Komponistengeneration genommen und inwieweit das amerikanische Musikleben von 1940 an seinerseits Einfluß auf dessen Musiksprache ausgeübt hat.

Als sich Paul Hindemith in New Haven niederließ, waren seine Kompositionen in den USA - ausgehend von einigen Kulturmetropolen der Ostküste, allen voran New York - seit 1923 mit stets zunehmender Häufigkeit aufgeführt und seit den dreißiger Jahren von der amerikanischen Musikkritik auch desöfteren wohlwollend aufgenommen worden. Die intensive und kontroverse stilkritische Auseinandersetzung, die sowohl in der musikalischen Fachpresse als auch in der US-Tagespresse nach der amerikanischen Erstaufführung der Symphonie *Mathis der Maler* landesweit eingesetzt hatte, war bereits um 1940 wieder beendet. Hindemiths Stilentwicklung galt zu diesem Zeitpunkt als abgeschlossen. Aus diesem Grund konnte (oder wollte) die US-Kritik den nach dem Zweiten Weltkrieg einsetzenden Stilwandel nicht mehr erkennen. Was stattdessen vielfach beschrieben wurde, war ein ungewohnt unterhaltsamer Ton, den Hindemith vorwiegend in seinen öffentlich motivierten Kompositionen angeschlagen hatte. Deshalb insgesamt von einem "amerikanischen Stil" bei Hindemith zu sprechen, wäre jedoch mit Blick auf die zwischen 1940 und 1953 komponierten Werke unangemessen.

Die Stilveränderungen beim späten amerikanischen Hindemith gingen mit verschiedenen signifikanten Entwicklungen in der amerikanischen Musikgeschichte einher. Die Dodekaphonie-Rezeption, die in den USA im

Vergleich zu Europa zwar nicht so radikal ausfiel, aber einige Jahre früher einsetzte, die Abkehr der amerikanischen Avantgarde von den Idealen des musikalischen Populismus' und deren experimentelle Auseinandersetzung mit neuen Satztechniken, aber auch die aufkommende Schenkerismus-Bewegung; all dies konnte sich auf den maßgeblichen Einfluß, den Hindemith sowohl durch sein kompositorisches als auch durch sein musiktheoretisches Schaffen noch bis etwa Mitte der vierziger Jahre in den USA ausgeübt hatte, danach nur negativ auswirken. Daß die amerikanische Kritik nach dem Zweiten Weltkrieg gerade in Hindemiths Frühwerk jene erfrischende Modernität vorfand, die sie in dessen jüngsten Kompositionen schmerzlich vermißt hatte, mußte Hindemith ebenso befremden wie die Tatsache, daß sein Ideal vom "kompletten" Musiker, das er stets zu vermitteln gedachte, bei den meisten seiner Schüler keine nachhaltige Wirkung fand, und daß nicht zuletzt auch die Musikausbildung an amerikanischen Universitäten - abgesehen von der mit dem Namen Hindemith eng in Verbindung zu bringende Einrichtung des Collegium Musicums - insgesamt jedoch kaum längerfristig nach dessen Vorstellungen zu verändern war.

Obwohl Hindemith zum einen die erstaunlich schwache Resonanz auf seine späten amerikanischen Orchesterkompositionen und zum anderen auch die niedrigen Aufführungszahlen seiner Bühnenwerke in den USA u. a. dadurch mitzuverantworten hatte, daß er diese nur noch selbst dirigieren wollte, zählte er trotzdem zum Zeitpunkt seiner Rückkehr nach Europa in den USA beim breiten Publikum und in Fachkreisen gleichermaßen neben Strawinsky, Prokofieff und Schostakowitsch zu den angesehendsten und bedeutendsten zeitgenössischen Komponisten. Erst nach Hindemiths Tod im Jahre 1963 ließ dessen Rezeption insgesamt merklich nach. Zwar geriet Hindemith in den USA niemals in Vergessenheit, doch konnte seine Musik das hohe Maß an Popularität und Anerkennung, das sie in den vierziger und fünfziger Jahren erfahren hatte, dort bis zum Ende des 20. Jahrhunderts nicht wiedererlangen.

Anhang

Aufführungen Hindemithscher Kompositionen in New York von 1923 bis 1953 (Primärquelle: *New York Times*). Die mit (*) versehenen Aufführungen konnten erst nach Fertigstellung der Statistik (Kapitel 3) ermittelt und somit nicht in diese eingearbeitet werden.

Datum	Zeit	Ort	Werk	Interpreten
1.11.23	abends	Aeolian Hall	Auszüge aus *Lieder mit Klavier, op. 18*	Eva Gauthier (Sopran), George Gershwin (Klavier)
2.12.23	20.15	Vanderbilt Theatre	"Nachtstück", "Marsch" aus *Suite 1922*	Claudio Arrau (Klavier)
10.1.24	20.15	Aeolian Hall	*Streichquartett, op. 16*	New York String Quartet
18.11.24	abends	Carnegie Hall	*Nusch-Nuschi-Tänze, op. 20*	Philadelphia Orchestra (Leopold Stokowsky)
9.12.24	abends	Aeolian Hall	*Streichquartett, op. 22*	New York String Quartet
29.3.25	20.30	Fourty-Eighth Street Theatre	*Trio für Violine, Bratsche und Cello, op. 34, Kammermusik Nr. 1*	Gregory Besrodny (Violine), Samuel Stillman (Viola), Lajos Shuk (Cello), Tullo Serafin (Ltg. des Kammerorchesters)
3.5.25	20.15	Little Theatre	*Kammermusik Nr. 1*	Mitglieder des New York Philharmonic Orchestra (Percy Grainger)
27.12.25	abends	Aeolian Hall	*Kammermusik Nr. 3*	Cornelius Van Vliet (Cello), Fritz Reiner (Ltg. des Kammerorchesters)
17.1.26	15.00	Mecca Temple	*Kammermusik Nr. 2*	Walter Gieseking (Klavier), New York Symphony Society (Eugene Goosens)
2.3.26	abends	Carnegie Hall	*Klaviermusik, op. 37 (1. Teil)*	Walter Gieseking (Klavier)
13.3.26	nachm.	Carnegie Hall	*Konzert für Orchester, op. 38*	Boston Symphony Orchestra (Sergej Koussewitzky)
30.1.27	abends	Aeolian Hall	*Der Dämon, op. 28 (Konzertsuite)*	New York Symphony Society (Otto Klemperer)
10.2.27	nachm.	Carnegie Hall	*Konzertmusik für Blasorchester, op. 41*	New York Symphony Society (Otto Klemperer)
19.3.27	20.30	Carnegie Hall	*Konzert für Orchester, op. 38*	New York Philharmonic Orchestra (Wilhelm Furtwängler)
16.10.27	20.30	Little Theatre	"Tanzstück" aus *Klaviermusik, op. 37 (2. Teil)*	Martha Graham (Tanz), Louis Horst (Klavier)

Datum	Zeit	Ort	Werk	Interpreten
20.11.27	21.00	Hotel Plaza	*Kleine Kammermusik, op. 24 Nr. 2*	New York Chamber Music Society
28.11.27	20.30	Steinway Hall	Vier Stücke aus *Klaviermusik, op. 37 (2. Teil)*	Karin Dayas (Klavier)
28.12.27	20.15	New School for Social Research	Acht Lieder aus *Das Marienleben, op. 27*	Barbara Lull (Sopran), Aaron Copland (Klavier)
30.12.27	20.30	Town Hall	Sechs Lieder aus *Das Marienleben, op. 27*, "Landsknechtstrinklied" aus *Lieder nach alten Texten, op. 33*	Greta Torpadie (Sopran), Willem Mengelberg (Ltg. des Chores)
11.1.28	?	Engineering Auditorium	*Streichquartett, op. 10*	South Mountain String Quartet
12.1.28	20.30	Town Hall	*Streichquartett, op. 22*	Pro Arte Quartet
13.1.28	abends	New School for Social Research	Zwei Lieder aus *Das Marienleben, op. 27*	Greta Torpadie (Sopran), Aaron Copland (Klavier)
7.2.28	20.30	Carnegie Hall	*Konzert für Orchester, op. 38*	Philadelphia Orchestra (Pierre Monteux)
10.2.28	abends	New School for Social Research	*Streichquartett, op. 22*	New World String Quartet
19.12.28	abends	Town Hall	*Die junge Magd, op. 23 Nr. 2*	Mme. Cahier (Alt), Lenox Quatet, R. M. Wilson (Klarinette), J. Amans (Flöte)
3.3.29	nachm.	Booth Theatre	"Adolescence" (zur *Klaviermusik, op. 37*)	Martha Graham (Tanz), Louis Horst (Klavier)
10.11.29	15.00	Town Hall	*Streichquartett, op. 10*	London String Quartet
20.11.29	abends	Steinway Hall	*Kleine Sonate für Viola d'amore und Klavier, op. 25 Nr. 2*	Alix Young Maruchess (Viola d'amore), Frank Bibb (Klavier)
18.12.29	20.45	Town Hall	*Kammermusik Nr. 7*	Lynnwood Farnam (Orgel), Alexander Smallens (Ltg. des Kammerorchesters)
29.12.29	15.15	Town Hall	"Auf der Treppe sitzen meine Öhrchen" aus *Lieder mit Klavier, op. 18*	Florence Leffert (Sopran), Stuart Ross (Klavier)
12.1.30	16.30	Art Center	*Kleine Sonate für Viola d'amore und Klavier, op. 25 Nr. 2*	Alix Young Maruchess (Viola d'amore), Frank Bibb Klavier)
17.1.30	20.30	Carnegie Chamber Music Hall	*Streichquartett, op. 16*	Hans Lange String Quartet
28.2.30	20.30	Carnegie Chamber Music Hall	"Sonata for Viola and Piano" [verm. op. 11/4]	Zoltan Kurthey (Viola), Harry Cumpson (Klavier)
14.10.30	20.30	Carnegie Hall	"Capriccio" [aus op. 8]	Alfred Wallenstein (Cello)
16.10.30	20.45	Carnegie Hall	*Neues v. Tage (Ouvert.)*	New York Philharmonic Orchestra (Erich Kleiber)

(weitere Aufführungen am 17. und 18.10.30)

Datum	Zeit	Ort	Werk	Interpreten
2.11.30	20.30	Carnegie Hall	"Rondo" aus *Klaviermusik, op. 37 (1. Teil)*	Sidney Sukoenig (Klavier)

Datum	Zeit	Ort	Werk	Interpreten
26.11.30	20.30	Barbizon Plaza Concert Hall	Sechs Stücke aus *Klaviermusik, op. 37 (2. Teil)*	Walter Gieseking (Klavier)
29.11.30	15.00	Town Hall	"Capriccio" [aus op. 8]	Iwan D'Archambeau (Cello), Paul Paniagua (Klavier)

4.1.31	15.15	Art Center	*Streichquartett, op. 16*	Budapest String Quartet
6.1.31	abends	New School for Social Research	Vier Stücke aus *Klaviermusik, op. 37 (2. Teil)*	Oscar Ziegler (Klavier)
11.1.31	abends	Barbinzon Plaza Concert Hall	Sieben Stücke aus *Klaviermusik, op. 37 (2. Teil)*	E. Robert Schmitz (Klavier)
12.1.31	20.30	Steinway Hall	*Streichquartett, op. 16*	Hart House String Quartet
18.2.31	20.45	Roerich Museum	*Kanonische Sonatine für zwei Flöten, op. 31 Nr. 3*	Mitglieder der New York Symphonietta
8.3.31	16.30	Barbizon Club	"Ragtime" aus *Suite 1922*	Grace Castagnetta (Klavier)
9.3.31	20.30	Town Hall	"Trompeten" aus *Lieder mit Klavier, op. 18*	Judith Litante (Sopran)
25.10.31	15.30	Town Hall	*Ein Jäger aus Kurpfalz, op. 45 Nr. 3*	National Chamber Orchestra (Rudolph Ganz)
3.11.31	15.00	Town Hall	*Kleine Sonate für Viola d'amore und Klavier, op. 25 Nr. 2*	Alix Young Maruchess (Viola d'amore), Frank Bibb (Klavier)
16.11.31	20.30	Carnegie Hall	*Tanzstück, op. 19 Nr. 5*	Sidney Sukoenig (Klavier)
21.11.31	20.30	Town Hall	*Tanzstück, op. 19 Nr. 1*	Clarence Adler (Klavier)
29.12.31	11.00	Barbizon Plaza	*Wir bauen eine Stadt*	Kinderchor der Music School of the Henry Street Settlement (Rosemary Petralia)

2.1.32	11.00	wie 29.12.31		
5.3.32	14.30	Carnegie Hall	*Konzertmusik, op. 50*	Boston Symphony Orchestra (Sergej Koussewitzky)
13.4.32	20.15	Town Hall	*Acht Kanons, op. 45 Nr. 2*	Junge Musiker aus neun New Yorker Musikschulen (Ltg. Hugo Kortschak)

8.1.33	20.30	French Institute	Auszüge aus *Das Marienleben, op. 27*	Ada MacLeish (Sopran)
15.1.33	15.00	Town Hall	*Sonate in Es für Violine und Klavier, op. 11 Nr. 1 (2. Satz)*	Mark Wollner (Violine), Pierre Luboshutz (Klavier)
17.1.33	nachm.	Carnegie Hall	*Fünf Stücke für Streichorchester, op. 44 Nr. 4*	National Orchestral Association (Leon Barzin)
15.2.33	20.30	Town Hall	*Klaviermusik, op. 37 (1. Teil)*	Eunice Norton (Klavier)
7.3.33	15.00	Town Hall	*Streichquartett, op. 22*	Budapest String Quartet
25.4.33	abends	Grand Street Playhouse	*Wir bauen eine Stadt*	Kinderchor der Music School of the Henry Street Settlement (Rosemary Petralia)
		(weitere Aufführungen am 27.,29.4. und 1.5.33)		
4.5.33	abends	Guild Theatre	"Elegiac"	Martha Graham (Tanz), Louis Horst (Klavier)

Datum	Zeit	Ort	Werk	Interpreten
20.1.34	20.45	Town Hall	*Kammermusik Nr. 1,* *Kammermusik Nr. 2*	Mitglieder des New York Philharmonic Orchestra (Fritz Reiner), Frank Sheridan (Klavier)
21.1.34	15.00	Town Hall	*Klaviermusik, op. 37 (2. Teil)*	Harold Bauer (Klavier)
18.3.34	20.30	Carnegie Hall	Mozart: *Adelaide*-Konzert (mit Hindemith-Kadenz)	Yehudi Menuhin (Violine)
5.4.34	20.45	Carnegie Hall	*Konzertmusik, op. 50*	Boston Symphony Orchestra (Sergej Koussewitzky)
8.4.34	15.15	Brooklyn Academy of Music	*Kammermusik Nr. 1*	Boston Symphony Orchestra (Sergej Koussewitzky)
4.10.34	20.45	Carnegie Hall	Symphonie *Mathis der Maler*	New York Philharmonic Orchestra (Otto Klemperer)
			(weitere Aufführungen am 5.,6.,7.10.34)	
23.11.34	20.30	Town Hall	Auszüge aus *Das Marienleben, op. 27*	Gladys Avery (Sopran), Celius Dougherty (Klavier)
4.12.34	15.00	Carnegie Hall	*Neues v. Tage (Ouvert.)*	National Orchestral Association (Leon Barzin)

Datum	Zeit	Ort	Werk	Interpreten
2.1.35	20.30	Town Hall	*Streichquartett, op. 22*	Manhattan String Quartet
5.1.35	abends	Town Hall	"Pantomime" aus *Tanzstücke für Klavier, op. 19*	Eunice Norton (Klavier)
15.4.35	20.45	French Institute	*Die Serenaden, op. 35*	Mina Hager (Mezzosopran)
1.10.35	20.45	The Barbizon	"Piano Work by Hindemith"	Elmer Schoettle (Klavier)
2.11.35	abends	Venice Theatre	"Harvest 1935", "Individual and the Mass"	Helen Tamiris (Tanz)
15.12.35	abends	Carnegie Hall	"Harvest 1935"	Helen Tamiris (Tanz)

Datum	Zeit	Ort	Werk	Interpreten
11.1.36	20.45	Town Hall	*Kammermusik Nr. 5*	Marcel Dick (Viola), Paul Stassewitsch (Ltg. des Ensembles)
19.1.36	17.30	Town Hall	*2. Trio für Geige, Bratsche und Cello*	Nicolai Berezowski (Violine), Nicolas Moldawan (Viola), Joseph Schuster (Cello)
2.2.36	16.30	The Barbizon	*Streichquartett, op. 22*	Stringart Quartet
2.3.36	20.45	Town Hall	*Kammermusik Nr. 1*	Philharmonic Symphony Chamber Orchestra (Hans Lange)
14.10.36	20.45	Carnegie Hall	*Sonate in D für Klavier und Violine, op. 11 Nr. 2*	Jasha Heifetz (Violine), Emanuel Bay (Klavier)
14.10.36	abends	Town Hall	*Klaviermusik, op. 37 (2. Teil)*	Eunice Norton (Klavier)
8.11.36	abends	Guild Theatre	"Harvest 1935"	Helen Tamiris (Tanz)
14.11.36	?	McMillin Academic Theatre	"String Quartet" [verm. op. 22]	Budapest String Quartet
17.11.36	20.30	Town Hall	*Sonate in E für Geige und Klavier*	Roman Totenberg (Violine)
11.12.36(*)	20.45	Carnegie Hall	*Sonate für Violoncello allein, op. 25 Nr. 3*	Emanuel Feuermann (Cello)

Datum	Zeit	Ort	Werk	Interpreten
13.1.37	20.30	Hotel Gotham	"Three Songs" [verm. aus *Lieder mit Klavier, op. 18*]	Eva Gauthier (Sopran), Celius Dougherty (Klavier)
16.1.37	11.00	Carnegie Hall	"Finale" aus *Kammermusik Nr. 1*	New York Philharmonic (Ernest Schelling)

Datum	Zeit	Ort	Werk	Interpreten
17.1.37	20.15	Hotel Plaza	*Kleine Kammermusik, op. 24 Nr. 2*	New York Chamber Music Society
30.1.37	14.30	Town Hall	*Sonate in E für Geige und Klavier*	Joseph Szigeti (Violine)
14.2.37	20.15	wie 17.1.37		
21.2.37	nachm.	MacDowell Club	*Kleine Sonate für Viola d'amore und Klavier, op. 25 Nr. 2*	Alix Young Maruchess (Viola d'amore), Frank Bibb (Klavier)
21.2.37	20.30	Town Hall	"Pantomime" aus *Tanzstücke für Klavier, op. 19*	Cara Verson (Klavier)
7.3.37	20.45	Town Hall	*Streichquartett, op. 32*	Pro Arte Quartet
14.3.37	nachm.	MacDowell Club	*Kleine Sonate für Viola d'amore und Klavier, op. 25 Nr. 2*	Alix Young Maruchess (Viola d'amore), Frank Bibb (Klavier)
14.3.37	16.00	Theatre of Music	*Acht Kanons, op. 45 Nr. 2*	Madrigal Singers (Lehman Engel)
14.4.37	20.30	Town Hall	*Sonate für Flöte und Klavier*	Lambros Demetrios Callimahos (Flöte), Arpad Sandor (Klavier)
15.4.37	20.45	Carnegie Hall	*Der Schwanendreher*	New York Philharmonic Orchestra (Artur Rodzinski), Paul Hindemith (Viola)
16.4.37	nachm.	wie 15.4.37		
18.4.37	15.00	MacDowell Club	*Wir bauen eine Stadt*	Heida Hermanns (Ltg. des Ensembles)
18.4.37	abends	Cosmopolitan Club	Fünf Stücke aus *Klaviermusik, op. 37 (2. Teil)*, *Sonate für Flöte und Klavier*, *Sonate für Bratsche allein, op. 25 Nr. 1*, Vier Lieder aus *Das Marienleben, op. 27*	Lydia Hoffmann-Behrend, Celius Dougherty (Klavier), Paul Hindemith (Viola), Ada MacLeish (Sopran), Georges Barrère (Flöte)
20.4.37	abends	The Barbizon	"Work of Hindemith"	Mathilde McKinney (Klavier)
26.4.37	abends	Greenwich House Music School	"Tafelmusik", Zwei Duette für Violine und Klarinette ("Abendmusik") aus *Plöner Musiktag, Kleine Klaviermusik, op. 45 Nr. 4, Fünf Stücke für Streichorchester, op. 44 Nr. 4*	Schüler der Greenwich House Music School
27.4.37	20.45	Town Hall	*Four Songs on Old Texts (1937)*	Dessoff Choirs (Paul Boepple)
30.4.37	abends	Town Hall	*Sonate für Bratsche allein, op. 25 Nr. 1*	Louis Bailly (Viola)
12.5.37	20.30	Town Hall	"Work by Hindemith"	Waldemar B. Hille (Klavier)
22.11.37	abends	Town Hall	*Sonate für Bratsche und Klavier, op. 11 Nr. 4*	Louis Bailly (Viola), Genia Robinor (Klavier)
13.12.37	nachm.	Town Hall	"Nachtstück" aus *Suite 1922*	Robert Wallenhorn (Klavier)
13.12.37	abends	Town Hall	*Sonate für Flöte und* Klavier	Georges Barrère (Flöte), Jesus Maria Sanromá (Klavier)
27.12.37	20.30	Town Hall	"Capriccio" [aus op. 8]	Maurice Eisenberg (Cello)
9.2.38	20.30	Town Hall	"Capriccio" [aus op. 8]	Ana Drittell (Cello)
12.3.38	nachm.	Carnegie Hall	*Konzertmusik, op. 50*	Boston Symphony Orchestra (Sergej Koussewitzky)

Datum	Zeit	Ort	Werk	Interpreten
14.3.38	12.00	West Side Music Center	"Program of music by Paul Hindemith"	Clair Wilson (Lecturer)
21.3.38	20.30	Town Hall	Drei Lieder aus *Das Marien-leben, op 27*	Agatha Lewis (Sopran)
9.4.38	15.00	Town Hall	"Work by Hindemith"	Schüler der Neighborhood Music School, Janet Schenck (Ltg. des Ensembles)
2.5.38	20..30	Carnegie Chamber Music Hall	*Fünf Stücke für Streich-orchester, op. 44 Nr. 4*	Orchestrette Classique (Frederique Petrides)
14.10.38	abends	Metropolitan Opera House	*Nobilissima Visione*	Ballet Russe de Monte Carlo (Leonide Massine)
		(weitere Aufführungen am 19.,24. und 29.10.38)		
6.11.38	15.00	Town Hall	Zwei Lieder aus *Das Marien-leben, op. 27*	Marjorie Lawrence (Sopran)
12.11.38	17.30	Town Hall	*Streichquartett, op. 22*	Budapest String Quartet
14.11.38	20.30	Town Hall	*Four Songs on Old Texts (1937)*	Motet Singers (Paul Boepple)
27.11.38	15.00	Town Hall	"Argwohn Josephs" aus *Das-Marienleben, op. 27*	Olga Averino (Sopran), Paul Ulanowsky (Klavier)
6.12.38	20.30	Steinway Hall	*Sonate in Es, für Violine und Klavier, op. 11 Nr. 1*	Harold und Marion Kahn Berkley
---	---	---	---	---
5.1.39	20.45	Carnegie Hall	*Symphonische Tänze*	Boston Symphony Orchestra (Sergej Koussewitzky)
11.2.39	14.30	Carnegie Hall	Zwei Sätze aus *Symphonische Tänze*	Boston Symphony Orchestra (Sergej Koussewitzky)
19.2.39	20.30	Town Hall	*Sonate für Bratsche allein, op. 25 Nr. 1*	Julius Shaier (Viola)
25.2.39	20.30	Town Hall	*Erste Sonate für Klavier*	Lucy Brown (Klavier)
13.3.39	abends	Metropolitan Opera House	*Nobilissima Visione*	Ballet Russe de Monte Carlo (Leonide Massine)
20.3.39	abends	wie 13.3.39		
21.3.39	20.30	Carnegie Chamber Music Hall	*Ein Jäger aus Kurpfalz, op. 45 Nr. 3*	Orchestrette Classique Frederique Petrides)
22.3.39	20.30	New School for Social Research	*Streichquartett, op. 32*	Galimir Quartet
26.3.39	17.45	Town Hall	*Hin und zurück, op 45a*	Alumni Association of the Juilliard Graduate School, Charles Lichter (Ltg. des Ensembles)
11.4.39	abends	Carnegie Hall	*Nobilissima Visione (Suite)*	Philadelphia Orchestra (Paul Hindemith)
16.4.39	20.30	Carnegie Cham-ber Music Hall	*Sonate für Bratsche und Klavier, op. 11 Nr. 4*	Emanuel Vardi (Viola), William Schatzkamer (Klavier)
23.4.39	17.45	Town Hall	*Sonate für Flöte und Klavier*	Georges Barrère (Flöte)
23.4.39	20.45	Town Hall	*Kleine Kammermusik, op. 24 Nr. 2, Sonate für Viola und Klavier, Five Songs on Old Texts, Sonate für Klavier Vierhändig,* **(UA)** *Quartett für Klarinette, Geige, Cello und Klavier*	Laurent Woodwind Quartet of Boston, Motet Singers (Paul Boepple), Jesus Maria Sanro-má, Lydia Hoffmann-Behrendt (Klavier), Richard Burgin (Violine), Jean Bedetti (Cello), Paul Hindemith (Viola)
17.5.39	20.30	Town Hall	*Streichquartett, op. 22*	Kraeuter String Quartet

Datum	Zeit	Ort	Werk	Interpreten
2.11.39	abends	Metropolitan Opera House	*Nobilissima Visione*	Ballet Russe de Monte Carlo (Leonide Massine)
		(weitere Aufführungen am 5.,14. und 15.11.39)		
26.1.40	20.30	Town Hall	Mozart: *Adelaide*-Konzert (mit Hindemith-Kadenz)	Robert Kitain (Violine)
5.2.40	20.30	Town Hall	"Three pieces by Hindemith"	Eugene List (Klavier)
1.3.40	abends	Carnegie Hall	"Meditation" aus *Nobilissima Visione*	Ruggiero Ricci (Violine)
16.3.40	14.30	Carnegie Hall	Symphonie *Mathis der Maler*	Boston Symphony Orchestra (Sergej Koussewitzky)
2.4.40	abends	Metropolitan Opera House	*Nobilissima Visione*	Ballet Russe de Monte Carlo (Leonide Massine)
9.11.40	20.30	Town Hall	*Sonate in C für Geige und Klavier*	Werner Lywen (Violine), Robert Pitney (Klavier)
17.11.40	15.00	Carnegie Chamber Music Hall	*Sonate in Es für Violine und Klavier, op. 11 Nr. 1*	Bertha Shultz (Violine), Olga Sapio (Klavier)
18.11.40	20.30	Carnegie Hall	*Sonate in Es für Violine und Klavier, op. 11 Nr. 1*	Albert Spalding (Violine), André Benoist (Klavier)
29.12.40	17.30	Carnegie Hall	*Kammermusik Nr. 1*	Orchestra of the New Friends of Music (Fritz Stiedry)
9.1.41	20.45	Carnegie Hall	*Konzert für Violine und Orchester*	Boston Symphony Orchestra (Sergej Koussewitzky), Ruth Posselt (Violine)
22.1.41	21.00	New School for Social Research	*Kammermusik Nr. 1*	New School Chamber Orchestra (Thomas Sherman)
4.2.41	20.30	Carnegie Hall	Symphonie *Mathis der Maler*	National Symphony Orchestra (Hans Kindler)
15.2.41	14.30	Carnegie Hall	*Konzert für Violoncello und Orchester*	Boston Symphony Orchestra (Sergej Koussewitzky), Gregor Piatigorsky (Cello)
24.2.41	20.30	Town Hall	"Nachtstück" aus *Suite 1922*	Gardner Jencks (Klavier)
25.3.41	20.30	Town Hall	*Sonate in C für Violine und Klavier*	Helen Teschner Tas (Violine), Ernst Victor Wolff (Klavier)
21.4.41	20.30	Carnegie Hall	*Nobilissima Visione (Suite)*	Otto Klemperer (Ltg. eines Orchesters)
26.5.41	abends	Studio Theatre	"Characters of the Annunciation" (zur Symphonie *Mathis der Maler*)	Eleanor King (Tanz)
7.6.41	?	Central Needle Trades High School	*Wir bauen eine Stadt*	Schüler der Central Needle Trades High School
25.7.41	abends	Lewisohn Stadium	*Nobilissima Visione(Suite)*	New York Philharmonic Orchestra (Efrem Kurtz)
17.10.41	20.30	Town Hall	*Fünf Stücke für Streichorchester, op. 44 Nr. 4*	Farbman String Symphonietta (Harry Farbman)
14.11.41	20.45	Town Hall	*Sonate für Klavier vierhändig*	Paulina Ruvinska, Clarence Adler (Klavier)
16.11.41	20.30	Town Hall	*Sonate in D für Klavier und Violine, op. 11 Nr. 2*	Eric Rosenblith (Violine)
19.11.41	20.45	Carnegie Hall	Symphonie *Mathis der Maler*	New York Philharmonic Orchestra (Artur Rodzinski)
21.11.41	14.30	Carnegie Hall	wie 19.11.41	

Datum	Zeit	Ort	Werk	Interpreten
21.11.41	20.30	Town Hall	*Sonate für Violine allein, op. 31 Nr. 1*	Max Pollnikoff (Violine)
23.11.41	15.00	Carnegie Hall	wie 19.11.41	
23.11.41 (*)	?	Frick Museum	**(UA)** *Sonata for English and Piano*	Louis Speyer (Englischhorn), Jesus Maria Sanromá (Klavier)
30.11.41	20.30	Carnegie Chamber Music Hall	*Trauermusik*	Mozart String Sinfonietta (Wesley Sontag), Carlton Cooley (Viola)
25.12.41	20.45	Carnegie Hall	*Symphonie in Es*	New York Philharmonic Orchestra (Dimitri Mitropoulos)
26.12.41	14.30	wie 25.12.41		
---	---	---	---	---
3.1.42	20.45	Carnegie Hall	*Symphonie in Es*	New York Philharmonic Orchestra (Dimitri Mitropoulos)
4.1.42	15.00	wie 3.1.42		
14.1.42	20.30	Carnegie Chamber Music Hall	*Zweite Sonate für Klavier*	Elly Kassman (Klavier)
23.1.42	20.30	Carnegie Chamber Music Hall	"Dance" [verm. aus op. 8]	Gdal Saleski (Cello), Edna Bockstein (Klavier)
26.1.42	20.15	Carnegie Hall	*Sonate für Violine allein, op. 31 Nr. 1*	Yehudi Menuhin (Violine)
13.2.42	20.30	Town Hall	*Sonate für Bratsche und Klavier, op. 11 Nr. 4*	Emanuel Vardi (Viola), Vivian Rivkin (Klavier)
26.2.42	20.30	Town Hall	"Capriccio" [aus op. 8]	Maurice Eisenberg (Cello), Erich Itor Kahn (Klavier)
27.2.42	20.45	Carnegie Chamber Music Hall	*Sonate in E für Geige und Klavier*	Misha Elzon (Violine), Henri During (Klavier)
16.3.42	abends	Central Presbyterian Church	*Frau Musica, op. 45 Nr. 1*	Lilian Knowles (Mezzosopran),Victor Laderoute (Tenor)
27.3.42	14.30	Temple Emanu-El	"Landsknechtstrinklied" aus *Lieder nach alten Texten, op. 33*	Emanu-El Choir (Lazare Saminsky)
30.3.42	20.45	Concert Theatre	*Trauermusik*	American Symphony Orchestra (Frederic Delzell)
13.4.42	20.30	New York Times Hall	*Sonate in E für Geige und Klavier*	Louis Krasner (Violine), Jacques de Menasce (Klavier)
14.4.42	abends	Metropolitan Opera House	*Nobilissima Visione*	Ballet Russe de Monte Carlo (Leonide Massine)
18.4.42	abends	wie 14.4.42		
19.4.42	13.30	Metropolitan Museum of Art	"Piano Work by Hindemith"	?
21.6.42	16.30	Metropolitan Museum of Art	"Piano Work by Hindemith"	?
22.8.42	17.30	New York Public Library	*Sonate für Flöte und Klavier*	Carleton Sprague Smith (Flöte), Mary van Doren (Klavier)
23.8.42	16.30	Metropolitan Museum of Art	wie 22.8.42	
3.10.42	17.30	New York Public Library	*Sonate für Harfe*	Pearl Chertok (Harfe)
4.10.42	16.30	Metropolitan Museum of Art	wie 3.10.42	

Datum	Zeit	Ort	Werk	Interpreten
19.10.42	20.30	New York Public Library	*Sonate für Klavier vierhändig*	Robert Cornman, Walter Hendl (Klavier)
20.11.42	20.30	Town Hall	**(UA)** *Sonata for Two Pianos, Four Hands*	Celius Dougherty, Vincenz Ruzicka (Klavier)
23.11.42	21.00	New York Times Hall	*Die junge Magd, op. 23 Nr. 2*	Lilian Knowles (Mezzoso-pran), Ruth Freeman (Flöte), Ralph McLean (Klarinette), Robert Koff, Robert Mann (Violine), Andor Toth (Viola), Nellis DeLay (Cello)
11.12.42	20.30	Carnegie Hall	*Sonate in D für Klavier und Violine, op. 11 Nr. 2*	Nathan Milstein (Violine), Max Lanner (Klavier)
15.12.42	20.45	Carnegie Hall	Symphonie *Mathis der Maler*	Philadelphia Orchestra (Eugene Ormandy)

19.1.43	15.30	Town Hall	*Zweite Sonate für Klavier*	Annette Elkanova (Klavier)
31.1.43	17.00	Fourty-Fourth Street Theatre	*Hin und zurück, op. 45a*	New Opera Company (Isaac van Grove)
28.2.43	nachm.	Radio City	*Symphonie in Es*	NBC Symphony Orchestra (Leopold Stokowsky)
5.3.43	20.30	Town Hall	*Sonate in E für Geige und Klavier*	Viliam Simek (Violine), Lukas Foss (Klavier)
6.3.43	20.30	Town Hall	*Zweite Sonate für Klavier*	Bernardo Segall (Klavier)
13.4.43	21.00	Museum of Modern Art	*Six chansons*	Collegiate Chorale (Robert Shaw)
21.5.43	abends	Concert Hall	*Sonate für Bratsche allein, op. 25 Nr. 1*	Marcel Dick (Viola)
1.8.43	16.00	Metropolitan Museum of Art	*Kleine Sonate für Viola d'amore und Klavier, op. 25 Nr. 2*	Alix Young Maruchess (Viola d'amore), Blanche Winogren (Klavier)
7.8.43	17.30	New York Public Library	*Sonate für Harfe*	Pearl Chertok (Harfe)
8.8.43	16.00	Metropolitan Museum of Art	wie 7.8.43	
11.8.43	14.00	New York Univ. School of Education	"Choral work by Hindemith"	New York University Chorus (John Warren Erb)
17.10.43	17.30	Town Hall	"Capriccio" [aus op. 8]	Maurice Eisenberg (Cello)
13.12.43	20.30	Town Hall	*Dritte Sonate für Klavier*	Bruce Simonds (Klavier)
28.12.43	20.30	Town Hall	*Sonata for Two Pianos, Four Hands*	Vera Appleton, Michael Field (Klavier)

20.1.44	20.45	Carnegie Hall	**(UA)** *Symphonic Metamor-phosis*	New York Philharmonic Orchestra (Artur Rodzinski)
23.1.44	15.00	wie 20.1.44		
25.1.44	20.30	Carnegie Hall	*Cupid and Psyche*	Philadelphia Orchestra (Eugene Ormandy)
30.1.44	20.30	Town Hall	Drei Lieder *aus Das Marien-leben, op 27*	Margot Rebell (Sopran)
9.2.44	20.45	Carnegie Hall	Symphonie *Mathis der Maler*	Boston Symphony Orchestra (Sergej Koussewitzky)
12.2.44	abends	Town Hall	"Choral work by Hindemith"	Harvard Glee Club (G. Wallace Woodworth)
18.2.44	20.30	Town Hall	*Sonate für Violine allein, op. 31 Nr. 2*	Robert Gross (Violine)

Datum	Zeit	Ort	Werk	Interpreten
20.2.44	20.30	Carnegie Chamber Music Hall	*Sonate in E für Geige und und Klavier*	Charles Libove (Violine), Lukas Foss (Klavier)
25.4.44	20.30	Times Hall	*Zwei Stücke* aus *Fünf Stücke für Streichorchester, op. 44 Nr. 4*	Mozart Chamber Orchestra (Robert Scholz)
28.4.44	20.30	Town Hall	*A Song of Music*	Marymount College Glee Club (G. Camajani)
15.5.44	20.30	Town Hall	*Six chansons*	Collegiate Chorale (Robert Shaw)
17.10.44	20.30	Town Hall	*Sonate in E für Geige und Klavier*	Ruth Posselt (Violine), Lukas Foss (Klavier)
9.11.44	20.45	Carnegie Hall	Symphonie *Mathis der Maler*	New York Philharmonic Orchestra (Pierre Monteux)
10.11.44	14.30	wie 9.11.44		
10.12.44	15.30	Times Hall	"Echo" aus *Nine English Songs*	Rose Dirman (Sopran), Vladimir Dukelsky (Klavier)
15.1.45	20.30	City Center	*Konzert für Violine und Orchester*	New York City Symphony (Leopold Stokowsky), Robert Gross (Violine)
16.1.45	18.00	wie 15.1.45		
19.2.45	20.30	Town Hall	"Praeludium" und "Fuga prima" aus *Ludus tonalis*	Morton Schoenfeld (Klavier)
2.3.45	20.30	Carnegie Hall	*Sonate in D für Klavier und Violine, op. 11 Nr. 2*	Nathan Milstein (Violine), Valentin Pavlovsky (Klavier)
7.3.45	20.45	Carnegie Chamber Music Hall	*Ludus tonalis*	Julius Goldstein-Herford (Klavier)
23.3.45	14.30	Temple Emanu-El	"Music for three strings"	Emanu-El Orchestra (Lazare Saminsky)
9.4.45	20.30	Town Hall	*Sonate in E für Geige und Klavier*	Tibor Zelig (Violine)
6.5.45	abends	Dalcroze Auditorium, City Center	*Klaviermusik, op. 37 (1. Teil)*	Beveridge Webster (Klavier)
15.5.45	abends	National Theatre	*Hérodiade*	Martha Graham, May O'Donnell (Tanz)

(weitere Aufführungen am 17.,19. und 20.5.45)

Datum	Zeit	Ort	Werk	Interpreten
6.8.45	20.30	Central Park	*Sonata for Trombone and piano*	Davis Shuman (Posaune), Vivian Rivkin (Klavier)
22.10.45	20.30	City Center	*Konzertmusik, op. 50*	New York City Symphony Orchestra (Leonard Bernstein)
23.10.45	18.00	wie 22.10.45		
23.11.45	20.30	Juilliard Concert Hall	*Sonata for Two Pianos, Four Hands, Die junge Magd, op. 23 Nr. 2, Sonate in C für Geige und Klavier, 6th String Quartet in E-flat*	Bruce und Rosalind Simonds (Klavier), Enid Szantho (Alt), Sextett der Juilliard School, Isaac Stern (Violine), Alexander Zakin (Klavier), Budapest String Quartet
24.11.45	16.30	Juilliard Concert Hall	*Sonata for Trombone and and Piano, Ludus tonalis*	Davis Shuman (Posaune), Vivian Rivkin (Klavier), Bruce Simonds (Klavier)

Datum	Zeit	Ort	Werk	Interpreten
24.11.45	20.30	Juilliard Concert Hall	*Hérodiade (Récitation orchestrale)*, *In Praise of Music*, *Five Songs on* Old Old Texts, *Theme with four four Variations (according to the Four Temperaments)*	Juilliard School Chamber Orchestra, Chorus from the Institute of Musical Art (Paul Hindemith), Jane Carlson (Klavier)
9.12.45	20.30	Carnegie Hall	*Sonate in C für Geigeund Klavier*	Isaac Stern (Violine), Alexander Zakin (Klavier)
16.12.45	14.45	Carnegie Chamber Music Hall	"Trio für Blockflöten" aus *Plöner Musiktag*	Irmgard Lehrer, Florence Blume, Joy Swernoff (Blockflöten)

Datum	Zeit	Ort	Werk	Interpreten
8.1.46	20.30	Town Hall	*A frog he went a-courting*	Joseph Schuster (Cello), Hellmut Baerwald (Klavier)
18.1.46	20.30	Town Hall	*Sonate für Violoncello allein, op. 25 Nr. 3*	Raya Garbousova (Cello)
20.1.46	abends	Studio Theatre	"Characters of the Annunciation" (zur Symphonie *Mathis der Maler*	Eleanor King (Tanz)
21.1.46	abends	Plymouth Theatre	*Hérodiade*	Martha Graham, May O'Donnell (Tanz)
(weitere Aufführungen am 25.,27..,28.,31.1., und 1.2.46)				
4.2.46	20.30	Carnegie Hall	*A frog he went a-courting*	Gregor Piatigorsky (Cello)
11.2.46	20.30	Town Hall	"Capriccio" [aus op. 8]	Bernard Greenhouse (Cello)
24.3.46	20.30	Town Hall	*Cupid and Psyche*	Members of the New York Philharmonic Orchestra (Siegfried Landau)
31.3.46	15.00	Times Hall	*Acht Kanons, op. 45 Nr. 2*	Carolyn und Earle Blakeslee (Sopran, Tenor)
14.5.46	20.30	New York City Center	**(UA)** *When lilacs last in the door-yard bloom'd*	Collegiate Chorale (Robert Shaw), Mona Paullee (Sopran), George Burnson (Bariton)
13.10.46	20.30	Carnegie Hall	*Sonate in D für Klavier und Violine, op. 11 Nr. 2*	Bronislav Gimpel (Violine)
17.10.46	20.30	Town Hall	*Sonate für Klavier vierhändig*	Vera Appleton, Michael Field (Klavier)
20.10.46	15.00	Town Hall	*Zweite Sonate für Klavier*	Stanley Lock (Klavier)
21.10.46	20.30	Town Hall	*Sonate in E für Geige und Klavier*	Veda Reynolds (Violine)
25.10.46	20.30	Town Hall	*Sonate für Violine allein, op. 31 Nr. 1*	Leonid Bolotine (Violine)
8.11.46	20.30	Town Hall	*Sonate für Flöte und Klavier*	Ruth Freeman (Flöte), Carlos Salzedo (Klavier)
12.11.46	20.30	City Center	*Sonate in D für Klavier und Violine, op. 11 Nr. 2*	Ruth Posselt (Violine)
15.11.46	20.30	Juilliard Concert Hall	*Six chansons*	Juilliard Chorus (Robert Shaw)
20.11.46	20.30	Central High School of Needle Trades	*The Four Temperaments*	Ballet Society (Georges Balanchine), Leon Barzin (Ltg. des Orchesters)
21.11.46	20.30	Town Hall	*Sonate für Violine allein, op. 31 Nr. 2*	Ruggiero Ricci (Violine)

Datum	Zeit	Ort	Werk	Interpreten
22.11.46	20.30	Juilliard Concert Hall	*Kleine Kammermusik, op. 24 Nr. 2*	?
23.11.46	14.30	Carnegie Hall	*Sonate für Bratsche allein, op. 11 Nr. 5*	Emanuel Vardi (Viola)
26.11.46	20.30	Times Hall	Drei Lieder aus *Das Marien-leben, op. 27*	Burnette Bradley (Sopran)
3.12.46	20.30	Town Hall	*Zweite Sonate für Klavier*	Samuel Sorin (Klavier)
20.12.46	20.30	Town Hall	"Work by Hindemith"	Gabor Rejto (Cello)
2.1.47	20.45	Carnegie Hall	*Symphonie in Es*	New York Philharmonic Orchestra (Leopold Stokowsky)
3.1.47	15.00	wie 2.1.47		
5.1.47	15.00	wie 2.1.47		
7.1.47	20.30	Town Hall	"Capriccio" [aus op. 8]	Edmund Kurtz (Cello)
14.1.47	20.30	Town Hall	*Theme with four Varia-tions (according to the four Temperaments)*	Kneisel String Symphony (Frank Kneisel), Frank Kneisel (Klavier)
17.1.47	20.30	Town Hall	"Capriccio" [aus op. 8]	Raya Garbousova (Cello)
20.1.47	20.30	Town Hall	*Sonate in E für Geige und Klavier*	Herbert Sorkin (Violine)
21.1.47	20.30	Times Hall	"Envoy" aus *Nine English Songs*	Jane Richards (Sopran), Frank Loewenstein (Klavier)
29.1.47	20.30	Town Hall	"Capriccio" [aus op. 8]	Adolfo Odnoposoff (Cello)
2.2.47	20.30	Times Hall	*Konzert für Violine und Orchester*	Harry Adaskin (Violine), Frances Marr (Klavier)
12.2.47	17.30	Town Hall	*Sonate für Klavier vierhändig*	Tila und John Monks (Klavier)
15.2.47	14.30	Carnegie Hall	*Konzert für Violine und Orchester*	Boston Symphony Orchestra (Leonard Bernstein), Ruth Posselt (Violine)
16.2.47	15.00	Town Hall	*Dritte Sonate für Klavier*	Luise Vosgerchian (Klavier)
16.2.47	20.30	New School for Social Research	*Quartett für Klarinette, Geige, Cello und Klavier*	Robert McBrid (Klarinette), Broadus Erle (Violine), George Finckel (Cello), Gregory Tucker (Klavier)
17.2.47	20.45	Times Hall	Sonate aus op. 11	Musicians' Guild of New York
25.2.47	20.30	Town Hall	*Zweite Sonate für Klavier*	Bertha Melnik (Klavier)
1.3.47	abends	Ziegfeld Theatre	*Hérodiade*	Martha Graham, May O'Donnell (Tanz)
2.3.47	14.30	wie 1.3.47		
3.3.47	20.30	Carnegie Hall	*Kammermusik Nr. 4*	National Orchestral Associa-tion (Leon Barzin), Oscar Shumsky (Violine)
5.3.47	20.30	Times Hall	"Introduction and Song" aus *Klaviermusik, op. 37 (2. Teil)*	James Sykes (Klavier)
10.3.47	20.30	Carnegie Hall	Symphonie *Mathis der Maler*	Juilliard Orchestra (Thor Johnson)
18.3.47	20.30	Carnegie Hall	*Nobilissima Visione (Suite)*	Philadelphia Orchestra (Eugene Ormandy)
23.3.47	20.30	Carnegie Chamber Music Hall	*Sonate für Fagott und Klavier*	Morris Newman (Fagott), Philip Fradkin (Klavier)
26.3.47	20.30	Times Hall	*Sonate für Violoncello und Klavier, op. 11 Nr. 3*	Sidney Edwards (Cello), Ward Davenny (Klavier)

Datum	Zeit	Ort	Werk	Interpreten
9.4.47	17.30	Town Hall	"Program of Hindemith piano music"	Schüler von Olga Samaroff
13.4.47	17.30	Town Hall	*Sonata for Trombone and Piano*	Davis Shuman (Posaune), Leonid Hambro (Klavier)
14.4.47	20.30	Carnegie Hall	*Six chansons*	Juilliard Chorus (Robert Shaw)
26.4.47	15.00	Town Hall	*Zweite Sonate für Klavier*	Selma Mednikoff (Klavier)
19.5.47	20.30	Carnegie Hall	*Apparebit repentina dies*	Collegiate Chorale (Robert Shaw)
27.6.47	20.30	Musicians' Day Room	*Sonate für Bratsche allein, allein, op. 25 Nr. 1*	Bernard Milowsky (Viola)
11.7.47	20.30	Musicians' Day Room	*Kleine Kammermusik, op. 24 Nr. 2*	Manhattan Quintette
25.10.47	15.00	Town Hall	Auszüge aus *Ludus tonalis*	Claudette Sorel (Klavier)
2.11.47	17.30	Town Hall	*2. Trio für Geige, Bratsche und Cello*	Alexander Schneider (Violine), Milton Katims (Viola), Bernar Heifetz (Cello)
5.11.47	20.30	Carnegie Hall	*Sonate in D für Klavier und Violine, op. 11 Nr. 2*	Joseph Fuchs (Violine), Artur Balsam (Klavier)
6.11.47	20.30	McMillin Academic Theatre (Columbia Univ.)	*Fünf Stücke für Streichorchester, op. 44 Nr. 4*	Columbia University Chamber Orchestra (Herbert Ditter)
9.11.47	17.30	Town Hall	*Sonate für Violoncello und Klavier, op. 11 Nr. 3*	Joseph Schuster (Cello), Edward Mattos (Klavier)
10.11.47	15.00	Town Hall	*Zweite Sonate für Klavier*	Jane Carlson (Klavier)
16.11.47	17.30	Town Hall	*Six chansons*	Collegiate Chorale (Robert Shaw)
22.11.47	17.30	Town Hall	*Zweite Sonate für Klavier*	Robert Goldsand (Klavier)
28.11.47	20.30	Carnegie Hall	*Sonate in D für Klavier und Violine, op. 11 Nr. 2*	Erica Morini (Violine), Leon Pommers (Klavier)
30.11.47	17.30	Town Hall	*Quartett für Klarinette, Geige, Cello und Klavier*	Robert McGinnis (Klarinette), Albeneri Trio
19.12.47	20.30	Juilliard Concert Hall	*Symphonic Metamorphosis-*	Juilliard Orchestra (Robert Shaw)
21.12.47	17.30	Town Hall	*Sonate für Violine allein, op. 31 Nr. 1*	Paul Bellam (Violine)
---	---	---	---	---
6.1.48	20.30	Times Hall	*Sonate in C für Geige und Klavier*	Angel Reyes (Violine), Jacques de Menasce (Klavier)
9.1.48	20.30	Carnegie Hall	*Zweite Sonate für Klavier*	Jacques Abram (Klavier)
12.1.48	20.30	Town Hall	*Sonate für Violoncello und Klavier, op. 11 Nr. 3*	Joseph Schuster (Cello), Edward Mattos (Klavier)
13.1.48	20.40	Hunter College Auditorium	*Five Songs on Old Texts*	Robert Shaw (Ltg. eines Chores)
14.1.48	20.30	Town Hall	*Konzert für Violine und Orchester*	Dorothy Minty (Violine), Brooks Smith (Klavier)
14.1.48	20.45	Carnegie Hall	Symphonie *Mathis der Maler*	Boston Symphony Orchestra (Sergej Koussewitzky)
18.1.48	17.30	Town Hall	*7th String Quartet in E-flat*	Budapest String Quartet
25.1.48	17.30	Town Hall	*Five Songs on Old Texts, A Song of Music, Old Irish Air*	Collegiate Chorale (Robert Shaw)
31.1.48	17.30	Town Hall	*Sonate in E für Geige und Klavier*	Stuart Canin (Violine)

Datum	Zeit	Ort	Werk	Interpreten
8.2.48	15.00	Town Hall	*Sonate in E für Geige und Klavier*	Robert Brink (Violine)
8.2.48	17.30	Town Hall	*Streichquartett, op. 32*	Guilet Quartet
9.2.48	20.30	Carnegie Hall	*Symphonie in Es*	Baltimore Symphony Orchestra (Reginald Steward)
9.2.48	20.45	City Center	*The Four Temperaments*	Ballet Society (Georges Balanchine)
10.2.48	20.30	Carnegie Hall	*Symphonic Metamorphosis*	Cleveland Orchestra (George Szell)
12.2.48	20.45	Carnegie Hall	*Symphonia serena*	New York Philharmonic Orchestra (Bruno Walter)
13.2.48	14.30	wie 12.2.48		
15.2.48	15.00	wie 12.2.48		
15.2.48	17.30	Town Hall	*Hérodiade (Récitation orchestrale)*, *Streichquartett, op. 22*	Juilliard Chamber Orchestra (Paul Hindemith), Juilliard Quartet
15.2.48	20.30	Times Hall	*Sonate in C für Geige und Klavier*	Harry Adaskin (Violine), Frances Marr (Klavier)
18.2.48	20.30	Times Hall	*Sonate für Flöte und Klavier, Sonate für Fagott und Klavier*	Charles Ehrenberg (Flöte), Bernard Garfield (Fagott), Lillian Freundlich (Klavier)
20.2.48	20.30	Brooklyn Academy	*Symphonia serena*	Boston Symphony Orchestra (Richard Burgin)
20.2.48	abends	Maxine Elliott's Theatre	*Hérodiade*	Martha Graham, May O'Donnell (Tanz)
21.2.48	14.30	Carnegie Hall	*Symphonia serena*	Boston Symphony Orchestra (Richard Burgin)
23.2.48	20.30	Carnegie Hall	*Sonate in C für Geige und Klavier*	Maurice Wilk (Violine)
3.3.48	20.30	Carnegie Hall	*Five Songs on Old Texts*	Collegiate Chorale (Robert Shaw)
12.3.48	20.45	Juilliard Concert Hall	*When lilacs last in the door-yard bloom'd*	Juilliard Chorus and Training Orchestra (Robert Shaw)
13.3.48	14.30	Town Hall	*Konzert für Violoncello und Klavier*	Marie Roemaet-Rosanoff (Cello), Cecil Gordon (Klavier)
14.3.48	14.30	Carnegie Recital Hall	*"Echo" aus Nine English Songs*	John Fleming (Bariton)
15.3.48	20.30	Town Hall	*Sonata for Two Pianos, Four Hands*	Toni und Rosi Grunschlag (Klavier)
16.3.48	20.30	McMillin Theatre (Columbia University)	*Kleine Kammermusik, op. 24 Nr. 2*	New York Woodwind Quintet
19.3.48	20.30	Juilliard Concert Hall	*Streichquartett, op. 22*	Juilliard String Quartet
28.3.48	15.00	Carnegie Hall	*Konzertmusik, op. 50*	New York Philharmonic Orchestra (Leopold Stokowsky)
5.4.48	20.40	Lexington Ave., Y.M. and Y.W.M.A.	*Sonate für Bratsche und Klavier, op. 11 Nr. 4*	Milton Katims (Viola), Nadia Rosenberg (Klavier)
12.4.48	20.30	Times Hall	*"Wenn du demütig dem Bruder dich boßt" aus der Oper Mathis der Maler*	Frederick Heyne (Tenor), Robert Pierce (Klavier)

Datum	Zeit	Ort	Werk	Interpreten
12.4.48	20.30	Town Hall	*Sonate für Violine allein, op. 31 Nr. 2*	Leonid Bolotine (Violine)
18.4.48	17.30	Town Hall	*La Belle Dame sans Merci*	Jane Richards (Sopran), Edwin McArthur (Klavier)
23.4.48	20.40	Town Hall	*A Song of Music*	Marymount College Glee Club (Giovanni Camajani)
29.4.48	20.30	Times Hall	*Sonate für Violine allein, op. 31 Nr. 2*	Madeleine Carabo (Violine)
13.5.48	20.30	St. Paul's Chapel	*Erste Sonate für Orgel*	Carl Weinrich (Orgel)
18.5.48	20.30	Hunter College Auditorium	*Sonate in Es für Klavier und Violine, op. 11 Nr. 1*	Arved Kurtz (Violine), Arpad Sandor (Klavier)
18.5.48	20.40	3 West 51st Street	*Konzert für Violine und Orchester*	Dorothy Minty (Violine)
9.7.48	16.00	Juilliard School	*Sonate für Bratsche und Klavier, op. 11 Nr. 4*	Milton Katims (Viola), Nadia Reisenberg (Klavier)
19.9.48	20.30	Town Hall	*Sonate in E für Geige und Klavier*	Pearl Palmason (Violine), Snjolaug Sigurdson (Klavier)
22.9.48	20.30	Town Hall	*Zweite Sonate für Klavier*	Ruth Geiger (Klavier)
27.9.48	20.30	Town Hall	*Sonate in E für Geige und Klavier*	Gerhard Kander (Violine)
3.10.48	14.00	Brooklyn Museum	*Sonate in D für Klavier und Violine, op. 11 Nr. 2*	Eric Rosenblith (Violine), Paul Berle (Klavier)
6.10.48	15.00	Town Hall	*Konzert für Violoncello und Orchester*	Paul Olevsky (Cello), Eileen Flissler (Klavier)
15.10.48	20.30	Carnegie Hall	*Sonate in D für Klavier und Violine, op. 11 Nr. 2*	Arnold Eidus (Violine)
25.10.48	20.45	City Center	*The Four Temperaments*	New York City Ballet (Georges Balanchine)
26.10.48	20.45	wie 25.10.48		
6.11.48	17.30	Town Hall	"To Music to Becalm His Fever" aus *Nine English Songs*	Rae Muscanto (Sopran), Martin Rich (Klavier)
8.11.48	20.45	City Center	*The Four Temperaments*	New York City Ballet (Georges Balanchine)
9.11.48	20.45	wie 8.11.48		
21.11.48	20.30	Town Hall	*Sonate für Bratsche und Klavier, op. 11 Nr. 4*	Abram Loft (Viola), Alvin Baumann (Klavier)
23.11.48	15.00	Town Hall	*Konzert für Violine und Orchester*	Sindey Harth (Violine)
29.11.48	20.30	Carnegie Hall	*Sonate für Violine allein, op. 31 Nr. 1*	Maurice Wilk (Violine)
19.12.48	15.00	Times Hall	"Nachtstück" aus *Suite 1922*	Luise Vosgerchian (Klavier)
19.12.48	17.30	Carnegie Hall	*Sonate in C für Geige und Klavier*	Berl Senofsky (Violine)
22.12.48	20.30	Town Hall	*Sonate in D für Klavier und Violine, op. 11 Nr. 2*	Eric Rosenblith (Violine)
27.12.48	20.30	Town Hall	*Sonate für Violine allein, op. 31 Nr. 2*	Aaron Rosand (Violine)
29.12.48	20.30	Town Hall	*Sonate für Violoncello allein, op. 25 Nr. 3*	George Neikrug (Cello)
29.12.48	20.40	Lexington Ave., Y.M. und Y.W.H.A.	*Kleine Kammermusik, op. 24 Nr. 2*	New York Woodwind Quintet

Datum	Zeit	Ort	Werk	Interpreten
7.1.49	20.30	Carnegie Recital Hall	"Interludium" und "Fuga secunda" aus *Ludus tonalis*	Barbara Starr (Klavier)
13.1.49	20.45	Carnegie Hall	*Philharmonisches Konzert*	New York Philharmonic Orchestra (Leopold Stokowsky)
13.1.49	20.45	City Center	*The Four Temperaments*	New York City Ballet (Georges Balanchine)
14.1.49	14.30	Carnegie Hall	*Philharmonisches Konzert*	New York Philharmonic Orchestra (Leopold Stokowsky)
15.1.49	abends	Radio City	Symphonie *Mathis der Maler*	NBC Symphony Orchestra (Guido Cantelli)
16.1.49	20.45	City Center	*The Four Temperaments*	New York City Ballet (Georges Balanchine)
23.1.49	17.30	Town Hall	*Das Marienleben* (Neufassung)	Jennie Tourel (Mezzosopran), Erich Itor Kahn (Klavier)
28.1.49	20.30	Town Hall	*Sonata for Violoncello and Piano*	Joseph Schuster (Cello), Edward Mattos (Klavier)
2.2.49	20.30	Town Hall	*Konzert für Violine und Orchester*	Bonnie Douglas (Violine)
20.2.49	17.30	Carnegie Hall	*Sonate für Violoncello allein, op. 25 Nr. 3*	Shirley Trepel (Cello)
21.2.49	20.30	Times Hall	*La Belle Dame sans Merci*	Amelia Cardwell (Sopran)
21.2.49	20.30	Town Hall	*Sonate in D für Klavier und Violine, op. 11 Nr. 2*	Fredell Lack (Violine), Artur Balsam (Klavier)
22.2.49	20.30	Carnegie Hall	Symphonie *Mathis der Maler*	Philadelphia Orchestra (Eugene Ormandy)
26.2.49	20.45	Carnegie Hall	*Neues v. Tage (Ouvert.)*	New York Philharmonic Orchestra (Walter Hendl)
6.3.49	15.00	Times Hall	Auszüge aus *Ludus tonalis*	Ruth Schoenthal (Klavier)
9.3.49	20.30	Carnegie Hall	"Capriccio" [aus op. 8]	Edmund Kurtz (Cello), Anthony di Bonaventura (Klavier)
11.3.49	20.30	Times Hall	Auszüge aus *Ludus tonalis*	Roberta Berlin (Klavier)
14.3.49	20.30	Times Hall	*La Belle Dame sans Merci*	Frederick Heyne (Tenor)
20.3.49	15.00	Times Hall	"The Wild Flower's Song" aus *Nine English Songs*	Lillian Chookasian (Mezzosopran)
6.4.49	20.30	Carnegie Recital Hall	Auszüge aus *Ludus tonalis*	Blanche Schwartz (Klavier)
10.4.49	14.00	Brooklyn Museum	*Sonate für Violine allein, op. 31 Nr. 2*	Louis Persinger (Violine)
10.4.49	17.30	Steinway Hall, Studio 621	Werk für Bratsche	Jacob Glick (Viola)
12.4.49	20.30	Barbizon Recital Hall	*Sonate für Harfe*, 1. Satz	Frances Ripp (Harfe)
28.4.49	20.30	Town Hall	"The Doe", "Winter", "The Orchard" aus *Six chansons*	B'Nai B'Rith Chorus of the Metropolitan Council of New York (Morris Levine)
9.5.49	20.30	Times Hall	*Sonate in Es für Klavier und und Violine, op. 11 Nr. 1*	Bjoern Andreasson (Violine), Piero Weiss (Klavier)
15.5.49	15.00	McMillin Theatre (Columbia University)	**(UA)** *Concerto for Woodwinds, Harp and Orchestra*	CBS Symphony Orchestra (Thor Johnson)

Datum	Zeit	Ort	Werk	Interpreten
29.5.49	14.00	Brooklyn Museum	*Sonate für Bratsche und Klavier, op. 11 Nr. 4*	William Schoen (Viola), Irving Owen (Klavier)
30.6.49	20.30	Prospect Park	"Morgenmusik" aus *Plöner Musiktag*	Goldman Band (Edwin Franko Goldman)
3.8.49	20.30	Lewisohn Stadium	*Nobilissima Visione (Suite)*	New York Philharmonic Orchestra (Efrem Kurtz)
7.10.49	20.30	Carnegie Hall	*Sonate für Harfe*	Nicanor Zabaleta (Harfe)
25.10.49	20.30	Carnegie Hall	*Trauermusik*	Szymon Goldberg (Violine und Ltg. des Orchesters)
29.10.49	20.40	Lexington Ave., Y.M. und Y.W.H.A.	wie 25.10.49	
4.11.49	20.30	Town Hall	*Sonate für Klavier vier-händig*	Vera Appleton, Michael Field (Klavier)
5.11.49	15.00	Town Hall	*Zweite Sonate für Klavier*	Ben Jones (Klavier)
24.11.49	20.30	City Center	*The Four Temperaments*	New York City Ballet (Georges Balanchine)

(weitere Aufführungen am 26.11., 4.,9.,11.12.49)

Datum	Zeit	Ort	Werk	Interpreten
25.11.49	20.30	Carnegie Hall	*Dritte Sonate für Klavier*	Muriel Kerr (Klavier)
27.11.49	20.30	Times Hall	*Zweite Sonate für Klavier*	Merces Silva-Telles (Klavier)
28.11.49	20.30	Times Hall	*Sonate in C für Geige und Klavier*	Roman Totenberg (Violine), Adolph Baller (Klavier)
29.11.49	20.30	Carnegie Hall	*Symphonia serena*	Philadelphia Orchestra (Eugene Ormandy)
30.11.49	20.30	Carnegie Hall	*Sonate in E für Geige und Klavier*	Ruggiero Ricci (Violine), Carlo Bussotti (Klavier)
10.12.49	20.30	Times Hall	*Dritte Sonate für Klavier*	Philip Fradkin (Klavier)
17.12.49	20.30	Town Hall	*Das Marienleben* (Neu-fassung)	Jennie Tourel (Mezzosopran), Erich Itor Kahn (Klavier)
30.12.49	20.30	Town Hall	*Dritte Sonate für Klavier*	John Ranck (Klavier)

Datum	Zeit	Ort	Werk	Interpreten
3.1.50	20.30	Carnegie Hall	*Konzertmusik, op. 50*	Philadelphia Orchestra (Leonard Bernstein)
8.1.50	17.30	Carnegie Hall	*Dritte Sonate für Klavier*	Thomas Brockman (Klavier)
18.1.50	20.30	Church of the Ascension	*Sonate für Orgel nach alten Volksliedern*	Vernon de Tar (Orgel)
21.1.50	20.30	Town Hall	*A Song of Music*	Golden Hill Chorus (George Mead)
22.1.50	abends	Forty-sixth Street Theatre	*Hérodiade*	Martha Graham, May O'Donnell (Tanz)

(weitere Aufführungen am 23., 28. und 29.1.50)

Datum	Zeit	Ort	Werk	Interpreten
28.1.50	nachm.	Radio City	*Nobilissima Visione(Suite)*	NBC Symphony Orchestra (Ernest Ansermet)
29.1.50	15.00	Times Hall	*Sonate in D für Klavier und Violine, op. 11 Nr. 2*	Frances Chesno (Violine), Otto Herz (Klavier)
16.2.50	20.30	Times Hall	*Kleine Kammermusik, op. 24 Nr. 2*	New York Woodwind Quintet
18.2.50	17.30	Town Hall	*Sonata for Trombone and Piano*	Davis Shuman (Posaune), Vivian Rivkin (Klavier)
19.2.50	15.00	Times Hall	"Echo" aus *Nine English Songs*	Charlotte Bloecher (Sopran)

306

Datum	Zeit	Ort	Werk	Interpreten
21.2.50	20.30	Carnegie Hall	Symphonie *Mathis der Maler*	Philadelphia Orchestra (Alexander Hilsberg)
22.2.50	15.00	Lexington Ave., Y.M. und Y.W.H.A.	*Wir bauen eine Stadt*	Teilnehmer des Choreographers Workshop
26.2.50	15.00, 20.30	Hunter Playhouse	wie 22.2.50	
1.3.50	20.30	Times Hall	*Quartett für Klarinette, Geige, Cello und Klavier*	Bennington Ensemble
2.3.50	20.30	Town Hall	"On Hearing the Last Rose of Summer", "Echo" aus *Nine English Songs*	Mary Simmonds (Sopran)
9.3.50	20.30	Town Hall	*Zweite Sonate für Klavier*	Jerome Rappaport (Klavier)
10.3.50	20.30	Brooklyn Academy	*Kammermusik Nr. 1*	Little Orchestra Society (Thomas Sherman)
10.3.50	20.30	Carnegie Hall	*Sonate in D für Klavier und Violine, op. 11 Nr. 2*	Zino Francescatti (Violine), Artur Balsam (Klavier)
12.3.50	15.00	Times Hall	*Zweite Sonate für Klavier*	Snjolaug Sigurdson (Klavier)
13.3.50	20.30	Town Hall	*Kammermusik Nr. 1*	Little Orchestra Society (Thomas Sherman)
4.4.50	20.30	Times Hall	"Passacaglia" aus *Apparebit repentina dies*, *Musica divinas laudes*	Harvard Glee Club und Radcliffe Choral Society (G. Wallace Woodworth)
5.4.50	15.00	Townsend Harris Auditorium	*Sonata for Trombone and Piano*	Horace Rohde (Posaune), Daniel Gutoff (Klavier)
17.4.50	20.30	Town Hall	*Dritte Sonate für Klavier*	Joseph Bloch (Klavier)
14.5.50	17.30	Carl Fisher Hall	*Acht Stücke für zwei Geigen, Bratsche, Violoncello und Kontrabaß, op. 44 Nr. 3*	Youth String Quartet
4.10.50	20.30	Town Hall	*Sonate in D für Klavier und Violine, op. 11 Nr. 2*	Adriana Browne (Violine), Gregory Ashman (Klavier)
17.10.50	20.30	Carnegie Hall	*Nobilissima Visione (Suite)*	Philadelphia Orchestra (Eugene Ormandy)
21.10.50	15.00	Hunter College	"Work by Hindemith"	Roosevelt House League
29.10.50	17.30	Carnegie Hall	*Dritte Sonate für Klavier*	Bernard Leighton (Klavier)
8.11.50	20.30	Town Hall	*Zweite Sonate für Klavier*	Bernardo Segall (Klavier)
15.11.50	15.00	Town Hall	*Sonate in C für Geige und Klavier*	Betty Jean Hagen (Violine)
29.11.50	15.00	Townsend Harris Auditorium	*Sonate für Klavier vierhändig*	Mitglieder des City College of New York
17.12.50	17.30	Carnegie Hall	*Sonate in D für Klavier und Violine, op. 11 Nr. 2*	Nathan Goldstein (Violine), Artur Balsam (Klavier)
15.1.51	20.30	Carnegie Hall	*Dritte Sonate für Klavier*	Robert Goldsand (Klavier)
12.2.51	20.30	Town Hall	*Zweite Sonate für Klavier*	Walter Hautzig (Klavier)
12.2.51	20.30	Central Plaza	*Sonate für Bratsche allein, op. 11 Nr. 5*	Mitglied aus dem Young People's Chamber Ensemble
13.2.51	20.30	Town Hall	*Trauermusik*	Shirley Trepel (Cello), Milton Kaye (Klavier)
17.2.51	15.00	Town Hall	*Dritte Sonate für Klavier*	Sylvia Muehling (Klavier)
2.3.51	20.30	Juilliard Concert Hall	*Septett*	Ensemble der Juilliard School
4.3.51	17.30	Carnegie Hall	*Ludus tonalis*	Jane Carlson (Klavier)

Datum	Zeit	Ort	Werk	Interpreten
5.3.51	20.40	Kaufmann Auditorium	*Streichquartett, op. 10*	New Music String Quartet
9.3.51	20.30	Town Hall	Auszüge aus *Ludus tonalis*	Virginia Passacantando (Klavier)
2.4.51	15.00	Town Hall	*A Song of Music*	Hood College Choir (Earle Blakeslee)
15.4.51	17.30	Town Hall	"Echo" aus *Nine English Songs* (in der Fassung für Flöte und Klavier)	Herman Silvers (Flöte)
18.4.51	20.40	Kaufmann Auditorium	*Kleine Kammermusik, op. 24 Nr. 2*	New Art Wind Quintet
23.4.51	20.30	Town Hall	"Lady's Lament", "Of House-hold Rule" aus *Five Songs on Old Texts*	Hugh Thomas Chorus of Birmingham Music Club (Hugh Thomas)
2.5.51	20.30	Town Hall	"Hindemith work"	"Concert by the Third Street Music School Settlement"
28.10.51	17.30	Town Hall	*Dritte Sonate für Klavier*	Hazel Griggs (Klavier)
28.10.51	17.30	Carl Fisher Concert Hall	"Trio für Blockflöten" aus *Plöner Musiktag*	New York Flute Club
3.11.51	14.30	Carnegie Hall	"The Devil a Monk Would Be" aus *Five Songs on Old Texts*	Father Flanagan's Boys Town Choir (Francis P. Schmitt)
16.11.51	20.30	Carnegie Hall	*Dritte Sonate für Klavier*	Earl Wild (Klavier)
22.11.51	20.30	City Center	*The Four Temperaments*	New York City Ballet (Georges Balanchine)

(weitere Aufführungen: 25.11., 29.11., 8.12. und 12.12.51)

Datum	Zeit	Ort	Werk	Interpreten
26.11.51	20.30	Carnegie Hall	*Sonate für Violine allein, op. 31 Nr. 1*	Szymon Goldberg (Violine)
2.12.51	20.30	Carnegie Hall	*Sonate für Violine allein, op. 31 Nr. 2*	Ossy Renardy (Violine)
9.12.51	15.00	Town Hall	"Cum natus esset", "Pastores loquebantur", "Nuptiae factae sunt" aus den *Motetten für Sopran oder Tenor und Klavier*	Irmgard Seefried (Sopran), Paul Ulanowsky (Klavier)
15.12.51	20.30	Town Hall	*Six chansons*	Washington Square College Chorus of New York University (Frederic Kurzweil)
16.12.51	17.30	Carl Fisher Concert Hall	*Sonate für Flöte und Klavier*	Thomas Benton (Flöte), Leopold Mannes (Klavier)
24.12.51	24.00	Circle-in-the-Square, 5 Sheridan Square	*In Praise of Music*	Collegium Musicum (Fritz Rikko)
7.1.52	20.30	Town Hall	*Der Schwanendreher*	Little Orchestra Society (Thomas Sherman), Theodore Israel (Viola)
8.1.52	20.30	Carnegie Hall	*Sonate in C für Geige und Klavier*	Beverly Somach (Violine)
8.1.52	20.40	Lexington Ave., Y.M. und Y.W.H.A.	*Concerto for Clarinet in A and Orchestra*	Herbert Tichman (Klarinette), Ruth Budnevich (Klavier)
13.1.52	14.00	Brooklyn Museum	*Dritte Sonate für Klavier*	Selma Schechtman (Klavier)

Datum	Zeit	Ort	Werk	Interpreten
17.1.52	20.45	Carnegie Hall	Symphonie *Mathis der Maler*	New York Philharmonic Orchestra (Guido Cantelli)
18.1.52	14.30	Carnegie Hall	wie 17.1.52	
18.1.52	20.30	Brooklyn Academy	*Nobilissima Visione (Suite)*	Boston Symphony Orchestra (Ernest Ansermet)
19.1.52	14.30	Carnegie Hall	*Nobilissima Visione (Suite)*	Boston Symphony Orchestra (Ernest Ansermet)
20.1.52	14.30	Carnegie Hall	wie 17.1.52	
20.1.52	20.30	Town Hall	*Dritte Sonate für Klavier*	Selma Schechtman (Klavier)
21.1.52	20.30	Town Hall	*Sonate für Violoncello und Klavier, op. 11 Nr. 3*	Joseph Schuster (Cello), Artur Balsam (Klavier)
30.1.52	20.30	Town Hall	*Sonate in C für Geige und Klavier*	Helen Kwalwasser (Violine)
3.2.52	20.30	Carnegie Hall	*Apparebit repentina dies*	Crane Chorus and Orchestra (Robert Shaw)
9.2.52	20.30	36 East Sixty-seventh Street	*Sonate in Es für Klavier und Violine, op. 11 Nr. 1*	Mitglied der Violin, Viola, Violoncello Teachers Guild
12.2.52	20.40	Lexington Ave., Y.M. and Y.W.H.A.	*Trauermusik*	Carolyn Voigt (Viola), Beatrice Brown (Leitung eines Orchesters)
20.2.52	20.30	Hunter College Auditorium	*Fünf Stücke für Streich-orchester, op. 44 Nr. 4*	Milton Katims (Ltg. eines Kammerorchesters)
24.2.52	14.30	City Center	*The Four Temperaments*	New York City Ballet (Georges Balanchine)

(weitere Aufführungen am 25.2., 9.3. und 15.3. 52)

Datum	Zeit	Ort	Werk	Interpreten
27.2.52	20.30	Hunter College Auditorium	*Sonate in Es für Klavier und Violine, op. 11 Nr. 1*	Arved Kurtz (Violine)
1.3.52	20.30	Town Hall	*Acht Stücke für zwei Geigen, Bratsche, Violoncello und Kontrabaß, op. 44 Nr. 3*	Greenwich House Music School Student Symphony Orchestra (Maxwell Powers)
22.3.52	15.00	Town Hall	*Symphonic Metamorphosis*	Oberlin Orchestra (David R. Robertson)
30.3.52	20.45	Barbizon Plaza	"Sonata for viola"	Harry Zaratzian (Viola)
12.4.52	11.00	Carnegie Hall	1. Satz aus *Symphonic Meta-morphosis*	New York Philharmonic Orchestra (Igor Buketoff)
13.4.52	17.30	Circle-in-the-Square, 5 Sheridan Square	*Theme with four Variations (according to the four Temperaments)*	Collegium Musicum (Fritz Rikko), Harriet Wingreen (Klavier)
20.4.52	17.30	Town Hall	"The Wild Flower's Song", "The Moon" aus *Nine English Songs*	Mara Linden (Sopran)
23.4.52	20.15	Juilliard School	*Hérodiade*	Martha Graham, May O'Donnell (Tanz)

(weitere Aufführungen am 25. und 28.4.52)

Datum	Zeit	Ort	Werk	Interpreten
27.4.52	14.30	Town Hall	*Sonate für Bratsche und Klavier, op. 11 Nr. 4*	Harry Zaratzian (Viola), Artur Balsam (Klavier)
8.5.52	20.30	Carnegie Recital Recital Hall	"Boston" aus *Suite 1922*	Roman Stecura (Klavier)
25.5.52	17.30	Circle-in-the-Square, 5 Sheridan Square	"Trio für Blockflöten" aus *Plöner Musiktag*	Erich Katz, Alfred Mann, La Noue Davenport, Robert Dorough, Bernard Krainis (Blockflöten)

Datum	Zeit	Ort	Werk	Interpreten
25.5.52	20.30	Barbizon Plaza Theatre	*Dritte Sonate für Klavier*	Richard Goldstein (Klavier)
26.5.52	20.30	Carnegie Recital Hall	*Six chansons*	The Concert Choir (Margaret Hillis)
7.10.52	15.00	Town Hall	*Sonate in E für Geige und Klavier*	Diana Steiner (Violine)
19.10.52	20.30	Town hall	"Envoy", "Echo" aus *Nine English Songs*	Else Fink (Sopran)
3.11.52	20.30	Town Hall	*Kammermusik Nr. 4*	Little Orchestra Society (Thomas Sherman), William Kroll (Violine)
6.11.52	20.30	Town Hall	*Sonate in D für Klavier und Violine, op. 11 Nr. 2*	Gerhard Kander (Violine)
6.11.52	20.30	City Center	*The Four Temperaments*	New York City Ballet (Georges Balanchine)
(weitere Aufführungen am 9., 28.11, 4.,14. und 20.12.52)				
9.11.52	20.30	Hunter College Auditorium	Symphonie *Mathis der Maler*	Philadelphia Orchestra (Eugene Ormandy)
14.11.52	20.30	Town Hall	*Sonate für Violloncello allein, op. 25 Nr. 3*	Aldo Parisot (Cello)
15.11.52	11.00	Hunter College Auditorium	2. Satz aus dem *Concerto for Horn and Orchestra*	Little Orchestra Society (Thomas Sherman), Tony Miranda (Horn)
19.11.52	20.30	Mannes Music School	*Theme with four Variations (according to the four Temperaments)*	Mannes Orchestra (Carl Bamberger)
25.11.52	20.30	City Center	*Symphonic Metamorphosis*	New York City Ballet (Georges Balanchine)
(weitere Aufführungen am 26.11., 2.,7.,12.,17.,21.,24. und 26.12.52)				
6.12.52	11.00	Carnegie Hall	"Morgenmusik" aus *Plöner Musiktag*	New York Philharmonic Orchestra (Igor Buketoff)
7.12.52	17.30	Town Hall	*Kammermusik Nr. 1, Kammermusik Nr. 3, Konzertmusik, op. 49, Septett*	Philharmonic Chamber Ensemble (Paul Hindemith), Leonid Hambro (Klavier), Laszlo Varga (Cello)
14.12.52	20.40	Lexington Ave., Y.M. und Y.W.H.A.	*Trauermusik*	Saidenberg Little Symphony (Daniel Saidenberg), Szymon Goldberg (Violine)
22.12.52	20.30	Town Hall	*Zweite Sonate für Klavier*	Zadel Skolowsky (Klavier)
4.1.53	20.30	City Center	*Symphonic Metamorphosis*	New York City Ballet (Georges Balanchine)
(weitere Aufführungen am 8.,11.,18. und 22.1.53)				
4.1.53	20.30	City Center	*The Four Temperaments*	New York City Ballet (Georges Balanchine)
(weitere Aufführungen am 10. und 25.1.53)				
12.1.53	14.45	St. Bernard's School	"Works by Hindemith and others"	?
17.1.53	20.40	Lexington Ave., Y.M. und Y.W.H.A.	*Kleine Kammermusik, op. 24 Nr. 2*	Philharmonic Chamber Ensemble

Datum	Zeit	Ort	Werk	Interpreten
18.1.53	17.30	Carl Fisher Concert Hall	*Sonate für Flöte und Klavier*	Sebastian Caratelli (Flöte), Gordon Manley (Klavier)
22.1.53	20.45	Carnegie Hall	*Konzert für Violoncello und Orchester*	Philharmonic Symphony Orchestra (Vladimir Golschmann), Edmund Kurtz (Cello)
23.1.53	14.30	Carnegie Hall	wie 22.1.53	
25.1.53	17.30	Town Hall	*Die junge Magd, op. 23 Nr. 2*	Jennie Tourel (Mezzosopran), New York Philharmonic Chamber Ensemble (Paul Hindemith)
26.1.53	20.30	Town Hall	*Concerto for Horn and Orchestra*	Little Orchestra Society (Thomas Sherman), Tony Miranda (Horn)
29.1.53	20.30	Town Hall	*Zweite Sonate für Klavier*	Jerome Rappaport (Klavier)
2.2.53	20.30	Church of Saint Mary the Virgin	*Sonate für Orgel nach alten Volksliedern*	Edward Linzel (Orgel)
15.2.53	15.00	Brooklyn Academy	"Sonata"	Nancy Cirillo (Violine)
15.2.53	20.40	Lexington Ave. and 92nd Street, Y.M. und Y.W.H.A.	"Moods of an Afternoon"	Natanya Neumann and Company (Tanz)
15.2.53	20.30	Carnegie Hall	*When lilacs last in the door-yard bloom'd*	Collegiate Chorale, Choir of the School of the Sacred Union Theological Seminary, RCA Victor Symphony Orchestra (Robert Shaw)
16.2.53	abends	Carl Fisher Hall	"Choral Work"	New York College Madrigal Group (Erich Katz)
26.2.53	20.30	McMillin Theatre (Columbia University)	*Streichquartett, op. 22*	Walden String Quartet
28.2.53	17.30	Carnegie Hall	Symphonie *Mathis der Maler*	NBC Symphony Orchestra (Guido Cantelli)
3.3.53	17.05	St. Paul's Chapel	*Zweite Sonate für Orgel*	Wallace M. Coursen, Jr. (Orgel)
11.3.53	20.30	Museum of Modern Art	*Sonata for Two Pianos, Four Hands*	Arthur Gold, Robert Fizdale (Klavier)
19.3.53	20.40	Lexington Ave., Y.M. und Y.W.M.A.	*Die Serenaden, op. 35*	Bethanie Beardslee (Sopran), Marx (Oboe), John DiJanni (Viola), Joseph Tekula (Cello)
14.4.53	20.30	Town Hall	*Six chansons*	Trinity College and Bryn Mawr College Glee Clubs (J. Lawrence Coulter und Robert L. Goodale)
17.4.53	13.30	Roosevelt Hotel	"The Moon" aus *Nine English Songs*	?
20.4.53	20.40	Lexington Ave., Y.M. und Y.W.H.A.	"Work by Hindemith"	Cornell A Capella Chorus (Robert Hull)
29.4.53	20.30	Town Hall	*Sonate für Violoncello allein, op. 25 Nr. 3*	Lucien Kirsch Laporte (Cello)
5.5.53	20.30	City Center	*The Four Temperaments*	New York City Ballet (Georges Balanchine)

(weitere Aufführungen am 13.,24., 29.5.,6. und 10.6.53)

Datum	Zeit	Ort	Werk	Interpreten
11.5.53	20.30	Circle-in-the-Square, 5 Sheridan-Square	"Echo"aus *Nine English Songs*	Georgiawa Bannister (Sopran)
13.5.53	20.30	City Center	*Symphonic Metamorphosis*	New York City Ballet (Georges Balanchine)
		(weitere Aufführungen am 16.,17.,22.,30.5.,3.,9.,11. und 12.6.53)		
16.5.53	20.30	Hunter College Auditorium	*A Song of Music*	Amherst College Glee Club und Hunter College Choir (Emile Beckwith)
19.5.53	20.30	High School of Housemaking (Brooklyn)	"Playtime", "Friendly Chat	"Stage for Action", Fred Berk (Ltg. des Tanzensembles)
19.5.53	abends	Alvin Theatre	*Hérodiade*	May O'Donnell (Tanz)
22.5.53	abends	Alvin Theatre	wie 19.5.53	
7.7.53	14.00	Bryant Park	*Symphonic Metamorphosis*	?
5.10.53	20.30	Carnegie Recital Hall	"Sonata for piano"	Hubert Doris (Klavier)
13.10.53	20.30	Carnegie Hall	*Konzertmusik, op. 50*	Philadelphia Orchestra (Eugene Ormandy)
14.10.53	20.30	Town Hall	*Sonata for Two Pianos, Four Hands*	Vera Appleton, Michael Field (Klavier)
22.10.53	20.45	Carnegie Hall	Symphonie *Die Harmonie der Welt*	New York Philharmonic Orchestra (Dimitri Mitropoulos)
23.10.53	14.30	wie 22.10.53		
25.10.53	14.30	wie 22.10.53		
25.10.53	20.30	Town Hall	*Sonate für Bratsche und Klavier, op. 11 Nr. 4*	Rolf Persinger (Viola), Brooks Smith (Klavier)
1.11.53	20.30	Carnegie Recital Hall	"Echo", "Sing on there in the swamp" aus *Nine English Songs*, *La Belle Dame sans Merci*	Helen Rice (Sopran), Philip Fradkin (Klavier)
5.11.53	20.30	Brooklyn Academy	Zwei Praeludien und Fugen aus *Ludus tonalis*	Joseph Wolman (Klavier)

Quellen- und Literaturverzeichnis

Die Paul Hindemith betreffenden Werkrezensionen in amerikanischen Tageszeitungen sind hier nicht aufgeführt. Sie werden innerhalb des Pressestimmen-Korpus', welches dieser Arbeit als CD-ROM-Datei beigefügt ist, bibliographisch erfaßt.

1.) Ungedruckte Quellen

a) Irving S. Gilmore Music Library, Yale University

Archival Material relating to Paul Hindemith and Arthur Mendel (Thomas Hall Collection, MSS 81)

Briefe und Postkarten Paul Hindemiths an Leonard Berkowitz (Gift of Lucille Berkowitz to the Yale University Music Library, July 9, 2001)

Paul Hindemith Collection, MSS 47 (PHC)

The David Kraehenbuehl Papers, MSS 79

b) Yale University Archives

Thornton Wilder Papers (Beinecke Rare Book and Manuscript Library, Box 40, Folder "Hindemith")

Charles Seymour Presidential Records, Box 114

c) Oral History American Music (OH), Yale School of Music and Library (Vivian Perlis, Director)

Paul Hindemith Project

d) Library of Congress

Aaron Copland Collection, Box 210

Elizabeth Sprague Coolidge Collection, Box 234

e) Juilliard School Archives

Office of the President. General administrative records, Box 52

f) University of Georgia (Athens)

Hargrett Rare Book and Manuscript Library, Olin Downes Papers, Mss. 688

g) Paul Hindemith Institut, Frankfurt/M. (PHI)

Handschriftliche Skizzen Paul Hindemiths zum Vortrag "Musikleben in den USA"

Briefe Sergej Koussewitzkys an Paul Hindemith

Briefe Leopold Stokowskys an Paul Hindemith (1943-1944)

Briefwechsel Paul Hindemith - Associated Music Publishers, New York (AMP)

Briefwechsel Paul Hindemith - Verlag B. Schott's Söhne

2.) Gedruckte Quellen

a) Ausgaben der Briefe, Aufsätze, Vorträge, sowie Vorworte zu einzelnen Werken Paul Hindemiths

Hindemith, Paul: Vorwort zu *Das Marienleben*, Mainz 1948

Ders.: Vorwort zur *Hérodiade* (Klavierauszug), Mainz 1955

Ders.: Komponist in seiner Welt. Weiten und Grenzen, Zürich 1959

Rexroth, Dieter (Hrsg.): Paul Hindemith. Briefe, Frankfurt 1982

Schubert, Giselher (Hrsg.): Paul Hindemith - Aufsätze. Vorträge. Reden, Zürich, Mainz 1994

Becker, Friederike; Schubert, Giselher (Hrsg.): Paul Hindemith. "Das private Logbuch". Briefe an seine Frau Gertrud, Mainz, München 1995

Skelton, Geoffrey (Hrsg.): Selected Letters of Paul Hindemith, New Haven, London 1995

b) Musiktheoretische Schriften

Hindemith, Paul: Unterweisung im Tonsatz, Bd. 1 (Theoretischer Teil), Mainz 1937

Ders.: Unterweisung im Tonsatz, Bd. 2 (Übungsbuch für den zweistimmigen Satz), Mainz 1939

Ders.: A Concentrated Course in Traditional Harmony, New York, London 1943

Ders.: Elementary Training for Musicians, London 1946

Ders. Traditional Harmony. Part II., New York, London 1953

Ders.: Unterweisung im Tonsatz, Bd. 3 (Dreistimmiger Satz), Mainz 1970

c) Werkverzeichnisse

Associated Music Publishers (Hrsg.): Paul Hindemith. Chronological List of Works According to Dates of Publication - 1917 to 1946, New York [o. J.]

Schott (Hrsg.): Paul Hindemith. List of Works, London [o.J., vermtl. 1949]

Schott (Hrsg.): Paul Hindemith. Werkverzeichnis, Stand Juni 1985, Mainz , etc. 1985

Andres Briner et al. (Hrsg.): Paul Hindemith. Leben und Werk in Bild und Text, Zürich, Mainz 1988, darin: Werkverzeichnis und Chronologisches Werkverzeichnis, S. 274-286

Schott (Hrsg.): Paul Hindemith. Gesamtverzeichnis seiner Werke, Stand Januar 2002, Mainz, etc. 2002

3.) Sekundärliteratur

Adorno, Theodor W.: Fragen an die intellektuelle Emigration (1945), in: Gesammelte Schriften 20.1., Vermischte Schriften I, Frankfurt 1986

Anderson, Jack: Art. Tanz, III. Modern Dance, in: MGG, Sachteil 9, Ludwig Finscher (Hrsg.), Kassel, etc. 1998, Sp. 346-352

Antheil, George: Wanted - Opera by and for Americans, in: MM, 7. Jg., Nr. 4 (June-July 1930), S. 11-16

Ders.: Composers in Movieland, in: MM, 12. Jg., Nr. 2 (January-February 1935), S. 62-68

Ders.: Breaking into the Movies, in: MM, 14. Jg., Nr. 2 (January-February 1937), S. 83-86

Babbitt, Milton: The Composer as Specialist, in: Esthetics Contemporary, Richard Kostelanetz (Hrsg.), Buffalo (New York) 1978, S. 280-287

Balliett, Whitney: What ever happened to Mel Powell?, in: The New Yorker, 25.5.87, S. 37-43

Barr, Cyrilla: Elizabeth Sprague Coolidge - American Patron of Music,
    New York 1998

Bauer, Marion: Twentieth Century Music. How it developed. How to listen to it,
    New York, London 1933

Dies.: Hindemith Festival at Juilliard School, in: Musical Leader, 19.12.45

Beck, Louise: Ballet Ouverture, "Cupid and Psyche" - Paul Hindemith, in:
    Philadelphia Orchestra (Fourty-Fourth Season, 1943-1944), S. 65-67

Bedford, William Charles: Elizabeth Sprague Coolidge - The Education of a Patron of
    Chamber Music: The Early Years, Ph.D., Diss. University of Missouri 1964

Bircher, David Ralph: The brasswind idiom in Paul Hindemith's large instrumental
    works, D.M.A. Diss., University of Cincinnati 1988

Blitzstein, Marc: Dancers of the Season, in: MM, 8. Jg., Nr. 3 (March-April 1931),
    S. 38-42

Ders.: Popular Music - An Invasion: 1923-1933, in: MM, 10. Jg., Nr. 2
    (January-February 1933), S. 96-102

Ders.: Coming - The Mass Audience!, in: MM, 13. Jg., Nr. 4 (May-June 1936),
    S. 23-29

Boatwright, Howard: Hindemith as a Teacher in America, in: Yale Alumni Magazine,
    28. Jg., Nr. 3 (December 1964), S. 18-20

Ders.: Hindemith in Amerika, in: Philharmonische Blätter (Berlin), 1970/71, Heft 3,
    S. 10-14

Bolín, Norbert (Hrsg.): Paul Hindemith - Komponist zwischen Tradition und
    Avantgarde, Mainz, etc. 1999

Briner, Andres: Paul Hindemith, Zürich 1971

Ders.: Hindemiths Ballettprojekte zwischen 1936 und 1940 - Die Entstehung von "Nobilissima Visione" und spätere Ballettszenarien, in: HJB 1986/XV, S. 52-69

Briner, Andres, et al.: Paul Hindemith. Leben und Werk in Bild und Text, Zürich, Mainz 1988

Brinkmann, Reinhold; Wolff, Christoph (Hrsg.): Driven into Paradise. The Musical Migration from Nazi Germany to the United States, Berkeley, etc. 1999

Britten, Benjamin: Au Revoir to the U.S.A., in: MM, 19. Jg., Nr. 2 (January-February 1942), S. 100-101

Bücken, Ernst; Mies, Paul: Grundlagen, Methoden und Aufgaben der musikalischen Stilkunde. Ein Versuch, in: Zeitschrift für Musikwissenschaft, 5. Jg., Heft 4 und 5 (Januar-Februar 1923), S. 219-225

Burkett, Lyn Ellen Thornbald: Tensile involvement: Counterpoint and pedagogy in the work of Seeger, Hindemith, and Krenek, Ph.D. Diss., Indiana University 2001

Cahn, Geoffrey S.: The American Reception of Weimar Culture 1918-1933, in: Yearbook of German-American Studies, Volume 17, Lawrence (Kansas) 1982

Ders.: Weimar Music in America: Its Reception and Impact, in: Centennial Review, 29. Jg., Nr. 2 (1985), S. 186-204

Cahn, Peter: Hindemiths Kadenzen, in: HJB 1971/I, S. 80-134

Carlson, Jane: Hindemith's Ludus tonalis. A Personal Experience, in: The Piano Quarterly, 17. Jg., Nr. 65 (Fall 1968), S. 17-21

Cashman, Sean Dennis: America in the Twenties and Thirties, New York, London 1989

Chase, Gilbert: Art. United States of America, I. Art music, in: The New Grove Dictionary of Music and Musicians, Volume 19, Stanley Sadie (Hrsg.), London 1980, S. 424-435

318

Closson, Hermann: The Case against "Gebrauchsmusik", in: MM, 7. Jg., Nr. 2 (February-March 1930), S. 15-19

Cohn, Arthur: How News Comes to Philadelphia, in: MM, 15. Jg., Nr. 4 (May-June 1938), S. 235-238

Cone, Edward T. (Hrsg.): Roger Sessions on Music. Collected Essays, Princeton 1979

Cooke, Mervyn: Art. Film Music, in: The New Grove Dictionary of Music and Musicians, Second Edition, Stanely Sadie, John Tyrrell (Hrsg.), Volume 8, London, New York 2001, S. 797-810

Copland, Aaron: The Composer And His Critic, in: MM, 9. Jg., Nr. 4 (May-June 1932), S. 143-147

Ders.: Second Thoughts on Hollywood, in: MM, 17. Jg., Nr. 3 (March-April 1940), S. 141-147

Ders.: Unsere Neue Musik, München 1947

Copland, Aaron; Perlis, Vivian: Copland. 1900 through 1942, London, Boston 1984

Dies.: Copland Since 1943, New York 1989

Cowell, Henry: Music - "Useful" Music, in: New Music, 29.10.35, S. 26-27

Cowell, Henry, Cowell, Sidney: Charles Ives and His Music, New York 1983

Crawford Seeger, Ruth: A Composer's Search for American Music, New York, Oxford 1997

Crutchfield, Will: Composition at Yale from 1890-1983, in: Music at Yale, 13. Jg. (March 1984), S. 4-6, sowie S. 14-15

Dahlhaus, Carl (Hrsg.): Die Musik der fünfziger Jahre. Versuch einer Revision, Mainz, etc. 1985

Danuser, Hermann et al. (Hrsg.): Amerikanische Musik seit Charles Ives, Regensburg 1987

Davis, Ronald L.: A History of Music in American Life, Volume III. The Modern Era, 1920-Present, Malabar (Florida) 1981

de Mille, Agnes: Martha. The Life And Work Of Martha Graham, London, etc. 1991

Downes, Edward O. D.; Rockwell, John: Art. Criticism, in: The New Grove Dictionary of American Music, Volume One, H. Wiley Hitchcock, Stanley Sadie (Hrsg.), London, New York 1986, S. 536-546

Downes, Olin: Hindemith's Rising Star, in: NYT, 84. Jg., Nr. 28,015, 7. Oktober 1934, Section 9, S. 7

Downes, Olin: Foundation of Song. Composer's Changed Views In 25-Year Interval, in: NYT, 98. Jg., Nr. 33,244, 30. Januar 1949, Section 2, S. 7

Edwards, Allen: Flawed Words and Stubborn Sounds. A Conversation with Elliott Carter, New York 1971

Einstein, Alfred: Paul Hindemith, in: MM, 3. Jg., Nr. 3 (March-April 1926), S. 21-26

Eisler, Hanns: Film Music - Work in Progress, in: MM, 18. Jg., Nr. 4 (May-June 1941), S. 250-254

Engel, Lehman: New Laboratories and Gebrauchsmusik, in: MM, 13. Jg., Nr. 3 (March-April 1936), S. 50-53

Ders.: This Bright Day. An Autobiography, New York 1974

Evett, Robert: The Meaning of Music, in: The New Republic, 24.3.52, S. 18-19

Ders.: The Decline and Fall of Paul Hindemith, in: The New Republic, 28.2.70, S. 27-29

Finck, Henry T.: Why make music hideous?, in: Etude (January 1925), S. 11

Forte, Allen: Paul Hindemith's Contribution to Music Theory in the United States, in: HJB 1998/XXVII, S. 62-79

Foss, Lukas: In Memoriam: Paul Hindemith (1895-1963), in: PNM, 2. Jg., Nr. 2 (Spring-Summer 1964), S. 1-4

French, Richard F. (Hrsg.): Music and Criticism. A Symposium, Cambridge 1948

Fried, Alexander: For the People, in: MM, 4. Jg., Nr. 2 (January-February 1927), S. 33-37

Gerschefski, Edwin: To the Brass Band, in: MM, 14. Jg., Nr. 4 (May-June 1937), S. 189-192

Gilbert, Richard: A 'Premiere' by Disc; More Modern Records, in: MM, 12. Jg., Nr. 4 (May-June 1935), S. 205-207

Goldman, Richard Franko: Music for the Army, in: MM, 20. Jg., Nr. 1 (November-December 1942), S. 8-12

Ders.: A New Day for Band Music, in: MM, 23. Jg., Nr. 4 (Fall 1946), S. 261-265

Goosens, Eugene: The Public - Has it Changed?, in: MM, 20. Jg., Nr. 2 (January-February 1943), S. 71-77

Goss, Glenda Dawn: Jean Sibelius and Olin Downes. Music, Friendship, Criticism, Boston 1995

Grünzweig, Werner: Vom "Schenkerismus" zum "Dahlhaus-Projekt". Einflüsse deutschsprachiger Musiker und Musikwissenschaftler in den Vereinigten Staaten – Anfänge und Ausblick, in: ÖMZ, 48. Jg., Nr. 1 (Januar 1993), S. 161-170

Hale, Philip: Notes on "Konzertmusik" for String and Brass Instruments, in: Boston Symphony Orchestra, Fiftieth Season (1930-1931), Twenty-first Programme, 3. und 4. April 1931, S. 1427-1442

Halliday, John R.: Paul Hindemith - The Theorist, Ph.D. Diss., Rochester 1941

Hanson, Howard: Of Critics, Publishers and Patrons, in: MM, 4. Jg., Nr. 2 (January-February 1927), S. 28-31

Harvard University Department of Music (Hrsg.): Third Annual Report to the Friends of Art and Music, Cambridge (Massachusetts) June 1947

Heiden, Bernhard: Hindemith's "System" - A New Approach, in: MM, 19. Jg., Nr. 2 (January-February 1942), S. 102-107

Heimer, Ann-Katrin: Eine unbekannte Quelle für Hindemiths Englischhorn-Sonate, in: HJB 1995/XXIV, S. 42-65

Heinsheimer, Hans: Challenge of the New Audience, in: MM, 16. Jg., Nr.1 (November-December 1938), S. 28-32

Heister, Hanns-Werner et al. (Hrsg.): Musik im Exil. Folgen des Nazismus für die internationale Musikkultur, Frankfurt 1993

Helm, Everett: Hindemith's Successful Visit to Germany, in: MA, 69. Jg. (July 1949), S. 20

Henze, Hans-Werner: Das neue Marienleben, in: Melos, 16. Jg., Heft 3 (März 1949), S. 75-76

Hevner Mueller, Kate: Twenty-Seven Major American Symphony Orchestras – A History and Analysis of Their Repertoires, Seasons 1842-43 Through 1969-70, Bloomington 1973

Hinton, Stephen: Emigration als Selbstfindung: Paul Hindemith in den USA, in: Themenheft "Hindemith", Europäisches Musikfest Stuttgart 13.-27.8.95, Internationale Bach-Akademie Stuttgart (Hrsg.), Stuttgart 1995, S. 30-40

Hitchcock, H. Wiley: Music in the United States: A Historical Introduction, Third Edition, Englewood Cliffs (New Jersey) 1988

Hopwood, Brian Keith: Wind Band Repertoire: Programming Practices at Conventions of the College Band Directors National Association, D.M.A. Diss., Arizona State University 1998

Horosko, Marian: Martha Graham. The Evolution of Her Dance Theory and Training 1926-1991, Chicago 1991

Howard, John Tasker: Our Contemporary Composers. American Music in the Twentieth Century, New York 1941

Ders.: This Modern Music. A Guide For the Bewildered Listener, New York 1942

Hughes, Edwin: Blackout For the Music Industries, in: MM, 19. Jg., Nr. 4 (May-June 1942), S. 251-253

Jennert, Rüdiger: Paul Hindemith in Friedberg/Hessen, in: HJB 2001/XXX, S. 24-82

Jens, Walter: "Ein Mann will einen Berg besteigen". Rede anläßlich des Festaktes zum 100. Geburtstag Paul Hindemiths in der Berliner Philharmonie am 12. November 1995, Mainz [o.J.]

Kater, Michael H.: Composers of the Nazi Era, New York, Oxford 2000

Katz, Adele T.: Heinrich Schenker's Method of Analysis, in: MQ, 21. Jg., Nr. 3 (July 1935), S. 311-329

Kemp, Ian; Hitchcock, H. Wiley: Art. Paul Hindemith, in: The New Grove Dictionary of American Music, Volume Two, H. Wiley Hitchcock, Stanley Sadie (Hrsg.), London, New York 1986, S. 389-392

Kim, Kiwah: Studien zum musikpädagogischen Werk Paul Hindemiths, Frankfurt, etc. 1998

Kim-Park, So Young: Paul Wittgenstein und die für ihn komponierten Klavierkonzerte für die linke Hand, Aachen 1999

Kirstein, Lincoln: In Defense of the Ballet, in: MM, 11. Jg., Nr. 4 (May-June 1934), S. 189-194

Kolodin, Irving: Ten Years of Modern Music Recording, in: MM, 10. Jg., Nr. 3 (March-April 1933), S. 103-106

Ders.: American Composers and the Phonograph, in: MM, 11. Jg., Nr. 3 (March-April 1934), S. 128-133

Konold, Wulf: Hindemiths Symphonie in Es, in: HJB 1986/XV, S. 70-105

Konrad, Ulrich: Paul Hindemith – eine Antwort? Doch wie lautet die Frage? Verstreute Gedanken zu einem unfeierlichen Jubiläum, in: Programmheft zur Hindemith-Woche an der Staatlichen Hochschule für Musik, Freiburg im Breisgau, vom 25.11.-2.12.1995, S. 2-3

Kowalke, Kim H.: For Those We Love: Hindemith, Whitman and "An American Requiem", in: JAMS, 50. Jg., Nr. 1 (Spring 1997), S. 133-174

Kozlenko, William: Hindemith: Trio for Strings, No. 2 (1933), played by the Hindemith Trio, in: The American Music Lover, 1. Jg., Nr. 1 (May 1935), S. 25

Krenek, Ernst: Amerikas Einfluss auf eingewanderte Komponisten, in: Musica, 13. Jg. (1959), S. 757-761

Kubik, Gail: Composing for Government Films, in: MM, 23. Jg., Nr. 3 (Summer 1946), S. 189-192

Kühn, Clemens: Formenlehre in der Musik, Kassel, etc. 1987

Ders.: Art. Form, in: MGG, Sachteil 3, Ludwig Finscher (Hrsg.), Kassel, etc. 1995, Sp. 607-643

Kurth, Ernst: Grundlagen des linearen Kontrapunkts. Bachs melodische Polyphonie, Bern 1956

324

Laaff, Ernst: Das Rezitativ in Hindemiths "Sonate für 2 Klaviere", in: Melos, 15. Jg., Nr. 1 (Januar 1948), S. 103-105

Lamb Crawford, Dorothy: Evenings On and Off the Roof. Pioneering Concerts in Los Angeles, 1939-1971, Berkeley, etc. 1995

Dies.: Arnold Schoenberg in Los Angeles, in: MQ, 86. Jg., Nr. 1 (Spring 2002), S. 6-48

Lang, Paul Henry (Hrsg.): One Hundred Years of Music in America, New York 1961

Ders.: The Snobbish Few And the Public, in: NYHT, 14.4.63

Laretei, Käbi: Hindemith's Ludus tonalis: Play with Animation, in: Music Journal, 29. Jg., Nr. 10 (December 1971), S. 32, S. 61, sowie S. 67-68

League of Composers (Hrsg.): A Record of Performances and a Survey of General Activities from 1923 to 1935, New York [o.J.]

Lederman, Minna: Recent Books - Star-Sprangled Orchestra, in: MM, 17. Jg., Nr. 3 (March-April 1940), S. 194-196

Dies.: With the Dancers, in: MM, 23. Jg., Nr. 3 (Summer 1946), S. 215-218

Levy, Alan Howard: Radical Aesthetics And Music Criticism In America 1930-1950, Lewiston (New York), etc. 1991

Lissman, Hermann: Hindemith Operas Call Forth Official Protest in Frankfort, in: MC, 18.5.1922, S. 13

Luening, Otto C.: Die Musikpflege in den Vereinigten Staaten, in: Melos 8 (1929), S. 431-437

Ders.: The Odyssey of an American Composer, New York 1980

Machlis, Joseph: Introduction to Contemporary Music, 2. Aufl., New York 1979

Marschalk, Max: Furtwänglers Amerikafahrt, in: Vossische Zeitung, Nr. 105
    (Unterhaltungsblatt), 6.5.1926, S. 1

Marx-Weber, Magda; Marx, Hans Joachim: Einleitung, in: PHA, Band III, 6. Konzert für
    Violoncello und Orchester (1940), Mainz 1984, S. IX-XI

Mason, Gregory Mason: Tune in America: A Study of Our Coming Musical
    Independence, New York 1931

Mattfeld, Julius: A Handbook of American Operatic Premieres 1731-1962, Detroit
    Studies in Music Bibliography Number 5, Detroit 1963

Maurer Zenck, Claudia: Ernst Krenek - ein Komponist im Exil, Wien 1980

McPhee, Colin: New York's Spring Season, 1936, in: MM, 13. Jg., Nr. 4
    (May-June 1936), S. 39-42

Ders.: Scores and Records, in: MM, 19. Jg., Nr. 4 (May-June 1942), S. 271-272

Merrill-Mirsky, Carol (Hrsg.): Exiles in Paradise, Los Angeles 1991

Metz, Günther: Melodische Polyphonie in der Zwölftonordnung. Studien zum
    Kontrapunkt Paul Hindemiths, Baden-Baden 1976

Ders.: Über Paul Hindemith und die Schwierigkeit, seine Musik zu rezipieren,
    Saarbrücken 1998

Metzer, David: The League of Composers: The Initial Years, in: American Music,
    15. Jg., Nr. 1 (Spring 1997), S. 45-69

Meyer, Donald C.: Toscanini and the NBC Orchestra. High, Middle, and Low Culture,
    1937-1954, in: Perspectives on American Music, 1900-1950, Michael Saffle (Hrsg.),
    New York, London 2000, S. 301-322

Middell, Eike et al. (Hrsg.): Exil in den USA, Leipzig 1970

326

Millen, Irene: "Noise and Fury" - 1952. Pittsburgh's International Contemporary Music Festival, in: Carnegie Magazine, 26. Jg., Nr. 7 (September 1952), S. 230-131

Mills, Charles: Over the Air, in: MM, 21. Jg., Nr. 2 (January-February 1944), S. 120-121

Moritz, William: Oskar Fischinger, in: Optische Poesie - Oskar Fischinger. Leben und Werk. Ausstellung/Filme, 16. Dezember 1993 bis 3. April 1994, Deutsches Filmmuseum Frankfurt am Main (Hrsg.), Frankfurt 1993, S. 7-90

Morton, Lawrence: A Composers' World, in: MLA Notes, 9. Jg. (June 1952), S. 408-409.

Mueller, John H.: The American Symphony Orchestra. A Social History of Musical Taste, Bloomington 1951

Mueser, Barbara: The Criticism of New Music in New York: 1919-1929, Ph.D. Diss., New York 1975

Muser, Frani B.: The Recent Work of Paul Hindemith, in: MQ, 30. Jg., Nr. 1 (January 1944), S. 29-36

Mussulman, Joseph A.: Dear People ... Robert Shaw. A Biography, Bloomington, London 1979

Neumeyer, David: Introduction, in: PHA, Band III,7. Bläserkonzerte I, Mainz 1983, S. IX-XIII

Ders.: The Music of Paul Hindemith, New Haven, London 1986

Ders.: Hindemith and His American Critics. A Postmodern View, in: HJB 1998/XXVII, S. 218-234

Newlin, Dika: The Case of Hindemith, in: Partisan Review, 16. Jg., Nr. 4 (April 1949), S. 412-414

Noss, Luther: A History of the Yale School of Music, New Haven 1984

Ders.: Paul Hindemith in the United States, Urbana, Chicago 1989

Ohne Verf.: Give Two Hindemith Operas in Frankfort, in: MA, 10. Juni 1922, S. 12

Ohne Verf.: Symphony Concert, in: MC, 4.3.26

Ohne Verf.: We Nominate for the Hall of Fame, in: Vanity Fair, August 1930, S. 50

Ohne Verf.: Chicago Cuts a Cake, in: Time, 46. Jg., Nr. 26, 24. Dezember 1945, S. 61-62

Ohne Verf.: Hindemith über Musik in USA, in: Lübecker Nachrichten, 5. Februar 1949

Ohne Verf.: The most potent musical forces of the first half of the twentieth Century
were ... Achille Claude Debussy; Igor Strawinsky; Arnold Schoenberg; Maurice
Ravel; Richard Strauss; Paul Hindemith; Arturo Toscanini; George Gershwin; Bela
Bartok; Serge Prokofieff; Jan Sibelius, in: Etude, 69. Jg., Nr. 1 (January 1951),
S. 9-11 und S. 47-48

Ohne Verf.: The Compleat Musician, in: Time, 76. Jg., Nr. 16, 17. Oktober 1960, S. 77

Ohne Verf.: Music - Festivals. The Phoenix of Santa Fe, in: Time, 90. Jg., Nr. 5,
4. August 1967, S. 64

Oja, Carol J.: The Copland-Sessions Concerts and Their Reception in the Contemporary
Press, in: MQ, 65. Jg., Nr. 2 (April 1979), S. 212-229

Ortmann, Otto: An Analysis of Paul Hindemith's Unterweisung im Tonsatz,
in: Bulletin of the American Musicological Society, 4. Jg. (1940), S. 26-28

Pareles, Jon: Art. Band, in: The New Grove. Dictionary of Music and Musicians. Second
Edition, Stanley Sadie, John Tyrell (Hrsg.), Volume 2, London, New York 2001,
S. 622-651

Paulding, James E.: Paul Hindemith 1895-1963 -- A Study of his Life and Works,
Ph.D. Diss., University of Iowa (July) 1974

Payne, Dorothy Katherine: The Accompanied Wind Sonatas of Hindemith: Studies in
Tonal Counterpoint, Ph.D. Diss., Eastman School of Music, Rochester 1974

Pettis, Ashley: Marching with a Song, in: NM, 1.5.34, S. 5

Piston, Walter: Recent Books: The Music Criticism Racket, in: MM, 22. Jg., Nr. 4 (May-June 1945), S. 282-283

Plessner, Monika: Die deutsche "University in Exile" in New York und ihr amerikanischer Gründer, in: Frankfurter Hefte, 19. Jg. (1964), S. 181-186

Pollack, Howard: Aaron Copland. The Life and Work of an Uncommon Man, New York 1999

Radio Bremen (Hrsg.): Auszug des Geistes. Bericht über eine Sendereihe, Bremer Beiträge IV, Bremen 1962

Reich, Willi: Paul Hindemith, in: MQ, 17. Jg., Nr. 4 (October 1931), S. 486-496

Reis, Claire R.: Composers, Conductors and Critics, New York 1955

Reynolds, Nancy: Repertory in Review. 40 Years of the New York City Ballet, New York 1877

Ringer, Alexander L.: "New Deal" und Musik: Zur Lage der amerikanischen Musik in den Dreißiger Jahren, in: Bericht über den internationalen musikwissenschaftlichen Kongreß Bayreuth 1981 (Christoph-Hellmuth Mahling, Sigrid Wiesmann, Hrsg.), Kassel, etc. 1984

Robertson, Alec: Requiem. Music of Mourning and Consolation, London 1967

Rosenfeld, Paul: By Way of Art, New York 1928

Ders.: Variation on the Grass Roots Theme, in: MM, 16. Jg., Nr. 4 (May-June 1939), S. 214-219

Rosenwald, Hans: Speaking of Music ..., in: Music News, 43. Jg., Nr. 5 (Mai 1951), S. 8-9

Ders.: Hindemith - Honegger - Harris ... "Return to a Sense of Values" ..., in: International Music News, 1. Jg., Nr. 1 (November 1952), S. 9-10

Rufer, Josef: Das Werk Arnold Schönbergs, Kassel 1959

Russell, Carlton T.: The Analysis and Evaluation of Music: A Philosophical Inquiry, in: MQ, 58. Jg., Nr. 2 (April 1972), S. 161-184

Sabin, Robert: Hindemith is Honored on His Birthday By Concerts of His Works at Juilliard, in: MA, 10.12.45

Sablosky, Irving L.: American Music, Chicago, London 1969

Sachs, Curt: Rhythm and Tempo. A Study in Music History, New York 1953

Salzman, Eric: Modern Music in Retrospect (for the fortieth anniversary of its founding), in: PNM, 2. Jg., Nr. 2 (1964), S. 14-20
Ders.: Twentieth-Century Music: An Introduction, Englewood Cliffs (New Jersey) 1967

Saminsky, Lazare: Composers of the Pacific, in: MM, 20. Jg., Nr. 1 (November-December 1942), S. 23-26

Sannemüller, Gerd (Hrsg.): Einleitung, in: PHA, Band VIII, 1, Sing- und Spielmusik I, Mainz 2000, S. IX-XXI

Schader, Luitgard: Absolute Musik und Biographie. Paul Hindemiths textbezogene Instrumentalkompositionen, in: Mf, 45. Jg. (1992), S. 36-51

Schick, Robert D.: Classical Music Criticism, New York, London 1996

Schonberg, Harold C.: Hindemith Festival Held at Juilliard, in: MC, 15.12.45

Schubert, Giselher: Paul Hindemith, Reinbek bei Hamburg 1981

Ders.: >>Amerikanismus<< und >>Americanism<<. Hindemith und die Neue Welt, in: HJB 1998/XXVII, S. 80-101

Ders.: Art. Hindemith, in: MGG, Personenteil 9, Ludwig Finscher (Hrsg.), Kassel, etc. 2003, Sp. 5-51

Schüller, Gunhild: Art. The Four Temperaments, in: Pipers Enzyklopedie des
    Musiktheaters, Carl Dahlhaus (Hrsg.), Bd. 1, München, Zürich 1986, S. 157-159

Searchinger, César: Donaueschingen Becomes the Pittsfield of Germany, in: MC,
    83. Jg., Nr. 9, 1.9.21, S. 23
Ders.: Tuning in With Europe, in: MC, 99. Jg., Nr. 17, 26.10.29, S. 32

Sessions, Roger: Hindemith's Mathis der Maler, in: MM, 12. Jg., Nr. 1
    (November-December 1934), S. 13-17

Ders.: Heinrich Schenker's Contribution, in: MM, 12. Jg., Nr. 4 (May-June 1935),
    S. 170-178

Ders.: Reflections on the Music Life in the United States, New York 1956

Shanet, Howard: Conversation Piece: The Seven Hindemiths, in: Programmnotizen des
    New York Philharmonic Orchestra, 118th Season (1959-1960),
    25.-28. Februar 1960, S. 2-4

Shirley, Wayne D.: Ballets for Martha, in: Performing Arts Annual. 1988, The Library of
    Congress, Washington 1989, S. 40-73

Silbermann, Alphons (Hrsg.): Kunst und Kommunikation. Schriften zur Kunstsoziologie
    und Massenkommunikation, Band 8, Köln, Opladen 1963

Skelton, Geoffrey: Paul Hindemith. The man behind the music, London 1975

Smith, Cecil Michener: Over the Air, in: MM, 14. Jg., Nr. 1 (November-December 1936),
    S. 53-54

Sorell, Walter: Martha Graham Speaks ..., in: Dance Observer, 30. Jg., Nr. 4 (April 1963),
    S. 53-55

Spalek, John M.: Guide to the Archival Materials of the German-speaking Emigration to
    the United States after 1933, Charlottesville (Virginia) 1978

Sprague, Gary Allen: Rhythm in the Theory and Music of Paul Hindemith, Ph.D. Diss, Michigan State University 1997

Stephan, Rudolf (Hrsg.): Musik und Theorie. Fünf Kongreßbeiträge (Veröffentlichung des Instituts für Neue Musik und Musikerziehung, Darmstadt, Band 28), Mainz, etc. 1987

Ders.: Über Hindemiths "Klang", in: HJB 1996/XXV, S. 41-55

Ders.: Die Musik der vierziger Jahre unter besonderer Berücksichtigung des Schaffens von Paul Hindemith, in: HJB 1998/XXVII, S. 37-61

Stodelle, Ernestine: Deep Song - The Dance Story of Martha Graham, New York, London 1984

Straumann, Heinrich: Die Berufung Paul Hindemiths an die Universität Zürich, in: Schweizerische Musikzeitung, 106. Jg., Nr. 6 (November-Dezember 1966), S. 334-336

Stuckenschmidt, Hans Heinz: Reise durch Amerikas Musikwelt, in: Stimmen, 2. Jg. (1949), Heft 15, S. 411-414

Ders.: Glanz und Elend der Musikkritik, Berlin 1957

Suppan, Wolfgang: Art. Blasorchester, in: MGG, Sachteil 1, Ludwig Finscher (Hrsg.), Kassel, etc. 1994, Sp. 1565-1576

Symonette, Lys; Juchem, Elmar (Hrsg.): Kurt Weill: Briefe an die Familie (1914-1950), Stuttgart, Weimar 2000

Taylor, Davidson: To Order, For Radio, in: MM, 14. Jg., Nr. 1 (November-December 1936), S. 12-17

Ders.: Why Not Try the Air?, in: MM, 15. Jg., Nr. 2 (January-February 1938), S. 86-91

Taylor, Deems: The Well Tempered Listener, New York 1940

Tawa, Nicholas E.: Serenading the Reluctant Eagle. American Musical Life, 1925-1945, New York, London 1984

Ders.: A Most Wondrous Babble. American Art Composers, Their Music and The American Scene, 1950-1985, New York, etc. 1987

Thompson, Oscar: Practical Music Criticism, New York 1934
Ders.: An American School of Criticism, in: MQ, 23. Jg., Nr. 4 (October 1937), S. 428-439

Thompson, Randall: College Music. An Investigation for the Association of American Colleges, New York 1935

Thomson, Virgil: Looking Forward, in: MQ, 31. Jg., Nr. 2 (April 1945), S. 157-162

Ders.: Musikgeschehen in Amerika, München, Berlin 1948

Thurston, Richard E.: The Genesis of a Masterpiece, in: The Instrumentalist, July 1981, S. 45-46

Tick, Judith: Ruth Crawford Seeger. A Composer's Search for American Music, New York, Oxford 1997

Tischler, Barbara L.: An American Music. The Search for an American Musical Identity, New York, Oxford 1986

Torok, Debra: Paul Hindemith's Ludus Tonalis: Harmonic Fluctuation Analysis and Its Performance Implications, Ph.D. Diss., New York University 1993

van Solkema, Sherman; Simms, Bryan R.: Art. Theory, in: The New Grove Dictionary of American Music, Volume Four, H. Wiley Hitchcock, Stanley Sadie (Hrsg.), London, New York 1986, S. 370-377

Weldy, Lloyd: Music Criticism of Olin Downes and Howard Taubman in The New York Times, Sunday Edition: 1924-1929 and 1955-1960, D.M.A. Diss., University of Southern California 1965

Whitman, Walt; Hindemith, Paul: Als Flieder jüngst mir im Garten blüht. Ein Requiem "Denen, die wir lieben", Textbuch (deutsch-englisch), Mainz 1948

Windham, Donald: The Stage and Ballet Designs of Pavel Tchelitchev, in: Dance Index (New York), 3. Jg., Nr. 1 (January-February 1944), S. 25-29

Woitas, Monika: Leonide Massine - Choreograph zwischen Tradition und Avantgarde, Tübingen 1996

Dies.: Art. Tanz, 6. 20. Jahrhundert, in: MGG, Sachteil 9, Ludwig Finscher (Hrsg.), Kassel, etc. 1998, Sp. 328-339

Yang-Dubiel, Eunsuk: A performer's study of 'Das Marienleben' by Paul Hindemith, D.M.A. Diss., Southwestern Baptist Theological Seminary 2001

Zuck, Barbara A.: A History of Musical Americanism, Ann Arbor 1978

Register der Werke Hindemiths

1. Kompositionen

2. Schriften

Personenregister

A

Adorno, Theodor W.: 11, 43, 92, 94
Aldrich, Richard: 20, 182f
Anderson, Jack: 80
Antheil, George: 60, 90, 92
Arrau, Claudio: 33, 178
Augustinus: 134
Autori, Franco: 50, 58

B

Babbitt, Milton: 112, 123, 125ff, 129
Bach, Irmgard: 99
Bach, Johann Sebastian: 21, 89, 98, 100,
    112, 191, 206f, 228, 237, 239, 246
Balanchine, George: 77-83, 85-88, 156
Ballantine, Edward: 13, 114-118, 220, 233
    287
Balliett, Whitney: 140
Barber, Samuel: 83, 178
Bartók, Béla: 24, 29, 95, 98, 112, 118f,
    128, 173, 178
Barr, Cyrilla: 33, 39
Barry, Edward: 202
Bauer, Karl: 131f, 205
Bauer, Marion: 28, 42, 132
Beck, Louise: 217
Becker, Friederike: 58, 77, 85, 88ff, 97,
    99f, 158, 177, 205
Bedford, William Charles: 33
Beethoven, Ludwig van: 23, 40, 71, 176,
    188
Bekker, Paul: 188,
Bellini, Vincenzo: 24
Berg, Alban: 49
Berger, Arthur V.: 134, 213, 216f, 231,
    233, 286
Berk, Fred: 88, 155
Berkowitz, Leonard: 100f
Berlin, Irving: 25
Bernstein, Leonard: 13, 113, 227
Biancolli, Louis: 214, 227
Biber, Heinrich I.: 54
Bircher, David R.: 75f

Blitzstein, Marc: 24, 44, 49, 67, 76
Bloch, Ernest: 54, 183, 195
Boatwright, Howard: 16, 106, 140f, 279
Boethius: 134
Bohm, Jerome D.: 211, 214, 219
Bolín, Norbert: 275
Bolster, Caitriona: 16, 45, 73, 75, 86, 100,
    105, 133, 135, 137-141, 158, 160, 222f,
    229
Boulanger, Nadia: 25, 61
Bowles, Paul: 56, 83
Brahms, Johannes: 40, 49, 110, 176, 197,
    223, 225, 227, 285
Brecht, Bertolt: 95
Breughel, Pieter: 84
Briner, Andres: 83, 145, 155
Britten, Benjamin: 70, 173
Brown, Ray C. B.: 202
Bruckner, Anton: 223, 285
Bücken, Ernst: 233
Buhlig, Richard: 98
Busbey, Fred E.: 120
Bushnell, Miss Winthrop: 158, 160
Busoni, Ferruccio: 98
Butting, Max: 42
Buxtehude, Dietrich: 145
Byrd, William: 24

C

Cage, John: 16, 123ff, 127ff
Cahn, Geoffrey S.: 19, 170
Cahn, Peter: 253
Cairns, Huntington: 189
Cannon, Beekman: 139, 222
Carlson, Jane: 213, 222
Carter, Elliott: 56f, 123, 127, 129
Casadesus, Robert: 49
Casella, Alfredo: 30
Cassidy, Claudia: 223
Cashman, Sean Dennis: 38, 40f, 46
Chase, Gilbert: 94
Chaucer, Geoffrey: 158
Chávez, Carlos: 50
Chopin, Frédéric: 98
Claudel, Paul: 227